SCHÄFFER
POESCHEL

Grundkurs des Steuerrechts

Band 8

Erbrecht
Erbschaftsteuer
Schenkungsteuer

von

Michael Heil

Dozent an der Hochschule für Finanzen Rheinland-Pfalz/Edenkoben

Begründet von
Rudolf Haas

5., aktualisierte und vollständig überarbeitete Auflage

SCHÄFFER-POESCHEL VERLAG STUTTGART

Bibliografische Information der Deutschen Bibliothek
Die Deutsche Bibliothek verzeichnet diese Publikation in der Deutschen Nationalbibliografie; detaillierte bibliografische Daten sind im Internet über http://dnb.d-nb.de abrufbar.

Print ISBN 978-3-7910-4641-9 **Bestell-Nr. 20208-0003**
EPDF ISBN 978-3-7992-4642-6 **Bestell-Nr. 20208-0152**

www.schaeffer-poeschel.de
service@schaeffer-poeschel.de

September 2019
Schäffer-Poeschel Verlag Stuttgart
Ein Unternehmen der Haufe Group

Vorwort zur 5. Auflage

Nachdem in der 4. Auflage insbesondere die Änderungen durch das »Gesetz zur Anpassung des Erbschaft- und Schenkungsteuergesetzes an die Rechtsprechung des Bundesverfassungsgerichts« berücksichtigt wurden, **haben** in der vorliegenden 5. Auflage **die Erbschaftsteuer-Richtlinien 2019 den Überarbeitungsbedarf maßgeblich bestimmt**. Die angeführten Zitate beziehen sich **hierbei** auf den Entwurf der Erbschaftsteuer-Richtlinien 2019 **(mit Diskussionsstand Juli 2019)**. Bis zur Drucklegung waren die Richtlinien 2019 noch nicht endgültig verabschiedet; für die Themenbereiche dieses Grundkurses ist jedoch **nicht mehr** mit **relevanten** Änderungen zu rechnen. Sollten sich dennoch welche ergeben, werden aktuelle Informationen hierzu in SPmyBook zur Verfügung gestellt.

Weitere Änderungen sind durch das Steuerumgehungsbekämpfungsgesetz vom 23.06.2017 eingetreten. Angepasst wurden insbesondere die Freibeträge in den Fällen der beschränkten Steuerpflicht.

Die 5. Auflage berücksichtigt **die Rechtsänderungen durch Gesetzgebung, Rechtsprechung und Richtlinien** einschließlich der Verwaltungsanweisungen zum Erbschaft- und Schenkungsteuerrecht sowie zum Bewertungsrecht **bis einschließlich 31.07.2019**.

Ich wünsche den Lesern dieses Lehrbuches beim Studium der Materie viel Freude und gleichzeitigen Erfolg für Prüfungen auf diesem Rechtsgebiet.

Anregungen und Kritik nimmt der Verfasser gerne entgegen.

Rhodt, im August 2019 Michael Heil

SCHÄFFER POESCHEL **myBook**

Mit Online-Klausuren und -Musterlösungen zum Buch

- Exklusiv für Buchkäufer: Kostenloses Zusatzmaterial zum Download
- Drei zusätzliche komplexe Übungsfälle mit Lösungen
- Nach Veröffentlichung der ErbSt-RL 2019: Wichtige Änderungen bei den beschlossenen Erbschaftsteuer-Richtlinien 2019 im Vergleich zum verwendeten Entwurf

So funktioniert Ihr Zugang

- Gehen Sie auf das Portal »sp-mybook.de«, geben Sie den Buchcode ein oder scannen Sie den QR-Code mit Ihrem Smartphone oder Tablet
- Wählen Sie auf der Internetseite zum Buch die komplexen Übungsfälle und die Lösungen zu den komplexen Übungsfällen

www.sp-mybook.de
Buchcode: 4641-ErESch

Inhaltsverzeichnis

Teil D Zugewinngemeinschaft (§ 5 ErbStG)

Teil E Vor- und Nacherbschaft (§ 6 ErbStG)

Teil F Schenkungen unter Lebenden (§ 7 ErbStG)

Teil G Entstehung der Steuer (§ 9 ErbStG), steuerpflichtiger Erwerb (§ 10 ErbStG), Bewertungsstichtag (§ 11 ErbStG)

Teil H Bewertung des Erwerbs (§ 12 ErbStG)

Teil I Einzelfälle zu persönlichen und sachlichen Steuerbefreiungen und Steuerbegünstigungen (§§ 13–13 d ErbStG)

Teil J Berechnung der Steuer (§§ 14–19 a ErbStG)

Teil K Steuerfestsetzung und Erhebung (§§ 20 ff. ErbStG)

Teil L Lösungshinweise zu den Fällen

Teil M Komplexe Übungsfälle

Teil N Lösungshinweise zu den komplexen Übungsfällen

Abkürzungsverzeichnis

a. a. O.	am angegebenen Ort
Abschn.	Abschnitt
AEBewAntBV	Anwendungserlass zur Bewertung des Anteils- und Betriebsvermögens
AEBewGrV	Anwendungserlass zur Bewertung des Grundvermögens
AEErbSt	Anwendungserlass zum Erbschaftsteuer- und Schenkungsteuergesetz
a. F.	alte Fassung
AfA	Absetzung für Abnutzung
AG	Aktiengesellschaft
AIG	Auslandsinvestitionsgesetz
Alt.	Alternative
Anl.	Anlage
AO	Abgabenordnung
AZ	Aktenzeichen
BaWü	Baden-Württemberg
BB	Zeitschrift »Betriebsberater«
BewG	Bewertungsgesetz
BFH	Bundesfinanzhof
BFH/NV	Sammlung amtlich nicht veröffentlichter Entscheidungen des Bundesfinanzhofes
BGB	Bürgerliches Gesetzbuch
BGF	Brutto-Grundfläche
BGH	Bundesgerichtshof
BGHZ	Amtliche Sammlung von Entscheidungen des Bundesgerichtshofes in Zivilsachen
BMF	Bundesministerium der Finanzen
BStBl	Bundessteuerblatt
BVerfG	Bundesverfassungsgericht
bzw.	beziehungsweise
DB	Zeitschrift »Der Betrieb«
DBA	Doppelbesteuerungsabkommen
d. h.	das heißt
EFG	Zeitschrift »Entscheidungen der Finanzgerichte«
EFH	Einfamilienhaus
ErbStDV	Erbschaftsteuer-Durchführungsverordnung
ErbStG	Erbschaftsteuer- und Schenkungsteuergesetz
ErbStRG	Erbschaftsteuerreformgesetz
ErbStR	Erbschaftsteuer-Richtlinien
ErbStH	Hinweise zu den Erbschaftsteuer-Richtlinien
ErbStRG	Erbschaftsteuer-Reformgesetz
Erl.	Erlass
ESt	Einkommensteuer
EStDV	Einkommensteuer-Durchführungsverordnung
EStG	Einkommensteuergesetz
EU	Europäische Union
EuGH	Europäischer Gerichtshof
EWR	Europäischer Wirtschaftsraum

f., ff.	folgende
FG	Finanzgericht
FinMin	Finanzministerium
GBO	Grundbuchordnung
geb.	geboren
gem.	gemäß
GFZ	Geschossflächenzahl
GG	Grundgesetz
ggf.	gegebenenfalls
GmbH	Gesellschaft mit beschränkter Haftung
GrEStG	Grunderwerbsteuergesetz
HGB	Handelsgesetzbuch
h. M.	herrschende Meinung
HOAI	Honorarordnung für Architekten und Ingenieure
HS	Halbsatz
i. d. F.	in der Fassung
i. d. R.	in der Regel
i. H. d.	in Höhe des
i. H. v.	in Höhe von
inkl.	inklusive
i. S. d.	im Sinne des
i. S. v.	im Sinne von
i. V. m.	in Verbindung mit
JStG	Jahressteuergesetz
KG	Kommanditgesellschaft
KGaA	Kommanditgesellschaft auf Aktien
KSt	Körperschaftsteuer
KStG	Körperschaftsteuergesetz
LPartG	Lebenspartnerschaftsgesetz
lt.	laut
Mio.	Million
Mrd.	Milliarde
MWG	Mietwohngrundstück
n. F.	neue Fassung
o. a.	oben angeführt
OFD	Oberfinanzdirektion
OHG	Offene Handelsgesellschaft
rd.	rund
RHK	Regelherstellungskosten
s.	siehe
SB-Märkte	Selbstbedienungsmärkte
SGB	Sozialgesetzbuch
s. o.	siehe oben
sog.	sogenannte(-r, -s)
u. a.	unter anderem
usw.	und so weiter
u. U.	unter Umständen

UVR	Zeitschrift »Umsatzsteuer- und Verkehrsteuer-Recht«
vgl.	vergleiche
VV	Vervielfältiger
VZ	Veranlagungszeitraum
WEG	Gesetz über das Wohnungseigentum und das Dauerwohnrecht
z. B.	zum Beispiel
ZEV	Zeitschrift für Erbrecht und Vermögensnachfolge

Teil A Erbschaft- und Schenkungsteuerrecht – Überblick

1 Allgemeines

Die Erbschaftsteuer hat zum Besteuerungsziel, den **unentgeltlichen** Vermögensübergang von einer Person auf eine andere Person zu erfassen. Dieser kann eintreten **als Erwerb von Todes wegen** oder durch **Rechtsgeschäft unter Lebenden**.

Unentgeltliche Vermögensübergänge

- **Erwerb von Todes wegen** (§ 3 ErbStG)
- **Schenkungen unter Lebenden** (§ 7 ErbStG)

Die deutsche Erbschaftsteuer ist eine **Erbanfallsteuer**. Die Erbanfallsteuer hebt darauf ab, was dem einzelnen Erwerber aufgrund des Erbanfalls zufällt. Aus diesem Charakter ergibt sich, dass die Erbschaft- und Schenkungsteuer durch das sogenannte **Bereicherungsprinzip** (§ 10 Abs. 1 Satz 1 ErbStG) geprägt ist, ihr unterliegt die Bereicherung, die dem einzelnen Erwerber aufgrund des **Erbfalls** (bzw. der **Schenkung**) zufließt.

Es soll in beiden Fällen die erhöhte steuerliche und wirtschaftliche Leistungsfähigkeit erfasst werden, die durch den Vermögenszugang beim Erwerber eingetreten ist. Das Besteuerungssystem der Erbschaft- und Schenkungsteuer berücksichtigt das **persönliche Verhältnis** eines jeden einzelnen Erwerbers zum Erblasser oder Schenker. Dies ist dadurch gewährleistet, dass bei der Steuerberechnung die Höhe der persönlichen Freibeträge und der anzuwendende gestaffelte Steuertarif sich unter anderem nach dem Verwandtschaftsgrad des Erwerbers zum Erblasser oder Schenker richten.

BEISPIEL

Der verwitwete X ist am 15.03.2019 verstorben. Alleinerbe wird sein Sohn. Der Nachlass des X umfasst folgende Nachlasswerte:

Aktivnachlass	**Verkehrswert**	**Steuerwert**
Einfamilienhaus, Grundbesitzwert § 151 Abs. 1 Satz 1 Nr. 1 BewG (1 750 000 €)	1 800 000 €	1 750 000 €
Sparguthaben **inkl. Zinsen** bis Todestag	200 000 €	200 000 €
Wertpapiere mit Kurswert am Todestag	250 000 €	250 000 €
	2 250 000 €	2 200 000 €
Passivnachlass		
Erblasserschulden (Grundstücksschulden, Personensteuern u. a.)	320 000 €	320 000 €
Erbfallschulden lt. Einzelnachweisen	50 000 €	50 000 €
Reinnachlass	1 880 000 €	1 830 000 €

LÖSUNG Durch den Tod von X fällt der Nachlass seinem Gesamtrechtsnachfolger zu (§ 1922 BGB). Erbschaftsteuerlich liegt ein Erwerb von Todes wegen vor, konkret durch Erbanfall (§ 1 Abs. 1 Nr. 1 i. V. m. § 3 Abs. 1 Nr. 1 1. Alt. ErbStG). Der Wert des Nachlasses unter Berücksichtigung der Bewertung nach § 12 ErbStG (Steuerwerte) hat zu einer Bereicherung i. H. v. 1 830 000 € geführt (§ 10 Abs. 1 Satz 2 ErbStG). Der Verkehrswert ist grds. ohne Bedeutung, die Bewertung erfolgt nach § 12 ErbStG. Die Bewertung ist jedoch am gemeinen Wert (Verkehrswert) ausgerichtet. Gerade bei Grundstücken oder auch Betriebsvermögen kann der Steuerwert niedriger als der Verkehrswert sein.

Die Erbschaftsteuer kann in zwei Formen erhoben werden:

1. in der Form der **Nachlasssteuer**, die den Nachlass des Erblassers besteuert, bevor das Vermögen auf den oder die Erben übergegangen ist (**Abgabe vom Nachlass des Erblassers**) und
2. in der Form einer **Erbanfallsteuer**, wonach sich der Erwerb unmittelbar auf die Erbschaft selbst bezieht, d. h. sie knüpft an den Erwerb des einzelnen Erben an.
   Das deutsche Erbschaftsteuerrecht richtet sich nach den Prinzipien der **Erbanfallsteuer.**
   Die Erbschaftsteuer gehört nach herrschender Meinung zu den **Besitzsteuern** (Besitzsteuer vom Vermögen). Gelegentlich wird sie auch als Verkehrsteuer bezeichnet. Die Schenkungsteuer ist eine Verkehrsteuer, weil an den Übergang von Vermögen angeknüpft wird (Bereicherung). Die Vorschriften für die Erbschaftsteuer gelten grds. auch für die Schenkungsteuer, vgl. § 1 Abs. 2 ErbStG. Steuerberechtigt aus dem Aufkommen sind nach Art. 106 Abs. 2 Nr. 2 GG die **Länder.**

Das bundesweite Steueraufkommen aus der Erbschaft- und Schenkungsteuer belief sich im Jahr 2017 auf 6,11 Mrd. € (7,01 Mrd. € in 2016).

2 Rechtsgrundlagen und Verwaltungsanweisungen

Für das derzeitige Besteuerungsverfahren haben die nachstehenden Rechtsgrundlagen und Verwaltungsanweisungen Gültigkeit:

- Erbschaftsteuer- und Schenkungsteuergesetz (ErbStG)
- Bewertungsgesetz
- Erbschaftsteuer-Durchführungsverordnung (ErbStDV)
- Erbschaftsteuer-Richtlinien 2019
- Hinweise zu den Erbschaftsteuer-Richtlinien
- gleich lautende Erlasse der obersten Finanzbehörden der Länder zu aktuellen Änderungen

a) Erbschaft- und Schenkungsteuergesetz (ErbStG)
Gliederung des Erbschaftsteuer- und Schenkungsteuergesetzes

ErbStG

I. Abschnitt	II. Abschnitt	III. Abschnitt	IV. Abschnitt	V. Abschnitt
Steuerpflicht §§ 1–9	Wertermittlung §§ 10–13d	Berechnung der Steuer §§ 14–19a	Steuerfestsetzung und Erhebung §§ 20–35	Ermächtigungs- und Schlussvorschriften §§ 36–37a
• Steuersubjekt • Besteuerungssachverhalte	• Besteuerungsgrundlagen • sachliche Steuerbefreiungen • Vergünstigungen – gewerblicher Betriebsvermögen, – land- und forstwirtschaftlicher Vermögen und – für Anteile an Kapitalgesellschaften – Steuerbefreiung für zu Wohnzwecken vermietete Grundstücke	• frühere Erwerbe • Steuerklassen • persönliche Freibeträge • Steuersätze • Tarifentlastung	• Vorschriften zur Durchführung der Veranlagung und Steuerentrichtung	• Ermächtigungen zum Erlass von Rechtsverordnungen • Gesetzesanwendung • Sondervorschriften aus der Herstellung der Einheit Deutschlands

b) Erbschaftsteuer-Durchführungsverordnung (ErbStDV)

In der ErbStDV werden insbesondere die Einzelheiten zu den Anzeigepflichten (§§ 33, 34 ErbStG) geregelt. Weiterhin enthält die ErbStDV Muster für die Anzeige über die Verwahrung und Verwaltung fremden Vermögens (Anlage zu § 1 ErbStDV), die Auszahlung von Versicherungssummen (Anlage zu § 3 ErbStDV) sowie Muster und Anleitung zur Aufstellung von Totenlisten (Anlage zu § 4 ErbStDV).

c) Erbschaftsteuer-Richtlinien 2019 (ErbStR 2019)

Die Erbschaftsteuer-Richtlinien 2019 sind Weisungen an die Finanzbehörden zur einheitlichen Anwendung des Erbschaftsteuer- und Schenkungsteuerrechts und der dazu notwendigen Regelungen des Bewertungsrechts. Sie dienen der Verwaltungsvereinfachung und der Vermeidung unbilliger Härten.

FALL 1

Nehmen Sie zu den nachstehenden Fragen und Aussagen jeweils Stellung:
1. Welche Besteuerungstatbestände unterliegen der Erbschaft- und Schenkungsbesteuerung?
2. Nach welchem Erhebungsprinzip wird die deutsche Erbschaftsteuer erhoben?
3. Ist die Erbschaftsteuer
a) eine Besitzsteuer oder eine Verkehrsteuer?
b) eine Bundessteuer oder eine Landessteuer?
c) eine direkte Steuer oder eine indirekte Steuer?
d) eine Personensteuer oder eine Sachsteuer?
Wählen Sie die zutreffende Aussage jeweils aus!
1. Was setzt die Erhebung der Erbschaftsteuer und Schenkungsteuer voraus?
2. Durch welche Gesetzesregelung wird die Verbindung zwischen der Erbschaftsteuer und Schenkungsteuer hergestellt?

3 Verhältnis der Erbschaftsteuer zu anderen Steuern

Die Erhebung der Erbschaftsteuer (Schenkungsteuer) für einen unentgeltlichen Vermögensübergang schließt nicht aus, dass auch noch eine Steuerpflicht nach **anderen** Steuergesetzen ausgelöst wird. Größtenteils sind jedoch die steuerlichen Tatbestände so aufeinander abgestimmt, dass eine doppelte Besteuerung desselben Sachverhalts nur ausnahmsweise in Betracht kommt.

3.1 Erbschaftsteuer (Schenkungsteuer) und Einkommensteuer

Nachdem die Erbschaftsteuer (Schenkungsteuer) nur das **unentgeltliche Zufließen** von Vermögenswerten erfasst, unterliegt dieses grundsätzlich nicht der Einkommensbesteuerung, weil es an den Tatbestandsmerkmalen für die Subsumtion unter eine der sieben Einkunftsarten des § 2 Abs. 1 Nr. 1–7 EStG fehlt. Dies wird aber dann durchbrochen, wenn zum Nachlass Vermögenswerte gehören, die beim Erblasser zwar einkommensteuerpflichtig waren, aber wegen fehlenden Zuflusses noch nicht versteuert worden sind.

BEISPIELE

a) Zum Nachlass eines Freiberuflers gehörende noch ausstehende Forderungen, die in der Hand des Erblassers noch nicht der Einkommensteuer unterlegen haben. Der Zufluss erfolgt erst nach Tode an den Erben.

b) Beim Zufließen eines Stammrechts (z. B. eines Rentenstammrechts) unterliegen die späteren Nutzungen beim Begünstigten außer der Erbschaftsteuer (Schenkungsteuer) auch der Einkommensteuer.

c) Stückzinsen und bis zum Todestag aufgelaufene Zinsen.

d) Die Veräußerung von begünstigtem Betriebsvermögen (Einzelunternehmen, Anteil an gewerblicher Personengesellschaft oder auch GmbH-Anteil) durch die Erben, führt grds. zum Wegfall der Verschonung im Rahmen der Erbschaftsteuer und löst in der Regel auch eine Besteuerung innerhalb der Einkommensteuer aus (§§ 16 – 17 EStG).

Wie die Beispiele verdeutlichen, wird die Einkommensteuer erhoben, weil die Bezüge Einkünfte i. S. d. Einkommensteuerrechts darstellen. Die Erbschaftsteuer (Schenkungsteuer) kommt deshalb zur Erhebung, weil die Vermögenswerte unentgeltlich zufließen.

Um eine Mehrfachbelastung mit ErbSt einerseits und ESt andererseits abzumildern, kommt unter den Voraussetzungen des § 35b EStG eine Steuerermäßigung im Rahmen der ESt in Betracht. Sofern bei der Ermittlung des Einkommens Einkünfte berücksichtigt worden sind, die im aktuellen Veranlagungszeitraum oder in den vier vorangegangenen Veranlagungszeiträumen als **Erwerb von Todes wegen** (**nicht** bei Schenkungen unter Lebenden i. S. d. § 7 ErbStG) der **ErbSt** unterlegen haben, wird auf **Antrag** die um sonstige Steuerermäßigungen gekürzte tarifliche ESt, die auf diese Einkünfte entfällt, nach § 35b EStG prozentual ermäßigt. Der Prozentsatz bestimmt sich nach dem Verhältnis, in dem die festgesetzte ErbSt zu dem Betrag steht, der sich ergibt, wenn dem steuerpflichtigen Erwerb (§ 10 Abs. 1 ErbStG) die Freibeträge nach den §§ 16 und 17 und der steuerfreie Betrag nach § 5 ErbStG hinzugerechnet werden.

BEISPIEL

Nach dem Tod seines Vaters V erbt Sohn S einen steuerpflichtigen **Reinnachlass** i. H. v. 2 Mio. €. In diesem Nachlass sind noch Honorarforderungen i. H. v. 10 000 € aus einer freiberuflichen Tätigkeit enthalten. S ist 35 Jahre alt und ledig (§ 17 Abs. 2 ErbStG entfällt).
Im Jahr des Zuflusses beläuft sich die Summe der Einkünfte (einschließl. der vereinnahmten Forderung) auf 260 000 €; das zu versteuernde Einkommen beträgt 240 000 € (VZ 2018).
Die zu entrichtende ErbSt errechnet sich wie folgt:

Wert des Nachlasses	2 000 000 €
./. Freibetrag Steuerklasse I Nr. 2 (§ 16 Abs. 1 Nr. 2 ErbStG)	400 000 €
Steuerpflichtiger Erwerb § 10 Abs. 1 Satz 1 ErbStG	1 600 000 €
Steuersatz nach § 19 Abs. 1 ErbStG	19 %
ErbSt	304 000 €

Die ErbSt beläuft sich auf 15,2 % des Gesamterwerbs (304 000 €/2 000 000 €); um diesen Prozentsatz ermäßigt sich die auf die Forderungen entfallende ESt.

Tarifliche ESt im VZ 2018 bei einem zu versteuernden Einkommen von 240 000 €	92 178 €

Anteilige ESt, soweit auf die Kapitalforderung entfallend:

92 178 € × 10 000 €/260 000 € =	rd. 3 545 €
Ermäßigung der ESt um 15,2 %	rd. 539 €
Festzusetzende ESt	91 639 €

3.2 Erbschaftsteuer (Schenkungsteuer) und Grunderwerbsteuer

Nach § 3 Nr. 2 GrEStG wird Grunderwerbsteuer **nicht** erhoben, soweit der Rechtsvorgang, der der Grunderwerbsteuer unterliegt, zugleich als Erwerb von Todes wegen oder als Schenkung unter Lebenden i. S. d. ErbStG anzusehen ist. Unbeachtlich ist, ob eine Erbschaftsteuer tatsächlich erhoben wird. Hierdurch soll eine Doppelbelastung mit Erbschaftsteuer und Grunderwerbsteuer vermieden werden.

Kraft ausdrücklicher Regelung in § 3 Nr. 2 Satz 2 GrEStG kommt bei Schenkungen unter Auflage eine Grunderwerbsteuerbefreiung **nur insoweit** in Betracht, als der Wert des Grundstücks den Wert der Auflage übersteigt. Demzufolge ist in Höhe des Werts der Auflage Grunderwerbsteuer zu entrichten. Bei Vorliegen von gemischten Grundstückschenkungen muss der Übertragungsvorgang in einen entgeltlichen und einen unentgeltlichen Teil aufgeteilt werden.

Der **entgeltliche** Teil ist **grunderwerbsteuerpflichtig**, der **unentgeltliche** Teil unterliegt der **Schenkungsteuer**.

BEISPIEL

O (Onkel) überträgt an seinen Neffen N (Sohn seiner Schwester) durch Schenkung ein Mietwohngrundstück. Das Grundstück wird ausschließlich zu fremden Wohnzwecken vermietet. Im notariellen Schenkungsvertrag wird vereinbart, dass N die auf dem Grundstück lastenden Schulden zu übernehmen hat.
Zum Besteuerungszeitpunkt 01. 04. 2019 betragen

der Verkehrswert des Grundstücks	1 400 000 €,
die valutierten Schulden	350 000 €,
der Steuerwert (Grundbesitzwert § 151 Abs. 1 Satz 1 Nr. 1 BewG)	1 320 000 €.

LÖSUNG Der Steuerwert für die freigebige Zuwendung (gemischte Schenkung) errechnet sich nach R E 7.4 Abs. 1 und 2 ErbStR wie folgt:
Die Bereicherung des N beträgt:

Grundbesitzwert	1 320 000 €
./. Befreiung § 13 d ErbStG 10 % von 1 320 000 €	132 000 €
Verbleiben	1 188 000 €
Gegenleistung in wirtschaftlichem Zusammenhang mit dem Grundstück (Schuldübernahme)	350 000 €
Nicht abzugsfähig nach § 10 Abs. 6 Satz 5 ErbStG 10 % von 350 000 € ./. 35 000 €	
Abzugsfähig 315 000 €	./. 315 000 €
Bereicherung	873 000 €

Die gemischte Schenkung ist deshalb aufzuteilen in einen

unentgeltlichen Teil	entgeltlichen Teil
schenkungsteuerpflichtig Bemessungsgrundlage = 873 000 €	grunderwerbsteuerpflichtig Bemessungsgrundlage = 350 000 €

Der Grunderwerbsteuer unterliegt der Wert der Auflage unabhängig davon, ob die Auflage im Rahmen der Schenkungsteuer tatsächlich abziehbar ist. Es besteht insoweit kein zwingender Gleichklang. Es besteht weder eine verfahrensrechtliche noch eine materiell-rechtliche Bindung zwischen beiden Festsetzungen. Weitere Einzelheiten regelt R E 7.4 Abs. 1, 2 und 4 ErbStR und H E 7.4 ErbStH, s. auch Ausführungen zu F 2. 3. 4.

FALL 2

Beantworten Sie folgende Fragen:

1. Kommt es in Erbfällen unter Umständen zu einer gleichzeitigen Erhebung von Einkommensteuer und Erbschaftsteuer?

Wenn ja, nennen Sie einzelne Beispiele mit entsprechender Begründung.

2. Schließen sich Erbschaftsteuer (Schenkungsteuer) und Grunderwerbsteuer gegenseitig aus?

Welche Auswirkungen ergeben sich bei einer gemischten Schenkung/Schenkung unter Auflage?

Teil B Steuerpflicht

1 Sachliche Steuerpflicht (§ 1 ErbStG)

Die steuerpflichtigen Vorgänge, die der Erbschaftsteuer (Schenkungsteuer) unterliegen, sind in § 1 ErbStG geregelt. Es werden erfasst:

a) der **Erwerb von Todes wegen** (§ 3 ErbStG),
b) die **Schenkungen unter Lebenden** (§ 7 ErbStG),
c) die **Zweckzuwendungen** (§ 8 ErbStG) und
d) **bestimmtes Familienstiftungsvermögen** (§ 1 Abs. 1 Nr. 4 ErbStG).

Welche Erwerbe im Einzelnen unter die Grundtatbestände fallen, richtet sich nach den §§ 3–8 ErbStG.

Nach § 1 Abs. 2 ErbStG gelten die Vorschriften über Erwerb von Todes wegen auch für Schenkungen und Zweckzuwendungen, die Vorschriften über Schenkungen auch für Zweckzuwendungen unter Lebenden. Mit dieser Regelung wird die Schenkungsteuer in den Rechtsfolgen weitestgehend der Erbschaftsteuer gleichgestellt. Daraus folgt, dass wenn eine Sonderregelung für den Schenkungsbereich nach § 7 ErbStG **keine** Anwendung findet, die Vorschriften des Erbschaftsteuerrechts anzuwenden sind (z. B. Bewertung des Erwerbs, Steuerklassen, Freibeträge, Steuersätze, Tarifvergünstigungen), s. hierzu R E 1.1 ErbStR. Soweit Vorschriften ausdrücklich an Erwerbe von Todes wegen anknüpfen, sind diese auf Schenkungen unter Lebenden nicht anzuwenden. Dies gilt insbesondere für den Abzug von Nachlassverbindlichkeiten (§ 10 Abs. 5 ErbStG), den Versorgungsfreibetrag (§ 17 ErbStG) sowie einzelne sachliche Steuerbefreiungen (z. B. Erwerb von Todes wegen eines Familienheims durch Kinder gem. § 13 Abs. 1 Nr. 4c ErbStG).

2 Persönliche Steuerpflicht (§ 2 ErbStG)

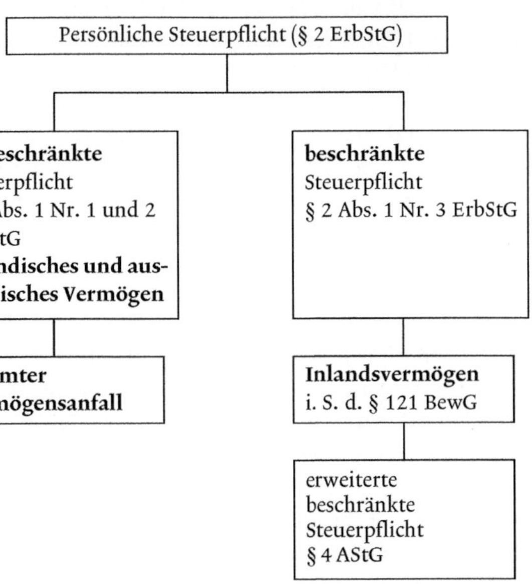

Bei der persönlichen Steuerpflicht muss unterschieden werden zwischen der Steuerpflicht, die sich auf den **gesamten Vermögensanfall** des Erwerbers erstreckt (**unbeschränkte** Steuerpflicht), und der Steuerpflicht, die sich lediglich auf eine Erfassung bestimmter Vermögensgegenstände und Nutzungsrechte daran beschränkt (**beschränkte** Steuerpflicht).

2.1 Unbeschränkte Steuerpflicht (§ 2 Nr. 1 und 2 ErbStG)

Die **unbeschränkte** Steuerpflicht, also die Steuerpflicht für den **gesamten** Vermögensanfall, tritt ein, wobei es unbeachtlich ist, ob sich das erworbene Vermögen im Inland oder Ausland befindet, bei

- allen Erwerben aus dem Nachlass eines **inländischen Erblassers** und für alle Schenkungen eines **inländischen Schenkers,** auch wenn der Erwerber kein Inländer ist,
- **allen Erwerben von Inländern**, die von einem nicht als Inländer geltenden Erblasser oder Schenker stammen.

Als **Inländer** gelten – ungeachtet der Staatsangehörigkeit – alle natürlichen Personen mit Wohnsitz (§ 8 AO) oder gewöhnlichem Aufenthalt (§ 9 AO) im Inland, § 2 Abs. 1 Nr. 1 Satz 2 Buchst. a ErbStG. Ferner gelten als Inländer deutsche Staatsangehörige, die sich nicht länger als fünf Jahre dauernd im Ausland aufgehalten haben, ohne im Inland einen Wohnsitz zu haben (§ 2 Abs. 1 Nr. 1 Buchst. b ErbStG). Durch diese Regelung soll verhindert werden, dass die deutsche Erbschaft- und Schenkungsteuer durch vorübergehende Wohnsitzverlegungen in das Ausland umgangen werden kann. Für die **Auslandsbeamten**, die ihren dienstlichen Wohnsitz im Ausland haben, kommt nach § 2 Abs. 1 Nr. 1 Buchst. c ErbStG die **unbeschränkte Steuerpflicht** in Betracht.

Schließlich gelten als Inländer auch **Körperschaften, Personenvereinigungen und Vermögensmassen**, die ihre Geschäftsleitung oder ihren Sitz (§§ 10, 11 AO) **im Inland** haben (§ 2 Abs. 1 Nr. 1 Buchst. d ErbStG). Sind im Falle der unbeschränkten Steuerpflicht Doppelbesteuerungsabkommen, die nur für die Erbschaftsteuer Gültigkeit haben, zu beachten, so steht das Besteuerungsrecht vorrangig dem Staat zu, in dem der Erblasser seinen Wohnsitz hatte. Nach derzeitigem Stand bestehen Erbschaftsteuerabkommen nur mit den folgenden sechs Ländern: **Dänemark, Frankreich, Griechenland, Schweden, Schweiz und USA** (zu den Abkommen s. auch die Übersicht in H E 2.1 ErbStH).

Um eine Doppelbesteuerung von Auslandsvermögen auszuschließen, kann unter bestimmten Voraussetzungen nach § 21 ErbStG die ausländische Erbschaftsteuer auf die deutsche Erbschaftsteuer angerechnet werden. Dies gilt auch für solche Fälle, wenn nach einem Doppelbesteuerungsabkommen die in einem ausländischen Staat erhobene Steuer auf die deutsche Erbschaftsteuer anzurechnen ist.

2.2 Beschränkte Steuerpflicht (§ 2 Abs. 1 Nr. 3 ErbStG)

Die beschränkte Erbschaftsteuerpflicht tritt dann ein, wenn weder der Erblasser zur Zeit seines Todes bzw. der Schenker zur Zeit der Ausführung der Zuwendung noch der Erwerber zur Zeit der Entstehung der Steuer (§ 9 ErbStG) ein Inländer ist, § 2 Abs. 1 Nr. 3 ErbStG. Die Steuerpflicht erstreckt sich hier nur auf das Inlandsvermögen i. S. d. § 121 BewG einschließlich bestehender Nutzungsrechte an solchen Vermögensgegenständen. Anzumerken ist, dass reine Geldansprüche, die grundbuchrechtlich nicht abgesichert sind, z. B. Sparguthaben, als Inlandsvermögen ausscheiden (§ 121 Nr. 7 BewG i. U.).

Im Rahmen der beschränkten Steuerpflicht gelten mit Wirkung vom 25.06.2017 an die persönlichen Freibeträge nach § 16 Abs. 1 ErbStG. Die Änderung erfolgte durch das Steuerumgehungsbekämpfungsgesetz (StUmgBG vom 23.06.2017, BGBl I 2017, 1682). Sofern inländisches und ausländisches Vermögen vorhanden ist, wird der Freibetrag um einen Teilbetrag gemindert. Hierdurch wird eine ungerechtfertigte Besserstellung gegenüber der unbeschränkten Steuerpflicht verhindert, vgl. § 16 Abs. 2 ErbStG. Gleichzeitig entfällt das bisherige Wahlrecht nach § 2 Abs. 3 ErbStG. Eine Option zur unbeschränkten Steuerpflicht gibt es mit Wirkung vom 25.06.2017 an nicht mehr.

2.3 Erweiterte beschränkte Steuerpflicht (§ 4 AStG)

Bei der erweiterten beschränkten Steuerpflicht war der Erblasser oder Schenker bei Entstehung der ErbSt in den letzten 10 Jahren vor Ende der unbeschränkten Erbschaftsteuerpflicht mindestens 5 Jahre unbeschränkt erbschaftsteuerpflichtig.

Weitere Voraussetzung ist u. a. die Verlegung des Wohnsitzes in ein Gebiet mit **niedriger Besteuerung** (§ 2 Abs. 2 AStG) und Verfolgung wesentlicher wirtschaftlicher Interessen im Inland (i. S. v. § 2 Abs. 3 und 4 AStG).

Zum Umfang der erweiterten beschränkten Erbschaft- und Schenkungsteuerpflicht, siehe BMF vom 14.05.2004 BStBl I 2004, Sondernummer 1/2004, 3.

2.4 Wahlrecht bei beschränkter Erbschaftsteuerpflicht (§ 2 Abs. 3 ErbStG)

§ 2 Abs. 3 ErbStG ermöglichte es beschränkt erbschaftsteuerpflichtigen Erben oder Beschenkten, die in einem EU- oder EWR-Mitgliedstaat ansässig sind, **auf Antrag** als unbeschränkt steuerpflichtig behandelt zu werden. § 2 Abs. 3 ErbStG ist mit Wirkung vom 25.06.2017 an aufgehoben. Bei einer Option nach § 2 Abs. 3 ErbStG wurden die höheren persönlichen Freibeträge des § 16 Abs. 1 ErbStG anstelle des Freibetrages gem. § 16 Abs. 2 ErbStG (2 000 €) berücksichtigt. Der Antragsteller unterlag somit den Regelungen der unbeschränkten Steuerpflicht. Der Gesetzgeber hatte § 2 Abs. 3 ErbStG als Reaktion auf die EuGH-Rechtsprechung eingeführt, nach der § 16 Abs. 2 ErbStG gegen die nach Art. 56 und Art. 58 EGV garantierte Kapitalverkehrsfreiheit verstößt.

Allerdings war zu beachten, dass bei Wahl der fiktiven unbeschränkten Steuerpflicht auch mehrere innerhalb von zehn Jahren **vor und nach** dem Vermögensanfall von derselben Person anfallende Erwerbe als unbeschränkt steuerpflichtig zu behandeln waren, § 2 Abs. 3 Satz 2 ErbStG. Der Vorteil des höheren Freibetrages konnte durch die Zusammenrechnung der vorhergehenden und nachfolgenden Erwerbe aufgebraucht werden. Mit der Angleichung der persönlichen Freibeträge (§ 16 Abs. 1 und Abs. 2 ErbStG) ist die Optionsmöglichkeit entfallen.

BEISPIEL

Der in Paris ansässige X schenkte am 01.07.2016 seinem in Straßburg lebenden Sohn ein in Deutschland belegenes Grundstück. Der Vater hatte ihm bereits in 2013 ein Grundstück in Aix-en-Provence geschenkt. Der Vater verstarb im Februar 2017 und hinterließ dem Sohn als Alleinerben seinen Nachlass (kein Inlandsvermögen i. S. d. § 121 BewG).

LÖSUNG Der Vermögensanfall am 01.07.2016 unterlag der beschränkten Steuerpflicht gem. § 2 Abs. 1 Nr. 3 ErbStG i. V. m. § 121 Nr. 2 BewG. Weder Schenker noch Beschenkter waren Inländer i. S. d. § 2 Abs. 1 Nr. 1 Satz 2 ErbStG. Es galt ein Freibetrag von 2 000 € gem. § 16 Abs. 2 ErbStG. Auf Antrag konnte der Vermögensanfall gem. § 2 Abs. 3 ErbStG als unbeschränkt steuerpflichtig behandelt werden, da der Schenker bzw. der Erwerber im Zeitpunkt der Steuerentstehung seinen Wohnsitz in einem EU-Staat hatte. In diesem Fall kam der persönliche Freibetrag von 400 000 € zur Anwendung, gleichzeitig wurden für die Ermittlung der Steuer die Erwerbe aus 2013 und 2017 nach Maßgabe des § 14 ErbStG einbezogen. Die Zusammenrechnung erfolgte auch, wenn dieses Vermögen kein Inlandsvermögen i. S. d. § 121 BewG darstellte.

FÄLLE 3–4

FALL 3 Die persönliche Steuerpflicht regelt § 2 ErbStG.

1. Worin unterscheiden sich die unbeschränkte Steuerpflicht und beschränkte Steuerpflicht im Besteuerungsumfang?
2. Welche Besteuerungstatbestände unterliegen der unbeschränkten Steuerpflicht/der beschränkten Steuerpflicht?

Treffen Sie die jeweiligen Kernaussagen zu den vorstehenden Fragen.

FALL 4

1. Der am 01. 08. 2019 in Stuttgart verstorbene Erblasser Fritz Sorge wird von seinen drei Kindern
   - Rolf Sorge, wohnhaft in Heilbronn,
   - Wolfgang Sorge, wohnhaft in Basel/Schweiz,
   - Barbara Sorge, wohnhaft in Linz, Österreich
   - zu je 1/3 beerbt.

   Zum Nachlass gehört inländisches Vermögen mit einem Steuerwert von 2,9 Mio. € und eine Ferienwohnung auf der Insel Mallorca/Spanien mit einem gemeinen Wert am Todestag von 200 000 €.
2. Der belgische Staatsbürger Albert Baldur mit Wohnsitz in Gent wird von seiner Tochter Caroline mit Wohnsitz in Brüssel allein beerbt. Am Todestag war ein Sparkonto (Termingeldanlage) bei der Stadtsparkasse Aachen mit einem Guthaben inkl. aufgelaufener Zinsen im Betrag von 60 000 € vorhanden. Dieses Konto wurde nach Ablauf der Anlagezeit, zehn Wochen nach dem Todestag, am 14. 02. 2019 durch die Alleinerbin aufgelöst.

Prüfen Sie in beiden Fällen die persönliche Steuerpflicht. In welcher Höhe unterliegen die Nachlässe der Erbschaftsbesteuerung?

Teil C Erwerb von Todes wegen (§ 3 ErbStG)

1 Zivilrechtliche Grundlagen zum Erbrecht

Das Erbrecht bestimmt die Rechtsnachfolge in das Vermögen eines Verstorbenen. Es ist im 5. Buch des BGB in den §§ 1922–2385 geregelt. Das Erbrecht beruht auf dem **Grundsatz der Gesamtrechtsnachfolge**, d. h. das Vermögen **geht als Ganzes** und somit alle Rechte und Verbindlichkeiten auf den Erben über. Sind beim Erbfall mehrere Erben vorhanden, so finden auf jeden Anteil eines Miterben die sich auf die Erbschaft insgesamt beziehenden Vorschriften Anwendung (§ 1922 Abs. 1 und 2 BGB). Alle Miterben werden von Gesetzes wegen (§ 2032 ff. BGB) zu einer nichtrechtsfähigen Personengemeinschaft, d. h. Erbengemeinschaft (**Gesamthandsgemeinschaft)** zusammengefasst.

Die Gesamtrechtsnachfolge tritt im Zeitpunkt des Todes einer natürlichen Person ein **(Erbfall).** Man nennt das Vermögen des Verstorbenen (Erblassers) **Nachlass.** Die Gesamtrechtsnachfolge erstreckt sich auf alle Vermögenswerte und somit auf **sämtliche** Aktiv- und Passivwerte des Nachlasses sowie der sonstigen Rechte und Pflichten des Erblassers, soweit diese vererbbar sind. **Nicht** vererbbar sind höchst persönliche Rechte (z. B. Nießbrauch) und Verpflichtungen.

2 Gesetzliche Erbfolge

Die **gesetzliche Erbfolge** tritt dann ein, wenn der Erblasser über seinen Nachlass **nicht** in anderer Weise verfügt hat (letztwillige Verfügung, z. B. durch Testament). Die gesetzliche Erbfolge ist gegenüber der gewillkürten Erbfolge nachrangig, § 1937 BGB. Als gesetzliche Erben kommen zunächst die **Blutsverwandten** des Erblassers in Betracht, d. h. Personen, deren eine von der anderen abstammt oder die von derselben dritten Person abstammen.

Verwandte in **gerader** Linie	Verwandte in der **Seitenlinie**
Urgroßeltern | Großeltern | Eltern | Kinder | Enkel | Urenkel	Großeltern —— Onkel/Tante | Eltern —— Geschwister | Kinder

Die **Verwandtenerbfolge** richtet sich im BGB nach Erbrechnungen (Parentel-System) gem. §§ 1924 ff. BGB, wonach als Grundsatz gilt: Die Verwandten näherer Ordnung schließen die Verwandten der entfernteren Ordnung von der gesetzlichen Erbfolge aus (§ 1930 BGB).

An letzter Stelle erbt der **Fiskus** (das Bundesland, in welchem der Erblasser seinen letzten Wohnsitz hatte), sofern Verwandte oder ein Ehegatte nicht vorhanden sind oder aber diese vorrangig Erbberechtigten die Erbschaft ausgeschlagen haben (§ 1936). Der **Fiskus** hat **kein** Erbausschlagungsrecht.

Zusammenfassend kommen als **gesetzliche Erben** in Betracht:

- die **Blutsverwandten** des Erblassers (§§ 1924 ff. BGB),
- der **Ehegatte** des Erblassers (§ 1931 BGB),
- der **Lebenspartner** (§ 10 LPartG),
- der **Fiskus** (Bundesland, § 1936 BGB).

2.1 Rangfolge der Erben nach Erbordnungen

Die Verwandtenerbfolge richtet sich nach Ordnungen, die sich nach der Zahl der vermittelnden Geburten ergeben. Sie werden durch das Gesetz in eine Reihenfolge gebracht (§ 1924 ff. BGB).

a) **Erben der 1. Ordnung** sind die Abkömmlinge des Erblassers (Kinder, Enkel usw.). Kinder erben zu gleichen Teilen (§ 1924 Abs. 4 BGB). Ein zur Zeit des Erbfalles lebender Abkömmling schließt seine eigenen Abkömmlinge von der Erbfolge aus. Es gilt das Repräsentationsprinzip, d. h. das Kind schließt die Enkel und Urenkel von der Erbfolge aus (§ 1924 Abs. 2 BGB). Andererseits treten an die Stelle eines zur Zeit des Erbfalles nicht mehr lebenden Abkömmlings die durch ihn mit dem Erblasser verwandten Abkömmlinge, es gilt das Eintrittsrecht der nachfolgenden Abkömmlinge (Erbfolge nach Stämmen, § 1924 Abs. 3 BGB).

b) **Erben der 2. Ordnung** sind die Eltern des Erblassers und deren Abkömmlinge (Brüder und Schwestern des Erblassers sowie deren Abkömmlinge, § 1925 Abs. 1 BGB). Leben zur Zeit des Erbfalles beide Eltern, so erben sie allein und zu gleichen Teilen (§ 1925 Abs. 2 BGB), schließen also die Geschwister und deren weitere Abkömmlinge aus. Ist bereits ein Elternteil vorverstorben, so treten anstelle des verstorbenen Elternteil dessen Abkömmlinge (z. B. die Geschwister des Erblassers).

c) **Erben der 3. Ordnung** sind die Großeltern des Erblassers und deren Abkömmlinge (Onkel, Tante usw., § 1926 Abs. 1 BGB). Leben zur Zeit des Erbfalles die Großeltern, so erben sie allein und zu gleichen Teilen (schließen somit ihre Abkömmlinge, d. h. Onkel, Tanten usw., des Erblassers von der Erbfolge aus, § 1926 Abs. 2 BGB).

d) **Erben der 4. Ordnung** sind die Urgroßeltern des Erblassers und deren Abkömmlinge (Großonkel, Großtante usw., § 1928 BGB).

BEISPIELE

a) Erblasser E hinterlässt zwei Kinder und drei Enkelkinder.

LÖSUNG K 1 und K 2 werden je hälftig Alleinerben (§ 1924 Abs. 4 BGB) und schließen deshalb nach § 1924 Abs. 2 BGB die drei Enkelkinder von der Erbfolge aus.

b) Erblasser E hinterlässt ein Kind und drei Enkelkinder (Abkömmlinge des **bereits vorverstorbenen zweiten Kindes).**

LÖSUNG K 1 wird zur Hälfte Erbe. Die andere Hälfte bleibt im Stamm des zweiten Kindes, da noch lebende Abkömmlinge vorhanden sind. Diese treten in das Erbrecht des vorverstorbenen Kindes ein, § 1924 Abs. 3 i. V. m. Abs. 4 BGB. Die Enkelkinder treten zu gleichen Teilen ein, so dass sich die Erbteile auf jeweils 1/6 belaufen.

c) Erblasser E hinterlässt seine Eltern und drei Geschwister.

LÖSUNG Die Eltern erben jeweils die Hälfte des Nachlasses gem. § 1925 Abs. 2 BGB.

d) Erblasser E hinterlässt seinen Vater und drei Geschwister. Die Mutter war bereits verstorben.

LÖSUNG Der Vater erbt die Hälfte und die drei Geschwister an Stelle der vorverstorbenen Mutter jeweils 1/6 des Nachlasses gem. § 1925 Abs. 3 Satz 1 BGB.

2.2 Darstellung der gesetzlichen Erbfolge

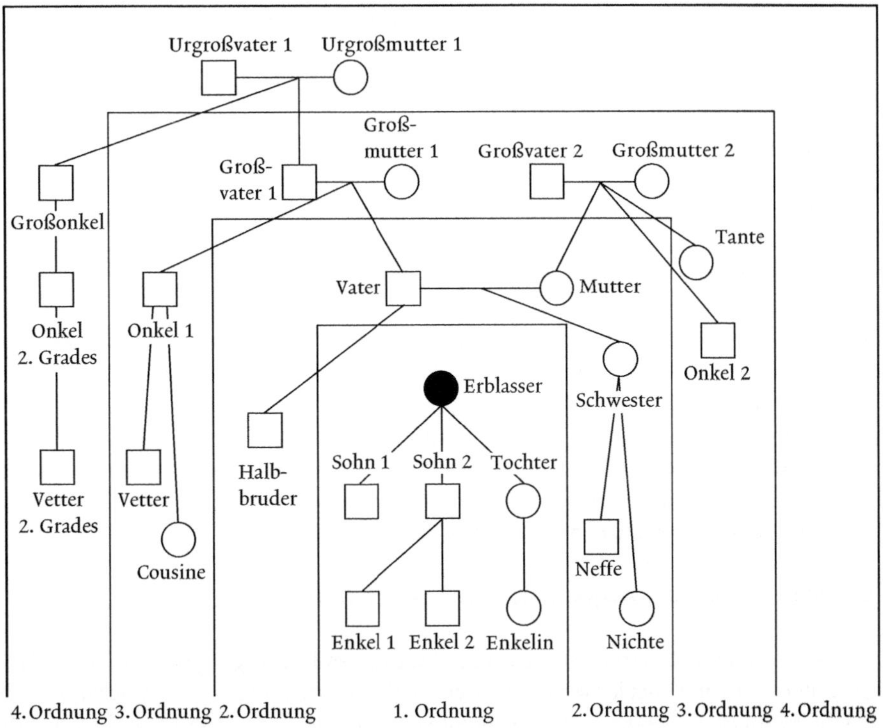

3 Sonderfälle des gesetzlichen Erbrechts

3.1 Erbrecht bei Adoption

Das **Adoptivkind** erhält die rechtliche Stellung eines leiblichen Kindes der Adoptiveltern (§ 1754 BGB). Es ist deshalb verwandt mit den annehmenden Eltern und deren Verwandten und damit auch Erbe 1. Ordnung im Verhältnis zu seinen annehmenden Eltern. Da es voll in den neuen Familienverband eingefügt wird, ist das angenommene Kind auch mit den Verwandten der Eltern verwandt (§ 1754 BGB). Das rechtliche Verwandtschaftsverhältnis zu den leiblichen Eltern und deren Verwandten erlischt kraft Gesetzes (§ 1755 BGB).

3.2 Erbrecht nichtehelicher Kinder

Durch das Gesetz zur erbrechtlichen Gleichstellung nichtehelicher Kinder (Erbrechtsgleichstellungsgesetz – ErbGleichG) vom 16.12. 1997 BGBl I 1997, 2968, das am 01.04. 1998 in Kraft getreten war, kommt es zu einer völligen Gleichstellung des Erbrechts der **nach** dem 01.07. 1949 geborenen nichtehelichen Kinder mit den ehelichen Kindern. Die früheren Sonderregelungen, die nur das erbrechtliche Verhältnis zwischen Vater und dem nichtehelichen Kind betrafen, §§ 1934 a bis 1934 e, 2338 a BGB a. F., sind weggefallen. Diese Regelungen finden nur noch auf solche Fälle Anwendung, in denen der Erblasser **vor** dem 01.04. 1998 verstorben ist.

Durch das 2. ErbGleichG vom 12.04. 2011 BGBl I 2011, 615 ist die o. g. Zeitschranke für vor dem 01. 07. 1949 geborene nichteheliche Kinder aufgrund des Urteils des Europäischen Gerichtshofs für Menschenrechte vom 28. 05. 2009 ZEV 2009, 510, FamRZ 2009, 1293 weggefallen.

3.3 Gesetzliches Erbrecht des überlebenden Ehegatten (§ 1931 BGB)

Der **Ehegatte** ist erbberechtigt, wenn zur Zeit des Erbfalles eine rechtsgültige Ehe zwischen ihm und dem Erblasser bestanden hat. Ist die Ehe für nichtig erklärt, aufgehoben oder geschieden, besteht **kein** Erbrecht.

Für die Ermittlung der Erbquote beim überlebenden Ehegatten ist entscheidend:

- der Güterstand der Ehegatten sowie
- die Miterben.

Bei der gesetzlichen Erbfolge erhält der Ehegatte neben Verwandten der **1. Ordnung** eine Erbquote von 1/4 (§ 1931 Abs. 1 BGB), neben Verwandten der **2. Ordnung** oder Großeltern eine Erbquote von 1/2 des Nachlasses (§ 1931 Abs. 1 BGB). Sofern neben dem Ehegatten **weder Erben der 1. noch der 2. Ordnung, noch Großeltern** vorhanden sind, schließt der Ehegatte alle entfernteren Verwandten von der Erbfolge aus und wird dann Alleinerbe (§ 1931 Abs. 2 BGB). Für das gesetzliche Erbrecht des überlebenden Ehegatten ist von Bedeutung, in welchem Güterstand die Eheleute gelebt haben (§ 1931 Abs. 3 und 4 BGB).

3.4 Zugewinngemeinschaft (§ 1363 ff. BGB)

Zur Abgeltung des Zugewinnausgleichs im Falle der **Beendigung der Ehe durch Tod** eines Ehegatten tritt von Gesetzes wegen eine schematische Erhöhung des gesetzlichen Erbteils des überlebenden Ehegatten um 1/4 des Gesamtnachlasses ein (§ 1371 Abs. 1 BGB). Unbeachtlich ist dabei, ob die Ehegatten real überhaupt einen Zugewinn erzielt haben und bei welchem von beiden ein solcher vorliegt.

Es wird also vom Gesetz ein erhöhter Zugewinn jeweils beim verstorbenen Ehegatten fingiert. Diese Zugewinnfiktion beim verstorbenen Ehegatten ist die gedankliche Voraussetzung zu der schematischen Erbquotenerhöhung um 1/4 beim überlebenden Ehegatten, sofern beide im gesetzlichen Güterstand gelebt haben. Diese Regelung des § 1371 BGB wird deshalb auch die **erbrechtliche** Lösung des Zugewinnausgleichs bei **Beendigung der Ehe durch Tod** eines Ehepartners genannt.

Sie führt somit beim überlebenden Ehegatten zu folgenden Erbquoten:

- neben Erben der **1. Ordnung** erhält der Ehegatte eine Quote von 1/2 (1/4 gem. § 1931 Abs. 1 BGB und 1/4 gem. § 1371 Abs. 1 BGB),
- neben Erben der **2. Ordnung** erhält der überlebende Ehegatte eine Quote von 3/4 (1/2 gem. § 1931 Abs. 1 BGB und 1/4 gem. § 1371 Abs. 1 BGB),
- sind keine Erben der **1., 2. Ordnung und keine Großeltern** vorhanden, wird der überlebende Ehegatte gesetzlicher Alleinerbe gem. § 1931 Abs. 2 BGB.

BEISPIEL

Der Erblasser (Vater) hinterlässt seine Ehefrau und seinen Sohn, eine Tochter sowie eine Enkeltochter (Tochter des vor dem Erblasser verstorbenen zweiten Sohnes). Die Ehegatten lebten im gesetzlichen Güterstand. Ein Testament ist nicht vorhanden.

LÖSUNG Die Mutter erbt 1/4 des Nachlasses gem. § 1931 Abs. 1 BGB und 1/4 des Nachlasses gem. § 1371 Abs. 1 BGB, also 1/2; es erben die Tochter 1/6, der Sohn 1/6 und die Enkeltochter 1/6 des Nachlasses gem. § 1924 Abs. 3 BGB.

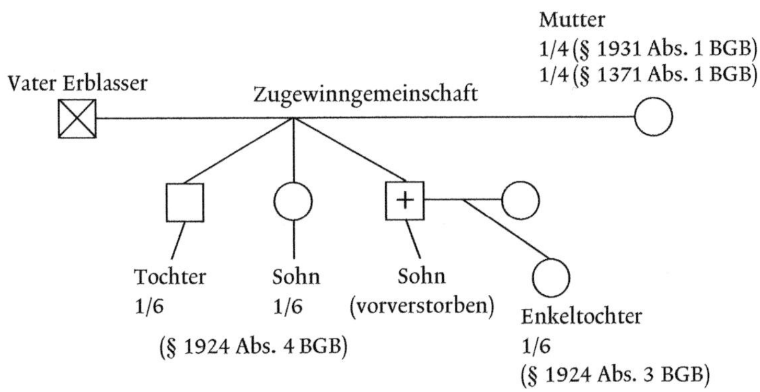

3.5 Gütergemeinschaft (§§ 1415 ff. BGB)

Bei diesem Güterstand entstehen typischerweise die folgenden **fünf** Sondervermögen:

Gesamtgut	**Sondergut**	**Vorbehaltsgut**
	des Mannes bzw. der Frau	des Mannes bzw. der Frau
§ 1416 BGB	§ 1417 BGB	§ 1418 BGB
Gemeinschafts-vermögen beider Ehegatten	Vermögensgegenstände, die nicht durch Rechtsgeschäft übertragen werden können, z. B. unpfändbare Gehaltsforderungen, Nießbrauch, Schmerzensgeldanspruch	Vermögensgegenstände, über die jeder Ehegatte frei verfügen kann
im Erbfall hälftiger Nachlass	**im Erbfall** Nachlass des jeweiligen Ehegatten (ausgenommen Nießbrauch)	im Erbfall Nachlass des jeweiligen Ehegatten

Bei der **Gütergemeinschaft** gilt § 1931 Abs. 1 BGB uneingeschränkt, wonach der überlebende Ehegatte neben Verwandten der 1. Ordnung 1/4, neben Verwandten der 2. Ordnung die Hälfte des Nachlasses erhält.

3.6 Gütertrennung (§ 1414 BGB)

Bei **Gütertrennung** erhält der überlebende Ehegatte neben den Erben 1. Ordnung nach § 1931 Abs. 4 BGB:

- bei **einem** Kind eine Quote von 1/2 des Nachlasses (dies bedeutet eine Durchbrechung des Grundsatzes von § 1931 Abs. 1 BGB, wonach dem Überlebenden in diesem Fall nur 1/4 zustehen würde),
- bei **zwei** Kindern eine Quote von 1/3 des Nachlasses (dies bedeutet eine Durchbrechung des Grundsatzes von § 1931 Abs. 1 BGB, wonach dem Überlebenden in diesem Fall nur 1/4 zustehen würde), und
- bei **drei und mehr** Kindern eine Quote von 1/4 gem. § 1931 Abs. 1 BGB.

Für die Kinder und Abkömmlinge gilt auch hier § 1924 Abs. 3 BGB, d. h. die Erbfolge nach Stämmen.

Neben Verwandten der 2. Ordnung (Eltern und deren Abkömmlinge) oder neben Großeltern erhält der Ehegatte eine Quote von 1/2 des Nachlasses gem. § 1931 Abs. 1 Satz 1 BGB.

BEISPIELE

Beispiele zur gesetzlichen Erbfolge bei einzelnen Güterständen
Nach dem Ableben des Ehegatten sind jeweils zwei Kinder vorhanden.
a) **Zugewinngemeinschaft**
Erblasser M der den Güterstand der Zugewinngemeinschaft lebte, stirbt und hinterlässt die Ehefrau F sowie die Kinder A und B

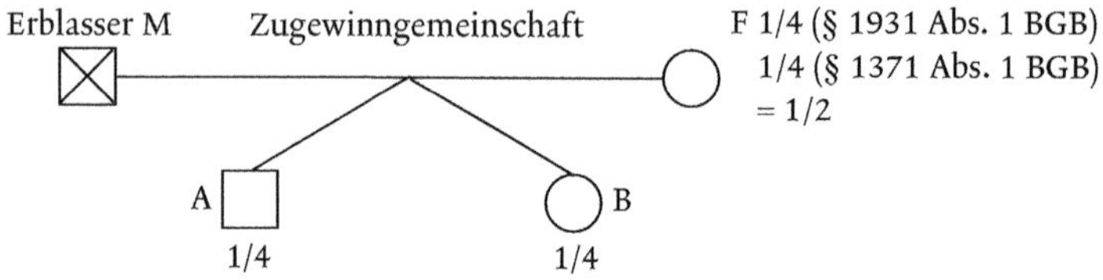

LÖSUNG Die Ehefrau F erhält 1/4 des Nachlasses gem. § 1931 Abs. 1 BGB und 1/4 gem. § 1371 Abs. 1 BGB also 1/2. Die Kinder A und B erben jeweils 1/4 des Nachlasses (§ 1924 Abs. 4 BGB).

b) **Gütergemeinschaft**
Erblasser M der im Güterstand der Gütergemeinschaft lebte, stirbt und hinterlässt die Ehefrau F sowie die Kinder C und D

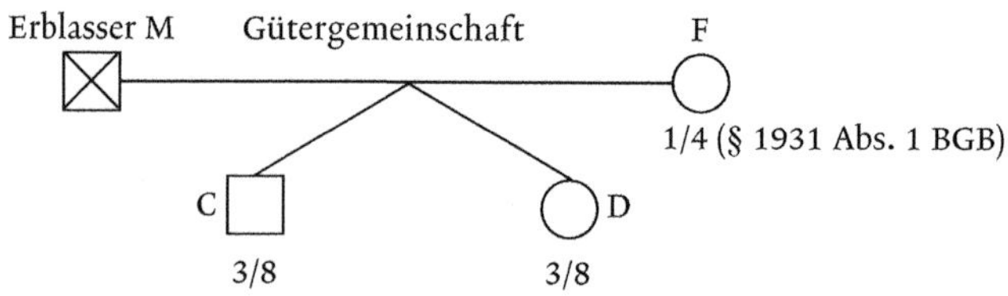

LÖSUNG Die Ehefrau erhält 1/4 des Nachlasses gem. § 1931 Abs. 1 BGB. Die Kinder C und D erben jeweils 3/8 des Nachlasses.

c) **Gütertrennung**
Erblasser M, der den Güterstand der Gütertrennung lebte, stirbt und hinterlässt die Ehefrau F sowie die Kinder E und F

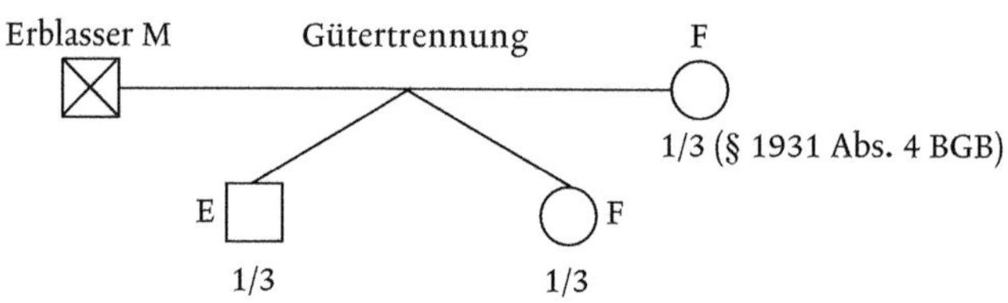

LÖSUNG Die Ehefrau F erhält 1/3 des Nachlasses gem. § 1931 Abs. 4 BGB. Die Kinder E und F erhalten jeweils 1/3 des Nachlasses.

4 Erbrecht bei eingetragenen Lebenspartnerschaften nach dem Lebenspartnerschaftsgesetz (LPartG)

4.1 Allgemeines

Das Gesetz über die Eingetragene Lebenspartnerschaft (Lebenspartnerschaftsgesetz) vom 16.02. 2001 (BGBl I 2001, 266) zur Beendigung der Diskriminierung gleichgeschlechtlicher Gemeinschaften trat am 01.08. 2001 in Kraft.

Nach § 1 Abs. 1 Satz 1 LPartG begründen zwei Personen gleichen Geschlechts eine Lebenspartnerschaft, wenn sie gegenseitig persönlich und bei gleichzeitiger Anwesenheit erklären, miteinander eine Partnerschaft auf Lebenszeit führen zu wollen (Lebenspartnerinnen oder Lebenspartner). Die Erklärungen erfolgen grds. gegenüber einem Standesbeamten, gem. § 23 LPartG können die Länder hiervon abweichende Zuständigkeiten festlegen (z. B. Notar).

Auch nach Änderung des § 1353 Abs. 1 Satz 1 BGB durch das Gesetz zur Einführung des Rechts auf Eheschließung für Personen gleichen Geschlechts (gültig ab 01.10.2017, BGBl I 2017, 2787) besteht eine zuvor geschlossene Lebenspartnerschaft weiter fort. Eine Lebenspartnerschaft kann unter den Voraussetzungen des § 20a LPartG in eine Ehe umgewandelt werden. In diesem Fall gelten die erbrechtlichen Folgen für die Ehe. Andernfalls ist insbesondere §§ 6, 10 LPartG weiter anzuwenden. Die Erbquoten entsprechen denen des § 1931 BGB.

4.2 Güterstandsrechtliche Folgen

Für Lebenspartner ist seit dem 01.01. 2005 die Zugewinngemeinschaft gesetzlicher Güterstand (§ 6 LPartG i. d. F. durch das Gesetz zur Überarbeitung des Lebenspartnerschaftsrechts vom 15.12. 2004 BGBl I 2004, 3396). Die Vorschriften über die Zugewinngemeinschaft von Ehegatten (§ 1363 Abs. 2, §§ 1364–1390 BGB) gelten entsprechend. Die Lebenspartner können durch Lebenspartnerschaftsvertrag (§ 7 LPartG) Gütertrennung oder Gütergemeinschaft vereinbaren. Es finden die §§ 1409–1563 BGB Anwendung.

4.3 Beendigung des Güterstands der Zugewinngemeinschaft

4.3.1 Beendigung zu Lebzeiten der Lebenspartner

Wird die Zugewinngemeinschaft zu Lebzeiten der Lebenspartner beendet, erfüllt die Ausgleichsforderung nicht den Tatbestand einer freigebigen Zuwendung i. S. d. § 7 Abs. 1 Nr. 1 ErbStG, da nach § 6 LPartG i. V. m. §§ 1371–1390 BGB eine rechtliche Verpflichtung der Lebenspartner besteht, den Überschuss, den sie während der Dauer des Güterstands erzielt haben, auszugleichen. Die Ausgleichsforderung fällt auch nicht unter einen der übrigen Tatbestände des § 7 ErbStG.

4.3.2 Beendigung durch Tod eines Lebenspartners

Endet die Zugewinngemeinschaft mit dem Tod eines Lebenspartners und wird der überlebende Lebenspartner Erbe, erhöht sich der gesetzliche Erbteil des überlebenden Lebenspartners um ein Viertel (§ 6 LPartG i. V. m. § 1371 Abs. 1 BGB). Der Erwerb durch Erbanfall unterliegt der Erbschaftsteuer (§ 3 Abs. 1 Nr. 1 ErbStG). Es kommt auch hier die fiktive steuerfreie Ausgleichsforderung nach § 5 Abs. 1 Satz 1 ErbStG in Betracht.

Endet die Zugewinngemeinschaft mit dem Tod eines Lebenspartners und wird der überlebende Lebenspartner weder Erbe noch steht ihm ein Vermächtnis zu, kann der überlebende Lebenspartner neben dem Pflichtteil einen Zugewinnausgleich nach § 6 LPartG i. V. m. § 1371 Abs. 2 oder 3 BGB geltend machen. Der Erwerb des Pflichtteils unterliegt der Erbschaftsteuer (§ 3 Abs. 1 Nr. 1 ErbStG). Der von Gesetzes wegen entstehende Ausgleichsanspruch fällt nicht unter einen der in § 3 ErbStG aufgeführten Tatbestände.

4.4 Vereinbarung der Gütergemeinschaft

Vereinbaren Lebenspartner den Güterstand der Gütergemeinschaft, fällt die sich daraus ergebende Bereicherung des weniger vermögenden Lebenspartners nicht unter § 7 Abs. 1 Nr. 4 ErbStG. Es ist jedoch zu prüfen, ob eine freigebige Zuwendung nach § 7 Abs. 1 Nr. 1 ErbStG vorliegt.

4.5 Erbrechtliche Auswirkungen

Die erbrechtlichen Regelungen für eine eingetragene Lebenspartnerschaft, die dem gesetzlichen Ehegattenerbrecht nach § 1931 BGB und Ehegattenpflichtteilsrecht im Wesentlichen gleichgestellt sind, richten sich im Einzelnen nach § 10 LPartG.

Erbrechtlich ist der überlebende Lebenspartner des Erblassers nach § 10 Abs. 1 LPartG neben Verwandten **der ersten Ordnung zu einem Viertel**, neben Verwandten der **zweiten Ordnung** oder **neben Großeltern zur Hälfte** der Erbschaft gesetzlicher Erbe. Sind weder Verwandte der ersten noch der zweiten Ordnung noch Großeltern vorhanden, erhält der überlebende Lebenspartner die ganze Erbschaft (§ 10 Abs. 2 LPartG).

Darüber hinaus stehen dem überlebenden Lebenspartner nach § 10 Abs. 1 Satz 2 LPartG, entsprechend der Regelung zum »Voraus« in § 1932 BGB, die zum Haushalt des Lebenspartners gehörenden Gegenstände des Erblassers, soweit sie nicht Zubehör eines Grundstücks sind, und die Geschenke, die zur Begründung der Lebenspartnerschaft gemacht worden sind, zu.

Das Erbrecht des überlebenden Lebenspartners ist wie bei Ehegatten davon abhängig, dass im Zeitpunkt des Todes des einen Lebenspartners eine rechtsgültige Lebenspartnerschaft vorgelegen hat und nicht die Voraussetzungen für die Aufhebung der Lebenspartnerschaft nach § 15 Abs. 2 Nr. 1 oder 2 LPartG gegeben waren und der Erblasser die Aufhebung beantragt oder ihr zugestimmt hatte oder der Erblasser einen Antrag auf Aufhebung der Lebenspartnerschaft (§ 15 Abs. 2 Nr. 3 LPartG) gestellt hatte.

4.6 Sonstige erbrechtliche Regelungen

Das nach allgemeinem Erbrecht in § 2064 BGB verankerte Recht zur persönlichen Errichtung eines Testaments findet auch auf Lebenspartner uneingeschränkte Anwendung. Der Testierende kann nach § 1938 BGB den anderen Lebenspartner testamentarisch von der Erbfolge ausschließen. Für den Fall, dass der Erblasser den überlebenden Lebenspartner durch Verfügung von Todes wegen von der Erbfolge ausgeschlossen hat, kann dieser nach § 10 Abs. 6 LPartG von den Erben die **Hälfte des Wertes des gesetzlichen Erbteils als Pflichtteil** verlangen. Die Regelungen für den Ehegattenpflichtteil sind entsprechend anzuwenden (§ 10 Abs. 6 Satz 2 LPartG).

In § 10 Abs. 4 LPartG wurde den eingetragenen Lebenspartnern die Möglichkeit eingeräumt, **ein gemeinschaftliches Testament** zu errichten. Die für gemeinschaftliche Ehegattentestamente in den §§ 2266 bis 2273 BGB getroffenen Regelungen gelten entsprechend.

Nach § 10 Abs. 7 LPartG gelten auch die Regelungen über den Erbverzicht (§§ 2346 bis 2352 BGB) für Lebenspartner. Der Lebenspartner kann also in gleicher Weise auf sein gesetzliches Erbrecht verzichten wie ein Verwandter oder ein Ehegatte.

4.7 Erbschaftsteuerliche Auswirkungen

Nach einer Entscheidung des BVerfG vom 21.07. 2010 – BvR 611/07, 1 BvR 2464/07, war die mit unterschiedlichen Freibeträgen sowie einer uneinheitlichen Steuerklassenzuweisung verbundene Ungleichbehandlung von Ehegatten und eingetragenen Lebenspartnern im ErbStG in der bis zum 31.12. 2008 geltenden Fassung **verfassungswidrig.** Das BVerfG war der Auffassung, dass die Ungleichbehandlung sich nicht allein mit dem Verweis auf den besonderen staatlichen Schutz von Ehe und Familie rechtfertigen lässt.

Durch Art. 14 des JStG 2010 vom 08.12. 2010 BStBl I 2010, 1394, kam es im Erbschaft- und Schenkungsteuerrecht zu einer **völligen Gleichstellung** zwischen Ehegatten und eingetragenen Lebenspartnern (Steuerklasse I, Steuertarif nach Steuerklasse I, persönliche und sachliche Steuerbefreiungen nach § 13 ErbStG, persönlicher Freibetrag § 16 Abs. 1 Nr. 1 ErbStG, Versorgungsfreibetrag nach § 17 Abs. 1 ErbStG, Steuervergünstigungen nach §§ 13 ff., 27 ErbStG. Zur Anwendung der erbschaftsteuer- und schenkungsteuerlichen Neuregelungen siehe im Einzelnen die Anwendungsregeln in § 37 Abs. 5 ErbStG.

Arten der gewillkürten Erbfolge

als **einseitige** Verfügung von Todes wegen	als **zweiseitige** Verfügung von Todes wegen
Testament	Erbvertrag
(§§ 1937, 2229 ff. BGB)	(§§ 1941, 2274 ff. BGB)

5 Gewillkürte Erbfolge

Bei der gewillkürten Erbfolge schließt der Erblasser bezüglich seines Nachlasses die gesetzliche Erbfolge durch Rechtsgeschäft (streng einseitiges Rechtsgeschäft) aus. Der Grundsatz der Privatautonomie führt hier also zur Subsidiarität der gesetzlichen Erbfolgeregelung. Dieses Rechtsgeschäft der Erbeinsetzung und sonstiger erbrechtlicher Regelungen nennt das Gesetz **Verfügung von Todes wegen** (§ 1937 BGB).

5.1 Testament

Das Testament ist eine **einseitige, jederzeit widerrufliche Verfügung von Todes wegen**. Der Erblasser kann ein Testament nur persönlich errichten, § 2064 BGB.

5.1.1 Testierfähigkeit

Die Testierfähigkeit (§ 2229 BGB) ist die rechtliche Befugnis ein Testament zu errichten, aufzuheben oder zu ändern. Sie steht allen natürlichen Personen zu. **Minderjährige** haben jedoch nur Testierfähigkeit, wenn sie das **16. Lebensjahr vollendet haben**. Sofern sie testierfähig sind, bedürfen sie keiner gesetzlichen Vertretung. Es handelt sich also um einen Sonderfall partieller voller Geschäftsfähigkeit Minderjähriger.

Das BGB kennt zwei ordentliche Testamentsformen:

1. das **notarielle** Testament = **öffentliches Testament** (§ 2231 Nr. 1 BGB, § 2232 BGB),
2. das **eigenhändige** Testament = **Privattestament** (§ 2231 Nr. 2 BGB, § 2247 BGB).

Zur Errichtung eines **eigenhändigen** Testaments ist Voraussetzung, dass der Testierende das 18. Lebensjahr vollendet hat, also voll geschäftsfähig ist, § 2247 Abs. 4 BGB.

Ein Minderjähriger kann, soweit er die Testierfähigkeit gem. § 2229 BGB besitzt, also mindestens das 16. Lebensjahr vollendet hat, allein ein Testament errichten. Dies jedoch nur in **Form des öffentlichen Testaments**, also durch mündliche Erklärung vor einem Notar oder durch Übergabe einer offenen Schrift an einen Notar.

5.1.2 Form des Testaments

5.1.2.1 Privattestament

Das sogenannte eigenhändige Testament (Privattestament) muss im vollen Wortlaut durch den Testierenden **von Hand geschrieben und unterschrieben sein** (§ 2247 Abs. 1 BGB). Es soll außerdem das Datum und die Ortsangabe des Verfassungsortes enthalten. Dieses privatschriftliche Testament kann der Testierende selbst verwahren oder in amtliche Verwahrung geben (§ 2248 BGB). Ein solches in Verwahrung gegebenes privatschriftliches (eigenhändiges) Testament wird durch die amtliche Verwahrung nicht zum öffentlichen Testament.

5.1.2.2 Öffentliches Testament

Die Errichtung eines öffentlichen Testaments ist auf **drei** Arten möglich:

1. durch mündliche Erklärung vor einem Notar,
2. durch Übergabe einer offenen Schrift mit der Erklärung, dass diese Schrift den letzten Willen des Testierenden enthalte,
3. durch Übergabe einer verschlossenen Schrift mit der Erklärung, dass diese Schrift den letzten Willen enthalte.

Bei der Errichtung eines solchen öffentlichen Testamentes (§ 2232 BGB) ist es **ohne Bedeutung**, ob die übergebene Schrift maschinen- oder handschriftlich verfertigt worden ist.

5.1.3 Testamentsinhalte

Ein Testament kann verschiedene erbrechtlichen Anordnungen enthalten, die im Folgenden vorgestellt werden.

5.1.3.1 Erbeinsetzung (§ 2087 BGB)

Eine Erbeinsetzung liegt vor, wenn der Erblasser sein Vermögen oder einen Bruchteil desselben einem Bedachten zuwendet. Es darf sich dabei nicht um die Zuwendung einzelner Vermögensgegenstände handeln, sondern es muss eine **quotenmäßige** Beteiligung am Gesamtnachlass gegeben sein.

Sofern der Erblasser nur über **einen Teil** seines Vermögens verfügt hat, gilt für den übrigen Teil die gesetzliche Erbfolge (§ 2088 Abs. 1 BGB).

5.1.3.2 Vermächtnis (§ 1939 BGB)

Hierbei handelt es sich um eine letztwillige Zuwendung eines Vermögensvorteils an einen Dritten, der hierdurch nicht zum Erben wird (§ 1939 BGB). Ein Vermächtnis kann aber auch einem Erben zugewendet werden, in diesem Fall spricht man von einem Vorausvermächtnis, vgl. hierzu § 2150 BGB. Wesensgemäß ist der Vermögensvorteil, der im Vermächtniswege zugewandt wird, keine Erbeinsetzung. Der Vermächtnisnehmer erwirbt **nur einen schuldrechtlichen Anspruch** gegen den mit dem Vermächtnis beschwerten Erben oder die Erbengemeinschaft auf Zuwendung einzelner Nachlassgegenstände oder auf Geldzahlung usw. (§ 2174 BGB). Dieser Anspruch besteht gegenüber dem Erben bzw. der Erbengemeinschaft (§ 2147 BGB). Ein Vermächtnis wird **unwirksam**, wenn der Bedachte zur Zeit des Erbfalles nicht mehr lebt (§ 2160 BGB). Der Anspruch auf das Vermächtnis entsteht mit dem Erbfall (§ 2176 BGB).

Bei **Vermächtnissen (§§ 2147 ff. BGB)** ergeben sich folgende **Einzelfälle:**

- **Sachvermächtnis**
  Dem Vermächtnisnehmer wird ein Anspruch auf **ein Wirtschaftsgut** aus dem Nachlass (z. B. Grundstück, Schmuck, Kunstgegenstand, Briefmarkensammlung) eingeräumt.
- **Geldvermächtnis**
  Dem Vermächtnisnehmer wird der Anspruch auf Zahlung **einer bestimmten Geldsumme** eingeräumt.
- **Rentenvermächtnis**
  Der Vermächtnisnehmer hat einen Anspruch auf **Rentenzahlungen**.
- **Vorausvermächtnis**
  Einem **Miterben** wird **neben seinem Erbteil zusätzlich ein Wirtschaftsgut** aus dem Nachlass zugewandt.
- **Nießbrauchsvermächtnis**
  Dem Vermächtnisnehmer wird ein **Nießbrauch** an einem Nachlasswirtschaftsgut (z. B. Grundstück) eingeräumt.
- **Kaufrechtsvermächtnis**
  Der Vermächtnisnehmer erhält das **Recht** eingeräumt, einen **Nachlassgegenstand** zu einem bestimmten, meist günstigeren Kaufpreis **zu erwerben**.
- **Verschaffungsvermächtnis**
  Zugewandt wird ein bestimmter Gegenstand, der zur Zeit des Erbfalls **nicht** zum Nachlass gehört. Der Beschwerte hat dem Bedachten **den Gegenstand** zu verschaffen.
  Der Beschwerte hat z. B. für den Bedachten einen neuen Pkw zu erwerben.
- **Wahlvermächtnis**
  Der Bedachte hat das **Recht**, von verschiedenen Nachlassgegenständen nur einen der Gegenstände **auszuwählen.**
  Der Neffe B soll z. B. entweder die Briefmarkensammlung oder die Münzsammlung erhalten.
- **Gattungsvermächtnis**
  Bei einem Gattungsvermächtnis ist der Gegenstand nur der **Gattung nach bestimmt.** Der Erblasser hinterlässt z. B. mehrere Gemälde. Der Beschwerte hat eines davon an den Vermächtnisnehmer herauszugeben.
- **Ersatzvermächtnis**
  Der Erblasser hat für den Fall, dass der Bedachte das **Vermächtnis zunächst nicht erwirbt**, den Vermächtnisgegenstand einem anderen zugewendet.
- **Nachvermächtnis**
  Zu einem gewissen Zeitpunkt **nach Anfall** des Vermächtnisses hat der zunächst Bedachte den Gegenstand an einen **anderen** zu übertragen.

5.1.3.3 Einsetzung eines Nacherben (§ 2100 BGB)

Zum Nacherben ist eingesetzt, wer erst dann Erbe werden soll, nachdem zuvor ein anderer, nämlich der Vorerbe, den Nachlass zugewendet bekommen hat. Besonderheiten ergeben sich im Verhältnis Vorerbe zu Nacherbe, wonach in gewissem Umfang die Verfügungsmacht des Vorerben über den Nachlass eingeschränkt ist (§§ 2112 ff. BGB).

Mit dem Eintritt des Nacherbfalles entfällt die Vorerbenstellung, Erbe zu sein, das Recht des Vorerben als Erbe erlischt. Die Erbschaft fällt dem Nacherben an (§ 2139 BGB). Dadurch wird das Vermögen dem Vorerben zwar vererbt. Nach dessen Tod oder einem anderen Ereignis tritt jedoch hinsichtlich der Vorerbschaft nicht die gesetzliche Erbfolge oder der Wille des Vorerben ein. Maßgebend für das weitere Schicksal des Nachlasses des ursprünglichen Erblassers bleibt dessen Wille.

Der Vorerbe ist somit **Erbe auf Zeit**. Seine Erbenstellung ist befristet bis zum Eintritt des Nacherbfalles. Die rechtliche Stellung ist der eines Treuhänders ähnlich, jedoch mit erweiterten Rechten. Der Nacherbe erhält einen Anspruch gegen den Vorerben bzw. dessen Erben auf Herausgabe der Erbschaft (§ 2130 BGB):

Der Nacherbe tritt **zivilrechtlich** die Erbschaft als **Gesamtrechtsnachfolger des Erblassers** und nicht des Vorerben an.

BEISPIEL

Testamentarische Einsetzung eines Vor- und eines Nacherben
»Als Vorerbe setze ich meine Schwester S ein, die an die Verfügungsbeschränkungen der §§ 2113 bis 2115 BGB gebunden ist, im Übrigen kann S entsprechend § 2112 BGB über die Nachlassgegenstände verfügen. Nacherbe ist mein 7-jähriger Neffe N, der Nacherbfall tritt ein, wenn N sein 21. Lebensjahr vollendet hat.«

Zur erbschaftsteuerlichen Behandlung der Vor- und Nacherbschaft, siehe § 6 ErbStG.

5.1.3.4 Auflage (§ 1940 BGB)

Auflage ist die Verpflichtung eines Erben oder auch eines Vermächtnisnehmers zu einer Leistung z. B. zur Übernahme von Ausbildungskosten, von Begräbniskosten, von Geldleistungen für bestimmte, etwa gemeinnützige oder mildtätige Zwecke usw., **ohne dass der Auflagenbegünstigte einen Rechtsanspruch auf die Leistung erwirbt**.

Durchsetzbar sind Auflagen in der Regel **nur durch einen Testamentsvollstrecker**. Deshalb wird ein Erblasser, sofern er Auflagen anordnet, zweckmäßigerweise auch die Einsetzung eines Testamentsvollstreckers zur Durchsetzung seines letzten Willens vornehmen.

Der Testamentsvollstrecker hat nach § 2203 BGB die letztwilligen Verfügungen des Erblassers zur Ausführung zu bringen.

5.1.3.5 Enterbung (§ 1938 BGB)

Dies ist der Ausschluss von Verwandten, des Ehegatten oder des Lebenspartners von der gesetzlichen Erbfolge. Sofern der Erblasser nicht zugleich eine testamentarische Erbeinsetzung vornimmt, fällt der Nachlass an den Staat, d. h. an das betreffende Bundesland als letzten gesetzlichen Erben. Das gesetzliche Erbrecht des Bundeslandes kann nicht durch Verfügung von Todes wegen entzogen werden.

5.1.3.6 Einsetzung eines Testamentsvollstreckers (§§ 2197–2228 BGB)

Es handelt sich hierbei um eine vom Erblasser im Testament oder durch Dritte berufene Person, welche die Vollziehung des letzten Willens des Erblassers durchzuführen hat. Durch den Testamentsvollstrecker erfolgt die Verwaltung und Auseinandersetzung des Nachlasses. Der Testamentsvollstrecker übt seine Verwaltungsrechte im eigenen Namen mit Rechtswirkung für und gegen den bzw. die Erben aus (Amtstheorie).

Er kann auch in eigenem Namen die zum Nachlass gehörenden Rechte mit Wirkung für den Nachlass gerichtlich geltend machen. Er hat also eigene Prozessführungsbefugnis. Inhalt und Umfang seines Amtes, d. h. seiner Verwaltungsbefugnisse, können nach dem durch § 2203 ff. BGB dem Erblasser gewährten Spielraum unterschiedlich ausgestattet sein.

Die Ausübung des Amtes eines Testamentsvollstreckers ist freiwillig und beginnt mit der Annahmeerklärung gegenüber dem Nachlassgericht (§ 2202 BGB). Für seine Tätigkeit hat der Testamentsvollstrecker Anspruch auf eine angemessene Vergütung (§ 2221 BGB).

Die Vergütung fällt ertragsteuerlich unter die Einkünfte aus sonstiger selbständiger Arbeit und gem. § 18 Abs. 1 Nr. 3 EStG. Umsatzsteuerbar kann diese Tätigkeit sein, wenn sie im Zusammenhang mit einer selbständigen Anwalts- oder Steuerberatungstätigkeit ausgeübt wird.

5.1.4 Sonderformen von Testamenten

5.1.4.1 Gemeinschaftliches Testament von Ehegatten (§ 2265 BGB)

Ein **gemeinschaftliches Testament** kann **nur von Ehegatten** errichtet werden. Dabei ist es ausreichend, wenn einer der Ehegatten das Testament in der vorgeschriebenen Form (etwa der des § 2247 BGB) abfasst und der andere Ehegatte die gemeinschaftliche Erklärung mitunterzeichnet. Besondere praktische Bedeutung hat das sog. »**Berliner Testament**« (§ 2269 BGB), da es eine häufige Form eines gemeinschaftlichen Ehegattentestaments darstellt. Hierin setzen sich die Ehegatten gegenseitig als Erben ein und bestimmen, dass nach dem Tode des überlebenden Ehegatten der beiderseitige Nachlass an einen bzw. mehrere Dritte fallen soll, typischerweise an die gemeinschaftlichen Kinder.

Die Besonderheit vom Testament liegt darin, dass alle sog. **wechselbezüglichen Verfügungen** (Begriff in § 2270 BGB) zwar bei Lebzeiten beider Ehegatten widerrufen werden können. Dies jedoch nur in Form eines besonderen Rücktritts (§ 2271 BGB), nicht jedoch durch einfaches Einzeltestament, das etwa der Errichtung eines gemeinschaftlichen Testaments zeitlich nachfolgen würde. Nach Ableben eines der beiden Ehegatten ist auch ein solcher Widerruf gem. § 2271 Abs. 2 BGB nicht mehr möglich.

Dadurch kann erreicht werden, dass sich Ehegatten unter Ausschluss des Erbrechts der gemeinschaftlichen Kinder wechselseitig beerben und dennoch für jeden der beiden gewährleistet ist, dass auch der von ihm stammende Nachlass im Ergebnis mit einer gewissen Wahrscheinlichkeit (sofern der überlebende Ehegatte diesen Nachlass nicht aufzehrt) den Kindern zugute kommt. Das Letztere wird typischer Weise dadurch erreicht, dass man eine sog. »**Wiederverheiratungsklausel**« in das gemeinschaftliche Testament aufnimmt. Darin wird bestimmt, dass für den Fall der Wiederverheiratung des überlebenden Ehegatten mit sofortiger Wirkung für die Kinder der Erbfall in Ansehung des verstorbenen Ehegatten eintreten soll. Selbstverständlich bleibt es den Kindern unbenommen, bereits beim Erbfall des erstversterbenden Elternteils ihren Pflichtteil geltend zu machen (§ 2303 Abs. 1 BGB). Auch dies kann zwar nicht rechtlich, aber wirtschaftlich verhindert werden, wenn zusätzlich in dem gemeinschaftlichen

Testament bestimmt wird, dass für den Fall der Geltendmachung des Pflichtteils durch Kinder beim Ableben des erstversterbenden Ehegatten die betreffenden Kinder von der späteren Erbfolge beim Ableben des überlebenden Ehegatten ausgeschlossen sein sollen.

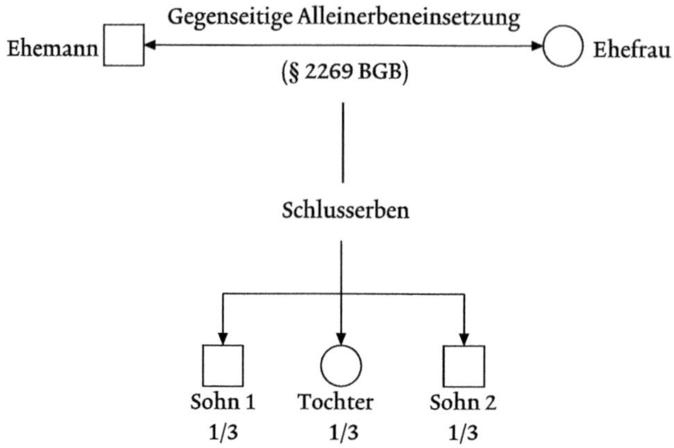

5.1.4.2 Gemeinschaftliches Testament von Lebenspartnern (§ 10 Abs. 4 LPartG)

Nach § 10 Abs. 4 LPartG können Lebenspartner ein gemeinsames Testament errichten. Die Regelungen in den §§ 2266 bis 2272 BGB finden sinngemäße Anwendung.

5.1.4.3 Nottestamente (§§ 2249–2252 BGB)

Bei diesen Testamenten hat der Gesetzgeber an **besondere Lebenssituationen** gedacht, in welchen durch Testierende der Wunsch entsteht, sofort ein Testament abzufassen, dies jedoch auf Grund äußerer Lebensumstände nicht in Form der ordentlichen Testamentserrichtung möglich ist. Es handelt sich dabei um

- das Nottestament vor dem **Bürgermeister und zwei Zeugen,**
- das Nottestament vor **drei Zeugen,**
- das Seetestament vor **drei Zeugen.**

Wegen der geringeren Formerfordernisse, die an diese Errichtungsformen gestellt werden und der besonderen Umstände, unter denen die Testamentserrichtung erfolgt, haben solche errichteten Testamente nur eine **beschränkte Gültigkeitsdauer von drei Monaten**, sofern der Erblasser nach der Errichtung eines solchen Testaments am Leben bleibt (§ 2252 BGB).

5.1.5 Widerruf des Testaments (§ 2253 BGB)

Der Testierende kann normalerweise ein Testament sowie einzelne in einem Testament enthaltene Verfügungen **jederzeit** widerrufen. Der Widerruf kann erfolgen

- durch **Errichtung eines erneuten Testaments** (sog. Widerrufstestament gem. § 2254 BGB),
- durch **Vernichtung der Testamentsurkunde** oder **Vornahme von Änderungen** an ihr (Streichungen gem. § 2255 BGB),
- durch **Rücknahme eines öffentlichen Testaments aus der amtlichen Verwahrung** gem. § 2256 BGB und
- durch Errichtung eines **neuen späteren Testaments**, das dem **früheren widerspricht** und damit in seinem widersprechenden Teil eine aufhebende Wirkung entfaltet (§ 2258 BGB).

5.1.6 Erbvertrag (§§ 2274–2302 BGB)

Neben dem Testament als einseitiger Verfügung von Todes wegen ist der **Erbvertrag** die zweite mögliche Form einer Verfügung von Todes wegen, nämlich in Gestalt einer **zweiseitigen Verfügung** von Todes wegen. Während also das Testament ein einseitiges Rechtsgeschäft ist, stellt der Erbvertrag ein zweiseitiges Rechtsgeschäft, also einen echten Vertrag dar. Der Erbvertrag wird häufig unter Ehegatten abgeschlossen, um den überlebenden Teil rechtlich zu sichern. In einem Erbvertrag können alle Arten von Verfügungen von Todes wegen getroffen werden, die auch sonst möglich sind, z. B. Erbeinsetzungen, Vermächtnisaussetzungen, Auflagenbegünstigungen, Anordnung einer Testamentsvollstreckung usw. Vertragsmäßig, d. h. **mit vertraglicher Bindungswirkung** können jedoch nur Erbeinsetzungen, Vermächtnis und Auflagen vereinbart werden (§ 2278 Abs. 2 BGB), während andere Bestimmungen im Rahmen von Verfügungen von Todes wegen jederzeit einseitig widerrufen werden können (§ 2278 Abs. 1 BGB).

Soweit vertragsmäßige Verfügungen vorliegen, können diese nur durch erneuten Vertrag zwischen den Parteien, die den Erbvertrag geschlossen haben, aufgehoben werden (§ 2290 BGB). Der Erbvertrag, der gem. § 2276 BGB der besonderen Form der **notariellen Beurkundung** bedarf, hat zur Folge, dass der Erblasser sein Recht verliert, über sein Vermögen anderweitig von Todes wegen verfügen zu können (§ 2289 BGB). Davon unberührt bleibt jedoch das Recht des Erblassers über sein Vermögen durch Rechtsgeschäft unter Lebenden zu verfügen (§ 2286 BGB). Zu beachten ist dabei jedoch die Besonderheit der §§ 2287 und 2288 BGB bezüglich »beeinträchtigender Schenkungen unter Lebenden«.

5.2 Zusammenfassende Übersicht zur gewillkürten Erbfolge mit Übungsfällen

Gewillkürte Erbfolge	
Testament (§ 1937 BGB)	**Erbvertrag** (§ 1941 BGB)
einseitig widerruflich	zweiseitig bindend
Wirksamkeitsvoraussetzungen: Testierfähigkeit persönliche Errichtung eigenhändiges Testament Eigenhändigkeit Handschriftlichkeit Unterschrift	**Wirksamkeitsvoraussetzungen:** Testierfähigkeit und Geschäftsfähigkeit des sich verpflichtenden Erblassers notarielle Form
Öffentliches Testament zur Niederschrift eines Notars: mündliche Erklärung oder Übergabe einer offenen Schrift oder Übergabe einer verschlossenen Schrift	**Inhalt:** Vertragsmäßig nur: Erbeinsetzung Vermächtnis Auflage
Gemeinschaftliches Testament: nur von Eheleuten nur von Lebenspartnern Bindung i. R. d. § 2271 Abs. 2 BGB	

FÄLLE 5–9

FALL 5 Der am 10. 12. 2018 verstorbene Erblasser E hinterlässt als Erben seine Ehefrau F und seine beiden Kinder Tochter T und Sohn S. Ein Testament liegt nicht vor.

Wie hoch sind die gesetzlichen Erbteile für die Erben, wenn
a) E im gesetzlichen Güterstand der **Zugewinngemeinschaft**,
b) E im vertraglichen Güterstand der **Gütergemeinschaft** und
c) E im vertraglichen Güterstand der **Gütertrennung** gelebt hat?
Welche erbrechtlichen Besonderheiten sind zu beachten, wenn die Ehegatten Gütergemeinschaft vereinbart hatten?

FALL 6 Wie Fall 5, jedoch ist aus der Ehe nur ein Kind, Sohn S, hervorgegangen. E hatte in seinem Privattestament S zu 4/5 und F zu 1/5 als Erben eingesetzt. E lebte mit F im Güterstand der Zugewinngemeinschaft. E hatte ein Endvermögen mit einem Verkehrswert von 2 800 000 € vererbt; sein Anfangsvermögen bei Beginn der Ehe betrug 200 000 €. Das Endvermögen von F belief sich am Todestag von E auf 400 000 €; das Anfangsvermögen der Ehefrau F betrug bei Beginn der Ehe 100 000 €.
Welche Folgerungen wird F bei dieser erbrechtlichen Sachlage ziehen?

FALL 7 Erblasser E und seine Ehefrau F (kinderlos) hatten sich in einem gemeinschaftlichen Privattestament gegenseitig zu Alleinerben eingesetzt. Die Ehegatten lebten im vertraglichen Güterstand der **Gütertrennung**. Am Todestag des E lebten noch die Eltern V und M des Erblassers.
Welche rechtlichen Ansprüche könnten V und M nach Eintritt des Erbfalles ableiten?

FALL 8 In seinem rechtswirksam abgefassten Privattestament hatte Erblasser E seinen Neffen N zum Alleinerben eingesetzt. Nach einigen Monaten ergänzt er mit handschriftlichem Zusatz **unter** seiner Unterschrift: »Nach meinem Tod soll mein Freund F die im Bankschließfach verwahrte Münzsammlung erhalten.«
Kann F nach dem Tod von E die Herausgabe der Münzsammlung von N verlangen?

FALL 9 Erbe C, der als Alleinerbe von B eingesetzt worden ist, hatte wenige Tage nach Eintritt des Erbfalls festgestellt, dass B einen überschuldeten Nachlass vererbt hat. Welche Möglichkeiten sind denkbar, damit C eine Haftung mit seinem eigenen Vermögen verhindern kann?

6 Erbschaftsteuer – Grundbesteuerungstatbestände

In § 3 ErbStG sind die steuerpflichtigen Erwerbe von Todes wegen **abschließend** geregelt mit der Folge, dass andere Besteuerungstatbestände, die durch einen Erbfall ausgelöst worden sind, **nicht** der Erbschaftsteuer unterliegen. Dies gilt insbesondere für **die kraft Gesetzes entstehenden Versorgungsansprüche** von Hinterbliebenen (z. B. Verwitwetenrente aus der gesetzlichen Rentenversicherung). Als Hinterbliebene im Sinne dieser Regelung gelten nur der mit dem Erblasser bei dessen Tod **rechtsgültig verheiratete Ehegatte** und die **Kinder** des Erblassers, vgl. im Einzelnen R E 3.5 ErbStR, in der die wichtigsten gesetzlichen Hinterbliebenenbezüge **beispielhaft** genannt sind (R E 3.5 Abs. 1 Satz 3 ErbStR).

§ 3 **Abs. 1** ErbStG regelt die **Grundfälle** von Erwerben von Todes wegen. **Sonderfälle** für Erwerbe von Todes wegen sind in § 3 **Abs. 2** ErbStG aufgeführt.

Im Rahmen dieses Grundkurses werden nur die **Hauptanwendungsfälle** zu den Erwerben von Todes wegen behandelt. Der **Erwerb von Todes wegen** ist der **Oberbegriff** für alle steuerbaren Erwerbe aus Anlass des Todes einer Person. Nach dem Grundsatz der Gesamtrechtsnachfolge geht mit dem Zeitpunkt des Todes des Erblassers (**Erbfall**) sein Vermögen (**Erbschaft**) als Ganzes auf **eine oder mehrere Personen (Erben) über** (§ 1922 Abs. 1 BGB).

6.1 Erwerb durch Erbanfall (§ 3 Abs. 1 Nr. 1 1. Alt. ErbStG)

Der Erwerb durch Erbanfall ist der wichtigste Steuerfall des Erbschaftsteuerrechts. Nach § 1922 Abs. 1 BGB handelt es sich um die Nachfolge in das Vermögen eines Verstorbenen. Sie kann eintreten **kraft gesetzlicher Erbfolge** oder **kraft letztwilliger Verfügung des Erblassers (Testament oder Erbvertrag)**, siehe hierzu im Einzelnen C 2–5.2. Das Erbschaftsteuerrecht knüpft an das Erbrecht an (»Maßgeblichkeit«). Ein **steuerpflichtiger** Erwerb von Todes wegen liegt nur dann vor, wenn der Erwerber **objektiv bereichert** ist. Als Bereicherung gilt gem. § 10 Abs. 1 Satz 1 ErbStG der Betrag, der sich ergibt, wenn von dem nach § 12 ErbStG zu ermittelnden Wert des gesamten Vermögensanfalls, soweit er der Besteuerung nach dem ErbStG unterliegt, die nach § 10 Abs. 3–9 ErbStG abzugsfähigen Nachlassverbindlichkeiten mit ihrem nach § 12 ErbStG zu ermittelnden Wert abgezogen werden.

Wer als Erbe gilt und in welchem Umfang er am Nachlass beteiligt ist, richtet sich nach dem durch das Nachlassgericht ausgestellten Erbschein bzw. nach dem Privattestament oder öffentlichen Testament.

Erfüllen die Erben eine wegen Formmangels unwirksame Verfügung von Todes wegen, ergeben sich die steuerlichen Folgen aus der in § 41 Abs. 1 AO getroffenen Regelung. Hiernach ist die Nichtigkeit eines Rechtsgeschäfts u. a. wegen Formmangels solange **ohne** Bedeutung, als die Beteiligten das wirtschaftliche Ergebnis des Rechtsgeschäfts eintreten oder bestehen lassen. Da eine letztwillige Verfügung - ausgenommen des Erbvertrags - ein einseitiges Rechtsgeschäft darstellt, ist § 41 Abs. 1 AO auch auf Testamente anzuwenden. Im Gegensatz zum bürgerlichen Recht wird die wegen Formmangels nichtige Verfügung der Besteuerung zugrunde gelegt, soweit sie von den Erben erfüllt wird.

Einigen sich die Beteiligten nach bestandkräftiger Veranlagung zur Erbschaftsteuer über die Ungültigkeit eines Testaments und wird die Erbschaftsteilung anderweitig vorgenommen als sie der Besteuerung zugrunde gelegt war, erfolgt die Änderung des Erbschaftsteuerbescheides nach § 175 Abs. 1 Satz 1 Nr. 2 AO.

Hat der Erbe die Erbschaft **ausgeschlagen** (§ 1942 Abs. 1 BGB), sind alle Rechtsfolgen aus dem Erbfall beseitigt. Die Ausschlagung hat zur Wirkung, dass der Erbanfall auch steuerlich **als nicht erfolgt** anzusehen ist.

6.2 Erwerb bei Mehrheit von Erben

Sind beim Tode des Erblassers mehrere Erben vorhanden, so wird der Nachlass zunächst gemeinschaftliches Vermögen der Erben (§ 2032 BGB). Bis zur Erbauseinandersetzung besteht die **Erbengemeinschaft als eine Gesamthandsgemeinschaft**. Der einzelne Miterbe wird aber so behandelt, als ob er mit dem Erbfall bereits **Bruchteilseigentümer** geworden wäre (§ 39 Abs. 2 Nr. 2 AO). Die Besteuerung ist nicht erst nach der Auseinandersetzung und entsprechend deren Ergebnis durchzuführen, vielmehr wird für jeden Miterben **der Wert seines Erbteils angesetzt, der vom Nachlass auf ihn entfallen würde,** wenn die Erbengemeinschaft am Stichtag aufgelöst worden wäre (BFH vom 30.06. 1960 BStBl III 1960, 348 und vom 10.11. 1982 BStBl II 1983, 329). Für die Erbschaftsbesteuerung wird somit regelmäßig der **Steuerwert des gesamten Nachlasses nach den Erbquoten auf die Erben aufgeteilt.**

BEISPIEL

A verstirbt am 10.04.2019 und wird von den Erben B, C und D zu je einem Drittel beerbt. Zum Nachlass gehört:

- ein Grundstück, Verkehrswert 1 350 000 €, Grundbesitzwert 1 300 000 €,
- verschiedene Wertpapiere mit einem Kurswert zum Todestag von 1 350 000 €,
- diverse Bankguthaben (Nennwert 1 200 000 €).

Im Rahmen der Erbauseinandersetzung im Juli 2019 erhält

- D das Grundstück,
- C die Wertpapiere und
- B die Bankguthaben.

LÖSUNG Würde der Besteuerung das Ergebnis der Auseinandersetzung zugrunde gelegt werden, hätte (ohne Berücksichtigung von Freibeträgen und Schulden)

- B und C einen Erbanfall von 1 200 000 € bzw. 1 350 000 €,
- D einen Erbanfall von 1 300 000 €.

Unter Berücksichtigung der Zurechnungsvorschrift von § 39 Abs. 2 Nr. 2 AO entfällt vom gesamten Steuerwert des Nachlasses jeweils ein Drittel von 3 850 000 € = rd. 1 283 333 €, die bei jedem Miterben zu versteuern sind. Die im Juli 2019 erfolgte Erbauseinandersetzung ist für die Zurechnung der Erbanteile i. S. d. § 3 Abs. 1 Nr. 1 1. Alt. ErbStG ohne Bedeutung. Maßgebend sind die tatsächlichen Verhältnisse im Zeitpunkt der Steuerentstehung (= 10.04.2019), § 9 Abs. 1 Nr. 1 ErbStG. Dies gilt sowohl für die Zurechnung der Erbanteile als auch für die Bewertung des Nachlasses. Im Rahmen der Verschonungsregelungen (z. B. § 13 Abs. 1 Nr. 4c ErbStG) wird aber nur derjenige begünstigt, der das entsprechende Vermögen fortführt, vgl. hierzu beispielhaft § 13 Abs. 1 Nr. 4c Sätze 2 und 3 ErbStG.

6.2.1 Teilungsanordnungen

Nach § 2048 BGB kann der Erblasser durch testamentarische **Teilungsanordnung** bestimmen, wie die Verteilung der Nachlassgegenstände unter den Miterben vorzunehmen ist. Es handelt sich hierbei um eine schuldrechtlich im Verhältnis der Miterben zueinander wirkende letztwillige Regelung des Erblassers über die Zuweisung bestimmter Nachlassgegenstände im Rahmen der Erbauseinandersetzung. Solche Teilungsanordnungen sind wie eine freie Erbauseinandersetzung für die Besteuerung des Erwerbs durch Erbanfall (§ 3 Abs. 1 Nr. 1 1. Alt. ErbStG) **ohne Bedeutung.** Vielmehr ist der nach den steuerlichen Bewertungsvorschriften ermittelte Reinwert des Nachlasses den Erben nach Maßgabe der Erbanteile zuzurechnen (R E 3.1 Abs. 1 ErbStR).

BEISPIEL

Erblasser E setzt seine Kinder S und T je zur Hälfte als Erben ein. Der Nachlass besteht aus einem Grundstück mit einem Verkehrswert in Höhe von 1 200 000 € (Grundbesitzwert = 1 150 000 €). E bestimmt testamentarisch durch Teilungsanordnung, dass S bei der Erbauseinandersetzung das Grundstück erhalten soll und dafür an T eine Ausgleichszahlung von 600 000 € zu leisten hat. Erblasserschulden sind keine vorhanden.

LÖSUNG

a) Auswirkung **bei Berücksichtigung** der Teilungsanordnung

Steuerpflichtiger Erwerb für T	
Ausgleichszahlung i. H. v.	600 000 €
./. Freibetrag nach § 16 Abs. 1 Nr. 2 ErbStG	400 000 €
Steuerpflichtiger Erwerb i. H. v.	200 000 €
Steuerpflichtiger Erwerb für S	
Grundbesitzwert	1 150 000 €
./. Ausgleichszahlung i. H. v.	600 000 €
./. Freibetrag nach § 16 Abs. 1 Nr. 2 ErbStG	400 000 €
Steuerpflichtiger Erwerb i. H. v.	150 000 €

b) Auswirkung **ohne Berücksichtigung** der Teilungsanordnung
Die unter a) dargestellte Lösung ist gem. R E 3.1 Abs. 1 ErbStR für die Erbschaftsteuer unbeachtlich. Als Erwerb durch Erbanfall sind bei S und T **ohne** Rücksicht auf die Teilungsanordnung jeweils die Hälfte des Steuerwerts des Nachlassgrundstücks anzusetzen. Der steuerpflichtige Erwerb ist wie folgt zu ermitteln:

Steuerpflichtiger Erwerb für T	
Grundbesitzwert Anteil T 1/2	575 000 €
Vermögensanfall	575 000 €
Pauschbetrag für Erbfallkosten § 10 Abs. 5 Nr. 3 Satz 2 ErbStG 10 300 € x 1/2	5 150 €
Bereicherung § 10 Abs. 1 Satz 2 ErbStG	569 850 €
./. Freibetrag nach § 16 Abs. 1 Nr. 2 ErbStG	400 000 €
Steuerpflichtiger Erwerb § 10 Abs. 1 Satz 1 ErbStG	169 850 €
Steuerpflichtiger Erwerb für S	
Grundbesitzwert Anteil S 1/2	575 000 €
Vermögensanfall	575 000 €
Pauschbetrag für Erbfallkosten § 10 Abs. 5 Nr. 3 Satz 2 ErbStG 10 300 € x 1/2	5 150 €
Bereicherung § 10 Abs. 1 Satz 2 ErbStG	569 850 €
./. Freibetrag nach § 16 Abs. 1 Nr. 2 ErbStG	400 000 €
Steuerpflichtiger Erwerb § 10 Abs. 1 Satz 1 ErbStG	169 850 €

Da der Steuerwert des Nachlasses den Geschwistern nach der Erbquote als Erbanfall zugerechnet wird, kann die Ausgleichszahlung unberücksichtigt bleiben. Für die Zurechnung des Nachlasswertes ist der Zeitpunkt der Steuerentstehung (§ 9 Abs. 1 ErbStG) maßgebend. Eine für das Grundstück ggf. zu gewährende Steuerbefreiung (z. B. § 13d Abs. 1 ErbStG) ist nur bei S zu berücksichtigen, vgl. hierzu § 13d Abs. 2 ErbStG. Bei T entfällt die Steuerbefreiung, da T das Grundstück aufgrund der Teilungsanordnung an S herausgeben muss, § 13 Abs. 2 Satz 1 ErbStG. Somit kann der steuerpflichtige Vermögensanfall bei T und S unterschiedlich hoch sein.
Der Pauschbetrag für Erbfallkosten nach § 10 Abs. 5 Nr. 3 Satz 2 ErbStG i. H. v. 10 300 € bezieht sich auf den gesamten Erbfall, d. h. die Erben erhalten den Pauschbetrag insgesamt nur einmal. Die Aufteilung erfolgt dann grds. nach der Erbquote, vgl. hierzu R E 10.9 Abs. 3 Satz 1 und Satz 4 ErbStR.

6.2.2 Nachfolgeklauseln in Gesellschaftsverträgen und Hoferbenbestimmung nach der Höfeordnung

Nach R E 3.1 Abs. 3 ErbStR sind die **qualifizierte Nachfolgeklausel** in Gesellschaftsverträgen von Personengesellschaften (hier wird der Gesellschaftsanteil nach den Regelungen im Gesellschaftsvertrag vererblich gestellt) und die **Hoferbenbestimmung nach der Höfeordnung** Sonderfälle dinglich wirkender Teilungsanordnungen. **Ungeachtet** der hier eintretenden Sondererbfolge sind diese Regelungen erbschaftsteuerlich **unbeachtlich**. D. h. entsprechend der Erbquote wird bei allen Erben ein Erbanfall in Betriebsvermögen zugerechnet, auch wenn gesellschaftsrechtlich nur der »qualifizierte« Erbe Gesellschafter der Personengesellschaft wird (gesellschaftsrechtlich tritt eine Sondererbfolge ein).

BEISPIEL

K ist Kommanditist der Muster-KG. Im Gesellschaftsvertrag der KG ist die Nachfolgeklausel für den Fall des Todes eines Gesellschafters vorgesehen. K hat in seinem Testament seine älteste Tochter T als Nachfolgerin bestimmt (sog. qualifizierte Nachfolgeklausel). Die weiteren Kinder (B und C) sollen im Wege der Nachlassteilung die übrigen Nachlasswerte erhalten. Insgesamt sollen die Kinder zu gleichen Teilen erben.

LÖSUNG

Hinsichtlich des KG-Anteils tritt eine Sondererbfolge bzw. Sonderrechtsnachfolge ein. Der Kommanditanteil geht unmittelbar auf die qualifizierte Erbin T über. Der Anteil fällt nicht in die Gesamtrechtsnachfolge gem. § 1922 Abs. 1 BGB, die spezielleren handelsrechtlichen Bestimmungen zur Nachfolge in Gesellschaftsanteilen gehen den allgemeinen Nachlassregeln vor. Nur hinsichtlich des übrigen Nachlasses greift § 1922 BGB.

Erbschaftsteuerlich gilt aber die qualifizierte Nachfolgeklausel als Sonderfall der Teilungsanordnung und ist daher für die Zurechnung der Nachlasswerte im Erbanfall ohne Bedeutung (R E 3.1 Abs. 3 ErbStR). Somit ist der KG-Anteil allen Geschwistern (T, B, C) nach der Erbqoute im Erbanfall zuzurechnen (je 1/3), die gesellschaftsrechtliche Sondererbfolge wird hierbei ignoriert. Die Verschonung für Anteile an einem Betriebsvermögen (§ 13b Abs. 1 Nr. 2 ErbStG) steht allerdings nur der qualifizierten Erbin T zu, vgl. § 13a Abs. 5 Satz 1 ErbStG.

6.3 Erwerb durch Vermächtnis

6.3.1 Allgemeines

Hat der Erblasser durch Testament oder Erbvertrag einer anderen Person einen Vermögensvorteil zugewendet, **ohne** diese als Erben einzusetzen, liegt ein **Vermächtnis** vor (§ 1939 BGB).

Das Vermächtnis berechtigt den Bedachten, von dem Beschwerten die Leistung des vermachten Gegenstandes zu verlangen (§ 2174 BGB). Der **Anspruch aus einem Vermächtnis hat schuldrechtlichen Charakter.**

Der Vermächtnisnehmer wird im Unterschied zum Erben nicht sofort mit dem Tod des Erblassers Eigentümer der ihm zugewendeten Sache. Er erwirbt lediglich einen gegen den bzw. die Erben gerichteten **schuldrechtlichen Anspruch** auf Zahlung des Vermächtnisses bzw. auf Herausgabe einzelner Nachlassgegenstände.

Ein Vermächtnis kann durch Testament oder Erbvertrag angeordnet sein.

Sofern im Testament nichts anderes bestimmt ist, wird das Vermächtnis mit dem Tod des Erblassers zur Erfüllung fällig (§ 2176 BGB).

Zu den **Einzelfällen von Vermächtnissen** siehe Ausführungen oben unter 5.1. 3. 2.

Der Vermächtnisnehmer unterliegt insoweit gem. § 3 Abs. 1 Nr. 1 2. Alt. ErbStG der sachlichen Steuerpflicht.

Zur BFH-Rechtsprechung in Bezug auf die erbschaftsteuerliche Behandlung von Vermächtnissen s. H E 3.2 ErbStH.

6.3.2 Erbschaftsteuerliche Behandlung des Vermächtnisses

In der erbschaftsteuerlichen Behandlung kommt es bei Vermächtnissen zu den folgenden Auswirkungen.

6.3.2.1 Besteuerung beim Vermächtnisnehmer

Beim **Vermächtnisnehmer** entsteht der Anspruch auf das Vermächtnis, sofern dieses vom Bedachten nicht ausgeschlagen wird (§ 2180 BGB), mit dem Eintritt des Erbfalles (§ 2176 BGB).

Sachvermächtnisse sind nach R B 9.3 Abs. 2 ErbStR mit dem **Steuerwert** des Vermächtnisgegenstandes anzusetzen. Der Vermächtnisnehmer hat von dem zugewendeten Vermögensvorteil die Erbschaftsteuer zu entrichten (§ 3 Abs. 1 Nr. 1 2. Alt. ErbStG).

6.3.2.2 Besteuerung beim Erben/bei der Erbengemeinschaft

Beim Erben bzw. bei den Erben ist das durch Vermächtnis zugewandte Wirtschaftsgut als Teil des Erwerbs vom Erblasser mit dem für den **Vermächtnisgegenstand maßgebenden Steuerwert** als Teil des Vermögensanfalls zu versteuern (§ 1922 Abs. 1 BGB i. V. m. § 3 Abs. 1 Nr. 1 1. Alt. ErbStG). Sodann erfolgt beim Erben bzw. den Erben der Abzug einer Vermächtnisverbindlichkeit als **Erbfallschuld** nach § 10 Abs. 5 Nr. 2 ErbStG, so dass sich im Ergebnis der Rechtsvorgang erbschaftsteuerlich nicht auswirkt. Der Vermächtnisgegenstand ist sowohl im Vermögensanfall als auch bei den Nachlassverbindlichkeiten mit dem Steuerwert anzusetzen. Eine Ausnahme kann sich z. B. bei Kaufrechtsvermächtnissen ergeben, siehe nachfolgend unter 6.3.2.3.

6.3.2.3 Behandlung von Kaufrechtsvermächtnissen

In den Fällen des **Kaufrechtsvermächtnisses** wird dieser Grundsatz, wonach beim **Erben** in der Nachlasswertermittlung das Grundstück mit dem **Grundbesitzwert** und die **Übereignungsverpflichtung** ebenfalls mit dem **Steuerwert (Grundbesitzwert)** zu erfassen ist, durchbrochen. Der **Kaufrechtsvermächtnisnehmer** hat das Erwerbsrecht mit dem **gemeinen Wert** zu bewerten (§ 12 Abs. 1 ErbStG i. V. m. § 9 BewG). Nach der Rechtsprechung des BFH ist Nachlassgegenstand die aufschiebend bedingte Forderung des Vermächtnisnehmers gegen den beschwerten Erben (BFH vom 13. 08. 2008, II R 7/07, BStBl II 2008, 982). Diese Forderung ist mit dem gemeinen Wert (§ 9 BewG) anzusetzen und nicht mit dem Steuerwert des Gegenstandes (z. B. Grundbesitzwert, § 12 Abs. 3 ErbStG). Der Wert eines Kaufrechtsvermächtnisses bestimmt sich somit nach der Differenz zwischen dem Verkehrswert des Gegenstandes und dem zu entrichtenden Kaufpreis.

BEISPIEL

In einem Testament wurde ein **Kaufrechtsvermächtnis** zugunsten des K auf Übernahme eines Grundstücks (Verkehrswert 1 600 000 €, Grundbesitzwert 1 550 000 €) zum Preis von 1 200 000 € ausgesetzt. K übernimmt das Grundstück.

LÖSUNG Der steuerpflichtige Erwerb des **K** wird wie folgt ermittelt:

Verkehrswert des Grundstücks	1 600 000 €
./. zu leistender Kaufpreis	./. 1 200 000 €
= steuerpflichtiger Erwerb	400 000 €
Beim **Erben** ergeben sich folgende erbschaftsteuerliche Wertansätze:	
Grundbesitzwert des Grundstücks	1 550 000 €
./. Nachlassverbindlichkeit des bei K angesetzten Differenzbetrags	./. 400 000 €
Auswirkung insgesamt	1 150 000 €
Alternative Darstellung für den Erben	
Grundbesitzwert des Grundstücks	1 550 000 €
Ansatz der Kaufpreisforderung	1 200 000 €
./. Sachleistungsverpflichtung auf Übertragung des Grundstücks an K, Ansatz mit dem gemeinen Wert	./. 1 600 000 €
Auswirkung insgesamt	1 150 000 €

6.3.2.4 Formunwirksames Vermächtnis

Bei formunwirksamen Vermächtnissen hatte der BFH in seiner Entscheidung vom 15.03.2000 (II R 15/98, BStBl II 2000, 588), für die steuerliche Anerkennung u. a. gefordert, dass einerseits – ungeachtet des Formmangels – eine **tatsächliche Anordnung** des Erblassers vorliegen muss (Beweisfrage) und andererseits die Vollziehung der **angeordneten Verpflichtung** des Erblassers **gegenüber dem beschwerten Erben** vorliegen muss, d. h. dass dieser das zugedachte Vermögen an den begünstigten Vermächtnisnehmer zu übertragen hat.

BEISPIEL

Noch kurz vor seinem Ableben hatte der Erblasser E in Anwesenheit seines Alleinerben S und seines Freundes F **mündlich** als letzten Willen geäußert, dass F aus seinem Nachlass ein bestimmtes bebautes Grundstück erhalten soll.

LÖSUNG Dies ist ein **formunwirksames** Vermächtnis. Sollte der letzte Wille des Erblassers tatsächlich unter den Beteiligten vollzogen werden, kann das Vermächtnis wie oben ausgeführt erbschaftsteuerlich anerkannt werden.

6.3.2.5 Bewertung von Vermächtnissen

Für die Bewertung von Vermächtnissen gilt:

- **Kaufrechtsvermächtnisse**: Ansatz des Übernahmerechts mit dem **Verkehrswert** des Vermächtnisgegenstandes abzüglich des zu zahlenden Kaufpreises.
- **Wahlvermächtnisse**: Ansatz mit dem **Steuerwert** des Gegenstandes im Zeitpunkt des Erbfalls. Sollte sich die Wahl auf die Ausübung eines Kaufrechtsvermächtnisses beziehen, ist das Übernahmerecht mit dem **gemeinen Wert** zu bewerten.
- Vermächtnisse, die auf einen zum **Nachlass gehörenden** Gegenstand gerichtet sind (**Sachvermächtnisse**), werden nach R B 9.3 Abs. 1 ErbStR mit dem **Steuerwert** des Vermächtnisgegenstandes angesetzt.

FÄLLE 10–11

FALL 10 Welche erbschaftsteuerlichen Auswirkungen ergeben sich aus den nachfolgenden Fallkonstellationen?

a) Der in 2019 verstorbene Erblasser E hatte in seinem Privattestament seinen Sohn S und seine Tochter T zu gleichen Teilen als Erben eingesetzt. Der Nachlass umfasst ein bebautes Grundstück (Grundbesitzwert 950 000 €, Verkehrswert 1 000 000 €) und Geldvermögen im Wert von 500 000 €. E hatte in seinem Testament angeordnet, dass S das Grundstück gegen Wertausgleichszahlung an T in Höhe von 250 000 € und T das Geldvermögen erhalten soll (Teilungsanordnung).

b) Wie a), E hatte in seinem Privattestament bestimmt, dass S das Grundstück und T das Geldvermögen nach seinem Tode erhalten soll. Weitere Verfügungen, insbesondere zur Erbquote, wurden in dem Testament nicht getroffen.

FALL 11 Erblasser E, verstorben in 2019, hatte in seinem Privattestament seine Nichte N (Tochter seines Bruders) zur **Alleinerbin** eingesetzt. Der Steuerwert des Nachlasses nach Kürzung der Erblasser- und Erbfallschulden (Reinnachlass, vor Abzug der Vermächtnislast) beträgt 1,2 Mio. €. E hatte in seinem Testament ein Sachvermächtnis zugunsten seines Freundes F ausgesetzt, wonach F die Eigentumswohnung (Grundbesitzwert 220 000 €, Verkehrswert 225 000 €) erhalten soll.
Welche Auswirkungen ergeben sich im Rahmen der Erbschaftsbesteuerung für N und F?

6.4 Erwerb aufgrund eines geltend gemachten Pflichtteilsanspruchs

6.4.1 Allgemeines

Nach § 2303 BGB sind pflichtteilsberechtigt:

- die **Abkömmlinge** des Erblassers,
- die **Eltern** des Erblassers,
- der **Ehegatte** des Erblassers.

Entferntere Abkömmlinge und Eltern des Erblassers sind insoweit nicht pflichtteilsberechtigt, als ein Abkömmling, der sie im Falle der gesetzlichen Erbfolge ausschließen würde, den Pflichtteil verlangen kann.

Die **Großeltern** und die **Geschwister** des Erblassers sind **nicht** pflichtteilsberechtigt.

Der Pflichtteil besteht nach § 2303 Abs. 1 Satz 2 BGB in der Hälfte des Werts des gesetzlichen Erbteils bzw. Erbersatzanspruchs. Bei der Bestimmung der Quote, zu der der Pflichtteilsberechtigte bei gesetzlicher Erbfolge Erbe wäre, sind auch Personen mitzuzählen, die wegen Enterbung, Erbausschlagung oder Erbunwürdigkeit nicht erben (§ 2310 Satz 1 BGB). **Nicht** mitzuzählen sind dagegen die Personen, die auf ihr Erbteil verzichtet haben (§ 2310 Satz 2 BGB).

Der Berechnung des Pflichtteils wird nach § 2311 Abs. 1 BGB der Bestand und der Wert des Nachlasses zur Zeit des Erbfalles zugrunde gelegt.

Schuldner des Pflichtteilsanspruchs ist gem. § 2303 Abs. 1 Satz 1 BGB der Erbe.

BEISPIELE

a) Erblasserin M (Mutter) hinterlässt ihre drei Kinder Sohn 1, Sohn 2 und Tochter. In ihrem rechtswirksamen Privattestament hat sie Sohn 1 und die Tochter je hälftig zu ihren Erben eingesetzt.

LÖSUNG

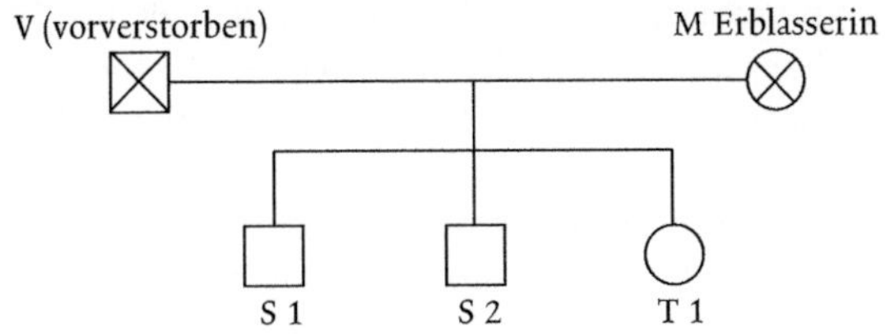

	S 1	S 2	T 1
Gesetzliche Erbfolge (§ 1924 BGB)	1/3	1/3	1/3
Gewillkürte Erbfolge	1/2		1/2

Der Pflichtteilsanspruch von Sohn 2 beläuft sich auf die Hälfte von 1/3 = 1/6 (§ 2303 Abs. 1 Satz 2 i. V. m. § 1924 Abs. 1 und Abs. 4 BGB). Dieser ist aus dem Verkehrswert des Nachlasses am Todestag zu berechnen.

Bei der Bestimmung der Quote zu der der Pflichtteilsberechtigte bei gesetzlicher Erbfolge Erbe wäre, sind auch Personen mitzuzählen, die wegen Enterbung, Erbausschlagung oder Erbunwürdigkeit nicht erben (§ 2310 Satz 1 BGB). **Nicht** mitzuzählen sind dagegen die Personen, die auf ihren Erbteil verzichtet haben (§ 2310 Satz 2 BGB). Schlägt im obigen Fall die Tochter die Erbschaft aus, so hat dies keine Auswirkung auf die Höhe des Pflichtteils von Sohn 2, da die ausschlagende Tochter bei der Berechnung des maßgebenden Erbteils mitzählt.

b) Beim Tod des Erblassers E leben seine Schwester S, seine Frau F, seine Kinder A, B und C und sein Vater V. Die F hat auf ihr Erbrecht verzichtet, A schlägt die Erbschaft aus. B wird für erbunwürdig erklärt.
In welcher Höhe ist C pflichtteilsberechtigt, wenn E ihn enterbt hat?

LÖSUNG Gesetzliche Erben wären neben der Ehefrau F nur die Kinder A, B und C. Der Vater ist nicht erbberechtigt, da die Kinder als Vertreter der 1. Ordnung den Vater von der Erbfolge ausschließen, § 1930 BGB. Die F ist jedoch gem. § 2310 Satz 2 BGB bei der Feststellung des maßgebenden Erbteils wegen Erbverzichts **nicht mitzuzählen**, anders A und B (§ 2310 Satz 1 BGB). Der gesetzliche Erbteil des C würde 1/3 betragen (§ 1924 Abs. 1 und Abs. 4 BGB). Sein Pflichtteil beläuft sich somit auf 1/6 des Nachlasswerts (§ 2303 Abs. 1 Satz 2 BGB).

6.4.2 Erbschaftsteuerliche Behandlung des Pflichtteilsanspruchs

Der Pflichtteilsanspruch ist ein **Geldanspruch**. Er entsteht mit dem Erbfall und ist als Erwerb von Todes wegen **nur dann steuerbar, wenn er geltend gemacht** wird (§ 3 Abs. 1 Nr. 1 3. Alt. ErbStG). Würde diese gesetzliche Regelung nicht bestehen, müsste der Pflichtteilsanspruch auch im Falle seiner Nichtgeltendmachung zur Erbschaftsteuer herangezogen werden. Somit ist beim Pflichtteilsberechtigten solange ein steuerbarer Tatbestand **nicht** verwirklicht, als er **von ihm nicht geltend gemacht** wird. Andererseits kann der Pflichtteilsanspruch beim Erben erst dann als Nachlassverbindlichkeit nach § 10 Abs. 5 Nr. 2 ErbStG abgezogen werden, wenn der Pflichtteilsberechtigte seinen Anspruch vorgebracht hat. Geltendmachung bedeutet hierbei, dass der Berechtigte ein ausdrückliches Verlangen auf Auszahlung des Pflichtteils an den Belasteten richtet.

Die geltend gemachte Pflichtteilsverbindlichkeit ist beim Erben auch dann mit dem **Nennwert** als Nachlassverbindlichkeit abzuziehen, wenn sie durch Übertragung eines Nachlassgrundstücks an Erfüllungs statt erfüllt wird (BFH vom 07.10.1998, II R 52/96, BStBl II 1999, 23). Nach der Rechtsprechung des BFH vom 22.07.2015 (II R 12/14, BStBl II 2016, 230) ist die Pflichtteilslast ohne Begrenzung des § 10 Abs. 6 ErbStG als Nachlassverbindlichkeit abzugsfähig. D. h. die Pflichtteilslast ist in voller Höhe abzugsfähig, auch wenn im Nachlass steuerbefreites Vermögen vorhanden ist (z. B. begünstigtes Betriebsvermögen oder ein Familienheim i. S. d. § 13 Abs. 1 Nr. 4b oder 4c ErbStG). Die Finanzverwaltung hat die Grundsätze aus dem o. g. BFH-Urteil übernommen (vgl. R E 10.10 Abs. 3 ErbStR), danach besteht bei Pflichtteilsansprüchen kein wirtschaftlicher Zusammenhang mit einzelnen Vermögensgegenständen.

Mit der Geltendmachung des Pflichtteils entsteht die Steuer für den **gesamten** Pflichtteilsanspruch und zwar auch dann, wenn der Berechtigte zunächst nur eine Teilleistung fordert oder seinen Pflichtteil nur ratenweise ausgezahlt bekommt, § 9 Abs. 1 Nr. 1 Buchst. b ErbStG.

Verzichtet der Pflichtteilsberechtigte auf seinen Anspruch, so ist dieser Verzicht nach § 13 Abs. 1 Nr. 11 ErbStG **steuerfrei.** Erhält er für den Verzicht eine Abfindung, dann gilt diese nach § 3 Abs. 2 Nr. 4 ErbStG als vom Erblasser zugewendet und fällt unter den Besteuerungstatbestand Erwerb von Todes wegen.

FALL 12

Am 10.03. 2019 verstarb in Mittelstadt der Witwer Albert Kummer. Aus seiner Ehe stammen die Söhne Berthold (34 Jahre) und Xaver (37 Jahre). Aus der Ehe von Xaver sind die Enkelsöhne Jens (9 Jahre) und Peter (7 Jahre) hervorgegangen. In seinem am 10.10. 2018 verfassten rechtswirksamen Privattestament hatte der Erblasser über seinen Nachlass folgende Regelung getroffen: »Ich setze zu meinen alleinigen Erben ein:

- meinen Sohn Berthold zu 1/2 des Nachlasses und
- meine Enkelsöhne Jens und Peter zu je 1/4 des Nachlasses.

Meinen Sohn Xaver habe ich bei der Erbeinsetzung bewusst übergangen, weil er sich mit seinen Eltern ständig im Streit befand.«
Der Nachlass umfasste am Todestag die folgenden Vermögenswerte:

1. **Einfamilienhaus** Mittelstadt, Panoramastr. 10 (von Albert zu eigenen Wohnzwecken genutzt, von den Erben vermietet) Grundbesitzwert zum Besteuerungszeitpunkt (Verkehrswert 500 000 €)	300 000 €
2. **Sparguthaben** einschließlich Zinsen bis Todestag	130 000 €
3. **Wertpapierdepot**, Kurswert am Todestag	200 000 €
4. **Beteiligung an der X-GmbH**, ausgestattet mit einem Stammkapital von 600 000 €, i. H. v. 25 % anteiliges Stammkapital 150 000 €. Gemeiner Wert der Anteile am Todestag = 360 000 €	360 000 €
5. **Hausrat**, gemeiner Wert am Todestag	70 000 €
6. **Münzsammlung**, gemeiner Wert am Todestag	40 000 €
7. **Schulden:**	
7.1 **Erblasserschulden**; Grundstücksschulden	140 000 €
7.2 **Bestattungskosten, Nachlassregelungskosten** lt. Einzelnachweisen	7 900 €

Unmittelbar nach der Testamentseröffnung durch das Nachlassgericht Mittelstadt hatte der enterbte Sohn Xaver (im April 2019) gegenüber seinen beiden Kindern den Pflichtteil geltend gemacht.
Anmerkung:
Bei der Pflichtteilsberechnung sind die Verkehrswerte des Nachlasses zur Zeit des Erbfalls zugrunde zu legen. Die von den Erben getragenen Bestattungs- und Nachlassregelungskosten sind bei der Wertermittlung für den Pflichtteil zu kürzen. Die Pflichtteilslast wird ausschließlich durch die Abkömmlinge des enterbten Sohnes Xaver je hälftig getragen.
Die Erbschaftsteuer aus dem Nachlass nach Albert Kummer ist für sämtliche Erwerber zu berechnen.

6.5 Erwerb aufgrund eines vom Erblasser geschlossenen Vertrages (§ 3 Abs. 1 Nr. 4 ErbStG)

Der Erblasser kann in einem Vertrag bestimmen, dass **nach seinem Tod** an einen Dritten eine bestimmte Leistung zu erbringen ist. In diesem Fall erlangt der Dritte das Recht auf die Leistung **erst mit dem Tod** des Erblassers (§§ 328 ff. BGB).

Im Gegensatz zum Zivilrecht, das derartige Verträge **als vor dem Tod vollzogene Schenkungen** unter Lebenden behandelt, wird der Erwerb des Dritten **erbschaftsteuerlich als Erwerb von Todes wegen behandelt.**

Dies hat **zivilrechtlich** zur Folge, dass Verträge zugunsten Dritter **nicht** in den Nachlass fallen und der Begünstigte den Anspruch nicht als Erwerb durch Erbanfall nach § 3 Abs. 1 Nr. 1 ErbStG zu versteuern hat. Solche Erwerbe fallen unter den speziellen Besteuerungstatbestand, Vertrag zugunsten Dritter nach § 3 Abs. 1 Nr. 4 ErbStG.

Der Begünstigte erhält die vertragliche Leistung nicht aus dem Nachlass, sondern er erwirbt sie unmittelbar in eigener Person. Es kann deshalb auch ein Erbe, und zwar unabhängig von seinem Erbteil, mit einem solchen Recht bedacht werden.

BEISPIEL

Erblasser E hatte mit dem Versicherungsunternehmen L einen Lebensversicherungsvertrag auf den Todesfall abgeschlossen. E wird von seiner Ehefrau F zur Hälfte und von seinen drei Kindern zu je einem Sechstel beerbt.
Welche Rechtsfolge tritt ein, wenn
a) E im Versicherungsvertrag F die Bezugsberechtigung eingeräumt hat?
b) E im Versicherungsvertrag **keinen** Bezugsberechtigten benannt hat?

LÖSUNG

a) Die ausgezahlte Versicherungssumme berührt den Nachlass nicht. F hat die Versicherungssumme nach § 3 Abs. 1 Nr. 4 ErbStG als Erwerb von Todes wegen zu versteuern. Außerdem hat F daneben ihren Erwerb durch Erbanfall aufgrund ihrer erbrechtlichen Stellung nach § 3 Abs. 1 Nr. 1 ErbStG zu versteuern.

b) Die Versicherungssumme gehört zum Nachlass und ist somit von den Erben F, Kind 1, Kind 2 und Kind 3 als Erwerb von Todes wegen nach § 3 Abs. 1 Nr. 1 ErbStG zu versteuern.

Als Erwerb nach § 3 Abs. 1 Nr. 4 ErbStG kommen **hauptsächlich** in Betracht:

a) Vereinbarungen bei einer Lebens- oder Kapitalversicherung, dass eine bestimmte Person im Versicherungsfall bezugsberechtigt sein soll,
b) Vereinbarungen mit einer Bank oder einer Bausparkasse, dass nach dem Tod des Erblassers der Begünstigte eine bestimmte Spareinlage oder ein Bausparguthaben erhalten soll,
c) Vereinbarungen in Gesellschaftsverträgen, dass an den überlebenden Ehegatten des verstorbenen Gesellschafters Hinterbliebenenbezüge zu zahlen sind.

Die **gesetzlichen Versorgungsansprüche Hinterbliebener** unterliegen nicht der Erbschaftsteuer. Als Hinterbliebene gelten nur der mit dem Erblasser bei dessen Tod rechtsgültig verheiratete Ehegatte und die Kinder des Erblassers. Nach R E 3.5 ErbStR gehören zu den **nicht steuerbaren Ansprüchen** (Bezügen) **insbesondere**:

a) **Versorgungsbezüge** der Hinterbliebenen von Beamten aufgrund der Beamtengesetze des Bundes und der Länder,
b) **Versorgungsbezüge**, die den Hinterbliebenen von Angestellten und Arbeitern aus der gesetzlichen Rentenversicherung zustehen. Dies gilt auch in den Fällen freiwilliger Weiter- und Höherversicherung,
c) **Versorgungsbezüge,** die den Hinterbliebenen von Angehörigen der freien Berufe aus einer berufsständischen Pflichtversicherung bei einer berufsständischen Versorgungseinrichtung zustehen. Dies gilt auch für Ansprüche aus einer vom Erblasser fortgeführten Pflichtversicherung, die an Stelle einer Pflichtversicherung aufgrund einer weiter bestehenden Pflichtmitgliedschaft in der jeweils zuständigen Berufskammer tritt, nicht jedoch für Ansprüche aus einer vom Erblasser nach Ausscheiden aus einer Berufskammer freiwillig fortgeführten ehemaligen Pflichtversicherung,
d) **Versorgungsbezüge**, die den Hinterbliebenen von Abgeordneten aufgrund der Diätengesetze des Bundes und der Länder zustehen.

Des Weiteren unterliegen **nicht** der Erbschaftsteuer diejenigen Hinterbliebenenbezüge, die auf **Tarifvertrag, Betriebsordnung, Betriebsvereinbarung, betriebliche Übung** oder dem **Gleichbehandlungsgrundsatz** beruhen. Es sind dies **alle** Bezüge, die auf ein Dienstverhältnis i. S. v. § 1 Abs. 1 LStDV des Erblassers zurückzuführen sind. Ob ein Dienstverhältnis vorlag, richtet sich danach, wie die Aktivenbezüge des Erblassers bei der Einkommensteuer bzw. Lohnsteuer behandelt worden sind. Die **Steuerfreiheit** der genannten Versorgungsbezüge hat zur Folge, dass diese mit ihrem **Kapitalwert nach § 14 Abs. 1 BewG, Anlage 9 a zu § 13 Abs. 1 BewG** auf den Versorgungsfreibetrag nach § 17 Abs. 1 und Abs. 2 ErbStG **anzurechnen** sind (siehe auch R E 17 ErbStR und J 3.2).

Leistungen aus einer Lebensversicherung unterliegen beim Erwerb durch einen Bezugsberechtigten der Besteuerung nach § 3 Abs. 1 Nr. 4 ErbStG, wenn im Valutaverhältnis zwischen dem Versprechensempfänger (Versicherungsnehmer und Erblasser) und dem Begünstigten eine freigebige Zuwendung vorliegt. Hat ein Bezugsberechtigter eines Lebensversicherungsvertrags die Prämien ganz oder teilweise gezahlt, ist die Versicherungsleistung nach dem Verhältnis der vom Versicherungsnehmer/Erblasser gezahlten Versicherungsbeiträge zu den insgesamt gezahlten Versicherungsbeiträgen aufzuteilen; nur dieser Teil unterliegt der Erbschaftsteuer. Der Bezugsberechtigte trägt die Beweislast hinsichtlich der von ihm gezahlten Versicherungsbeiträge. Diese Grundsätze gelten auch, wenn ein Anspruch aus einer noch nicht fälligen Lebensversicherung übertragen wird, bei der der Erwerber die Versicherungsbeiträge bisher ganz oder teilweise gezahlt hat (R E 3.7 Abs. 2 ErbStR).

Hinweis:
In den Fällen der Ermittlung der fiktiven steuerfreien Zugewinnausgleichsforderung nach § 5 Abs. 1 ErbStG bei Beendigung des Güterstandes der Zugewinngemeinschaft durch den Tod eines Ehegatten sind nach R E 5.1 Abs. 4 Satz 1 ErbStR Erwerbe des überlebenden Ehegatten i. S. des § 3 Abs. 1 Nr. 4 ErbStG dem Endvermögen des Verstorbenen hinzuzurechnen. Dies gilt auch für **erbschaftsteuerpflichtige** Hinterbliebenenbezüge, die dem überlebenden Ehegatten aufgrund eines privaten Anstellungsvertrags des verstorbenen Erblassers zustehen, sowie für Lebensversicherungen, die dem überlebenden Ehegatten zustehen, auch soweit es sich dabei um Ansprüche aus einer privaten Rentenversicherung des verstorbenen Ehegatten handelt. S. auch D 2.3.

6.6 Gesellschaftsanteil beim Tod eines Gesellschafters (R E 3.4 ErbStR)

6.6.1 Schenkung von Anteilen an Personengesellschaften auf den Todesfall (R E 3.4 ErbStR)

Geht beim Tode eines Gesellschafters einer Personengesellschaft sein Anteil am Gesellschaftsvermögen nicht auf seine Erben, sondern auf die verbleibenden Gesellschafter bzw. die Gesellschaft selbst über (vgl. § 738 Abs. 1 BGB, §§ 105 Abs. 2, 138, 161 Abs. 2 HGB) und ist der Wert der Abfindung, die diese dafür zu leisten haben, geringer als der sich nach § 12 ErbStG ergebende Wert des Anteils, gilt die insoweit eintretende Bereicherung der Gesellschafter als Schenkung auf den Todesfall (§ 3 Abs. 1 Nr. 2 Satz 2 ErbStG). Dies gilt auch dann, wenn bei einer aus zwei Personen bestehenden Personengesellschaft der verbliebene Gesellschafter das Gesellschaftsvermögen allein übernimmt und damit das bisherige Gesamthandseigentum in das Alleineigentum des übernehmenden Gesellschafters übergeht (R E 3.4 Abs. 2 ErbStR).

Der Anwachsungserwerb ist ein begünstigter Erwerb i. S. d. § 13b Abs. 1 ErbStG (vgl. R E 13b.1 Abs. 1 Satz 4 Nr. 3 ErbStR), nicht dagegen der Erwerb der Abfindungsansprüche (R E 13b.1 Abs. 2 Satz 4 ErbStR).

BEISPIEL

Gesellschafter der gewerblich tätigen A,B,C-OHG sind die natürlichen Personen A, B und C zu je einem Drittel. Beim Tod des Gesellschafters A wird die Gesellschaft durch die verbleibenden Gesellschafter B und C fortgesetzt. Der Gesellschaftsvertrag sieht die Abfindung der Erben zum **Buchwert** vor. Der Gesellschaftsanteil des A hatte bei seinem Tod einen steuerlichen Wert von 800 000 € und einen Buchwert von 400 000 €.

LÖSUNG Der Anwachsungserwerb von B und C unterliegt als Schenkung auf den Todesfall der Erbschaftsteuer mit folgendem Wert:

Steuerwert des Gesellschaftsanteils A	800 000 €
abzüglich Abfindung an die Erben zum Buchwert	./. 400 000 €
übersteigender Wert	400 000 €
davon entfallen auf B bzw. C (je die Hälfte) =	200 000 €

Der Erwerb von B und C ist i. H. v. je 200 000 € steuerbegünstigt i. S. d. § 13b Abs. 1 ErbStG (R E 13b.1 Abs. 1 Satz 4 Nr. 3 ErbStR).

6.6.2 Schenkung von Anteilen an Kapitalgesellschaften auf den Todesfall (R E 3.4 Abs. 3 ErbStR)

Bei Anteilen an Kapitalgesellschaften ist eine Anwachsung auf die verbleibenden Gesellschafter **nicht** möglich. Nach § 15 GmbHG kann die Vererblichkeit des Geschäftsanteils durch Gesellschaftsvertrag nicht abbedungen werden. Die in § 3 Abs. 1 Nr. 2 Satz 2 ErbStG getroffene Regelung erfasst bei Kapitalgesellschaften insbesondere gesellschaftsvertragliche Vereinbarungen, durch die die Erben verpflichtet werden, den durch Erbanfall erworbenen Geschäftsanteil auf die Gesellschafter oder die Gesellschaft gegen eine Abfindung zu übertragen, die geringer ist als der sich nach § 12 Abs. 1 und 2 ErbStG ergebende steuerliche Wert des Anteils. Erwerber i. S. v. § 3 Abs. 1 Nr. 2 Satz 2 ErbStG sind die Gesellschafter oder – bei Erwerb durch die Gesellschaft selbst – die Gesellschaft. War der Erblasser **zu mehr als 25 %** unmittelbar am Nennkapital der Kapitalgesellschaft beteiligt, ist der Erwerb der Gesellschafter nach § 13b Abs. 1 Nr. 3 ErbStG begünstigt.

Ist die Kapitalgesellschaft als Erwerber anzusehen, kommt **nur** die Begünstigung **nach § 13b ErbStG** in Betracht, § 19 a ErbStG erfasst nur den Erwerb durch natürliche Personen und ist daher nicht anwendbar. Wird der Geschäftsanteil eines Gesellschafters einer GmbH bei dessen Tod nach § 34 GmbHG eingezogen, geht der auf die Erben übergegangene Anteil unter. Erhalten die Erben eine Abfindung, die geringer ist als der sich nach § 12 Abs. 1 und 2 ErbStG ergebende steuerliche Wert des Anteils, unterliegt die dadurch eintretende Werterhöhung der Anteile der verbleibenden Gesellschafter als Schenkung auf den Todesfall des Erblassers an diese Gesellschafter der Besteuerung. Da die Gesellschafter selbst keine Anteile erwerben, ist dieser Erwerb der Gesellschafter nicht nach § 13b ErbStG begünstigt.

7 Annahme und Ausschlagung der Erbschaft (§ 1942 BGB)

Aus dem Grundsatz der Gesamtrechtsnachfolge (§ 1922 BGB) ergibt sich, dass die Erbschaft kraft Gesetzes auf den Erben übergeht, ohne dass es einer Annahme der Erbschaft bedarf. Der Erbe kann vielmehr umgekehrt den Anfall der Erbschaft nur dadurch verhindern, dass er die Erbschaft ausdrücklich ausschlägt (§ 1942 BGB). Andererseits ist es jedoch bereits vor Ablauf der Ausschlagungsfrist möglich, durch ausdrückliche Erklärung die Erbschaft anzunehmen (§ 1943 BGB). Annahme und Ausschlagung – letztere kann nur in einer Frist von 6 Wochen ab Eintritt des Erbfalles erfolgen gem. § 1944 Abs. 1 BGB – können nicht lediglich in Ansehung eines Teils des Nachlasses vorgenommen werden (§ 1950 BGB) und sind darüber hinaus bedingungsfeindliche Rechtsgeschäfte (§ 1947 BGB). Die Ausschlagung der Erbschaft muss gem. § 1945 Abs. 1 BGB zur Niederschrift des Nachlassgerichts oder in öffentlich beglaubigter Form erklärt werden.

Sie hat zur Folge, dass der Anfall der Erbschaft an den Ausschlagenden als von Anfang an nicht erfolgt gilt (§ 1953 Abs. 1 BGB). Sie geht demgemäß auf denjenigen über, der berufen ist für den Fall, dass der Ausschlagende zur Zeit des Erbfalles nicht gelebt hätte (§ 1953 Abs. 2 BGB).

8 Erbenhaftung (§§ 1967–2013 BGB)

Mit Anfall der Erbschaft haftet der Erbe für **alle** Nachlassverbindlichkeiten (Schulden des Erblassers, Erbanfallkosten, erbrechtliche Verbindlichkeiten, Vermächtnisse, Pflichtteilsrechte und Auflagen) persönlich und **unbeschränkt**, d. h. auch mit seinem sonstigen nicht zum Nachlass gehörenden Vermögen (§§ 1967, 1968 BGB).

Die Haftungsfolgen kann der Erbe bzw. können die Erben nur durch ausdrückliche Ausschlagung der Erbschaft verhindern.

Teil D Zugewinngemeinschaft (§ 5 ErbStG)

1 Allgemeines

Haben **Ehegatten** durch Ehevertrag bzw. **Lebenspartner** durch Lebenspartnerschaftsvertrag nichts anderes vereinbart, so leben sie kraft Gesetzes im Güterstand der Zugewinngemeinschaft (§ 1361 Abs. 1 BGB, § 6 LPartG).Die Vermögen der Ehegatten bzw. der Lebenspartner werden nicht gemeinschaftliches Vermögen, sondern sie bleiben auch nach der Eheschließung/nach Begründung der Lebenspartnerschaft getrennt. Es bleibt deshalb jeder Ehegatte/Lebenspartner Alleineigentümer seiner Vermögenswerte, die er bei Eintritt in den Güterstand besitzt bzw. die er später erwirbt (§ 1363 Abs. 2 Satz 1 BGB). Nachdem jeder Ehegatte/jeder Lebenspartner an dem während der Ehe/Lebenspartnerschaft erarbeiteten Vermögen beteiligt ist, hat der Gesetzgeber bei Beendigung der Zugewinngemeinschaft einen Zugewinnausgleich angeordnet. Die Art des Zugewinnausgleichs richtet sich danach, auf welche Weise die Zugewinngemeinschaft beendet wird. Die Beendigung kann eintreten durch **Tod** oder aus **anderen Gründen**, z. B. Scheidung, vertragliche Vereinbarung eines anderen Güterstands.

Der Ausgleich des Zugewinns kann erfolgen nach der **erbrechtlichen Lösung** oder nach der **güterrechtlichen Lösung**. Beim Tod eines Ehegatten oder Lebenspartners wird der Zugewinnausgleich dadurch bewirkt, dass sich der gesetzliche Erbteil des überlebenden Ehegatten oder Lebenspartners um ein Viertel der Erbschaft erhöht, unabhängig davon, ob die Ehegatten/Lebenspartner im einzelnen Fall einen Zugewinn erzielt haben (= erbrechtliche Lösung gem. § 1371 Abs. 1 BGB). Die güterrechtliche Abwicklung greift hingegen, wenn der überlebende Ehegatte kein Erbe wird (z. B. enterbt oder Erbschaft ausgeschlagen) und ihm auch kein Vermächtnis zusteht (§ 1371 Abs. 2 BGB). In diesem Fall hat der Ehegatte/Lebenspartner, der den geringeren Zugewinn erzielt hat, eine Ausgleichsforderung in Höhe der Hälfte des Zugewinns gegenüber dem Ehegatten/Lebenspartner mit dem größeren Zugewinn (§ 1378 BGB).

Nach der Rechtslage bis zum 31.08. 2009 blieben die bei Eheschließung/Begründung der Lebenspartnerschaft vorhandenen Schulden bei der Ermittlung des Zugewinns unberücksichtigt. Dadurch wird der Ehegatte/Lebenspartner, der sein Vermögen während der Ehe/Lebenspartnerschaft durch Tilgung von Schulden vermehrt, begünstigt. Aufgrund der geänderten Rechtslage wird nunmehr ein **negatives Anfangsvermögen** berücksichtigt. Es stellt das neue Recht auf den in einer Ehe/Lebenspartnerschaft erzielten **wirtschaftlichen Zugewinn** ab.

Durch das Gesetz zur Änderung des Zugewinnausgleichsrechts ist bei der Ermittlung des Zugewinnausgleichs im Einzelnen zu beachten:

- **Abzug von Verbindlichkeiten beim Anfangsvermögen** (§ 1374 Abs. 1 und 3 BGB)
  Es entfällt die Beschränkung des Abzugs von Verbindlichkeiten beim Anfangsvermögen. Daraus folgt, dass das Anfangsvermögen eines Ehegatten/Lebenspartners auch **negativ** sein kann.
- **Abzug von Schulden beim Endvermögen** (§ 1375 Abs. 1 Satz 1 BGB)
  Es können bei der Ermittlung des Endvermögens die Schulden in voller Höhe gekürzt werden. Dies ist dann von Bedeutung, wenn der bei Eheschließung/Begründung der Lebenspartnerschaft verschuldete Ehegatte/Lebenspartner auch im Zeitpunkt der Scheidung/Beendigung der Lebenspartnerschaft noch verschuldet ist, aber dennoch wirtschaftlich einen Zugewinn erzielt hat.

- **Begrenzung der Ausgleichsforderung auf das Endvermögen** (§ 1378 Abs. 2 Satz 1 BGB) Es hat der ausgleichsverpflichtete Ehegatte/Lebenspartner **nicht mehr als die Hälfte** seines bei Beendigung des Güterstands **tatsächlich vorhandenen Endvermögens** an den anderen Ehegatten/Lebenspartner zu leisten.

Es sind die seit 01.09. 2009 eingetretenen Änderungen auch bei der Berechnung der fiktiven steuerfreien Zugewinnausgleichsforderung zu beachten.

BEISPIEL

M hatte bei Eheschließung kein Anfangsvermögen, sein Endvermögen beträgt 60 000 €. Das Anfangsvermögen von F hatte ./. 200 000 € betragen, das Endvermögen beträgt 40 000 €.

	Altes Recht (bis 31.08. 2009)	**Geltendes Recht (ab 01.09. 2009)**
Endvermögen M	60 000 €	60 000 €
Anfangsvermögen M	0 €	0 €
Zugewinn M	60 000 €	60 000 €
Endvermögen F	40 000 €	40 000 €
Anfangsvermögen F	0 €	./. 200 000 €
Zugewinn **F**	40 000 €	240 000 €
Ausgleichsanspruch F gegen M/M gegen F	**10 000 €**	**90 000 €**

Es ist jedoch die Begrenzungsregelung in § 1378 Abs. 2 Satz 1 BGB zu beachten, wonach die Höhe der Ausgleichsforderung auf das bei F vorhandene Endvermögen = 40 000 € beschränkt ist.

	M		**F**
Zugewinn	60 000 €		240 000 €
Differenz		180 000 €	

Ausgleich: 180 000 € : 2 = 90 000 €, begrenzt auf das Endvermögen von F = 40 000 €.

Schaubild zu § 5 ErbStG

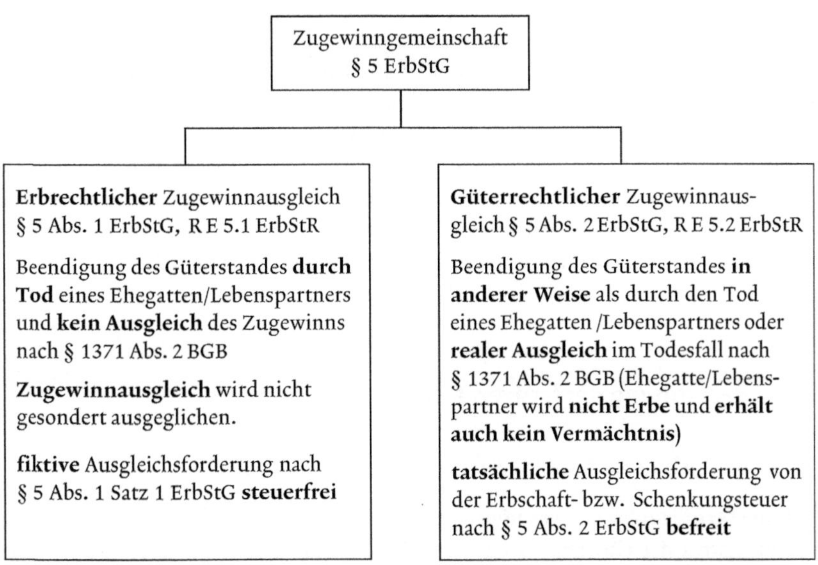

Nach § 29 Abs. 1 Nr. 3 ErbStG ist die Festsetzung der Steuer für **frühere Schenkungen** an den überlebenden Ehegatten zu ändern, soweit diese Schenkungen bei der güterrechtlichen Abwicklung der Zugewinngemeinschaft auf die Ausgleichsforderung nach § 5 Abs. 2 ErbStG angerechnet worden sind. Entsprechend ist auch zu verfahren, wenn Schenkungen dieser Art bei der Berechnung der fiktiven Ausgleichsforderung nach § 5 Abs. 1 ErbStG berücksichtigt werden. § 29 Abs. 2 ErbStG ist in diesen Fällen nicht anzuwenden, vgl. R E 5.1 Abs. 6 ErbStR.

In den Fällen der erbrechtlichen Lösung wird die Ausgleichsforderung i. S. d. § 1378 BGB nur für Zwecke der Erbschaftsteuerermittlung (Freibetrages i. S. d. § 5 Abs. 1 ErbStG) ermittelt. Zwischen dem überlebenden Ehegatten und den restlichen Erben erfolgt kein tatsächlicher Ausgleich. Die Ausgleichsforderung wird daher auch als fiktive Ausgleichsforderung bezeichnet. Ist im Einzelfall erkennbar, dass der Erwerb des überlebenden Ehegatten einschließlich etwaiger Vorschenkungen (§ 14 ErbStG) die persönlichen Freibeträge nach §§ 16, 17 ErbStG (500 000 € + 256 000 €, gegebenenfalls gekürzt um die nichtsteuerbaren Versorgungsbezüge mit ihrem Kapitalwert, s. u. J 3.2) nicht überschreiten wird, kann eine Berechnung der fiktiven Ausgleichsforderung unterbleiben (R E 5.1 Abs. 1 Satz 2 ErbStR). Denn in diesem Fall wird auch ohne die Steuerbefreiung des § 5 Abs. 1 ErbStG keine Steuer anfallen.

2 Beendigung der Zugewinngemeinschaft durch Tod eines Ehegatten oder Lebenspartners ohne Zugewinnausgleich (§ 5 Abs. 1 ErbStG)

Wird der Zugewinn beim Tode eines Ehegatten oder bei Tod eines Lebenspartners nach § 1371 Abs. 1 BGB dadurch ausgeglichen, dass sich der gesetzliche Erbteil des überlebenden Ehegatten um ein Viertel der Erbschaft erhöht (§ 1931 Abs. 3 i. V. m. § 1371 Abs. 1 BGB = **erbrechtliche Regelung**), kommt es im Rahmen der Erbschaftsteuer zu einer völlig anderen Rechtslage.

Bei der Erbschaftsbesteuerung findet diese Vorschrift **keine** Anwendung. Der zunächst steuerbare Erbanfall richtet sich zwar nach dem Erbteil des überlebenden Ehegatten, die Steuerbefreiung richtet sich aber unabhängig vom Erbrecht nach § 5 Abs. 1 ErbStG. **Steuerfrei** bleibt nach § 5 Abs. 1 Satz 1 ErbStG der Betrag, den der überlebende Ehegatte als Ausgleichsforderung nach § 1371 Abs. 2 BGB, also nach der güterrechtlichen Lösung geltend machen könnte. Der Erwerb des überlebenden Ehegatten bleibt **nur insoweit steuerfrei**, als dieser im Falle einer güterrechtlichen Abwicklung der Zugewinngemeinschaft gegen den Erben des verstorbenen Ehegatten beansprucht werden könnte. Nachdem hier für bürgerlich-rechtliche Zwecke eine Berechnung der Ausgleichsforderung nicht erforderlich wird, da es zu keiner Geltendmachung einer Ausgleichsforderung kommt, **muss trotzdem für Zwecke der Erbschaftsteuer** eine fiktive Ausgleichsforderung ermittelt werden, s. Berechnungsbeispiel in den Hinweisen zu R E 5.1 ErbStR.

2.1 Berechnung der fiktiven Ausgleichsforderung

2.1.1 Maßgebendes Anfangsvermögen (§ 1374 Abs. 1 BGB)

Anfangsvermögen ist das Vermögen, das einem Ehegatten nach Abzug aller Verbindlichkeiten beim Eintritt des Güterstandes gehört; die Verbindlichkeiten können nur bis zur Höhe des Vermögens abgezogen werden. Daraus folgt, dass das **Anfangsvermögen** eines Ehegatten/Lebenspartners auch **negativ** sein kann (§ 1374 Abs. 1 BGB).

Im Falle von § 5 Abs. 1 ErbStG gilt als Tag des Eintritts des Güterstandes

a) für alle Ehen, die **nach dem 01.07. 1958** geschlossen wurden oder werden und die nicht durch Ehevertrag einen anderen Güterstand vereinbart haben, der Tag der Eheschließung,
b) für **vor dem 01.07. 1958** geschlossene Ehen der **01.07. 1958** (Art. 8 Abschn. I Nr. 3 und 4 Gleichberechtigungsgesetz),
c) für Ehen, bei denen die Eheleute (aus einem zunächst vertraglich vereinbarten anderen Güterstand) später durch ehevertragliche Vereinbarung in den Güterstand der Zugewinngemeinschaft wechseln, der **Tag des Vertragsabschlusses**,
d) für Ehen, für die im **Beitrittsgebiet** der gesetzliche Güterstand nach § 13 des Familiengesetzbuchs der DDR (Errungenschaftsgemeinschaft) galt und die **Überleitung** in den gesetzlichen Güterstand der Zugewinngemeinschaft nicht durch Erklärung eines Ehegatten **ausgeschlossen** wurde, der **03. 10. 1990,**
e) für Lebenspartnerschaften, die nach dem 31. 12. 2004 begründet wurden oder werden und bei denen nicht ein anderer Güterstand vereinbart wurde oder wird, der Tag der Begründung der Lebenspartnerschaft,
f) für Lebenspartnerschaften, die bis zum 31. 12. 2004 begründet wurden, für die der Güterstand der Ausgleichsgemeinschaft galt und bei denen die Zugewinngemeinschaft nicht ausgeschlossen wurde, der 01. 01. 2005,
g) für Lebenspartnerschaften, bei denen die Lebenspartner später durch vertragliche Vereinbarung in den Güterstand der Zugewinngemeinschaft wechselten, der Tag des Vertragsabschlusses.

Vgl. hierzu R E 5.1 Abs. 3 und Abs. 7 ErbStR.

Die infolge des Kaufkraftschwunds nur nominale Wertsteigerung des Anfangsvermögens eines Ehegatten während der Ehe stellt nach der BGH-Entscheidung vom 14. 11. 1973 BGHZ 61, 385 ff. **keinen Zugewinn** dar. Deshalb muss der unechte Wertzuwachs aufgrund der allgemeinen Geldentwertung aus dem Anfangsvermögen ausgeschieden werden, R E 5.1 Abs. 2 Satz 5 ErbStR. Als Berechnungsgrundlage gilt der Preisindex für die Lebenshaltung aller privaten Haushalte. Als Preisbasisjahr gilt zur Zeit das Jahr 2010, d. h. 100. Eine aktualisierte Zusammenstellung der Verbraucherpreisindizes für Deutschland wird regelmäßig vom BMF bekannt gegeben, vgl. z. B. BMF-Schreiben vom 09. 04. 2019 (BStBl I 2019, 259).

Das um die allgemeine Geldentwertung bereinigte Anfangsvermögen errechnet sich wie folgt:

$$\frac{\text{Maßgebendes Anfangsvermögen bei Beginn des Güterstandes} \times \text{Lebenshaltungskostenindex bei Beendigung des Güterstandes}}{\text{Lebenshaltungskostenindex bei Beginn des Güterstandes}}$$

Ergebnis: Wertangepasstes bzw. berichtigtes Anfangsvermögen.

BEISPIEL

Das Anfangsvermögen eines Ehegatten hatte bei Eheschließung im Jahre 1990 einen Wert von 210 000 €. Der Güterstand der Zugewinngemeinschaft wird im Jahr 2017 beendet.

LÖSUNG Für die Berechnung der steuerfreien Ausgleichsforderung ist für den Ehegatten von nachstehendem Anfangsvermögen auszugehen:

$$\frac{210000€ \times 102{,}0}{64{,}1} = \text{rd.}\,334\,165€$$

Eine aktualisierte Zusammenstellung der Verbraucherpreisindizes für Deutschland wird regelmäßig durch das BMF veröffentlicht (z. B. BMF vom 09. 04. 2019, BStBl I 2019, 259).

2.1.2 Hinzurechnungen zum Anfangsvermögen (§ 1374 Abs. 2 BGB)

Der Ausgleich des Zugewinns unter den Ehegatten steht unter dem Gesichtspunkt, dass der andere Ehegatte **nur** dann an einem Vermögenszuwachs seines Gatten beteiligt sein soll, zu dessen Erwerb er **selbst unmittelbar oder mittelbar** beigetragen hat. Dies ist in denjenigen Vermögenserwerben nicht der Fall, die auf persönliche Beziehungen des Ehegatten zum Erblasser oder Schenker zurückzuführen sind. Solche Erwerbe werden deshalb vom **Zugewinn ausgeschlossen**, indem sie dem Anfangsvermögen hinzugerechnet werden mit der Folge, dass sich der Zugewinn dadurch verringert.

Es werden im Einzelnen hinzugerechnet:

a) **Erwerbe von Todes wegen** (Erbschaft, Miterbenanteil, Vermächtnis, Pflichtteil),
b) **Erwerbe mit Rücksicht auf ein künftiges Erbrecht**, d. h. vorweggenommene Erbfolgeregelungen (Hofübergabe, Übertragung eines Gewerbebetriebs),
c) **Schenkungen**,
d) **Ausstattungen**, die einem Kind von den Eltern gegeben werden.

Schwierigkeiten können sich ergeben, wenn das Anfangsvermögen **nicht mehr feststellbar** ist. Nach § 5 Abs. 1 Satz 3 ErbStG wird die **Fiktion des § 1377 Abs. 3 BGB**, wonach bei fehlendem Verzeichnis über das Anfangsvermögen, das Endvermögen eines Ehegatten den Zugewinn darstellt, bei der Ermittlung der fiktiven Ausgleichsforderung i. S. d. § 5 Abs. 1 ErbStG **nicht** angewandt.

Das Finanzamt muss aufgrund der ihm obliegenden Amtsermittlungspflicht (§ 88 AO) die Steuerakten des Erblassers beiziehen und aus den noch vorhandenen Unterlagen das Anfangsvermögen ermitteln (BFH vom 08.02. 1984 BStBl II 1984, 438). Bei der Vermögensermittlung ist der Steuerpflichtige nach der BFH-Rechtsprechung gem. § 90 AO zur Mitwirkung verpflichtet.

2.1.3 Maßgebendes Endvermögen (§ 1375 Abs. 1 BGB)

Endvermögen ist das Vermögen, das einem Ehegatten nach Abzug der Verbindlichkeiten bei der Beendigung des Güterstandes gehört. Es können bei der Ermittlung des Endvermögens die Schulden in voller Höhe gekürzt werden.

Nach § 1375 Abs. 2 BGB wird dem Endvermögen eines Ehegatten der Betrag **hinzugerechnet**, um den dieses Vermögen dadurch vermindert ist, dass ein Ehegatte **nach Eintritt** des Güterstandes

a) unentgeltliche Zuwendungen gemacht hat, durch die er nicht einer sittlichen Pflicht oder einer auf den Anstand zu nehmenden Rücksicht entsprochen hat,
b) Vermögen verschwendet hat oder
c) Handlungen in der Absicht vorgenommen hat, den anderen Ehegatten zu benachteiligen.

Eine Hinzurechnung **unterbleibt**, wenn die Vermögensminderung **mindestens zehn Jahre vor Beendigung** des Güterstandes eingetreten ist oder wenn der andere Ehegatte mit der unentgeltlichen Zuwendung oder der Verschwendung einverstanden gewesen ist (§ 1375 Abs. 3 BGB).

Schema zur Berechnung eines Zugewinnausgleichs

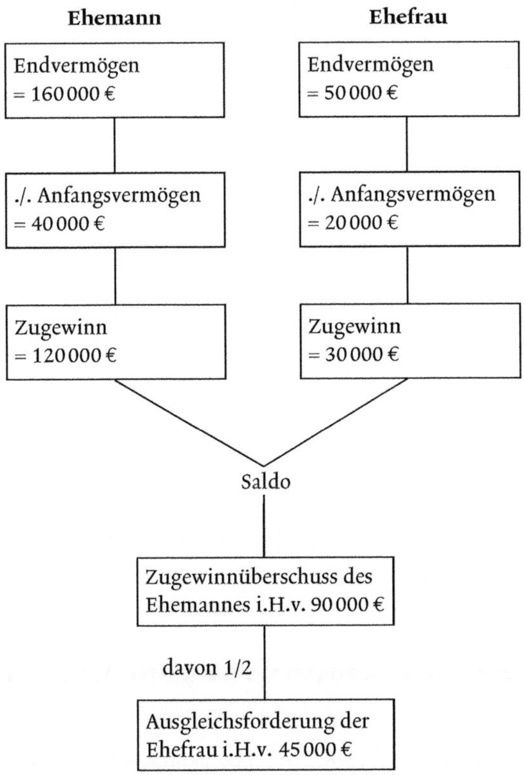

2.1.4 Anrechnung von Vorausempfängen (§ 1380 BGB)

Auf die Ausgleichsforderung eines Ehegatten/Lebenspartners wird angerechnet, was ihm von dem anderen Ehegatten/Lebenspartner durch Rechtsgeschäfte unter Lebenden mit der Bestimmung zugewendet worden ist, dass es auf die Ausgleichsforderung angerechnet werden soll. Im Zweifel ist anzunehmen, dass Zuwendungen angerechnet werden sollen, wenn ihr Wert den Wert von Gelegenheitsgeschenken übersteigt, die nach den Lebensverhältnissen der Ehegatten/Lebenspartner üblich sind. **Nicht** anzurechnen sind z. B. Geschenke zum Hochzeitstag, Geburtstags- oder Weihnachtsgeschenke, wenn sie nicht übermäßig sind.

Anrechenbare Schenkungen sind bei der Ermittlung der Ausgleichsforderung dem **Zugewinn** des zuwendenden Ehegatten/Lebenspartners mit dem Verkehrswert zur Zeit der Zuwendung **hinzuzurechnen** (§ 1380 Abs. 2 BGB). Sie sind im Zugewinn des anderen Ehegatten/Lebenspartners **nicht** zu erfassen. Vom **Ausgleichsbetrag** sind die anrechenbaren Schenkungen mit diesem Verkehrswert **abzuziehen** (§ 1380 Abs. 1 BGB), vgl. Beispiel in den Hinweisen zu R E 5.1 ErbStR.

2.2 Ehevertragliche Vereinbarungen, güterrechtliche Vereinbarungen unter Lebenspartnern (§ 5 Abs. 1 Satz 2 ErbStG)

Ehegatten/Lebenspartner können für den Fall der güterrechtlichen Abwicklung der Zugewinngemeinschaft eine von der gesetzlichen Regelung **abweichende Berechnung** des Zugewinns notariell vereinbaren (§§ 1408, 1410 BGB). So können beispielsweise die Ehegatten/Lebenspartner **abweichend** von den gesetzlichen Vorschriften zum Zugewinn vereinbaren,

a) dass bestimmte Vermögensteile, z. B. das Betriebsvermögen vom Zugewinnausgleich ausgenommen sind,
b) dass ein von den tatsächlichen Verhältnissen abweichendes Anfangs- oder Endvermögen festgelegt wird,
c) dass die Ausgleichsquote für einen oder für beide Ehegatten auf mehr oder auf weniger als 50 % des entstandenen Zugewinns festgelegt wird,
d) dass die Vermögenswerte zu einem von der gesetzlichen Regelung abweichenden Zeitpunkt festzustellen sind.

Solche abweichenden güterrechtlichen Vereinbarungen sind bei der Ermittlung des fiktiven Ausgleichsanspruches nach § 5 Abs. 1 Satz 2 ErbStG **nicht** zu berücksichtigen.

Des Weiteren regelt § 5 Abs. 1 Satz 4 ErbStG für die Fälle, in denen der Güterstand der Zugewinngemeinschaft nicht mit der Eheschließung, sondern erst während der Ehe durch Ehevertrag beginnt, dass als Zeitpunkt des Eintritts des Güterstandes (§ 1374 Abs. 1 BGB) der **Tag des Vertragsabschlusses maßgebend ist.**

2.3 Auswirkungen von Versorgungsbezügen auf die fiktive Ausgleichsforderung

Nach R E 5.1 Abs. 4 Satz 1 ErbStR sind Erwerbe des überlebenden Ehegatten i. S. d. § 3 Abs. 1 Nr. 4 ErbStG bei der Ermittlung der fiktiven Zugewinnausgleichsforderung dem **Endvermögen des verstorbenen Ehegatten** zuzurechnen.

Sofern es sich um **steuerpflichtige Versorgungsbezüge** handelt, sind diese ebenfalls dem Endvermögen des Erblassers mit ihrem **Kapitalwert** hinzuzurechnen (BFH vom 22.12. 1976 BStBl II 1977, 420). Dasselbe gilt auch für Lebensversicherungen, die dem überlebenden Ehegatten zustehen. Ansprüche aus einer **privaten Lebensversicherung** des verstorbenen Ehegatten sind mit dem nach § 14 BewG errechneten **Kapitalwert** anzusetzen. Die Hinzurechnung wird damit begründet, dass die erworbenen Ansprüche aus dem Vermögen des Erblassers stammen und deshalb als Teil seines Endvermögens anzusehen sind.

Nach BFH vom 20.05.1981 BStBl II 1982, 27 ist der Kapitalwert von Versorgungsbezügen, die nicht der Besteuerung nach § 3 Abs. 1 Nr. 4 ErbStG unterliegen, **nicht** dem Endvermögen des Erblassers. Ebenso unterbleibt eine Hinzurechnung zum Endvermögen, soweit es sich um Ansprüche handelt, die zivilrechtlich dem Versorgungsausgleich unterliegen, da diese nicht in den Zugewinnausgleich einbezogen werden (R E 5.1 Abs. 4 Satz 3 ErbStR). Zur Berechnung vgl. auch nachfolgendes Beispiel unter 2.4.

2.4 Minderung auf das Steuerwertniveau (§ 5 Abs. 1 Satz 5 ErbStG)

Wurde die Ausgleichsforderung des überlebenden Ehegatten nach dem Verkehrswert berechnet, dann muss der Wert des Endvermögens (Nachlass) des verstorbenen Ehegatten nach **steuerlichen Bewertungsvorschriften** ermittelt werden.

Es sind **alle** bei der Ermittlung des Endvermögens berücksichtigten Vermögensgegenstände zu bewerten, auch wenn sie nicht zum steuerpflichtigen Erwerb gehören, z. B. weil sie aufgrund eines Doppelbesteuerungsabkommens oder durch Freibeträge freigestellt sind. Wie oben ausgeführt, sind bei der Ermittlung der fiktiven Zugewinnausgleichsforderung auch diejenigen Erwerbe dem Endvermögen des verstorbenen Ehegatten zuzurechnen, die dem überlebenden Ehegatten außerhalb des Erbrechts angefallen sind.

Ist der sich danach ergebende Steuerwert des Endvermögens des verstorbenen Ehegatten **niedriger** als der Verkehrswert, so ist im Gegensatz zur güterrechtlichen Regelung nur der Teil des Werts der Ausgleichsforderung des überlebenden Ehegatten von der Besteuerung ausgenommen, der dem Verhältnis des Steuerwerts zum Verkehrswert des Endvermögens entspricht.

Die Berechnung der steuerfreien Ausgleichsforderung nach § 5 Abs. 1 Sätze 1 und 5 ErbStG erfolgt nach der Formel:

$$\frac{\text{Fiktive Zugewinnausgleichsforderung nach bürgerlichem Recht} \times \text{Steuerwert des Endvermögens}}{\text{Verkehrswert des Nachlasses}}$$

Siehe auch R E 5.1 Abs. 5 ErbStR mit Berechnungsbeispiel in den Hinweisen hierzu.

BEISPIEL

Die Ehegatten M und F lebten im gesetzlichen Güterstand. M (Erblasser) hatte ein Endvermögen mit einem Verkehrswert von 1 400 000 €, dessen Steuerwert 1 350 000 € beträgt, vererbt. Das maßgebende (indizierte) Anfangsvermögen betrug 100 000 €.

Das Endvermögen von F belief sich am Todestag auf 50 000 €; das maßgebende Anfangsvermögen betrug 0 €. F erhält nach dem Tod von M als Bezugsberechtigte einer privaten Lebensversicherung eine Leibrente, deren Kapitalwert nach § 14 BewG 90 000 € beträgt.

	Erblasser M	Ehefrau F
Endvermögen	1 400 000 €	50 000 €
+ Kapitalwert der Rente	90 000 €	–
= berichtigtes Endvermögen	1 490 000 €	50 000 €
./. Anfangsvermögen	100 000 €	0 €
= Zugewinn	1 390 000 €	50 000 €

Die Ausgleichsforderung von F wird wie folgt ermittelt:
1/2 von (1 390 000 € ./. 50 000 €) = 670 000 €
Der Steuerwert der Ausgleichsforderung beträgt gem. § 5 Abs. 1 Satz 5 ErbStG:

$$\frac{670\,000€ \times 1\,440\,000€}{1\,490\,000€} = \text{rd.}\,647\,517€$$

Für F errechnet sich der steuerpflichtige Erwerb wie folgt:

Steuerwert des Nachlasses	1 350 000 €
+ Erwerb nach § 3 Abs. 1 Nr. 4 ErbStG (Vertrag zugunsten Dritter)	90 000 €
= Vermögensanfall	1 440 000 €
./. Pauschbetrag für Erbfallkosten nach § 10 Abs. 5 Nr. 3 Satz 2 ErbStG	10 300 €
= Bereicherung § 10 Abs. 1 Satz 2 ErbStG	1 429 700 €
./. fiktive steuerfreie Zugewinnausgleichsforderung § 5 Abs. 1 ErbStG	647 517 €
./. Freibetrag für Steuerklasse I Nr. 1 (§ 16 Abs. 1 Nr. 1 ErbStG)	500 000 €
./. Versorgungsfreibetrag (§ 17 Abs. 1 ErbStG)	256 000 €
= steuerpflichtiger Erwerb § 10 Abs. 1 Satz 1 ErbStG	26 183 €
Abgerundet (§ 10 Abs. 1 Satz 6 ErbStG)	26 100 €

3 Beendigung der Zugewinngemeinschaft in anderer Weise als durch den Tod eines Ehegatten/Lebenspartners oder realer Zugewinnausgleich im Todesfall (§ 5 Abs. 2 ErbStG)

In § 5 Abs. 2 ErbStG und in R E 5.2 ErbStR sind die Fälle des **güterrechtlichen** Zugewinnausgleichs geregelt. Ein realer Ausgleich **beim Tode** eines Ehegatten/Lebenspartners nach § 1371 Abs. 2 BGB kommt dann in Betracht, wenn der überlebende Ehegatte/Lebenspartner infolge Erbunwürdigkeit, Erbverzicht, letztwilliger Verfügung, Ausschlagung und dergleichen **nicht** Erbe geworden und auch **nicht mit einem Vermächtnis bedacht** worden ist. Als weiterer Gesetzestatbestand regelt § 5 Abs. 2 ErbStG die Beendigung des Güterstandes **in anderer Weise als durch den Tod**, z. B. Fälle der Ehescheidung/Aufhebung der Lebenspartnerschaft und Wechsel des Güterstandes, wo es ebenfalls zu einer güterrechtlichen Abwicklung des Zugewinnausgleichs kommt. In beiden Fällen unterliegt die Ausgleichsforderung **nicht** der Besteuerung. Es liegt somit weder ein Erwerb von Todes wegen noch eine Schenkung unter Lebenden vor.

Im **Todesfall** können die Erben die Ausgleichsforderung des überlebenden Ehegatten nach § 10 Abs. 5 Nr. 1 ErbStG als Nachlassverbindlichkeit von ihrem Erwerb abziehen.

Zum vorzeitigen Zugewinnausgleich bei **fortbestehender** Zugewinngemeinschaft, s. R E 5.2 Abs. 3 ErbStR sowie H E 5.2 »Vorzeitiger Zugewinnausgleich bei fortbestehender Zugewinngemeinschaft« ErbStH (= sog. fliegender Zugewinnausgleich). In diesen Fällen erfolgt keine tatsächliche Beendigung der Zugewinngemeinschaft, daher ist die Steuerbefreiung des § 5 Abs. 2 ErbStG nicht anwendbar. Im Unterschied zum fliegenden Zugewinnausgleich ist die sog. Güterstandsschaukel eine von der Rechtsprechung anerkannte Möglichkeit, die Steuerbefreiung des § 5 Abs. 2 ErbStG auszuschöpfen. In diesem Fall wird die Zugewinngemeinschaft durch Ehevertrag beendet und anschließend wieder neu begründet, vgl. auch H E 5.2 »Vertragliche Beendigung der Zugewinngemeinschaft mit anschließender Neugründung« ErbStH. Voraussetzung ist, dass eine tatsächliche Abwicklung erfolgt, d. h. die Zugewinnausgleichsforderung i. S. d. § 1378 BGB auch tatsächlich ausgeglichen wird.

Anmerkung: Nachdem in den Fällen des § 5 Abs. 1 ErbStG die fiktive Zugewinnausgleichsforderung **höchstens** mit ihrem dem Steuerwert des Nachlasses entsprechenden Wert abzugsfähig ist, ist es oft für den überlebenden Ehegatten/Lebenspartner und die Erben des verstorbenen Ehegatten/Lebenspartners erbschaftsteuerlich günstiger, wenn der überlebende Ehegatte/Lebenspartner die Erbschaft ausschlägt und den güterrechtlichen Zugewinnausgleich geltend macht, wobei es je nach den Vermögensverhältnissen des verstorbenen und des überlebenden Ehegatten/Lebenspartners zweckmäßig oder unzweckmäßig sein kann, wenn der überlebende Ehegatte/Lebenspartner daneben noch den Pflichtteil verlangt, wie dies § 1371 Abs. 3 BGB regelt. Die Ausgleichsforderung wirkt sich in diesen Fällen in **vollem Umfang steuermindernd** aus; im Gegensatz zu § 5 Abs. 1 Satz 5 ErbStG, wonach eine Steuerfreiheit nur nach dem Verhältnis Steuerwert/Verkehrswert des Nachlasses in Betracht kommt.

4 Ermittlung des steuerfreien Betrags nach § 5 Abs. 1 ErbStG bei Zugewinngemeinschaft

1.	**Anfangsvermögen**	**Erblasser**	**Ehegatte/ Lebenspartner**
1.1	Vermögen nach Verkehrswerten am Tag des Eintritts der Zugewinngemeinschaft (Eheschließung/Ehevertrag) nach Korrektur der Wertsteigerung infolge Kaufkraftschwundes $\frac{\text{Anfangsvermögen} \times \text{Lebenshaltungskostenindex am Ende des Güterstandes}}{\text{Lebenshaltungskostenindex zu Beginn des Güterstandes}}$ (Einzelaufstellung bitte beifügen); mindestens 0 € (§ 1374 Abs. 1 BGB); wenn der Todestag nach dem 31. 08. 2009 liegt, kann der Wert negativ sein (§ 1374 Abs. 3 ErbStG)	---	---
1.2	Hinzurechnungen gem. § 1374 Abs. 2 BGB (nach Verkehrswerten im Zeitpunkt des Erwerbs nach Korrektur der Wertsteigerung infolge Kaufkraftschwundes, bitte jeweils Einzelaufstellung beifügen)		
1.2.1	Erwerb von Todes wegen $\frac{\text{Vermögen} \times \text{Lebenshaltungskostenindex am Ende des Güterstandes}}{\text{Lebenshaltungskostenindex zum Zeitpunkt des Erwerbs}}$	+---	+---
1.2.2	Unentgeltliche Zuwendung (ohne Schenkungen zwischen Ehegatten) $\frac{\text{Vermögen} \times \text{Lebenshaltungskostenindex am Ende des Güterstandes}}{\text{Lebenshaltungskostenindex zum Zeitpunkt des Erwerbs}}$		
1.3	Berichtigtes Anfangsvermögen		

2.	**Endvermögen**	**Erblasser**	**Ehegatte/ Lebenspartner**
2.1	Endvermögen nach Verkehrswerten zum Todestag (bitte Einzelaufstellung beifügen) mindestens 0 € (§ 1375 Abs. 1 Satz 2 BGB); wenn der Todestag nach dem 31.08. 2009 liegt, kann der Wert negativ sein (§ 1375 Abs. 1 Satz 2 BGB)		
2.2	Hinzurechnungen gem. § 1375 Abs. 2 BGB (nach Verkehrswerten im Zeitpunkt der Vermögensminderung nach Korrektur der Wertsteigerung infolge Kaufkraftschwundes, bitte Einzelaufstellung beifügen) $\frac{\text{Vermögen} \times \text{Lebenshaltungskostenindex am Ende des Güterstandes}}{\text{Lebenshaltungskostenindex zum Zeitpunkt der Minderung}}$		
2.3	Berichtigtes Endvermögen		

3.	**Zugewinn**	**Erblasser**	**Ehegatte/ Lebenspartner**
3.1	Differenz zwischen berichtigtem Endvermögen (Nr. 2.3) und berichtigtem Anfangsvermögen (Nr. 1.3) mindestens 0 (§ 1373 BGB)		
3.2	Hinzurechnungen gem. § 1380 Abs. 2 BGB (anrechenbare Schenkungen an den anderen Ehegatten/Lebenspartner nach Verkehrswerten im Zeitpunkt der Zuwendung)		
3.3	Kürzung (Betrag Nr. 3.2) bei dem Ehegatten/Lebenspartner, der die anrechenbare Schenkung erhalten hat, sofern die Zuwendung noch im Endvermögen enthalten ist		
3.4	Berichtigter Zugewinn		

4.	**Fiktive Zugewinnausgleichsforderung des überlebenden Ehegatten/Lebenspartners**	
4.1	Überschuss des Erblassers (Differenz zwischen berichtigtem Zugewinn des Erblassers und berichtigtem Zugewinn des überlebenden Ehegatten/Lebenspartners)	
4.2	davon 50 %	
4.3	Kürzung gem. § 1380 Abs. 1 BGB (Betrag Nr. 3.2) um anrechenbare Schenkungen vom Erblasser	
4.4	Fiktive Zugewinnausgleichsforderung höchstens berichtigtes Endvermögen des Erblassers gem. § 1378 Abs. 2 Satz 2 BGB (Betrag Nr. 2.2)	

5 Ergänzende Hinweise zur Ermittlung des steuerfreien Betrages nach § 5 Abs. 1 ErbStG

Zu Nr. 1 Anfangsvermögen: Anfangsvermögen ist das Vermögen, das einem Ehegatten – nach Abzug von Verbindlichkeiten – beim Eintritt des Güterstandes gehörte (§ 1374 Abs. 1 BGB). Im Fall des § 5 Abs. 1 ErbStG gilt als Tag des Eintritts des Güterstands

1. für alle Ehen, die nach dem 01.07.1958 geschlossen wurden oder werden und die nicht durch Ehevertrag einen anderen Güterstand vereinbart haben, der Tag der Eheschließung;
2. für vor dem 01.07.1958 geschlossene Ehen der 01.07.1958 (Art. 8 Abschn. I Nr. 3 und 4 Gleichberechtigungsgesetz);
3. für Ehen, bei denen die Eheleute (aus einem zunächst vertraglich vereinbarten anderen Güterstand) später durch ehevertragliche Vereinbarung in den Güterstand der Zugewinngemeinschaft wechseln, der Tag des Vertragsabschlusses;
4. für Ehen, für die im Beitrittsgebiet der gesetzliche Güterstand nach § 13 des Familiengesetzbuchs der DDR (Errungenschaftsgemeinschaft) galt und die Überleitung in den gesetzlichen Güterstand der Zugewinngemeinschaft nicht durch Erklärung eines Ehegatten ausgeschlossen wurde, der 03.10.1990.

Die Regelungen des § 5 Abs. 1 ErbStG gelten für den erbrechtlichen Zugewinnausgleich unter Lebenspartnern i. S. d. Lebenspartnerschaftsgesetzes entsprechend. Als Tag des Eintritts des Güterstands gilt

1. für Lebenspartnerschaften, die nach dem 31. 12. 2004 begründet wurden oder werden und bei denen nicht durch Lebenspartnerschaftsvertrag ein anderer Güterstand vereinbart wurde oder wird, der Tag der Begründung der Lebenspartnerschaft;
2. für Lebenspartnerschaften, die bis zum 31. 12. 2004 begründet wurden, für die der Güterstand der Ausgleichsgemeinschaft galt und und bei denen die Überleitung in den gesetzlichen Güterstand der Zugewinngemeinschaft nicht durch Erklärung eines Lebenspartners ausgeschlossen wurde, der 01. 01. 2005. Als Anfangsvermögen i. S. d. § 6 LPartG i. V. m. § 1374 BGB gilt das Vermögen, das einem Lebenspartner bei Begründung des Vermögensstands der Ausgleichsgemeinschaft gehörte.
3. für Lebenspartnerschaften, bei denen die Lebenspartner (aus einem zunächst vertraglich vereinbarten anderen Güterstand) später durch lebenspartnerschaftsvertragliche Vereinbarung in den Güterstand der Zugewinngemeinschaft wechseln, der Tag des Vertragsabschlusses.

Zu Nr. 1.2 Hinzurechnungen zum Anfangsvermögen: § 1374 Abs. 2 BGB ist auf unbenannte Zuwendungen und auf Schenkungen zwischen Ehegatten nicht anzuwenden (BGH vom 26. 11. 1981 BGHZ 82, 227, NJW 1982, 1093 und vom 20. 05. 1987 BGHZ 101, 65, NJW 1987, 2814).

Zu Nr. 2.1 Endvermögen: Bei der Ermittlung der fiktiven Zugewinnausgleichsforderung nach § 5 Abs. 1 ErbStG sind Erwerbe des überlebenden Ehegatten/Lebenspartners i. S. d. § 3 Abs. 1 Nr. 4 ErbStG dem Endvermögen des verstorbenen Ehegatten/Lebenspartners zuzurechnen. Dies gilt auch für erbschaftsteuerpflichtige Hinterbliebenenbezüge, die dem überlebenden Ehegatten/Lebenspartner aufgrund eines privaten Anstellungsvertrags des verstorbenen Ehegatten/Lebenspartners zustehen, sowie für Lebensversicherungen, die dem überlebenden Ehegatten/Lebenspartner zustehen, auch soweit es sich dabei um Ansprüche aus einer privaten Rentenversicherung des verstorbenen Ehegatten/Lebenspartners handelt. Eine Hinzurechnung zum Endvermögen des verstorbenen Ehegatten/Lebenspartners unterbleibt, soweit es sich um Ansprüche handelt, die zivilrechtlich dem Versorgungsausgleich unterliegen, da diese nicht in den Zugewinnausgleich einbezogen werden.

Zu Nr. 2.2 Hinzurechnungen zum Endvermögen: Dem Endvermögen sind nach § 1375 Abs. 2 BGB die folgenden nach Eintritt des Güterstandes der Zugewinngemeinschaft eingetretenen Vermögensminderungen hinzuzurechnen:

- unentgeltliche Zuwendungen, die nicht auf einer sittlichen Pflicht oder einer auf den Anstand zu nehmenden Rücksicht beruhten,
- Verschwendung von Vermögen,
- Handlungen, die in der Absicht vorgenommen wurden, den anderen Ehegatten zu benachteiligen.

Eine Erhöhung des Endvermögens nach § 1375 Abs. 2 BGB ist nicht vorzunehmen, wenn die Vermögensminderung mindestens zehn Jahre vor Beendigung des Güterstandes eingetreten ist oder wenn der andere Ehegatte/Lebenspartner mit der unentgeltlichen Zuwendung oder Verschwendung einverstanden war.

Zu Nr. 3.2, 3.3 und 4.3 Schenkungen, die auf die Ausgleichsforderung angerechnet werden: Ergibt sich eine Zugewinnausgleichsforderung des überlebenden Ehegatten/Lebenspartners, sind Schenkungen des verstorbenen Ehegatten/Lebenspartners i. S. d. § 1380 Abs. 2 BGB dem Zugewinn des verstorbenen Ehegatten/Lebenspartners mit dem Verkehrswert zur

Zeit der Zuwendung hinzuzurechnen. Sie sind im Zugewinn des anderen Ehegatten/Lebenspartners nicht zu erfassen (Abzug mit dem Verkehrswert im Zeitpunkt der Zuwendung, höchstens mit dem Wert, zu dem der Schenkungsgegenstand noch im Endvermögen des Ehegatten/Lebenspartners enthalten ist). Vom Ausgleichsbetrag sind die anrechenbaren Schenkungen mit diesem Verkehrswert abzuziehen (§ 1380 BGB Abs. 1 BGB).

FÄLLE 13–15

FALL 13 Erblasser M, verstorben am 01.05.2019 in Weinstadt, lebte mit seiner Ehefrau F im Güterstand der Zugewinngemeinschaft. In ihrem gemeinschaftlich errichteten Privattestament hatten sich die Ehegatten gegenseitig zu Alleinerben eingesetzt. Die Ehe von M und F war kinderlos geblieben. Das Anfangsvermögen des M betrug 100 000 €, sein Endvermögen 800 000 €. Das Anfangsvermögen der F betrug 25 000 €, ihr Endvermögen 175 000 €. Die Anfangsvermögen stellen jeweils die indizierten Vermögenswerte dar (R E 5.1 Abs. 2 Satz 5 ErbStR).

M hatte eine Lebensversicherung abgeschlossen und hatte im Versicherungsvertrag seiner Ehefrau F das Bezugsrecht eingeräumt. Sämtliche Versicherungsbeiträge hatte M ausschließlich aus eigenen Einkünften zu Lebzeiten geleistet. F erhielt nach dem Ableben von M eine Versicherungssumme i. H. v. 325 000 € ausbezahlt. Der Steuerwert des Nachlasses beträgt unter Anwendung der Bewertungsvorschriften nach § 12 ErbStG 760 000 €. In diesem Wert ist der Hausrat von M mit einem gemeinen Wert i. H. v. 47 500 € enthalten, wofür nach § 13 Abs. 1 Nr. 1 Buchst. a ErbStG der Erbin F ein Freibetrag i. H. v. 41 000 € zusteht.
Berechnen Sie die steuerfreie Ausgleichsforderung nach § 5 Abs. 1 ErbStG!

FALL 14 Wie Fall 13, jedoch erhält F aus einem früheren Angestelltenverhältnis von M eine erbschaftsteuerfreie Witwenrente von monatlich 1 400 €. Am Todestag hatte F das 68. Lebensjahr vollendet. Welche erbschaftsteuerlichen Folgen ergeben sich aus dem Bezug der Witwenrente durch F?

FALL 15 Die im Fall 6 (Teil C 5.2) zur Berechnung des Zugewinns genannten Angaben werden dahingehend ergänzt, dass der Verkehrswert des Nachlasses i. H. v. 2 800 000 € einem Steuerwert des Nachlasses von 2 600 000 € entspricht. Die angegebenen Anfangsvermögen berücksichtigen die erforderliche Indizierung wegen der Wertsteigerung durch Kaufkraftschwund. Welche Auswirkungen hat dieser Sachverhalt auf § 5 ErbStG?

Teil E Vor- und Nacherbschaft (§ 6 ErbStG)

1 Vorerbe

Der Erblasser kann einen Erben in der Weise einsetzen, dass dieser erst Erbe (= Nacherbe) wird, nachdem zunächst ein anderer Erbe (= Vorerbe) geworden ist, vgl. § 2100 BGB. Der Vorerbe kann grundsätzlich über die Erbschaft frei verfügen (§ 2112 BGB), Einschränkungen ergeben sich jedoch aus den §§ 2113–2115 BGB. Der Erblasser kann den Vorerben von den Einschränkungen befreien, vgl. § 2136 BGB. Mit dem Eintritt der Nacherbschaft hört der Vorerbe auf, Erbe zu sein und die Erbschaft fällt dem Nacherben zu, vgl. § 2139 BGB.

Erbschaftsteuerlich gilt der Vorerbe als Erbe (§ 6 Abs. 1 ErbStG). Er hat den Nachlass so zu versteuern, als sei er ohne jegliche Beschränkungen Erbe geworden. Die Tatsache, dass er bei Eintritt der Nacherbfolge den Nachlass an den Nacherben herausgeben muss, bleibt beim Vorerben unberücksichtigt. Für die Besteuerung des Vorerben sind maßgebend die Steuerklasse und die Freibeträge nach dem Verwandtschaftsverhältnis zum Erblasser.

BEISPIEL

Der ledige E verstirbt im April 2019. In seinem gültigen Privattestament hat er seinen Bruder B als Vorerben und dessen 12-jährige Tochter T als Nacherbin bestimmt. Die Nacherbschaft soll mit Vollendung des 18. Lebensjahres von T eintreten. Der Nachlass von E besteht überwiegend aus vermieteten Grundstücken. B ist nicht von den Einschränkungen der §§ 2113 ff. BGB befreit.

LÖSUNG B wird im Rahmen der gewillkürten Erbfolge Vorerbe und die Nichte von E und Tochter von B Nacherbin, § 2100 BGB. Die Nacherbschaft tritt erst mit Vollendung des 18. Lebensjahres ein. B kann als Vorerbe über die Erträge aus den Grundstücken verfügen. Verfügungen über die Grundstücke (insbes. Verkauf) kann B jedoch nicht treffen, § 2113 Abs. 1 BGB. B fungiert als eine Art »Platzhalter« für T und muss mit Eintritt der Nacherbschaft den Nachlass von E an T herausgeben, § 2139 BGB. T erbt mit Eintritt der Nacherbschaft unmittelbar von E.

Ungeachtet der erbrechtlichen Regelungen stellt § 6 Abs. 1 ErbStG klar, dass der Vorerbe Erbe wird. Zunächst unterliegt bei B der Nachlass in voller Höhe der Erbschaftsteuer. Da die Nacherbschaft nicht durch den Tod des Vorerben eintritt, gilt § 6 Abs. 3 ErbStG. Die Vorerbschaft gilt bei B als auflösend bedingter Anfall. Auf die Höhe der ErbSt bei B hat diese Regelung jedoch keinen Einfluss. Bei der Berechnung der ErbSt für T kann ein Teil der von B entrichteten Steuer angerechnet werden.

2 Nacherbe

2.1 Erbschaftsteuerliche Behandlung, wenn nur Vermögen des ursprünglichen Erblassers vom Vorerben auf den Nacherben übergeht

Erbschaftsteuerlich gilt der Erwerb des Nacherben als vom Vorerben stammend, d. h. maßgebend sind grundsätzlich die Steuerklasse und die Freibeträge nach dem Verwandtschaftsverhältnis des Nacherben zum Vorerben (§ 6 Abs. 1 ErbStG).

Auf Antrag ist der Versteuerung jedoch nach § 6 Abs. 2 Satz 2 ErbStG das Verhältnis zum Erblasser zugrunde zu legen. Der Antrag bewirkt, dass bei der Besteuerung des vom Nacherben erworbenen Vermögens des ursprünglichen Erblassers die Steuerklasse und die Freibeträge nach dem Verwandtschaftsverhältnis des Nacherben **zum ursprünglichen Erblasser** anzuwenden sind. Aufgrund der Tatsache, dass hierfür ein Antrag des Nacherben notwendig ist, besteht die Möglichkeit, die Höhe der anfallenden Erbschaftsteuer zu beeinflussen. Geht bei Eintritt des Nacherbfalles kein eigenes Vermögen des Vorerben auf den Nacherben über, sind diese Fälle für die Beratungspraxis unkritisch, denn es ist nur zu prüfen, nach welchem Verwandtschaftsverhältnis des Nacherben (entweder zum ursprünglichen Erblasser oder zum Vorerben) eine günstigere Besteuerung zu erzielen ist. Ggf. ist ein Antrag nach § 6 Abs. 2 Satz 2 ErbStG zu stellen.

Eine hieraus sich ergebende Doppelbelastung (volle Besteuerung des Nachlasses beim Vor- und beim Nacherben) kann in Einzelfällen (beim Personenkreis der Steuerklasse I) durch § 27 ErbStG abgemildert, jedoch nicht vollständig beseitigt werden.

2.2 Erbschaftsteuerliche Behandlung, wenn auch eigenes Vermögen des Vorerben auf den Nacherben übergeht

Geht neben dem Vermögen des ursprünglichen Erblassers auch eigenes Vermögen des Vorerben auf den Nacherben über, so ist die Ermittlung der Erbschaftsteuer für den Nacherbfall schwieriger. § 6 Abs. 2 Sätze 3 bis 5 ErbStG bestimmt, dass beide Vermögensanfälle **(nur)** hinsichtlich der Steuerklasse getrennt zu behandeln sind. Für das eigene Vermögen des Vorerben wird ein persönlicher Freibetrag nur gewährt, soweit der Freibetrag für das der Nacherbfolge unterliegende Vermögen noch nicht verbraucht ist. Die Steuer ist für jeden Erwerb jeweils nach dem Steuersatz zu berechnen, der für den **gesamten** Erwerb gelten würde.

BEISPIEL

E bestimmt V als Vorerben und N als Nacherben, E ist im Juli 2018 verstorben. Vorerbe V verstirbt am 05.11. 2019 und hinterlässt dem Nacherben N einen Erwerb (vor Abzug des Freibetrages nach § 16 ErbStG) i. H. v. 560 000 €. Der Nachlass besteht aus eigenem Vermögen des V i. H. v. 290 000 € und der Vorerbschaft von 270 000 €. N ist zu V Erwerber der Steuerklasse III und zum ursprünglichen Erblasser E Erwerber der Steuerklasse II. N hat den Antrag gestellt, den Erwerb aus der Nacherbschaft nach dem Verwandtschaftsgrad zu E zu besteuern (§ 6 Abs. 2 Satz 2 ErbStG).

LÖSUNG Berechnung des steuerpflichtigen Erwerbs:
560 000 € ./. Freibetrag nach Erwerb von E 20 000 € = 540 000 €
Der Anteil des Vermögens von E beträgt: 270 000 € . /. 20 000 € = 250 000 €.
Der Anteil des Vermögens von V beträgt 290 000 €. Ein Freibetrag für das Vermögen, das vom Vorerben stammt, kann nach § 6 Abs. 2 Satz 4 ErbStG nicht gewährt werden, da dieser für das der Nacherbfolge unterliegende Vermögen bereits verbraucht worden ist.

Steuer für den Gesamterwerb nach Steuerklasse II (kein Fall des § 19 Abs. 3 ErbStG)	
25 % von 540 000 €	135 000 €
Steuer	**62 500 €**
Anteil nach E = 135 000 € × (250 000 € / 540 000 €)	
Steuer für den Gesamterwerb nach Steuerklasse III (kein Fall des § 19 Abs. 3 ErbStG)	
30 % von 540 000 €	= 162 500 €
Steuer	**87 269 €**
Anteil nach V = 162 500 € × (290 000 € / 540 000 €)	
Steuer für den Gesamterwerb	**149 769 €**

Ohne Antragstellung würde sich die ErbSt auf 560 000 € ./. Freibetrag Steuerklasse III 20 000 € = 540 000 €, Steuersatz 30 % = 162 000 €, belaufen.
Bei **Antragstellung** nach § 6 Abs. 2 Satz 2 ErbStG kommt es zu einer **Steuerersparnis** i. H. v. 12 231 € (162 000 € . /. 149 769 €).

3 Behandlung von Nachvermächtnissen und Vermächtnissen, die beim Tode des Beschwerten fällig werden (§ 6 Abs. 4 ErbStG)

Nachvermächtnisse und beim Tode des Beschwerten fällig werdende Vermächtnisse stehen erbschaftsteuerlich den Nacherbschaften gleich, mit der Folge, dass die Vorschrift des § 6 ErbStG anzuwenden ist. Der »Vorvermächtnisnehmer« bzw. der Beschwerte nimmt fiktiv die Stellung des Vorerben ein, für den (Nach-)Vermächtnisnehmer gelten die Vorschriften des § 6 ErbStG für den Nacherben.

Die Vermächtnisse sind als Erwerb vom überlebenden Ehegatten zu versteuern. Folglich liegt deshalb weder beim Tod des Erstversterbenden noch beim Tod des überlebenden Ehegatten eine die jeweilige Bereicherung durch Erbfall mindernde Vermächtnislast nach § 10 Abs. 5 Nr. 2 ErbStG vor. Beim Tod des überlebenden Ehegatten ist jedoch eine Erblasserschuld nach § 10 Abs. 5 Nr. 1 ErbStG abzugsfähig.

Entsprechendes gilt auch, wenn in einem Berliner Testament – um nach dem Tode des erstversterbenden Ehegatten die Geltendmachung von Pflichtteilsansprüchen durch die zu Schlusserben eingesetzten gemeinschaftlichen Kinder zu verhindern – bestimmt wird, dass den Kindern, die den Pflichtteil nicht fordern, als Erwerb vom erstversterbenden Elternteil ein Vermächtnis im Wert des Pflichtteils zufallen soll, das erst mit dem Tod des überlebenden Ehegatten fällig wird (sog. »Jastrowsche Klausel«, R E 6 ErbStR).

Teil F Schenkungen unter Lebenden (§ 7 ErbStG)

1 Allgemeines

Um zu vermeiden, dass die Erbschaftsteuer durch Vermögensübertragungen zu Lebzeiten des Erblassers umgangen oder geschmälert wird, unterliegen Schenkungen unter Lebenden als zweite Hauptgruppe von steuerpflichtigen Vermögensübertragungen der Schenkungsteuer (§ 1 Abs. 1 Nr. 2 ErbStG).

Bei der Ermittlung des steuerpflichtigen Erwerbs gelten die Vorschriften über Erwerbe von Todes wegen grds. auch für Schenkungen unter Lebenden (§ 1 Abs. 2 ErbStG). Das allgemeine Ermittlungsschema aus R E 10.1 ErbStR kann damit auch für Schenkungen unter Lebenden angewendet werden. Sofern Bestimmungen speziell Erwerbe von Todes wegen betreffen, sind diese nicht anwendbar. Eine Aufzählung der nicht anwendbaren Regelungen enthält R E 1.1 Satz 3 ErbStR (insbesondere: Abzug von Nachlassverbindlichkeiten, Ansatz besonderer Versorgungsfreibetrag). Die Behandlung von **Erwerbsnebenkosten** und Steuerberatungskosten sowie Rechtsberatungskosten im Zusammenhang mit einer Schenkung regelt ausführlich ein gleich lautender Ländererlass vom 23.03.2015 (BStBl I 2015, 264).

In § 7 Abs. 1 ErbStG werden unter dem Oberbegriff **Schenkungen unter Lebenden** steuerpflichtige Vorgänge genannt. Die wichtigsten steuerbaren Tatbestände sind:

- freigebige Zuwendung unter Lebenden (**Grundfall**, § 7 Abs. 1 Nr. 1 ErbStG),
- Vollziehung einer vom Schenker angeordneten Auflage oder Erfüllung einer Bedingung ohne entsprechende Gegenleistung,
- Bereicherung des Ehegatten oder Partners einer eingetragenen Lebenspartnerschaft bei Vereinbarung der Gütergemeinschaft,
- Abfindung für einen Erbverzicht,
- Herausgabe eines Vorerben an den Nacherben mit Rücksicht auf die Nacherbschaft vor deren Eintritt,
- Errichtung einer Stiftung unter Lebenden sowie Auflösung einer Stiftung,
- Abfindung für aufschiebend bedingt, betagt oder befristet erworbene Ansprüche vor dem Zeitpunkt des Eintritts der Bedingung oder des Ereignisses.

Weitere Sondertatbestände der Schenkung unter Lebenden sind im Zusammenhang mit der Beteiligung an Personengesellschaften in § 7 Abs. 5 ErbStG als Anteilsschenkung mit Buchwertklausel und in § 7 Abs. 6 ErbStG als Schenkung mit überhöhter Gewinnbeteiligung (R E 7.9 ErbStR) geregelt. Ergänzt werden diese Tatbestände durch § 7 Abs. 7 ErbStG, der eine Schenkung dann annimmt, wenn Gesellschafter aus einer Personen- oder Kapitalgesellschaft gegen Abfindung unter dem Steuerwert ihres Anteils ausscheiden oder der Gesellschaftsanteil bei einer GmbH eingezogen wird und der Steuerwert den Abfindungsanspruch übersteigt. Werterhöhungen von Anteilen an Kapitalgesellschaften durch (disquotale) Sach- und Nutzungseinlagen sind in § 7 Abs. 8 ErbStG geregelt. Die Bereicherung von Mitgesellschaftern, beispielsweise durch verdeckte Einlagen, unterliegen der Schenkungsteuer.

Die Auffassung der Finanzverwaltung zu Schenkungen unter Beteiligung von Kapitalgesellschaften ist in einem gleich lautenden Ländererlass vom 20.04.2018 (BStBl I 2018, 632) dargestellt.

2 Freigebige Zuwendung unter Lebenden (Grundfall)

Zivilrechtlich liegen Schenkungen unter Lebenden vor, wenn jemand aus seinem Vermögen einen anderen **bereichert** und wenn beide Parteien **darüber einig** sind, dass die Zuwendung **unentgeltlich** erfolgt (§ 516 BGB). Es ist also erforderlich, dass das Schenkungsversprechen von dem Beschenkten angenommen wird.

Das ErbStG definiert die Schenkung unter Lebenden als jede freigebige Zuwendung unter Lebenden, soweit der Bedachte durch sie **auf Kosten des Zuwendenden bereichert** wird (§ 7 Abs. 1 Nr. 1 ErbStG). Diese Definition unterscheidet sich von dem Schenkungsbegriff des BGB darin, dass eine Einigung über die Unentgeltlichkeit nicht verlangt wird (R E 7.1 Abs. 1 Satz 1 ErbStR). Vielmehr setzt eine **Schenkung unter Lebenden** voraus, dass

- die Zuwendung **unentgeltlich** erfolgt,
- der Empfänger objektiv auf Kosten des Zuwendenden **bereichert** wird und
- der Zuwendende die Unentgeltlichkeit **subjektiv gewollt** haben muss (R E 7.1 Abs. 1 Satz 2 und 3 ErbStR).

2.1 Objektive Bereicherung und Unentgeltlichkeit

Eine Zuwendung führt objektiv zu einer Bereicherung des Empfängers, soweit sie **unentgeltlich** erfolgt. Dies ist der Fall, wenn kein Rechtsanspruch auf die Leistung besteht und wenn sie nicht rechtlich abhängig ist von einer den Erwerb ausgleichenden Gegenleistung des Erwerbers. Dabei kann sich die Gegenleistung sowohl aus einem gegenseitigen Vertrag als auch aus Auflagen und Bedingungen ergeben, die der Bedachte zu erfüllen hat. Keine Bereicherung liegt demnach vor, wenn jemand nur das erhält, worauf er einen privatrechtlichen oder gesetzlichen Anspruch hat, z. B. bei Unterhaltsgewährung oder Zahlung eines Zugewinnausgleichs bei Ehescheidung durch Auflösung der Zugewinngemeinschaft.

BEISPIEL

A will aufgrund seiner geschäftlichen Aktivitäten mit seiner Ehefrau den Güterstand der Gütertrennung vereinbaren. Dazu wird der bisherige Güterstand der Zugewinngemeinschaft beendet. Für die Ehefrau ergibt sich daraus eine Zugewinnausgleichsforderung gegenüber A i. H. v. 200 000 €. Diese wird durch Hingabe von Kapitalvermögen erfüllt.

LÖSUNG Die Erfüllung des zivilrechtlichen Anspruchs auf **Zugewinnausgleich** stellt keine Schenkung von A an seine Ehefrau dar, klarstellend hierzu § 5 Abs. 2 ErbStG.

Bereicherung kann jede Vermögensmehrung und jede Minderung von Schulden oder Belastungen beim Bedachten sein (R E 7.1 Abs. 2 Satz 1 ErbStR). Ob eine Bereicherung vorliegt, ist zunächst anhand der Verkehrswerte der Leistung des Schenkers und der ggf. vom Bedachten zu erfüllenden Gegenleistung und Auflagen zu beurteilen. Persönliche Wertschätzungen sind bei der Ermittlung des Verkehrswerts unbeachtlich.

Gegenleistungen, die nicht in Geld veranschlagt werden können, dürfen bei der Prüfung der objektiven Bereicherung nicht berücksichtigt werden (§ 7 Abs. 3 ErbStG).

BEISPIEL

C erhält von B einen Betrag von 1 000 €; er sagt dafür zu, den Hund von B auszuführen, wenn C daran aus gesundheitlichen Gründen verhindert ist.

LÖSUNG Die Gegenleistung kann hier nicht in Geld veranschlagt werden. Somit ist nur die Geldschenkung i. H. v. 1 000 € zu beurteilen, die objektiv bei B zu einer Bereicherung führt.

Im Zusammenhang mit der Schenkung anfallende **Erwerbsnebenkosten** sind bei der Berechnung der Bereicherung **abzugsfähig**. Dies gilt insbesondere bei Schenkungen von Grundstücken bzw. Gesellschaftsanteilen; hier entstehen für den Erwerber regelmäßig Aufwendungen für den Notar, das Grundbuchamt bzw. Handelsregister. Zur Behandlung von Erwerbsnebenkosten hat die Finanzverwaltung in einem umfangreichen Erlass Stellung genommen (vgl. gleich lautender Ländererlass vom 23. 03. 2015 BStBl I 2015, 264). Abzugsfähig sind auch die Kosten für die Erstellung der Schenkungsteuererklärung und der Feststellungserklärung (z. B. für die Feststellung von Grundbesitzwerten). **Rechtsberatungskosten** im Vorfeld der Schenkung sind nach Auffassung der Finanzverwaltung **nicht abzugsfähig.** Ebenso wenig sind die Kosten für Rechtsbehelfsverfahren oder finanzgerichtliche Verfahren zur Änderung der Steuerfestsetzung oder der Wertfeststellung abzugsfähig. Diese unterliegen dem Abzugsverbot gem. § 10 Abs. 8 ErbStG, vgl. auch BFH vom 20. 06. 2007 (II R 29/06, BStBl II 2007, 722).

BEISPIEL

K erhält von seinem Vater im Wege der vorweggenommenen Erbfolge ein Geschäftsgrundstück, der Grundbesitzwert beträgt 360 000 € sowie GmbH-Anteile im Wert von 500 000 €. Die im Zusammenhang mit der Übertragung anfallenden Erwerbsnebenkosten (Notar, Grundbuch, Handelsregister) i. H. v. 7 000 € übernimmt K, ebenso die Gebühren für die Erstellung der Schenkungsteuererklärung und der Feststellungserklärungen (§ 151 BewG) i. H. v. 2 000 € und für die Rechtsberatung im Vorfeld (3 000 €).

LÖSUNG Die Übertragung des Geschäftsgrundstücks und der GmbH-Anteile sind steuerbare freigebige Zuwendungen (§ 7 Abs. 1 Nr. 1 ErbStG), die Bereicherung bei K beträgt, nach Abzug der Erwerbsnebenkosten und der Kosten für die Steuererklärungen, 851 000 €. Die Aufwendungen für die Rechtsberatung im Vorfeld der Schenkung sind nicht abzugsfähig, R E 7.4 Abs. 4 Satz 2 ErbStR sowie o. g. Ländererlass vom 23. 03. 2015.

Die Erwerbsnebenkosten sind auch in Fällen von gemischten Schenkungen und Auflagenschenkungen **in vollem Umfang abzugsfähig**, R E 7.4 Abs. 4 Satz 1 ErbStR. Dies gilt auch, wenn für den Gegenstand der Schenkung eine Steuerbefreiung greift (z. B. für zu Wohnzwecken vermietete Grundstücke oder begünstigtes Betriebsvermögen), vgl. hierzu o. g. Ländererlass vom 23. 03. 2015 unter Abschnitt 1.1.5, 1.2.5, 3. 2. 3.

Übernimmt der Schenker die Erwerbsnebenkosten, erhöht sich zunächst insoweit die Bereicherung beim Bedachten. Dieser kann dann die Erwerbsnebenkosten wiederum abziehen.

BEISPIEL

K erhält von seinem Vater im Wege der vorweggenommenen Erbfolge ein Geschäftsgrundstück, der Grundbesitzwert beträgt 300 000 €. Die im Zusammenhang mit der Übertragung anfallenden Erwerbsnebenkosten (Notar, Grundbuch) i. H. v. 2 500 € übernimmt der Vater.

LÖSUNG Die Übertragung des Mietwohngrundstücks ist eine steuerbare freigebige Zuwendung (§ 7 Abs. 1 Nr. 1 ErbStG), die Übernahme der Erwerbsnebenkosten durch den Vater führt ebenfalls zu einer Zuwendung an K. Der Vater wendet K insgesamt 302 500 € zu. Nach Abzug der Erwerbsnebenkosten verbleibt bei K eine Bereicherung von 300 000 € (302 500 € ./. 2 500 €).

Ergibt sich unter Ansatz der Verkehrswerte der Zuwendungsgegenstände und der vom Bedachten zu erfüllenden Gegenleistungen und Auflagen aus der Sicht des Zuwendenden ein Saldo von 0 € oder ein **Negativsaldo**, scheidet eine Schenkung unter Lebenden aus. In diesem Fall ist zu prüfen, ob der Bedachte den Zuwendenden bereichert.

BEISPIEL

D überträgt auf seinen Sohn eine Eigentumswohnung mit einem Verkehrswert von 200 000 €. Im Gegenzug verpflichtet sich der Sohn an D eine monatliche Rente von 3 000 € zu zahlen, deren Kapitalwert 360 000 € ausmacht.

LÖSUNG Hier liegt zwar keine Schenkung von D an den Sohn vor, da dieser objektiv nicht auf Kosten des D bereichert wird. Allerdings wird durch die Rentenzahlung der Vater bereichert, weil er mehr erhält als er hingegeben hat.

2.2 Subjektive Freigebigkeit

Eine freigebige Zuwendung erfordert den **einseitigen Willen des Zuwendenden zur Unentgeltlichkeit**. Ein Wille zur schenkweisen Zuwendung, d. h. eine **Bereicherungsabsicht**, ist beim Schenker **nicht erforderlich** (R E 7.1 Abs. 3 Satz 2 ErbStR). Vielmehr muss der Zuwendende in dem Bewusstsein handeln, dass er zu der Vermögenshingabe rechtlich nicht verpflichtet ist und seine Leistung ohne rechtlichen Zusammenhang mit einer Gegenleistung erbringt. Hier kommt es nicht auf die Vorstellungen des Zuwendenden an, sondern der Bereicherungswille ist auf der Grundlage der dem Zuwendenden bekannten Umstände nach den Maßstäben des allgemein Verkehrsüblichen festzustellen. Es genügt also, wenn der Zuwendende die Tatsachen und Umstände kennt, die dazu führen, dass seine Zuwendung objektiv als unentgeltlich zu qualifizieren ist.

Zuwendungen unterliegen auch dann der Schenkungsteuer, wenn sie aus einer sittlichen Verpflichtung heraus oder zur Belohnung ausgeführt werden, z. B. bei Rettung eines Menschen. Die Schenkung kann auch unter einer Auflage gemacht werden oder in Form eines lästigen Vertrags gekleidet sein (§ 7 Abs. 4 ErbStG). Damit hat der Gesetzgeber klargestellt, dass es bei der Besteuerung von Schenkungen nicht darauf ankommt, in welcher Form das zugrunde liegende Rechtsgeschäft geschlossen und wie es nach außen bezeichnet wird.

BEISPIEL

V verspricht seiner Tochter zum Abitur 1 000 €, wenn sie das Abitur mit »sehr gut« besteht. Nachdem die Tochter das Abitur erfolgreich bestanden hat, schenkt V ihr das versprochene Geld.

LÖSUNG Es handelt sich um eine steuerbare freigebige Zuwendung i. S. d. § 7 Abs. 1 Nr. 1 ErbStG, da die Zuwendung unentgeltlich erfolgt, die Tochter auf Kosten von V bereichert wird und V die Unentgeltlichkeit subjektiv gewollt hat. Die Ausgestaltung als Belohnung ist unerheblich (§ 7 Abs. 4 ErbStG). In diesem Fall ist die freigebige Zuwendung nach § 13 Abs. 1 Nr. 14 ErbStG steuerfrei.

2.3 Sonderformen der Schenkungen

Eine freigebige Zuwendung unter Lebenden liegt auch in folgenden Fällen vor:

- Kettenschenkung oder Weiterschenkung unter Auflage,
- Zuwendungen unter Ehegatten,
- mittelbare Schenkungen (z. B. von Grundstücken, Gesellschaftsanteilen),
- gemischte Schenkung sowie Schenkung unter Auflage,
- Verzicht auf ein Nutzungsrecht.

2.3.1 Kettenschenkung und Weiterschenkungsklausel

Durch eine **Zuwendung über eine Durchgangsperson** lassen sich die persönlichen Freibeträge mehrfach zur Steuerersparnis einsetzen. Man bezeichnet dies als Kettenschenkung.

BEISPIEL

Der Vater V schenkt seiner Tochter 400 000 €, diese schenkt einige Zeit später ihrem Sohn S ebenfalls 400 000 €.

LÖSUNG Sowohl bei der Schenkung vom Vater an seine Tochter als auch bei der Schenkung von der Tochter an ihren Sohn greift ein persönlicher Freibetrag nach § 16 Abs. 1 Nr. 2 ErbStG i. H. v. 400 000 €. Es fällt daher keine Schenkungsteuer an. Hätte der V dem S direkt 400 000 € geschenkt, wäre nur ein Freibetrag i. H. v. 200 000 € zur Anwendung gekommen (§ 16 Abs. 1 Nr. 3 ErbStG).

Grundsätzlich stellen Kettenschenkungen keinen Gestaltungsmissbrauch dar. Nach Auffassung der **Finanzverwaltung** und der **Rechtsprechung** (BFH vom 13. 10. 1993, II R 92/91, BStBl II 1994, 128; Hessisches FG vom 24. 10. 2007, 1 K 268/04, EFG 2008, 472) liegt bei einer Kettenschenkung aber dann ein Gestaltungsmissbrauch vor, wenn

- die Schenkung über eine Durchgangsperson nur deshalb erfolgt, um die persönlichen Freibeträge mehrfach nutzen zu können und gleichzeitig die Steuerprogression zu mildern,
- ein zeitlicher Zusammenhang von Schenkung und Weiterschenkung besteht,
- in der Kette der Schenkungen ein und derselbe Vermögensgegenstand weitergegeben wird und
- die Durchgangsperson ohne eigene Entscheidungsmöglichkeit zur Weitergabe des Zuwendungsgegenstands aufgrund einer Auflage verpflichtet wird.

Liegt ein Gestaltungsmissbrauch vor, wird die Kettenschenkung so behandelt, als wenn der Zuwendungsgegenstand unmittelbar von dem »ersten« Schenker auf den »letzten« Bedachten übergegangen wäre.

BEISPIEL

Der Vater V schenkt seiner Tochter 400 000 € mit der Auflage den Betrag zeitnah und in voller Höhe an ihren Sohn S weiterzugeben.

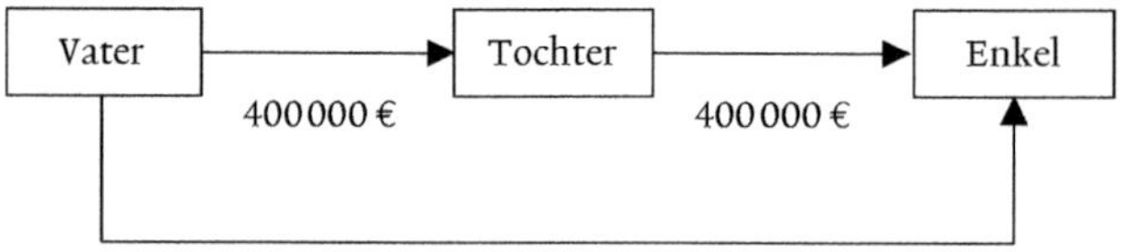

LÖSUNG In diesem Fall liegt ein Gestaltungsmissbrauch vor, da insbesondere eine Auflage zur zeitnahen Weitergabe des Vermögens besteht. Es liegt eine Bereicherung von S auf Kosten des Vaters vor, es ist ein persönlicher Freibetrag i. H. v. 200 000 € anzusetzen, der übersteigende Betrag führt zu einem steuerpflichtigen Erwerb (§ 16 Abs. 1 Nr. 3 ErbStG). Die Tochter wird in diesem Fall als Durchgangsperson behandelt.

Ist eine Schenkung mit einer **aufschiebend bedingten Auflage** verbunden, wonach der Zuwendungsgegenstand auf einen Dritten zu übertragen ist, und wird diese Verpflichtung von dem Bedachten gegenüber dem Dritten erfüllt, kommt es für die Besteuerung des Dritten auf dessen Verhältnis zum ursprünglichen Schenker an.

2.3.2 Unbenannte Zuwendungen unter Ehegatten

Eine besondere Art von Zuwendungen unter Ehegatten sind die unbenannten Zuwendungen. Hierbei handelt es sich zivilrechtlich um Zuwendungen, die während der Ehe einen **Ausgleich für geleistete Mitarbeit** bewirken sollen oder mit denen die Ehegatten einander in **angemessener Weise an den Früchten des ehelichen Zusammenwirkens beteiligen**. Es liegt also keine Schenkung nach BGB vor. Dies hindert die Schenkungsbesteuerung nicht daran, eine freigebige Zuwendung i. S. d. § 7 Abs. 1 Nr. 1 ErbStG anzunehmen (BFH vom 02. 03. 1994 BStBl II 1994, 366). Vielmehr beurteilt sich die Frage der Steuerpflicht der Zuwendung unter anderem nach der objektiven Unentgeltlichkeit der Leistung. Diese kann nicht allein deswegen verlangt werden, weil der unbenannten Zuwendung besondere aus der Ehe resultierende Motive zugrunde liegen (R E 7.2 ErbStR). Auf die Art des zugewendeten Vermögens und die Angemessenheit der Zuwendung kommt es grundsätzlich nicht an. Demnach sind unbenannte Zuwendungen in der Regel steuerpflichtig. Eine Ausnahme gilt für Zuwendungen im Zusammenhang mit einem inländischen Familienwohnheim, die nach § 13 Abs. 1 Nr. 4 a ErbStG steuerbefreit sind (zu eigenen Wohnzwecken genutzte Wohnung).

2.3.3 Mittelbare Grundstücksschenkung

Die Hingabe eines Geldbetrags unter der Auflage, dass der Bedachte diesen Geldbetrag für den **Erwerb eines bestimmten Grundstücks** oder zur **Verwirklichung eines bestimmten Bauvorhabens** verwenden muss, stellt eine Schenkung von Grundbesitz dar (mittelbare Grundstücksschenkung). Denn hier soll nach dem erkennbaren Willen des Schenkers nicht die Zuwendung von Geld, sondern die Anschaffung eines bestimmten Grundstücks oder die Errichtung eines bestimmten Gebäudes vorrangig bezweckt werden R E 7.3 Abs. 1 Satz 1 ErbStR. Die Zuwendung wird daher nicht mit dem Nennwert des Geldbetrags besteuert, sondern mit dem **Steuerwert des erworbenen Vermögens**, beim Grundbesitz also mit dem Grundbesitzwert. Dabei kommt es nicht darauf an, ob durch den Geldbetrag die gesamten Anschaffungs- oder Herstellungskosten oder nur ein Teil davon abgedeckt werden. Es darf sich allerdings nicht nur um einen unwesentlichen Teil – anzunehmen bis zu 10 % – des Kaufpreises handeln (R E 7.3 Abs. 3 ErbStR).

Bei einer mittelbaren Schenkung eines **noch herzustellenden Gebäudes** gibt der Herstellungsaufwand die Höhe vor, bis zu der der Schenker die Finanzierung des Bauvorhabens übernehmen kann. Soweit der Bedachte zum **Vorsteuerabzug** berechtigt ist, ist der Herstellungsaufwand mit den Nettobeträgen anzusetzen. Geht der Betrag, den der Schenker zur Abdeckung des Herstellungsaufwands dem Bedachten zuwendet, über die Herstellungskosten hinaus, ist der übersteigende Betrag als Geldschenkung zu versteuern. Steht der Geldbetrag, durch den die Herstellungskosten abgedeckt werden sollen, dem Bedachten in der Vorzeit vor Tilgung der Herstellungskosten zur Verfügung und hat der Bedachte somit die Möglichkeit, diesen Geldbetrag anzulegen, ist in der zinslosen Überlassung des Geldbetrags eine weitere Zuwendung zu sehen, die mit 5,5 % des überlassenen Kapitals zu bewerten ist (BFH vom 04. 12. 2002 BStBl II 2003, 273).

Begünstigt ist auch die Übernahme von Herstellungskosten für **Um-, Aus- und Anbauten** durch den Schenker (BFH vom 13. 03. 1996 BStBl II 1996, 548). In diesen Fällen ist die Erhöhung im Steuerwert des Grundstücks als Bereicherung anzusetzen.

Folgende **Voraussetzungen** müssen für die Annahme einer **mittelbaren Grundstücksschenkung** vorliegen:

- Die **Auflage des Schenkers** muss das Grundstück oder die Baumaßnahme möglichst genau bezeichnen, so dass keine Zweifel hinsichtlich der Verwendung des Geldbetrags bestehen. Bei Erwerb eines Grundstücks sollte dessen Lage entweder durch Angabe der Straße oder der Katasterangaben bezeichnet werden, im Fall der Errichtung sollte auf die vorliegenden Bau- und Lagepläne Bezug genommen werden.

- Um nicht in Nachweisschwierigkeiten gegenüber dem Finanzamt zu geraten, wird häufig empfohlen, die Auflage **schriftlich** festzuhalten.
- Die getroffene Vereinbarung muss **tatsächlich eingehalten** und das Geld bestimmungsgemäß verwendet werden.
- Zwischen der Geldzuwendung und der Verwendung des Geldbetrags für den Erwerb des Grundstücks oder für die Durchführung des Bauvorhabens muss ein **zeitlicher Zusammenhang** bestehen (R E 7.3 Abs. 1 Satz 6 ErbStR). Kann der Schenker dem Finanzamt gegenüber nachweisen, dass zum Erwerbszeitpunkt bzw. zu Beginn der Baumaßnahme eine rechtliche Bindung zur Übernahme der Anschaffungs- oder Herstellungskosten bestand, kann die Zahlung des vereinbarten Geldbetrags auch nachträglich erfolgen (R E 7.3 Abs. 1 Satz 5 ErbStR; BFH vom 10.11.2004 BFH/NV 2005, 469). Als Nachweis genügt eine schriftliche Erklärung, die nicht notariell beurkundet sein muss.

Weitere Einzelfälle zur mittelbaren Grundstücksschenkung sind in H E 7.3 »Mittelbare Grundstücksschenkung – Einzelfälle« ErbStH aufgeführt.

Von der mittelbaren Grundstücksschenkung ist die **Geldschenkung unter Auflage** zu unterscheiden. Letztere liegt vor, wenn der Schenker dem Bedachten gegenüber lediglich zum Ausdruck bringt, dass dieser für den zugewandten Geldbetrag im eigenen Namen und für eigene Rechnung ein Grundstück erwerben soll, ohne dass dabei schon feststeht, um welches Grundstück es sich genau handelt. Auch dann, wenn der Schenker den Bedachten lediglich verpflichtet, auf einem diesem gehörenden Grundstück nach eigenen Vorstellungen ein Gebäude zu errichten bzw. den Geldbetrag für die Errichtung eines solchen Gebäudes mitzuverwenden, ohne dabei bereits bei der Ausführung der Zuwendung ein konkretes Bauvorhaben im Auge zu haben, ist diese Schenkung mit dem Nominalbetrag des zugewendeten Geldes zu besteuern (R E 7.3 Abs. 2 ErbStR).

Die mittelbare Grundstücksschenkung gilt in Erwerbsfällen als **ausgeführt**, wenn die Auflassung i. S. d. § 925 BGB sowie die Eintragungsbewilligung (§ 19 GBO) vorliegen (R E 9.1 Abs. 2 i. V. m. Abs. 1 Satz 2 ErbStR; BFH vom 26.09.1990 BStBl II 1991, 320). Weitere Voraussetzung für die Ausführung der Grundstücksschenkung ist, dass die Umschreibung auch tatsächlich nachfolgt (BFH vom 24.07.2002 BStBl II 2002, 781). Bei der Hingabe eines Geldbetrags zur Errichtung eines Gebäudes kommt es auf den Zeitpunkt der Bezugsfertigkeit des Gebäudes an (R E 9.1 Abs. 2 Satz 3 ErbStR).

Liegt eine mittelbare Grundstücksschenkung vor, richtet sich die Besteuerung nach dem Grundbesitzwert oder dem Anteil am Grundbesitzwert. Nachfolgend einige Beispiele zur Bemessungsgrundlage.

BEISPIELE

a) Schenkung eines Geldbetrags in Höhe des Kaufpreises für ein unbebautes Grundstück.
LÖSUNG Ansatz des Grundbesitzwertes des unbebauten Grundstücks.

b) Schenkung eines Geldbetrags zur Finanzierung des Kaufpreises für ein bebautes Grundstück.
LÖSUNG Ansatz des Grundbesitzwertes des bebauten Grundstücks.

c) A schenkt im August 2019 seinem Neffen B 250 000 € unter der Auflage, damit die Eigentumswohnung Nr. 2 in Köln, Lindenstraße 4 zu erwerben. Der Neffe erwirbt die Eigentumswohnung noch im August 2018. Der Grundbesitzwert der Eigentumswohnung beträgt 200 000 €.
LÖSUNG Es liegt eine mittelbare Grundstücksschenkung vor, bei der sich die Bemessungsgrundlage nach dem Grundbesitzwert (200 000 €) der Eigentumswohnung richtet.

d) Schenkung eines Geldbetrags in Höhe des Kaufpreises eines unbebauten Grundstücks und der vollen Baukosten des darauf errichteten Gebäudes.
LÖSUNG Ansatz des Grundbesitzwertes des bebauten Grundstücks im Zeitpunkt der Fertigstellung.

e) Schenkung eines Geldbetrags in Höhe eines nicht unbedeutenden Teils des Kaufpreises (mehr als 10 %) für den Erwerb eines unbebauten oder eines bebauten Grundstücks.
LÖSUNG Ansatz des Anteils am Grundbesitzwert des unbebauten oder bebauten Grundstücks, der dem Anteil des Geldbetrags am Kaufpreis entspricht. Bei der Bemessung des Anteils ist der geschenkte Geldbetrag im Verhältnis zum Kaufpreis des Grundstücks zu sehen. Dabei bleiben Anschaffungsnebenkosten (Grunderwerbsteuer, Notargebühren, Gebühren für die Eintragung des Eigentums) unberücksichtigt.

f) C hat bereits vor zehn Jahren ein unbebautes Grundstück erworben. Dies will er mit einem Einfamilienhaus bebauen. Der Vater D verpflichtet sich gegenüber C, sich an den Baukosten des Einfamilienhauses i. H. v. 100 000 € zu beteiligen. Die Baukosten belaufen sich insgesamt auf 250 000 €. Für das unbebaute Grundstück ergibt sich ein Grundbesitzwert von 50 000 €. Das Einfamilienhaus nach Fertigstellung hat einen Grundbesitzwert von 280 000 €.
LÖSUNG Gegenstand der Schenkung sind die vom Vater D übernommenen Baukosten i. H. v. 100 000 €, die mit dem anteiligen Grundbesitzwert angesetzt werden, soweit er auf das Gebäude entfällt. Dies sind

Grundbesitzwert für das Einfamilienhaus nach Fertigstellung	280 000 €
Grundbesitzwert für das unbebaute Grundstück vor Beginn der Baumaßnahme	./. 50 000 €
Grundstückswert, soweit er auf die Baukosten entfällt	230 000 €
Da der Vater D von diesen Baukosten 100 000 € / 250 000 € = 40 % übernommen hat, bemisst sich die Zuwendung der Baukosten mit 40 % von 230 000 € (Grundbesitzwert, der auf die Baukosten entfällt) auf	92 000 €

g) Schenkung eines Geldbetrags in Höhe des Kaufpreises eines Baugrundstücks und eines Teils der Baukosten.
LÖSUNG Ansatz des Anteils am Grundbesitzwert des bebauten Grundstücks, der dem Anteil des hingegebenen Geldbetrags an den Gesamtkosten für den Erwerb des unbebauten Grundstücks und den Baukosten bis zur Fertigstellung entspricht.

h) Schenkung eines Geldbetrags in Höhe der Baukosten für ein Gebäude, das der Bedachte auf einem ihm bereits gehörenden Grundstück errichtet.
LÖSUNG Differenz zwischen dem Grundbesitzwert des bebauten Grundstücks nach Bezugsfertigkeit des Gebäudes abzüglich des Grundbesitzwertes des unbebauten Grundstücks.

i) Schenkung eines Geldbetrags in Höhe der Baukosten für Aus- und Umbauten.
LÖSUNG Ansatz des Unterschiedsbetrags zwischen dem Grundbesitzwert des bebauten Grundstücks nach Bezugsfertigkeit der aus- oder umgebauten Gebäudeteile abzüglich des Grundbesitzwertes vor Beginn der Baumaßnahme.

Hat der Bedachte durch eine mittelbare Grundstücksschenkung die Baukosten für ein Gebäude erhalten, das er auf seinem ihm gehörenden unbebauten Grundstück errichten soll, ist die mittelbare Grundstücksschenkung mit 0 € zu besteuern, wenn nach Fertigstellung des Gebäudes der **Mindestwert als Grundstückswert** anzusetzen ist. Denn dann beträgt die Differenz zwischen dem Grundbesitzwert vor Beginn der Baumaßnahme und dem Mindestwert 0 €.

Fallen im Zusammenhang mit einer mittelbaren Grundstücksschenkung **Notar- und Grundbuchkosten** an, können diese bei einer Kostentragung durch den Bedachten in voller Höhe vom Steuerwert der Zuwendung abgezogen werden. Dies gilt auch für die Grunderwerbsteuer. Wird dem Bedachten nur ein Teil des Kaufpreises zugewendet, sind die Erwerbsnebenkosten nur insoweit abzugsfähig, als sie auf den Anteil des mittelbar zugewandten Grundstücks entfallen. Hat der Schenker die Erwerbsnebenkosten getragen, so ist hierin eine zusätzliche Zuwendung zu sehen, wobei jedoch die Nebenkosten vom Bedachten auch abgezogen werden können, so dass im Ergebnis ein durchlaufender Posten vorliegt. Anders sieht es dagegen in den Fällen aus, in denen die Erwerbskosten in voller Höhe vom Schenker übernommen werden, seine Zuwendung aber nur zu einer anteiligen mittelbaren Grundstücksschenkung führt. Hier sind die Erwerbsnebenkosten in voller Höhe zu besteuern, der Abzug beim Bedachten ist dagegen auf den Anteil begrenzt, der dem Verhältnis der Zuwendung ohne Nebenkosten zu den Anschaffungskosten des Grundstücks ohne Nebenkosten entspricht.

Weitere Einzelheiten zur Behandlung der Erwerbsnebenkosten sowie der Grunderwerbsteuer und Steuerberatungskosten siehe Abschnitte 1.2.3, 1.2.5.3, 3.1.2 und 3.2.3.1 im o. g. Ländererlass vom 23.03.2015.

2.3.4 Gemischte Schenkung sowie Schenkung unter Auflage

Erbringt der Schenker eine Leistung und erhält er dafür im Gegenzug eine Gegenleistung, die jedoch in einem offenbaren Missverhältnis zu seiner Leistung steht, und sind sich die Vertragsparteien darüber einig, dass der übersteigende Teil der Leistung des Schenkers unentgeltlich zugewendet werden soll, liegt eine gemischte Schenkung vor. Die gemischte Schenkung besteht zum Teil aus

- einem **Leistungsaustausch**, der als entgeltlicher Vorgang bei der Schenkungsteuer außer Betracht bleibt, und
- aus einem **unentgeltlichen Vorgang**, der als freigebige Zuwendung der Schenkungsteuer unterliegt.

Von der gemischten Schenkung ist die **Schenkung unter Auflage** zu unterscheiden. Bei der Schenkung unter Auflage ist die Schenkung mit einer Bestimmung verbunden, die den Bedachten nach Ausführung der Schenkung entweder zu einer bestimmten Leistung oder zur Duldung verpflichtet (§ 525 BGB). Der Begünstigte der Auflage hat keinen Anspruch auf Erfüllung der Auflage. Die Auflage kann dem Schenker, einem Dritten oder dem Bedachten selbst zugutekommen. Im zuletzt genannten Fall bleibt die Auflage bei der Besteuerung unberücksichtigt (§ 10 Abs. 9 ErbStG). Hinsichtlich der Auflagen ist folgende Unterscheidung vorzunehmen:

a) **Leistungsauflage:** Der Bedachte hat hier Aufwendungen in Form von Geld- oder Sachleistungen zu erbringen, die er auch aus seinem persönlichen Vermögen aufbringen kann (z. B. Übernahme von Verbindlichkeiten, Ausgleichs- oder Rentenzahlungen an Geschwister).
b) **Nutzungs- oder Duldungsauflage:** Der Bedachte ist nur zu einer zeitlich beschränkten Duldung verpflichtet, ohne dass bei ihm eigener Aufwand entsteht. Die Duldung besteht meist in einem Nutzungsrecht an dem zugewandten Vermögensgegenstand (z. B. Einräumung eines Wohn- oder Nießbrauchsrechts).

Bei der gemischten Schenkung oder der Schenkung unter Auflage unterliegt die Bereicherung des Bedachten der sachlichen Steuerpflicht. Für die Ermittlung der schenkungsteuerlichen Bemessungsgrundlage ist R E 7.4 Abs. 1 Satz 2 ErbStR zu beachten.

Die **Bemessungsgrundlage** ist danach wie folgt zu ermitteln:

Steuerwert der Schenkung (§ 12 ErbStG)
./. Steuerwert der Gegenleistungen des Beschenkten (§ 12 ErbStG)
./. Steuerwert der übernommenen Leistungs-, Nutzungs-, Duldungsauflagen (§ 12 ErbStG)
./. übernommene Erwerbsnebenkosten bzw. Steuerberatungskosten (s. 2.1)
= Bereicherung = Bemessungsgrundlage

BEISPIEL

A überträgt ein Grundstück auf B mit einem Verkehrswert von 800 000 € zu einem Kaufpreis von 200 000 €. Der Grundbesitzwert dieses Grundstücks ist mit 750 000 € anzusetzen. Bürgerlich-rechtlich ist B um 600 000 € – Differenz zwischen dem Verkehrswert des Grundstücks von 800 000 € ./. Kaufpreis von 200 000 € – bereichert. B übernimmt im Zusammenhang mit der Übertragung die Erwerbsnebenkosten i. H. v. 3 000 €.

LÖSUNG Die Bemessungsgrundlage bei der Schenkungsteuer beträgt 547 000 €, der Steuerwert des Grundstücks (750 000 €) ist um den Wert der Gegenleistung (200 000 €) zu mindern. Die Erwerbsnebenkosten (Notar, Grundbuch) mindern in voller Höhe die Bemessungsgrundlage. Die ggf. anfallende Grunderwerbsteuer ist nicht abzugsfähig, da diese ausschließlich im Zusammenhang mit dem entgeltlichen Teil der Schenkung entsteht.

Die Schenkung unter Auflage wird wie eine gemischte Schenkung behandelt, die bisherige Unterscheidung zwischen Leistungs- und Duldungs- bzw. Nutzungsauflagen ist für die Ermittlung der Bemessungsgrundlage entbehrlich geworden (R E 7.4 ErbStR).

BEISPIEL

A überträgt auf seinen Sohn B ein Mietwohngrundstück (MWG) mit einem Grundbesitzwert von 500 000 €. Der Sohn verpflichtet sich im Übertragungsvertrag, zugunsten seiner Schwester eine lebenslängliche monatliche Rente zu zahlen. Der Kapitalwert der Rente soll 205 000 € betragen.

LÖSUNG Hier liegt eine Schenkung unter Leistungsauflage vor, da B zur Zahlung einer Rente verpflichtet ist, die er auch aus seinem Vermögen bestreiten kann. Die Bereicherung ist wie folgt zu ermitteln:

	Steuerwert MWG (§ 12 Abs. 3 ErbStG i. V. m. § 151 Abs. 1 Nr. 1 BewG)	500 000 €	
	Ansatz i. H. v. 90 % nach § 13 d Abs. 1 ErbStG		450 000 €
./.	Kapitalwert Leistungsauflage (§ 12 Abs. 1 ErbStG i. V. m. § 14 Abs. 1 BewG)	205 000 €	
	Ansatz i. H. v. 90 % nach § 10 Abs. 6 Satz 5 ErbStG		184 500 €
=	Bereicherung = Bemessungsgrundlage Schenkungsteuer		265 500 €

Erfolgt die **Schenkung unter einer Nutzungs- oder Duldungsauflage**, geht auf den Bedachten ein Zuwendungsgegenstand im Rahmen einer Vollschenkung über, bei dem ihm die Nutzungen zeitlich befristet nicht gebühren, weil ein Nutzungsrecht besteht oder im Zuge der Schenkung zu bestellen ist. Auch in diesem Fall ist die Belastung durch die Auflage mit ihrem Steuerwert als Last abzuziehen. Nur in den Fällen, in denen die Last bereits bei der Ermittlung des Grundbesitzwertes berücksichtigt wurde, kommt ein – weiterer – Abzug als Last nicht in Betracht (§ 10 Abs. 6 Satz 6 ErbStG). Möglich ist dies beispielsweise, wenn für das Grundstück ein niedrigerer gemeiner Wert durch Gutachten nachgewiesen wird (vgl. § 198 BewG) und bei der Wertermittlung die Nießbrauchslast mindernd angesetzt wurde.

BEISPIEL

C überträgt auf seinen Sohn D ein Mietwohngrundstück (MWG) und behält sich einen Nießbrauch an den Erträgen vor. Der Grundbesitzwert beträgt im Besteuerungszeitpunkt 400 000 €, der Kapitalwert des Nießbrauchs 100 000 €. Die Belastung hat sich nicht auf den Grundbesitzwert ausgewirkt. Das MWG wird ausschließlich zu fremden Wohnzwecken vermietet.

LÖSUNG Bei der Ermittlung der steuerlichen Bemessungsgrundlage ist der Kapitalwert des Nießbrauchs vom Steuerwert des Grundstücks abzuziehen. Die Steuerbefreiung und die Schuldkappung sind zu beachten:

	Steuerwert MWG (§ 12 Abs. 3 ErbStG i. V. m. § 151 Abs. 1 Nr. 1 BewG)	400 000 €	
	Ansatz i. H. v. 90 % nach § 13 d Abs. 1 ErbStG		360 000 €
./.	Kapitalwert Nutzungsauflage (§ 12 Abs. 1 ErbStG i. V. m. § 14 Abs. 1 BewG	100 000 €	
	Ansatz i. H. v. 90 % nach § 10 Abs. 6 Satz 5 ErbStG		90 000 €
=	Bereicherung = Bemessungsgrundlage Schenkungsteuer		270 000 €

Besteht das **Nutzungsrecht zugunsten des Schenkers** oder **seines Ehegatten**, war die Besteuerung bisher ohne Abzug der Belastungen vorzunehmen (§ 25 Abs. 1 ErbStG a. F.). Die Steuer, die auf den Kapitalwert des Nutzungsrechts entfiel, war bisher bis zu dessen Erlöschen zinslos zu stunden. Im Rahmen der Erbschaftsteuerreform 2009 ist § 25 ErbStG mit Wirkung vom 01.01. 2009 aufgehoben worden. Künftig ist damit der Abzug einer Last zugunsten des Schenkers oder seines Ehegatten zulässig. Die Last ist i. H. d. Kapitalwertes abzugsfähig, dabei ist die Begrenzung des § 16 BewG zu beachten (Jahreswert maximal: Steuerwert des Vermögensgegenstandes geteilt durch 18,6).

FALL 16

A erhält von ihrem Vater ein Mietwohngrundstück. In dem Übertragungsvertrag verpflichtet sie sich, die noch bestehende Verbindlichkeit (Bankdarlehen, Restschuld 55 000 €) im Zusammenhang mit dem Mietwohngrundstück zu übernehmen. Darüber hinaus behält sich der Vater den Nießbrauch an den Mieterträgen des Grundstücks vor. Der Grundbesitzwert beträgt 670 000 €, der Kapitalwert des Nießbrauchs 146 900 €. Die Nießbrauchslast hat sich nicht auf den Grundbesitzwert ausgewirkt. Stellen Sie die schenkungsteuerlichen Folgen dar.

2.4 Weitere Schenkungen unter Lebenden

2.4.1 Erwerb aufgrund einer Auflage bzw. Bedingung

Als Schenkung gilt auch, was jemand aufgrund einer vom Schenker angeordneten Auflage oder infolge Erfüllung der einem Rechtsgeschäft unter Lebenden beigefügten Bedingung ohne entsprechende Gegenleistung erlangt (§ 7 Abs. 1 Nr. 2 ErbStG). Die Steuer entsteht mit Vollzug der Auflage oder mit Erfüllung der Bedingung (§ 9 Abs. 1 Nr. 2 ErbStG). Der Begünstigte der Auflage kann in aller Regel die Erfüllung der Auflage nicht verlangen (§ 525 BGB).

Eine andere Lösung ergibt sich, wenn der Auflagenbegünstigte bereits mit der ursprünglichen Schenkung einen Rechtsanspruch auf Erfüllung der Auflage erwirbt. In diesem Fall ist § 7 Abs. 1 Nr. 1 ErbStG vorrangig gegenüber § 7 Abs. 1 Nr. 2 ErbStG. Der Auflagenbegünstigte erwirbt eine Forderung gegenüber dem Beschenkten. Die Steuer entsteht dann bereits mit Ausführung der Schenkung und nicht erst mit Erfüllung der Auflage. Die Entscheidung, ob ein Fall des § 7 Abs. 1 Nr. 1 oder Nr. 2 ErbStG vorliegt, ist nach der Rechtsprechung des BFH danach zu beurteilen, ob der begünstigte Dritte aus der Anordnung des Schenkers einen frei verfügbaren Anspruch auf die Leistung erlangt hat (vgl. u. a. BFH vom 20.01.2005, II R 20/03, BStBl II 2005, 408). Die Unterscheidung hat insbes. Auswirkung auf den Zeitpunkt der Steuerentstehung. In den Fällen des § 7 Abs. 1 Nr. 2 ErbStG tritt die Steuerpflicht erst mit dem Erwerb der versprochenen Leistung durch den Dritten, d. h. mit dem Vollzug der Auflage oder der Erfüllung der Bedingung ein (BFH vom 17.02.1993, II R 72/90, BStBl II 1993, 523).

Maßgebend für die Besteuerung ist bei Auflagenschenkungen das Verwandtschaftsverhältnis zum Schenker, der die Auflage angeordnet hat.

BEISPIEL

Der Vater V überträgt auf seinen Sohn B Grundbesitz mit der Auflage, dass der Sohn seinen Geschwistern Gleichstellungsgelder i. H. v. 400 000 € zahlt. Die Grundstücksschenkung wird im Juni 2019 beurkundet, gleichzeitig liegen Auflassung und Eintragungsbewilligung vor. Die Gleichstellungsgelder werden im August 2019 gezahlt.

LÖSUNG Die Geschwister haben die Gleichstellungsgelder als Erwerb aufgrund einer Auflage zu versteuern, und zwar nach dem Verwandtschaftsverhältnis zu ihrem Vater und nicht zu ihrem Bruder.

Bei dem Sohn liegt eine Schenkung unter Auflage vor, die nach den Grundsätzen der gemischten Schenkung besteuert wird, vgl. R E 7.4 Abs. 1 ErbStR. Abhängig von den konkreten Vereinbarungen kann sowohl § 7 Abs. 1 Nr. 1 oder Nr. 2 ErbStG einschlägig sein. Im Rahmen von vorweggenommenen Erbfolgeregelungen wird in der Regel der Auflagenbegünstigte einen unmittelbaren Anspruch erwerben und § 7 Abs. 1 Nr. 1 ErbStG einschlägig sein. Die Schenkungsteuer entsteht in diesem Fall für beide Schenkungen im Juni 2019, § 9 Abs. 1 Nr. 2 ErbStG.

2.4.2 Vereinbarung der Gütergemeinschaft

Vereinbaren Ehegatten den Güterstand der Gütergemeinschaft, liegt in der Bereicherung des weniger vermögenden Ehegatten eine Zuwendung vor (§ 7 Abs. 1 Nr. 4 ErbStG). Seit der Erbschaftsteuerreform 2009 gilt dies auch für den Partner einer eingetragenen Lebenspartnerschaft. Auf das Motiv der Vereinbarung der Gütergemeinschaft kommt es für die Schenkungsbesteuerung nicht an. Bei einem Wechsel vom Güterstand der Zugewinngemeinschaft zum Güterstand der Gütergemeinschaft ist grundsätzlich davon auszugehen, dass der ausgleichsberechtigte Ehegatte seine **Ausgleichsforderung** in das **Gesamtgut einbringt** (R E 7.6 Abs. 2 ErbStR). Um eine Schenkungsteuerpflicht zu vermeiden, sollte der ausgleichsberechtigte Ehegatte die Ausgleichsforderung zu seinem **Vorbehaltsgut** erklären; insoweit kann dann der andere Ehegatte nicht bereichert werden.

2.4.3 Erbverzicht, Abfindungen, vorzeitiger Erbausgleich

Verzichtet der Ehegatte, ein Abkömmling oder ein anderer Verwandter des Erblassers durch notariellen Vertrag auf das gesetzliche Erbrecht, begründet dieser allein keine Schenkung. Wird dafür jedoch eine Abfindung gewährt, unterliegt die Abfindung der Schenkungsteuer nach dem Verwandtschaftsverhältnis des Verzichtenden zum Abfindenden (§ 7 Abs. 1 Nr. 5 ErbStG). Dabei richtet sich die Steuerklasse nach dem Verhältnis des Verzichtenden zum künftigen Erblasser (BFH vom 25.01.2001 BStBl II 2001, 456).

2.4.4 Anteilsschenkung bei Buchwertklausel

Wird eine Beteiligung an einer Personengesellschaft zugewendet und enthält der Gesellschaftsvertrag die Bestimmung, dass der neue Gesellschafter bei Auflösung der Gesellschaft oder bei einem vorherigen Ausscheiden nur den Buchwert seines Kapitalanteils verlangen kann, wird als Bemessungsgrundlage für die Schenkung trotz dieser **Buchwertklausel** der volle Steuerwert der Beteiligung angesetzt. Die Einschränkung, nur mit dem Kapitalkonto abgefunden zu werden, wird zunächst nicht berücksichtigt. Der das Kapitalkonto übersteigende Teil des Steuerwerts gilt als auflösend bedingt erworben (§ 7 Abs. 5 ErbStG). Scheidet der Bedachte später aus der Gesellschaft aus oder wird diese aufgelöst, kann er die Berichtigung der früheren Steuerfestsetzung unter Ansatz des Buchwerts seines Kapitalanteils als Bemessungsgrundlage für die Schenkungsteuer beantragen (§ 5 Abs. 2 BewG).

2.4.5 Ausstattung mit einer überhöhten Gewinnbeteiligung

Wird eine Beteiligung an einer Personengesellschaft mit einer Gewinnbeteiligung ausgestattet, die der Kapitaleinlage und dem Einsatz sowie den sonstigen Leistungen des Gesellschafters für das Unternehmen nicht entspricht und die einem fremden Dritten üblicherweise nicht eingeräumt würde, gilt das **Übermaß an Gewinnbeteiligung als selbstständige Schenkung** (§ 7 Abs. 6 ErbStG). Die nachträgliche Gewährung einer überhöhten Gewinnbeteiligung und die nachträgliche Erhöhung einer bereits zuvor gewährten überhöhten Gewinnbeteiligung fallen ebenfalls als schenkungsteuerliche Tatbestände unter diese Vorschrift (R E 7.9 Abs. 2 ErbStR).

2.4.6 Bereicherung beim Ausscheiden eines Gesellschafters

Scheidet ein Gesellschafter aus einer Personen- oder Kapitalgesellschaft aus und liegt sein **Abfindungsanspruch** nach dem Gesellschaftsvertrag **unter dem Steuerwert des Anteils**, gilt der Übergang des Differenzbetrags zwischen dem Abfindungsbetrag und dem Steuerwert auf die anderen Gesellschafter als Schenkung (§ 7 Abs. 7 ErbStG). Für die Annahme einer Schenkung kommt es auf den Bereicherungswillen des ausscheidenden Gesellschafters nicht an. In § 7 Abs. 7 ErbStG sind auch die Fälle geregelt, in denen GmbH-Anteile eingezogen werden und der Steuerwert über dem Abfindungsanspruch liegt; insoweit werden die verbleibenden Gesellschafter ebenfalls bereichert.

2.4.7 Leistungen von Gesellschaftern und Dritten an Kapitalgesellschaften

Bei Leistungen von Gesellschaftern oder Dritten an eine Kapitalgesellschaft kann sich eine Bereicherung bei der Kapitalgesellschaft selbst bzw. bei den Gesellschaftern durch die Werterhöhung der Anteile ergeben. Fraglich ist, ob in diesen Fällen auch eine steuerbare freigebige Zuwendung des Leistenden an die (Mit-)Gesellschafter gegeben ist. Bei sog. disquotalen Einlagen hat der BFH keine freigebige Zuwendung des einbringenden Gesellschafters an den anderen Gesellschafter angenommen (vgl. BFH vom 09. 12. 2009 BStBl II 2010, 258).

BEISPIEL

Vater (V) und Sohn (S) sind seit Jahren zusammen Gesellschafter einer GmbH, V hält 20 % und S 80 % der Stammeinlage. V leistet eine Einlage i. H. v. 400 000 € in das Vermögen der GmbH. Eine gleichwertige Gegenleistung erhält V nicht. S erbringt in zeitlichem Zusammenhang keine entsprechende Einlage.

LÖSUNG Durch die Einlage wird die GmbH bereichert. Das Vermögen der GmbH erhöht sich um 400 000 €. Hierdurch erhöht sich auch der Wert der GmbH-Anteile (bei S i. H. v. 80 % der 400 000 €). Nach der BFH-Rechtsprechung liegt keine freigebige Zuwendung i. S. d. § 7 Abs. 1 Nr. 1 ErbStG durch V an S vor, da keine unmittelbare Bereicherung bei S auf Kosten von V eintritt.

Der Gesetzgeber hat durch **§ 7 Abs. 8 ErbStG** den Anwendungsbereich der freigebigen Zuwendungen erweitert. Danach **gilt als Schenkung** auch die Werterhöhung von Anteilen an einer Kapitalgesellschaft, die ein Gesellschafter (Bedachter) durch die Leistung einer anderen Person (Leistender) an die Gesellschaft erlangt. § 7 Abs. 8 ErbStG gilt für Erwerbe, für die die Steuer nach dem 13.12.2011 entsteht (§ 37 Abs. 7 ErbStG). Als mögliche **Bedachte** kommen hierbei nur natürliche Personen und Stiftungen in Betracht. **Leistende** in diesem Sinne können natürliche Personen und Kapitalgesellschaften sein, nicht jedoch Personengesellschaften. Bei Leistungen durch eine Personengesellschaft wird die Zuwendung den Gesellschaftern der Personengesellschaft zugerechnet. Ergänzend zu § 7 Abs. 8 ErbStG wurde in § 15 ErbStG ein neuer Absatz 4 angefügt, der die Zuordnung der Steuerklasse in den Fällen der Schenkung durch eine Kapitalgesellschaft regelt. In einem umfangreichen Ländererlass hat die Finanzverwaltung ihre Auffassung zu Schenkungen unter Beteiligungen von Kapitalgesellschaften dargelegt (vgl. gleich lautender Ländererlass vom 20. 04. 2018 BStBl II 2018, 632).

Die **Bereicherung** beim Bedachten richtet sich nach der Erhöhung des **gemeinen Werts der Anteile** an der Kapitalgesellschaft. Hierzu muss zunächst das Vermögen der Kapitalgesellschaft nach den allgemeinen Grundsätzen des **§ 11 Abs. 2 BewG** bewertet werden, beispielsweise durch Anwendung des vereinfachten Ertragswertverfahrens i. S. d. § 199 BewG (vgl. Ländererlass vom 20. 04. 2018 unter 3.4). Danach ist der gemeine Wert des jeweiligen Anteils gem. § 97 Abs. 1b BewG festzustellen. Die Ermittlung erfolgt durch das Betriebsfinanzamt der Kapitalgesellschaft im Wege der Amtshilfe (vgl. Ländererlass vom 20. 04. 2018 unter 3.4.5).

BEISPIEL

Fortsetzung des vorhergehenden Beispiels. Die Einlage von V in das Vermögen der GmbH erfolgte zum 01. 07. 2019, der gemeine Wert der GmbH erhöht sich infolge der Einlage um 400 000 €. Bei der Bewertung im vereinfachten Ertragswertverfahren ist in diesem Fall § 200 Abs. 4 BewG zu beachten, danach ist junges Betriebsvermögen gesondert mit dem gemeinen Wert anzusetzen.

LÖSUNG Eine freigebige Zuwendung i. S. d. § 7 Abs. 1 Nr. 1 ErbStG liegt zwar nicht vor; da die Einlage nach dem 13. 12. 2011 erfolgte, ist aber § 7 Abs. 8 Satz 1 ErbStG anzuwenden. Danach liegt in der Werterhöhung der GmbH-Anteile eine steuerbare freigebige Zuwendung beim Bedachten S vor. S erlangt durch die Einlage von V einen Vermögensvorteil i. H. v. 320 000 € (400 000 € × 80 %).

Die Steuerbefreiung nach §§ 13a, 13c, 28a ErbStG ist für freigebige Zuwendungen i. S. d. § 7 Abs. 8 ErbStG nicht anwendbar, da keine Übertragung der Anteile erfolgt (vgl. Ländererlass vom 20. 04. 2018 unter 3.5).

Unter den Anwendungsbereich des § 7 Abs. 8 ErbStG können auch **Leistungen zwischen Kapitalgesellschaften** fallen. Nach § 7 Abs. 8 Satz 2 ErbStG liegt bei Leistungen zwischen Kapitalgesellschaften eine steuerbare freigebige Zuwendung nur vor, wenn die Leistung

- nicht betrieblich veranlasst ist **und**
- soweit an den Gesellschaften nicht unmittelbar oder mittelbar dieselben Gesellschafter zu gleichen Anteilen beteiligt sind.

BEISPIELE

a) V hält 100 % der Stammeinlage an der A-GmbH und der B-GmbH. Zwischen der A-GmbH und der B-GmbH erfolgt eine Vermögensumschichtung.

LÖSUNG Eine freigebige Zuwendung i. S. d. § 7 Abs. 8 ErbStG liegt nicht vor, da sowohl an der A-GmbH als auch an der B-GmbH derselbe Gesellschafter (V) zu gleichen Anteilen (100 %) beteiligt ist.

b) V hält 100 % der Stammeinlage an der A-GmbH und 20 % der Stammeinlage der B-GmbH. Die weiteren 80 % hält seine Tochter. Auf Veranlassung von V verkauft die A-GmbH ein Grundstück zu einem verbilligten Kaufpreis an die B-GmbH.

LÖSUNG In diesem Fall greift § 7 Abs. 8 Satz 2 ErbStG. Die Veräußerung des Grundstücks zu einem verbilligten Kaufpreis führt zu einer Werterhöhung der Anteile an der B-GmbH. Die Bereicherung der Tochter erfolgt durch die A-GmbH und umfasst 80 % der infolge der Veräußerung eintretenden Erhöhung des gemeinen Werts der B-GmbH (§§ 11 Abs. 2, 97 Abs. 1b BewG). Für die Steuerklasse gilt § 15 Abs. 4 ErbStG, danach ist V als Schenker anzusehen.

Teil G Entstehung der Steuer (§ 9 ErbStG), steuerpflichtiger Erwerb (§ 10 ErbStG), Bewertungsstichtag (§ 11 ErbStG)

1 Stichtagsprinzip

Die Entstehung der Steuer ist in § 9 Abs. 1 ErbStG geregelt. Danach entsteht die Erbschaft- und Schenkungsteuer zu einem bestimmten Zeitpunkt (Stichtagsprinzip). Nach diesem Stichtag eingetretene Veränderungen haben damit grundsätzlich keinen Einfluss auf die Steuerberechnung. Der Zeitpunkt der Entstehung der Steuer ist hauptsächlich von Bedeutung für

- die Beurteilung der **persönlichen Steuerpflicht** nach § 2 ErbStG,
- die **Wertermittlung** des Erwerbs (Bewertungsstichtag § 11 ErbStG, Bewertung § 12 ErbStG),
- die **Berücksichtigung früherer Erwerbe** nach § 14 ErbStG,
- die **Zuordnung in die maßgebende Steuerklasse** nach § 15 ErbStG,
- die **Steuerermäßigung bei mehrfachem Erwerb desselben Vermögens** nach § 27 ErbStG,
- die **Anwendungsregelungen des Gesetzes** nach § 37 ErbStG,
- die **Vorschriften zur Festsetzungsverjährung** nach § 170 AO.

Die Steuerschuld soll nach dem Grundgedanken des § 9 ErbStG nicht mit der bloßen Begründung rechtlicher Ansprüche entstehen, sondern **erst** mit dem Eintritt der wirtschaftlichen Bereicherung. Diese ist grundsätzlich erst dann eingetreten, wenn eine tatsächliche Vermögensübertragung stattgefunden hat.

2 Stichtag bei Erwerben von Todes wegen (§ 9 Abs. 1 Nr. 1 ErbStG)

Die Steuer entsteht bei **Erwerben von Todes wegen grundsätzlich mit dem Tod des Erblassers** (§ 9 Abs. 1 Nr. 1 ErbStG). Dies entspricht für den Erwerb aufgrund **Erbanfalls** auch der bürgerlich-rechtlichen Regelung (Eintritt der Gesamtrechtsnachfolge gem. § 1922 BGB). Neben diesem Grundtatbestand sind in § 9 Abs. 1 Nr. 1 Buchst. a–j ErbStG **noch weitere Sondertatbestände** geregelt, auf die im Einzelnen verwiesen wird.

BEISPIEL

E erwirbt als Alleinerbe einen Gewerbebetrieb, er ist verpflichtet, seiner Schwester bei deren Eheschließung 300 000 € auszuzahlen. Der Erbanfall erfolgt zum 01.02. 2018, die Schwester heiratet am 01. 07. 2019.

LÖSUNG Bei E entsteht die Erbschaftsteuer für den Erbanfall gem. § 9 Abs. 1 Nr. 1 ErbStG zum 01. 02. 2018. Zu diesem Stichtag wird E Gesamtrechtsnachfolger i. S. d. § 1922 Abs. 1 BGB. Für die Schwester liegt zunächst nur ein aufschiebend bedingter Erwerb vor, für die Steuerentstehung gilt § 9 Abs. 1 Buchst. a ErbStG, je nach Fallgestaltung auch Buchst. d. Die Erbschaftsteuer entsteht für sie erst am 01. 07. 2019.

3 Stichtag bei Schenkungen unter Lebenden (§ 9 Abs. 1 Nr. 2 ErbStG)

Bei **Schenkungen unter Lebenden** entsteht die Steuer **mit dem Zeitpunkt der Ausführung der Zuwendung** (§ 9 Abs. 1 Nr. 2 ErbStG). Diese gilt als ausgeführt, wenn der Zuwendungsempfänger das erhalten hat, was ihm zugedacht war. Für das Merkmal des Entstehungszeitpunkts sind die steuerlichen Zurechnungsvorschriften von § 39 AO maßgebend. Bei Geldschenkungen entsteht die Steuer somit bei Erfüllung der Schenkung (z. B. bei Überweisung durch Gutschrift des Geldes). Den Zeitpunkt der Ausführung einer Grundstücksschenkung und der damit verbundenen Entstehung der Schenkungsteuer regelt R E 9.1 ErbStR im Einzelnen wie folgt:

3.1 Unmittelbare Grundstücksschenkung (R E 9.1 Abs. 1 ErbStR)

Eine **Grundstücksschenkung gilt als ausgeführt**, wenn die Vertragsparteien die für die Eintragung der Rechtsänderung in das Grundbuch erforderlichen Erklärungen in gehöriger Form abgegeben haben und der Beschenkte aufgrund dieser Erklärungen in der Lage ist, beim Grundbuchamt die Eintragung der Rechtsänderung zu bewirken. Der Zeitpunkt der Grundstücksschenkung richtet sich danach, wann die Auflassung i. S. d. § 925 BGB sowie die Eintragungsbewilligung (§ 19 Grundbuchordnung, GBO) vorliegen, R E 9.1 Abs. 1 Satz 1 und 2 ErbStR.

BEISPIEL

S ist Eigentümer einer vermieteten Eigentumswohnung in Karlsruhe. Mit Vertrag vom 05. 01. 2019 überträgt S das Eigentum an dieser Wohnung im Rahmen einer Schenkung auf B. Am 05. 01. 2019 erfolgt die notarielle Beurkundung. Lt. Schenkungsvertrag gehen Besitz, Nutzen und Lasten am 01. 02. 2019 auf B über. Der Vertrag enthält außerdem die Auflassung i. S. d. § 925 BGB sowie die Eintragungsbewilligung nach § 19 GBO. Die Eintragung der Eigentumsänderung im Grundbuch erfolgt am 15. 03. 2019.

LÖSUNG Die Schenkung der Eigentumswohnung stellt eine freigebige Zuwendung i. S. d. § 7 Abs. 1 Nr. 1 ErbStG dar. Diese Grundstücksschenkung gilt am 05. 01. 2019 als ausgeführt (R E 9.1 Abs. 1 Satz 2 ErbStR). Die Schenkungsteuer entsteht somit am 05. 01. 2019 (§ 9 Abs. 1 Nr. 2 ErbStG). Sowohl der Übergang des wirtschaftlichen Eigentums i. S. d. § 39 Abs. 2 Nr. 1 AO als auch die Eintragung der Eigentumsänderung ins Grundbuch sind unerheblich.

3.2 Mittelbare Grundstücksschenkung (R E 9.1 Abs. 2 ErbStR)

Die Grundsätze zur Ausführung von Grundstücksschenkungen gelten auch bei **mittelbaren Grundstücksschenkungen** (R E 9.1 Abs. 2 Satz 1 ErbStR). Bei der Zuwendung eines Geldbetrags für den Erwerb eines unbebauten oder bebauten Grundstückes ist R E 9.1 Abs. 1 ErbStG entsprechend anzuwenden. Bei der Hingabe eines Geldbetrags zur Errichtung eines Gebäudes ist die mittelbare Grundstücksschenkung im Zeitpunkt der Bezugsfertigkeit des Gebäudes ausgeführt. Die Bezugsfertigkeit richtet sich nach der Benutzbarkeit des Gebäudes, die wesentlichen Baumaßnahmen müssen abgeschlossen sein (R B 178 Abs. 2 ErbStR). Dieser Zeitpunkt ist gleichzeitig auch Stichtag für die Bewertung des Gebäudes (R E 9.1 Abs. 2 Satz 5 ErbStR). Wenn der Schenker die Kosten für Um-, Aus- oder Anbauten an einem Gebäude trägt, gilt, dass bei der Hingabe eines Geldbetrags für die genannten Baumaßnahmen die mittelbare Grundstücksschenkung im Zeitpunkt der Bezugsfertigkeit der einzelnen Bauteile ausgeführt ist.

3.3 Genehmigungspflichtige Schenkungen (R E 9.1 Abs. 3 ErbStR)

Bei genehmigungspflichtigen Schenkungen wirkt im Gegensatz zum bürgerlichen Recht die Genehmigung nicht auf den Zeitpunkt des Abschlusses des Rechtsgeschäftes zurück (R E 9.1 Abs. 3 Satz 3 ErbStR). Beispiele sind die Genehmigungen durch den gesetzlichen Vertreter (§ 108 BGB) oder das Vormundschaftsgericht (§ 1821 BGB); weitere Beispiele in den Hinweisen zu R E 9.1 ErbStR.

3.4 Maßgeblichkeit des Zivilrechts bei der Erbschaftbesteuerung bei im Erbfall noch nicht vollständig erfüllten Grundstückskaufverträgen

Bezüglich der **Zurechnung eines Grundstücks zum Nachlass** bei noch nicht vollständig erfüllten Grundstückskaufverträgen ist der Übergang des Eigentums nach dem **zivilrechtlichen Eigentumsbegriff** entscheidend. Der Übergang des wirtschaftlichen Eigentums nach § 39 Abs. 2 Nr. 1 AO (Zeitpunkt des Besitz- und Lastenwechsels) ist **völlig unbeachtlich** (R E 12.2 Abs. 1 Satz 1 und 2 ErbStR).

Zivilrechtlich geht das Eigentum an dem Grundstück nach § 873 BGB erst mit der Grundbucheintragung über. S. im Einzelnen R E 12.2 ErbStR und Beispiele in den Hinweisen hierzu.

BEISPIEL

K unterschreibt am 18. 01. 2019 einen notariell beurkundeten Kaufvertrag, vereinbart wurde der Kauf eines Bauplatzes in Mainz. Mit dem Verkäufer wurde der Übergang von Besitz, Nutzen und Lasten zum 01. 02. 2019 vereinbart, Zug um Zug mit der erfolgten Kaufpreiszahlung. K verstirbt am 10. 02. 2019, die Kaufpreiszahlung über 200 000 € erfolgte noch fristgerecht. Die Eigentumsänderung im Grundbuch wurde bis zu diesem Zeitpunkt noch nicht vollzogen. Der Grundbesitzwert des unbebauten Grundstücks beträgt 195 000 € (§ 151 Abs. 1 Nr. 1 BewG).

LÖSUNG Obwohl das wirtschaftliche Eigentum Zug um Zug mit der Kaufpreiszahlung am 01. 02. 2019 auf K übergegangen ist, gehört das Grundstück nicht zum Nachlass des K. Für die Zurechnung ist allein auf das zivilrechtliche Eigentum abzustellen. Hier fehlt es noch an der Grundbucheintragung. Es liegt aber ein Sachleistungsanspruch vor (Anspruch auf Übertragung des Eigentums), der dem Nachlass zuzurechnen ist. Dieser Anspruch ist mit dem gemeinen Wert zu bewerten (= Kaufpreis 200 000 €). Hierdurch wird die durch die Kaufpreiszahlung bereits erfolgte Vermögensminderung ausgeglichen. Der Grundbesitzwert i. S. d. § 151 BewG ist unbeachtlich, vgl. auch R B 9.3 Abs. 1 Satz 2 ErbStR.

4 Steuerpflichtiger Erwerb (§ 10 ErbStG)

4.1 Berechnung der Bereicherung

Nach § 10 Abs. 1 Satz 1 ErbStG gilt als steuerpflichtiger Erwerb **die gesamte Bereicherung des Erwerbers, soweit sie nicht steuerfrei ist** (§§ 5, 13, 13 a, 13 c, 13 d, 16, 17 und 18 ErbStG). Bei **Erwerben von Todes** wegen gilt als Bereicherung der Betrag, der sich ergibt, wenn von dem nach § 12 ErbStG zu ermittelnden Wert des Gesamten der Steuer unterliegenden Vermögensanfalls die abzugsfähigen Nachlassverbindlichkeiten mit ihrem steuerlichen Wert abgezogen werden.

4.1.1 Schema zur Berechnung des steuerpflichtigen Erwerbs (R E 10.1 Abs. 1 ErbStR)

Der steuerpflichtige Erwerb ist grundsätzlich wie folgt zu ermitteln:

	€
1. Steuerwert des Wirtschaftsteils des land- und forstwirtschaftlichen Vermögens	....
+ Steuerwert des Betriebsvermögens	....
+ Steuerwert der Anteile an Kapitalgesellschaften	....
Zwischensumme	....
./. Befreiung nach §§ 13 a, 13 c ErbStG	....
./. Befreiung nach § 13 Abs. 1 Nr. 1 ErbStG	....
./. Befreiung nach § 13 d ErbStG	....
+ Steuerwert des Wohnteils und der Betriebswohnungen des land- und forstwirtschaftlichen Vermögens	....
./. Befreiungen nach § 13 Abs. 1 Nr. 2, 3 und 4 b und 4 c ErbStG	....
./. Befreiung nach § 13 d ErbStG	....
+ Steuerwert des Grundvermögens	....
./. Befreiungen nach § 13 Abs. 1 Nr. 2, 3 und 4 a bis 4 c ErbStG	....
./. Befreiung nach § 13 d ErbStG	....
+ Steuerwert des übrigen Vermögens	....
./. Befreiungen nach § 13 Abs. 1 Nr. 1 und 2 ErbStG	....
= **Vermögensanfall nach Steuerwerten**	....
2. Steuerwert der Nachlassverbindlichkeiten, soweit nicht vom Abzug ausgeschlossen, mindestens Pauschbetrag für Erbfallkosten (einmal je Erbfall)	....
= abzugsfähige Nachlassverbindlichkeiten	....
3. Vermögensanfall nach Steuerwerten (1.)	....
./. abzugsfähige Nachlassverbindlichkeiten (2.)	
./. weitere Befreiungen nach § 13 ErbStG	....
= **Bereicherung des Erwerbers**	....
4. Bereicherung des Erwerbers (3.)	....
./. ggf. steuerfreier Zugewinnausgleich § 5 Abs. 1 ErbStG	....
+ ggf. hinzuzurechnende Vorerwerbe § 14 ErbStG	....
./. persönlicher Freibetrag § 16 ErbStG	....
./. besonderer Versorgungsfreibetrag § 17 ErbStG	....
= **steuerpflichtiger Erwerb** (abzurunden auf volle hundert Euro)	....

4.1.2 Schema zur Berechnung der festzusetzenden Erbschaftsteuer (R E 10.1 Abs. 2 ErbStR)

Die festzusetzende Erbschaftsteuer ist wie erfolgt zu ermitteln:

1. Tarifliche Erbschaftsteuer nach § 19 ErbStG
   ./. abzugsfähige Steuer nach § 14 Abs. 1 ErbStG
   ./. Entlastungsbetrag nach § 19 a ErbStG
   = Summe 1
2. Ermäßigung nach § 27 ErbStG (dabei Steuer lt. Summe 1 nach § 27 Abs. 2 ErbStG aufteilen und zusätzlich Kappungsgrenze nach § 27 Abs. 3 ErbStG beachten)
   ./. anrechenbare Steuer nach § 6 Abs. 3 ErbStG
   = Summe 2

3. ./. anrechenbare Steuer nach § 21 ErbStG (dabei Steuer lt. Summe 2 nach § 21 Abs. 1 Satz 2 ErbStG aufteilen)
   = Summe 3
   mindestens Steuer nach § 14 Abs. 1 Satz 4 ErbStG
   höchstens nach § 14 Abs. 3 ErbStG begrenzte Steuer
   (Hälfte des Werts des weiteren Erwerbs)
   = **festzusetzende Erbschaftsteuer**

Der im Rahmen der Verschonungsbedarfsprüfung mögliche Steuererlass für Großerwerbe (§ 28a Abs. 1 Satz 1 ErbStG) ist nicht Teil der Steuerfestsetzung, sondern der Steuererhebung, R E 10.1 Abs. 3 ErbStR.

BEISPIEL

Der 45-jährige Neffe N hat von seiner Tante (Schwester seines Vaters) bei deren Ableben einen Nachlass mit einem Steuerwert von 270 000 € vererbt bekommen. Das übergegangene Vermögen umfasste Grundvermögen mit einem Grundbesitzwert von 180 000 € (Geschäftsgrundstück) und steuerpflichtiges übriges Vermögen im Gesamtwert von 90 000 €. Die Schulden der Erblasserin betrugen 40 270 €. Die durch N getragenen Kosten der Bestattung, der aufgewendeten Kosten für das Grabdenkmal und der Grabpflegekosten beliefen sich auf insgesamt 8 968 € lt. Einzelnachweis.

LÖSUNG Der steuerpflichtige Erwerb für N errechnet sich wie folgt:

Grundbesitzwert Grundvermögen	180 000 €
+ Steuerwert übriges Vermögen	90 000 €
= Vermögensanfall	270 000 €
./. Erblasserschulden	40 270 €
./. Erbfallkostenpauschbetrag, § 10 Abs. 5 Nr. 3 Satz 2 ErbStG	10 300 €
= Bereicherung (§ 10 Abs. 1 Satz 2 ErbStG)	219 430 €
./. persönlicher Freibetrag, Steuerklasse II Nr. 3, § 16 Abs. 1 Nr. 4 ErbStG	20 000 €
= steuerpflichtiger Erwerb (§ 10 Abs. 1 Satz 1 ErbStG)	199 430 €
abgerundet (§ 10 Abs. 1 Satz 6 ErbStG)	199 400 €
Die Erbschaftsteuer beträgt gem. § 19 Abs. 1 ErbStG 20 %	39 880 €

4.2 Auferlegung der Steuer auf einen Dritten oder Übernahme der Steuer durch den Schenker (§ 10 Abs. 2 ErbStG)

Hat der Erblasser die Entrichtung der von dem Erwerber geschuldeten Steuer einem anderen auferlegt oder hat der Schenker die Entrichtung der vom Beschenkten geschuldeten Steuer selbst übernommen oder einem anderen auferlegt, so gilt als Erwerb der Betrag, der sich bei Zusammenrechnung der (steuerpflichtigen) Bereicherung i. S. d. § 10 Abs. 1 ErbStG mit der aus ihr errechneten Steuer ergibt.

BEISPIEL

B schenkt seiner Schwester S einen Geldbetrag i. H. v. 60 000 €, wobei er sich verpflichtet hat, die auf die Zuwendung entfallende Steuer zu übernehmen. Die von S zu entrichtende Steuer würde sich auf 6 000 € belaufen (60 000 € abzüglich Freibetrag 20 000 € = 40 000 €, davon 15 %).

LÖSUNG Die Bereicherung der Schwester beträgt nach § 10 Abs. 2 ErbStG 66 000 €. B hat somit eine Steuer aus 60 000 € zuzüglich übernommene Steuer 6 000 €, abzüglich Freibetrag von 20 000 €, aus 66 000 € zu entrichten.

Die Steuer beträgt 15 % von 66 000 €	9 900 €

4.3 Vereinigung von Rechten und Verbindlichkeiten (§ 10 Abs. 3 ErbStG)

Im Gegensatz zum bürgerlichen Recht, wo durch den Erbfall und die damit eintretende Vereinigung von Recht und Verbindlichkeit, die zwischen Erblasser und dem Erben bestehenden Rechte und Verbindlichkeiten (z. B. Darlehensforderungen an den Erben) erlöschen, gelten im Erbschaftsteuerrecht diese Bestimmungen **nicht**.

Soweit also **auf den Erben** gegen ihn **selbst gerichtete Forderungen** übergehen, die er **nicht** mehr zu erfüllen braucht, hat er sie als **Bereicherung** zu versteuern. Hat der Erbe andererseits eine Forderung gegen den Erblasser, so wirkt sich diese als Nachlassverbindlichkeit **steuermindernd** aus (§ 10 Abs. 5 Nr. 1 ErbStG), weil die Forderung **nicht** mehr erfüllt werden kann (BFH vom 25.10. 1995 BStBl II 1996, 11).

BEISPIEL

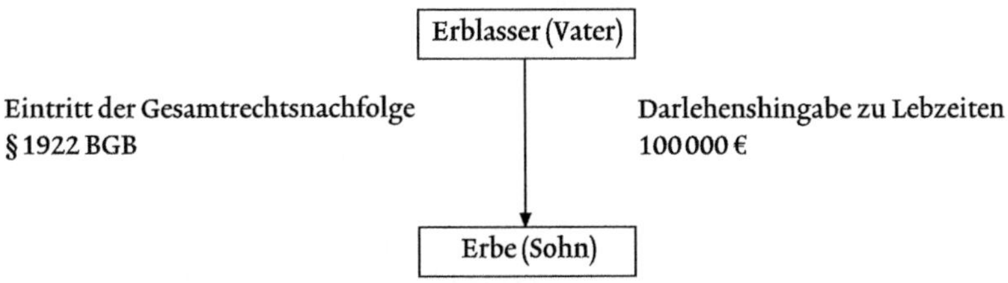

LÖSUNG Infolge des Ablebens des Vaters kommt es zum **Erlöschen** des Darlehensverhältnisses aufgrund eingetretener Gesamtrechtsnachfolge (Konfusion). Der Wegfall der Verbindlichkeit führt bei dem Sohn zu einer Bereicherung in Höhe von 100 000 €. Die Kapitalforderung des Vaters ist als Teil des übrigen Vermögens im Vermögensanfall zu erfassen und unterliegt somit beim Sohn der ErbSt. Im umgekehrten Fall der Darlehensgewährung des Sohnes an den Vater, kommt es bei der Nachlasswertermittlung für den Sohn zum Abzug einer Erblasserschuld in Höhe von 100 000 € nach § 10 Abs. 5 Nr. 1 ErbStG.

4.4 Abzüge von Nachlassverbindlichkeiten (§ 10 Abs. 5 ErbStG)

Bei den abzugsfähigen Nachlassverbindlichkeiten ist zu unterscheiden zwischen den **Erblasserschulden**, die noch in der Person des Erblassers begründet worden und mit seinem Tode noch nicht erloschen sind, und den **Erbfallschulden**. Als **Erbfallschulden** gelten die den Erben treffenden Verbindlichkeiten, die unmittelbar aus Anlass des Erbfalls entstehen.

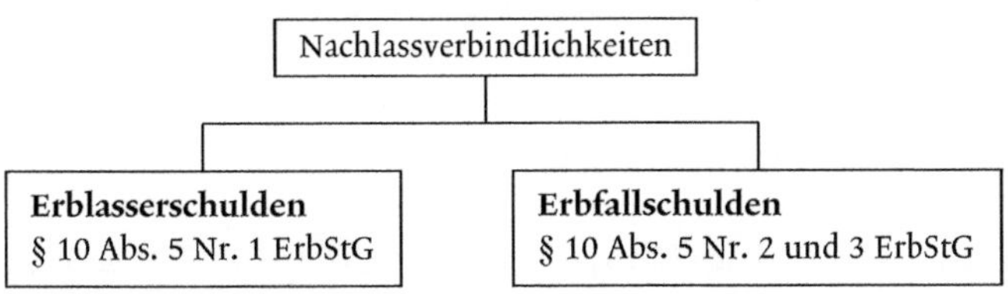

In § 10 Abs. 5 ErbStG sind die Nachlassverbindlichkeiten **abschließend** aufgezählt, die vom steuerbar festgestellten, bewerteten Erwerb einzeln abgezogen werden können. Als **Beispiele zu Nachlassverbindlichkeiten** werden genannt:

- **Erblasserschulden** (§ 10 Abs. 5 Nr. 1 ErbStG), wie Kaufpreisschulden, Mietschulden, Bürgschaftsverpflichtungen **bei Inanspruchnahme**, Unterhaltsschulden, Personensteuern des Erblassers (z. B. auch ESt-Nachzahlung des Todesjahres, unabhängig von der Steuerentstehung) u. a.

- **Erbfallschulden** (§ 10 Abs. 5 Nr. 2 und 3 ErbStG), wie Verbindlichkeiten aus Vermächtnissen, Auflagen und **geltend gemachten** Pflichtteilen.
- **Kosten der Bestattung des Erblassers** sowie für ein angemessenes Grabdenkmal und die übliche Grabpflege mit ihrem Kapitalwert für eine unbestimmte Dauer (9,3-faches der jährlichen ortsüblichen Aufwendungen, H E 10.7 ErbStH), die **Kosten, die dem Erwerber unmittelbar im Zusammenhang mit der Abwicklung, Regelung oder Verteilung des Nachlasses** (z. B. Kosten der Testamentseröffnung, der Erteilung des Erbscheins, Kosten der Umschreibung im Grundbuch, angemessene Testamentsvollstreckergebühren, Erbauseinandersetzungskosten u. a.) entstehen, oder **Kosten für einen wegen des Nachlasses oder des Erwerbs geführten Rechtsstreits.**

Zur Behandlung der Grabpflegekosten im Einzelnen, s. H E 10.7 ErbStH. Für die in § 10 Abs. 5 Nr. 3 ErbStG genannten Erbfallschulden wird **insgesamt ein Betrag von 10 300 € ohne Nachweis** abgezogen (§ 10 Abs. 5 Nr. 3 Satz 2 ErbStG, R E 10.9 ErbStR).

Sofern höhere Kosten angefallen sind, bedarf es für die Abzugsfähigkeit des Nachweises. Bei Nachweis höherer Kosten ist deren Abzug nicht beschränkt. Der Pauschbetrag i. H. v. von 10 300 € bezieht sich auf den **gesamten Erbfall** und kann deshalb von den Beteiligten nur **einmal** in Anspruch genommen werden (R E 10.9 Abs. 3 ErbStR). Hatte **ein Erwerber** Aufwendungen, die sich **allein** auf die **Erlangung seines Erwerbs** beziehen, können diese bei Nachweis **neben** dem Pauschbetrag abgezogen werden (R E 10.9 Abs. 5 ErbStR). Der Pauschbetrag für Erbfallkosten kann auch in Fällen der beschränkten Steuerpflicht in voller Höhe angesetzt werden, vgl. R E 10.9 Abs. 4 Satz 1 ErbStR. Bei beschränkter Steuerpflicht ist nur Inlandsvermögen steuerpflichtig, eine Aufteilung des Pauschbetrages auf Inlands- bzw. Auslandsvermögen erfolgt nicht, R E 10.9 Abs. 4 Satz 2 ErbStR.

Nach § 10 Abs. 5 Nr. 3 Satz 3 ErbStG sind die Kosten für die **Verwaltung** des Nachlasses **nicht** abzugsfähig. Diese Regelung hat insbesondere Bedeutung, wenn sich die Testamentsvollstreckung auf längere Zeit erstreckt und der Testamentsvollstrecker auch an der laufenden Vermögensverwaltung beteiligt ist; die darauf entfallenden Kosten sind **nicht** abzugsfähig.

Zur Berücksichtigung von Steuerberatungskosten für die Erstellung der Erbschaftsteuererklärung als **Nachlassregelungskosten** i. S. v. § 10 Abs. 5 Nr. 3 ErbStG. Sowie bei Schenkungsfällen vgl. gleich lautender Ländererlass vom 23. 03. 2015 unter 2. (BStBl I 2015, 264). Während die Aufwendungen für die Erstellung der Steuererklärung abzugsfähige Nachlassverbindlichkeiten darstellen, fallen die Kosten für anschließende Rechtsbehelfsverfahren unter das Abzugsverbot des § 10 Abs. 8 ErbStG (vgl. auch BFH vom 20. 06. 2007, II R 29/06, BStBl II 2007, 722). Die Schuldenkappung des § 10 Abs. 6 ErbStG gilt nicht für den Ansatz der Steuerberatungskosten als Nachlassverbindlichkeiten. Aufwendungen für die Erstellung eines Gutachtens zum Nachweis eines niedrigeren gemeinen Wertes sind ebenfalls gem. § 10 Abs. 5 Nr. 3 ErbStG abzugsfähig, wenn sie in einem zeitlichen und sachlichen Zusammenhang mit dem Erwerb von Todes wegen angefallen sind (BFH vom 19. 06. 2013, II R 20/12, BStBl 2013, 738).

4.5 Beschränkung der Abzugsfähigkeit von Schulden (§ 10 Abs. 6 ErbStG, R E 10.10 ErbStR)

Der Abzug von Schulden und Lasten ist grundsätzlich nur dann eingeschränkt, wenn diese in wirtschaftlichem Zusammenhang mit Vermögensgegenständen stehen, die bei der Besteuerung nicht angesetzt werden (§ 2 Abs. 1 Nr. 3, § 19 Abs. 2 ErbStG) oder nach § 13 Abs. 1 Nr. 2, Nr. 3, Nr. 4 b oder 4 c sowie § 13 d ErbStG voll oder teilweise befreit sind. Vermögensgegenstände, für die der Erwerber lediglich i. R. d. Wertermittlung nach § 13 Abs. 1 Nr. 1 ErbStG einen pauschalen Freibetrag erhält, unterliegen dagegen selbst uneingeschränkt der Besteuerung, so dass die Einschränkung des Schuldenabzugs nicht in Betracht kommt (R E 10.10 Abs. 2 Satz 2 ErbStR).

Schulden und Lasten, die mit dem nach §§ 13 a, 13 c ErbStG befreiten Vermögen in wirtschaftlichem Zusammenhang stehen, sind nur mit dem Betrag abzugsfähig, der dem Verhältnis des nach Anwendung des §§ 13 a, 13 c ErbStG anzusetzenden Werts des gesamten begünstigten Vermögens zu dem Wert dieses Vermögens vor Anwendung des §§ 13 a und 13 c ErbStG entspricht (§ 10 Abs. 6 Satz 4 ErbStG). Zu diesen Schulden und Lasten können nur solche gehören, die nicht bereits bei der Ermittlung des Werts des begünstigten Vermögens berücksichtigt worden sind. So sind betriebliche Schulden eines Einzelunternehmens nicht als Nachlassverbindlichkeiten abzugsfähig, diese sind mit dem Ansatz des Betriebsvermögenswertes für die wirtschaftliche Einheit Gewerbebetrieb abgegolten (§§ 95 Abs. 1, 103 Abs. 1, 151 Abs. 1 Nr. 2 BewG). Die Schuldenkappung des § 10 Abs. 6 ErbStG kann für diese Verbindlichkeiten nicht angewendet werden. Schulden zur Finanzierung der Anschaffungskosten von GmbH-Anteilen, die zum übrigen Vermögen zählen, fallen hingegen unter die Nachlassverbindlichkeiten, somit greift insoweit auch die Schuldenkappung nach § 10 Abs. 6 ErbStG.

Ist das begünstigte Vermögen in vollem Umfang von der Steuer befreit, ist kein Abzug vorzunehmen. Soweit die Befreiung nach §§ 13 a, 13 c ErbStG wegen Verstoßes gegen die Behaltensvoraussetzungen oder die Lohnsummenregelung nachträglich ganz oder teilweise entfällt, sind die bisher nicht abzugsfähigen Schulden und Lasten entsprechend zum Abzug zuzulassen. Der anteilige Steuererlass für Großerwerbe nach § 28a ErbStG ist kein Anwendungsfall des § 10 Abs. 6 ErbStG und hat daher auch keinen Einfluss auf den Abzug der Nachlassverbindlichkeiten.

Der Schuldenabzug nach der Verhältnisregelung von § 10 Abs. 6 Sätze 4 und 5 ErbStG ist für die Aufteilung nach folgender Berechnungsformel durchzuführen:

$$\frac{\text{Vermögen nach Berücksichtigung der Vergünstigungen} \times \text{Schulden/Lasten}}{\text{Vermögen } \textbf{vor} \text{ Berücksichtigung der Vergünstigungen}}$$

Schulden und Lasten, die mit den nach § 13 d ErbStG befreiten Grundstücken oder Grundstücksteilen in wirtschaftlichem Zusammenhang stehen, können nur mit dem Betrag abgezogen werden, der dem Verhältnis des nach Anwendung des § 13 d ErbStG anzusetzenden Werts dieses Vermögens zu dem Wert vor Anwendung des § 13 d ErbStG entspricht (§ 10 Abs. 6 Satz 5 ErbStG). Somit ergibt sich im Regelfall ein Abzug i. H. v. 90 %; das gilt nicht in den Fällen des § 13 d Abs. 2 ErbStG.

Nach der Rechtsprechung des BFH führt nur ein wirtschaftlicher Zusammenhang der Schuld mit dem begünstigten Vermögen zu einer Schuldenkappung. Ein lediglich rechtlicher Zusammenhang ist hierfür nicht ausreichend. So stehen beispielsweise Pflichtteilsschulden und die Zugewinnausgleichsverpflichtung nicht in einem wirtschaftlichen Zusammenhang mit einzelnen Vermögensteilen, es besteht lediglich ein rechtlicher Zusammenhang. Dies bedeutet, dass die Pflichtteilsschuld und die Zugewinnausgleichsverpflichtung auch dann in voller Höhe als Nachlassverbindlichkeiten abzugsfähig sind, wenn der Nachlass ganz oder teilweise aus begünstigtem Vermögen besteht (vgl. hierzu BFH vom 22.07.2015, II R 12/14, BStBl II 2016, 228). Die Finanzverwaltung hat die Auffassung des BFH in den ErbStR übernommen, vgl. R E 10.10 Abs. 3 ErbStR.

Bei Anwendung der Öffnungsklausel nach § 198 BewG für den Nachweis des niedrigeren gemeinen Werts sind auf dem Objekt lastende **Nutzungsrechte** im Gegensatz zu der Bewertung des Grundvermögens nach § 179 und §§ 182–197 BewG bei der Ermittlung des Werts zu berücksichtigen. Auch beim Nachweis eines niedrigeren gemeinen Werts über den Kaufpreis (§ 198 BewG) haben sich auf dem Objekt lastende Nutzungsrechte grundsätzlich bereits auf den Kaufpreis ausgewirkt. Nachdem sich die Nutzungsrechte bereits über den festgestellten Grundbesitzwert bereicherungsmindernd ausgewirkt haben, können sie bei der Erbschaftsteuer nicht abgezogen werden (§ 10 Abs. 6 Satz 6 ErbStG). Hierdurch wird eine Doppelberücksichtigung vermieden.

BEISPIEL

A vererbt an seinen Sohn S eine Beteiligung an der X-GmbH i. H. v. 40 %, deren gemeiner Wert zum Besteuerungszeitpunkt 1 750 000 € beträgt. Die Beteiligung wurde mit einem Darlehen finanziert, die valutierten Schulden am Todestag betrugen 200 000 €. Nach Ansatz der Verschonung (§§ 13a ff. ErbStG) verbleibt ein steuerpflichtiger Wert der Beteiligung i. H. v. 400 250 €.
Als Nachlassverbindlichkeiten abzugsfähige Schulden:
200 000 € × (400 250 € / 1 750 000 €) = 45 743 €.

FÄLLE 17–18

FALL 17 Prüfen Sie unter Angabe der gesetzlichen Bestimmungen, ob es sich bei den nachfolgend genannten Schulden um Erblasserschulden oder um Erbfallschulden handelt. Ergänzen Sie hierbei die nachfolgende Übersicht mit den entsprechenden Aussagen. In der Nachlasswertermittlung des am 15. 10. 19 verstorbenen Erblassers E sind die folgenden Nachlassverbindlichkeiten vorhanden:

Schulden	Erblass-schulden ja/nein	Erbfall-schulden ja/nein	Wert-ansatz in €
Personensteuern ESt, SolZ, KiSt für den **VZ 17**, Abschlusszahlung 10 000 € für den **VZ 18**, Abschlusszahlung 4 000 €			
Noch zu zahlende Grundbesitzabgabe für das von E bis zu seinem Tode bewohnte Einfamilienhaus, fällig am 15. 08. 19, Vierteljahresbetrag 500 €			
Schuld an Kfz-Werkstätte für durchgeführte Jahresinspektion am 08. 10. 19, Rechnungsbetrag 650 €, der gemeine Wert des Pkw beträgt 7 500 €, kein Ansatz des Fahrzeugs beim Erben, da unter Freibetrag nach § 13 Abs. 1 Nr. 1 Buchst. b ErbStG fallend			
Bestattungskosten 4 325 €, Kosten für Todesanzeigen und Danksagungen in den regionalen Tageszeitungen 1 200 €, Kosten der kirchlichen und bürgerlichen Trauerfeierlichkeiten 2 735 €			
Kosten für Grabstelle und angemessenes Grabdenkmal 4 600 €			
Kosten für übliche Grabpflege, jährliche Kosten lt. Nachweis 250 €			
Nachlassregelungskosten (Gerichts- und Notariatsgebühren für die Testamentseröffnung, Erteilung des Erbscheins, Umschreibung im Grundbuch u. a.) 1 490 €			
Steuerberatungskosten für die Erstellung der Erbschaftsteuererklärung 2 000 €			
Anwaltskosten eines Miterben zur Durchsetzung seiner erbrechtlichen Ansprüche, lt. Einzelnachweis 3 000 €			
Verauslagte Gebühren an den Gutachterausschuss für die Verkehrswertermittlung eines Nachlassgrundstücks 2 750 €			

FALL 18 Berechnen Sie die Höhe der abzugsfähigen Schulden aus den nachstehenden Einzelsachverhalten unter Angabe der gesetzlichen Regelung:

1. Im Nachlass des Erblassers E befinden sich Kulturgüter i. S. v. § 13 Abs. 1 Nr. 2 Buchst. a ErbStG mit einem Steuerwert von 300 000 €. Die damit in wirtschaftlichem Zusammenhang stehenden Schulden betragen am Todestag valutiert 100 000 €.
2. A erwirbt als Alleinerbe eine nach § 13 b Abs. 1 Nr. 3 ErbStG begünstigte Beteiligung an einer Kapitalgesellschaft mit einem gemeinen Wert (§ 12 Abs. 2 ErbStG) von 1 300 000 €. Der Erblasser hatte die Beteiligung mit einem Darlehen i. H. v. 200 000 € finanziert. Am Todestag war das Darlehen noch mit 100 000 € valutiert. Der Erblasser war an der Kapitalgesellschaft mit 30 % beteiligt, das nominelle Kapital betrug 400 000 €. Nach Abzug der Verschonung (§§ 13a ff. ErbStG) verbleibt ein steuerpflichtiger Wert der Beteiligung in Höhe von 400 000 €.

5 Bewertungsstichtag (§ 11 ErbStG)

§ 11 ErbStG bestimmt den Zeitpunkt für die Wertermittlung. Hier gilt, soweit nichts anderes im ErbStG dazu ausgesagt ist, als Wertermittlungsstichtag der Zeitpunkt der Steuerentstehung. Dieser Stichtag ist nicht nur für die steuerliche Bewertung (§ 12 ErbStG) entscheidend, sondern es sind die Wertermittlungen in ihrer Gesamtheit danach auszurichten, also auch die Frage des Vermögensanfalls und des Umfangs der Nachlassverbindlichkeiten.

Bewertungsstichtag ist der Zeitpunkt der Steuerentstehung, der in § 9 Abs. 1 ErbStG im Einzelnen festgelegt ist. Bei Erwerben von Todes wegen entsteht die Steuer grundsätzlich mit dem Tod des Erblassers (§ 9 Abs. 1 Nr. 1 ErbStG), bei Schenkungen unter Lebenden mit dem Zeitpunkt der Ausführung der Zuwendung (§ 9 Abs. 1 Nr. 2 ErbStG).

5.1 Wertermittlung

Für die Wertermittlung kommt es auf die **tatsächlichen Verhältnisse am Bewertungsstichtag** an. Spätere Ereignisse, die den Wert des Vermögensgegenstands bzw. der Nachlassverbindlichkeit beeinflussen, sind grundsätzlich nicht zu berücksichtigen.

BEISPIEL

A erwirbt als Alleinerbe auf den Todeszeitpunkt Aktien, die in diesem Zeitpunkt einen Börsenkurs von 100 000 € haben. Im Zeitpunkt der Erbschaftsteuerzahlung beträgt der Börsenkurs nur noch 50 000 €.

LÖSUNG Für die Erbschaftsbesteuerung kommt es auf den Börsenkurs im Todeszeitpunkt an. Anzusetzen sind somit bei der Ermittlung des steuerpflichtigen Erwerbs Aktien im Steuerwert von 100 000 €. Die Wertschwankungen sind grds. kein Grund für Billigkeitsmaßnahmen (vgl. beispielsweise BFH vom 02.02. 1977, II R 150/71, BStBl II 1977, 425).

Kann der Erwerber aufgrund von **Verfügungsbeschränkungen** den Vermögensgegenstand nicht sofort am Bewertungsstichtag »versilbern«, stellt sich bei einem nach dem Bewertungsstichtag eintretenden Wertverlust die Frage, ob auch in diesem Fall an dem Stichtagsprinzip festzuhalten ist. Hiervon betroffen sind z. B.

- die eingeschränkte Verfügungsmöglichkeit des Erben über das ihm zugefallene Vermögen aufgrund verspäteter Erteilung des Erbscheins und
- der Erwerb von Auslandsvermögen.

Die Finanzverwaltung hält auch hier an dem strengen Stichtagsprinzip festhalten (vgl. z. B. Vfg. der OFD München vom 23.08. 1990 UVR 1990, 378). Auch in extremen Fällen (Freigabe Aktiendepot erst elf Monate nach Besteuerungszeitpunkt) hat die Rechtsprechung am Stichtagsprinzip festgehalten (s. hierzu BFH vom 22. 09. 1999 BFH/NV 2000, 320).

5.2 Abweichender Bewertungsstichtag

§ 11 ErbStG ist dann nicht anzuwenden, wenn im ErbStG Sonderregelungen in Bezug auf den Wertermittlungsstichtag vorgesehen sind. Dies gilt z. B. für die **Berücksichtigung früherer Erwerbe** nach § 14 Abs. 1 Satz 1 ErbStG; diese früheren Erwerbe sind mit ihrem damaligen Steuerwert bei der Zusammenrechnung nach § 14 ErbStG anzusetzen. Auch bei der **Grundbesitzbewertung** sah das Gesetz bisher abweichende Stichtage vor, so z. B. für unbebaute Grundstücke durch Anknüpfen an den Bodenrichtwert vom 01.01. 1996 (§ 145 Abs. 3 Satz 1 BewG). Diese Einschränkung bezieht sich jedoch nur auf die Wertverhältnisse; bei den tatsächlichen Verhältnissen wird an das angeknüpft, was im Besteuerungszeitpunkt vorhanden ist. Die Bezugnahme auf die Wertverhältnisse zum 01.01. 1996 gilt mittlerweile nur noch für die Bewertung von Grundbesitz für die **Grunderwerbsteuer** (4. Abschnitt des BewG). § 157 Abs. 1 Satz 1 BewG schreibt bei Bewertungen für die Erbschaftsteuer ab 01.01. 2009 die Berücksichtigung der tatsächlichen Verhältnisse und der Wertverhältnisse zum Bewertungsstichtag vor. Einen abweichenden Bewertungsstichtag gibt es seither bei der Erbschaftsteuer nicht mehr. Allerdings kann es trotzdem bei der Bewertung zu Abweichungen kommen, denn nach § 179 Abs. 1 Satz 3 BewG ist bei der Wertermittlung der Bodenrichtwert anzusetzen, der vom Gutachterausschuss zuletzt zu ermitteln war. In einigen Gebieten werden die Bodenrichtwerte vom Gutachterausschuss in einem zweijährigen Turnus festgestellt. Bei stark gefallenen Bodenpreisen kann der Steuerpflichtige aber gem. § 198 BewG einen niedrigeren gemeinen Wert zum Bewertungsstichtag nachweisen.

Teil H Bewertung des Erwerbs (§ 12 ErbStG)

1 Allgemeine Bewertung

Die Erbschaft- und Schenkungsteuer belastet gem. § 1 Abs. 1 ErbStG Erwerbe von Todes wegen, Schenkungen unter Lebenden, Zweckzuwendungen und Familienstiftungen. Als steuerpflichtiger Erwerb gilt nach § 10 Abs. 1 Satz 1 und 2 ErbStG die Bereicherung des Erwerbers, soweit sie nicht steuerfrei ist. Um mittels des in § 19 Abs. 1 ErbStG verankerten Steuertarifs zu einem in Geld zu entrichtenden Steuerbetrag zu gelangen, müssen die dem steuerpflichtigen Erwerb unterliegenden Vermögenswerte (einschließlich der Nachlassverbindlichkeiten) in einem Geldbetrag ausgewiesen werden (Bewertung). Bei nicht in Geld ausgedrückten Vermögenswerten ist deshalb die Umrechnung in einen Geldwert mittels vorgegebener Bewertungsverfahren erforderlich, um eine Bemessungsgrundlage für die Steuerschuld zu erhalten (**Bewertungsebene**. Das ErbStG selbst regelt diese Bewertung nicht, sondern verweist durch § 12 ErbStG auf die entsprechenden Vorschriften des BewG. Das gilt sowohl hinsichtlich der Abgrenzung der zu bewertenden wirtschaftlichen Einheiten als auch der Wertermittlung selbst.

Seit dem 01.01.2009 zielen die Bewertungsverfahren aller Vermögensarten auf eine realitätsgerechte Bewertung auf Verkehrswertniveau ab.

Dabei wird die Bewertung von Betriebsvermögen, Grundvermögen, Anteilen an Kapitalgesellschaften und land- und forstwirtschaftlichen Betrieben einheitlich am **gemeinen Wert** als dem maßgebenden Bewertungsziel ausgerichtet, und zwar methodisch derart, dass die wirtschaftlichen Einheiten der verschiedenen Vermögensarten in einem zugleich realitätsgerechten und praktikablen Annäherungswert an den gemeinen Wert erfasst werden. Die damit einhergehende Verbreiterung der Bemessungsgrundlage wurde einerseits durch Anpassung der persönlichen Freibeträge (§§ 16, 17 ErbStG) und andererseits durch die Einführung sachlicher Steuerbefreiungen auf der Besteuerungsebene ausgeglichen. Zu den eingeführten **Verschonungsregelungen** zählen beispielsweise § 13 Abs. 1 Nr. 4a–4c sowie § 13d ErbStG.

§ 12 ErbStG stellt die »Brücke« zu den Bewertungsregeln des BewG her und entlastet so das ErbStG von Einzelregelungen zur Bewertung. § 12 Abs. 1 ErbStG verweist grds. auf die allgemeinen Bewertungsvorschriften des BewG. Soweit nach § 151 BewG gesonderte Feststellungen durchgeführt werden müssen, ist auf diese gesondert festgestellten Werte zuzugreifen.

Vermögenswert	Bewertungsmaßstab/Wertansatz	Gesetzliche Vorschrift
Übriges Vermögen	Gemeiner Wert als Grundsatz und seine Ableitungen (z. B. Kurswert, Nennwert)	§ 12 Abs. 1 ErbStG i. V. m. §§ 9 bis 16 BewG
Nichtnotierte Anteile an Kapitalgesellschaften	Gemeiner Wert (Anteilswert)	§ 12 Abs. 2 ErbStG i. V. m. § 151 Abs. 1 Satz 1 Nr. 3 BewG
Grundbesitz (Grundstücke, Betriebe der Land- und Forstwirtschaft, Betriebsgrundstücke)	Gemeiner Wert (Grundbesitzwert)	§ 12 Abs. 3 ErbStG i. V. m. § 151 Abs. 1 Satz 1 Nr. 1 BewG
Betriebsvermögen	Gemeiner Wert (Betriebsvermögenswert)	§ 12 Abs. 5 ErbStG i. V. m. § 151 Abs. 1 Satz 1 Nr. 2 BewG
Ausländischer Grundbesitz und ausländisches Betriebsvermögen	Gemeiner Wert	§ 12 Abs. 7 ErbStG i. V. m. § 31 BewG

Vor Ermittlung des Wertansatzes für einen Vermögensgegenstand oder für eine Nachlassverbindlichkeit ist die Frage zu klären, ob überhaupt ein Ansatz dem Grunde nach in Betracht kommt. Häufig werden Vermögensgegenstände unter einer **Bedingung** übertragen. Für die Erbschaft- und Schenkungsbesteuerung sind die Bedingungen in aufschiebende und auflösende zu unterteilen.

1.1 Aufschiebende Bedingung

Bei einer aufschiebenden Bedingung sind die Wirkungen eines Rechtsgeschäfts von einem **künftigen ungewissen Ereignis abhängig** (§ 158 Abs. 1 BGB). Wegen der Ungewissheit werden Erwerbe, die unter einer aufschiebenden Bedingung stehen, bei der Erbschaft- und Schenkungsteuer erst dann berücksichtigt, wenn die **Bedingung eingetreten** ist (§ 4 BewG; vgl. R B 4 Abs. 2 Satz 1 ErbStR).

Demzufolge sind auch **aufschiebend bedingte Lasten** bei der Ermittlung der Bereicherung außer Ansatz zu lassen (§ 6 Abs. 1 BewG). Auch hier gilt: Tritt die Bedingung zu einem späteren Zeitpunkt ein, ist der Erbschaft- oder Schenkungsteuerbescheid zu berichtigen (§ 6 Abs. 2 BewG; R B 4 Abs. 2 Satz 2 ErbStR).

Bei einer Berichtigung zugunsten des Steuerpflichtigen ist hierfür ein Antrag erforderlich (vgl. § 5 Abs. 2 Satz 1 BewG sowie § 6 Abs. 2 BewG). Ist der Steuerbescheid zuungunsten des Steuerpflichtigen zu ändern, so geschieht dies von Amts wegen. Da die Erbschaft- oder Schenkungsteuer erst in dem Zeitpunkt entsteht, in dem die Bedingung eintritt, ist der Wert nach den Verhältnissen im Zeitpunkt des Eintritts der Bedingung zu bestimmen.

BEISPIEL

Aufgrund testamentarischer Anordnung erhält die Haushälterin des A ein lebenslängliches Nießbrauchsrecht an einer Wohnung in einem Zweifamilienhaus. Voraussetzung für das Entstehen des Nießbrauchsrechts ist, dass die Haushälterin das 60. Lebensjahr vollendet hat und bis zu diesem Zeitpunkt für die Ehefrau des A tätig gewesen sein muss.

LÖSUNG Das Nießbrauchsrecht ist bis zur Vollendung des 60. Lebensjahres der Haushälterin aufschiebend bedingt. Erst wenn diese Bedingung eingetreten ist, also die Haushälterin das 60. Lebensjahr vollendet hat und darüber hinaus bis dahin für die Ehefrau des A tätig war, steht ihr das Nießbrauchsrecht zu. Das Nießbrauchsrecht ist unter Berücksichtigung des dann maßgebenden Jahreswerts und der Restlaufzeit zu kapitalisieren (§ 14 Abs. 1 BewG). Für die Besteuerung bei der Haushälterin kann auf Antrag die Jahresversteuerungen des § 23 ErbStG angewendet werden. Bei der Nachlassbesteuerung darf das Nutzungsrecht bis zum Eintritt der Bedingung nicht als Nachlassverbindlichkeit berücksichtigt werden (§ 6 Abs. 1 BewG).

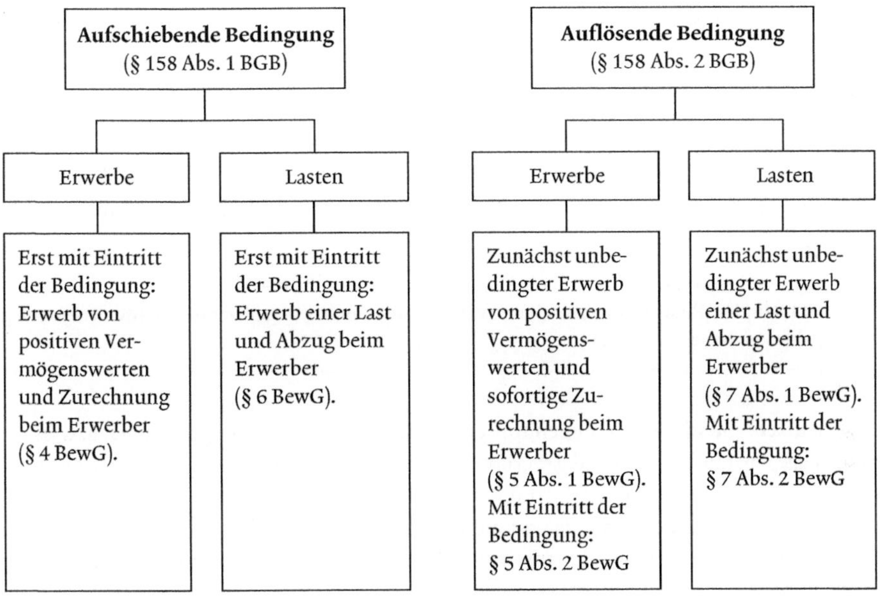

1.2 Auflösende Bedingung

Bei der auflösenden Bedingung **fallen die Wirkungen eines Rechtsgeschäfts** mit Eintritt der Bedingung **nachträglich weg** (§ 158 Abs. 2 BGB). Der Erwerb eines Vermögensgegenstands, der unter einer auflösenden Bedingung steht, wird bei der Erbschaft- und Schenkungsteuer so behandelt, als ob keine Bedingung vorläge (§ 5 Abs. 1 BewG). **Beispiele:**

a) die Wiederverheiratungsklausel, nach der der Ehegatte über den Nachlass nur dann uneingeschränkt verfügen kann, wenn er nicht mehr heiratet, und
b) die Ausbildungsklausel, nach der ein Kind das ihm übertragene Vermögen nach Abschluss der Ausbildung auf einen anderen weiterzuübertragen hat.

Bis zum Eintritt der Bedingung sind die Vermögensgegenstände dem Berechtigten zuzurechnen. Die Verpflichtung zur Herausgabe des Vermögens bei Eintritt der Bedingung kann nicht als Nachlassverbindlichkeit abgezogen werden.

Tritt die auflösende Bedingung ein und kommt es dadurch zu einer Übertragung des Vermögens auf einen Dritten, ist der bisher erteilte Erbschaft- oder Schenkungsteuerbescheid zu ändern (§ 5 Abs. 2 Satz 1 BewG bzw. § 7 Abs. 2 BewG). Im Rahmen der Änderungsveranlagung bleibt das übertragene Vermögen bei dem ursprünglich Berechtigten außer Ansatz. Derjenige, dem dieses Vermögen nunmehr zuzurechnen ist, wird mit dem tatsächlichen Wert des Vermögens im Zeitpunkt des Eintritts der Bedingung neu zur Erbschaft- oder Schenkungsteuer veranlagt.

Für eine Änderung des Erbschaft- und Schenkungsteuerbescheids zugunsten des ursprünglich Berechtigten ist ein **Antrag auf Durchführung einer Berichtigungsveranlagung** erforderlich. Dieser Antrag ist bis zum Ablauf des Jahres zu stellen, das auf den Eintritt der Bedingung folgt (§ 5 Abs. 2 Satz 2 BewG). Bei einer Schenkung kann der Eintritt einer auflösenden Bedingung dazu führen, dass aus einer reinen Schenkung eine gemischte Schenkung oder eine Schenkung unter Auflage wird. Dies ist z. B. der Fall, wenn der Bedachte bei Eintritt der Bedingung einen Geldbetrag an einen Dritten zu leisten hat.

1.3 Befristung

Von der Bedingung ist die **Befristung** zu unterscheiden. Eine Befristung liegt vor, wenn der Erwerb eines Vermögensgegenstands oder die Entstehung bzw. der Wegfall einer Last von einem Ereignis abhängt, bei dem nur der Zeitpunkt, nicht jedoch der Eintritt ungewiss ist.

BEISPIEL

Eine Rente soll erst bei Tod einer bestimmten Person zu zahlen sein.

LÖSUNG Die Rente steht unter einer aufschiebenden Befristung. Zwar ist der Tod der Person gewiss, jedoch nicht der Zeitpunkt.

Aufschiebende Befristungen führen wie aufschiebende Bedingungen dazu, dass die Vermögensgegenstände und Nachlassverbindlichkeiten bei der Ermittlung der Bereicherung unberücksichtigt bleiben (§ 8 BewG). Ist die Befristung auflösend bedingt, so hat sie auf die Bewertung des Vermögensgegenstands und auf den Ansatz der Nachlassverbindlichkeit keinen Einfluss. Bei nachträglichem Eintritt einer Befristung kommt es zu einer Änderung der Erbschaft- und Schenkungsteuerveranlagung.

1.4 Betagung

Bei der Betagung ist der Anspruch oder die Verpflichtung bereits entstanden und nur die **Fälligkeit hinausgeschoben**. Die Betagung wirkt sich somit nicht auf den Ansatz dem Grunde nach aus, sondern auf die Höhe des Anspruchs oder der Verpflichtung.

BEISPIEL

Ist eine Rente aus der Sicht des Besteuerungszeitpunkts erst in zwei Jahren zu zahlen, ist die Rente dem Grunde nach mit ihrem Kapitalwert bei der Ermittlung der Bereicherung anzusetzen, wobei jedoch der Aufschubzeitraum von zwei Jahren sich auf die Höhe des Rentenbarwerts auswirkt.

2 Bewertung des übrigen Vermögens

Nach § 12 Abs. 1 ErbStG sind Vermögensgegenstände, die nicht zum Betriebsvermögen, zum Grundbesitz, zu den Bodenschätzen, zu den nichtnotierten Anteilen an Kapitalgesellschaften sowie zum Auslandsvermögen rechnen, mit dem **gemeinen Wert** (§ 9 BewG) und seinen Ableitungen (z. B. Kurswert, Nennwert) zu bewerten (Verweis in den allgemeinen Teil des BewG). Dieser Wertansatz gilt auch für die Bewertung von **Nachlassverbindlichkeiten** (§ 10 Abs. 1 Satz 2 ErbStG). Maßgebend sind grundsätzlich die Verhältnisse zum Bewertungsstichtag (§ 11 i. V. m. § 9 ErbStG). Nachfolgend wird dieser Wertansatz für einzelne Vermögensgegenstände und Schulden konkretisiert.

2.1 Bewertung von Aktien

Börsennotierte Aktien sind nach § 11 Abs. 1 BewG mit dem am Bewertungsstichtag maßgebenden Börsenkurs anzusetzen. Liegen im Besteuerungszeitpunkt mehrere Börsenkurse vor, so ist der **niedrigste Kurs** zugrunde zu legen. Fehlt es im Besteuerungszeitpunkt an einer Kursnotierung, so ist auf die Börsenkurse innerhalb von 30 Tagen vor dem Bewertungsstichtag zurückzugreifen.

Werden die Aktien nicht an der Börse gehandelt, sind diese nach § 11 Abs. 2 Satz 1 BewG mit dem gemeinen Wert anzusetzen (vgl. 3.2 und 3.3). Der gemeine Wert ist dann primär aus Verkäufen abzuleiten oder aber anhand der Ertragsaussichten zu ermitteln (§ 11 Abs. 2 Satz 2 BewG).

2.2 Bewertung von Bundesschatzbriefen

Bundesschatzbriefe des Typs A sind mit dem **Nennwert** anzusetzen (R B 12.2 Abs. 1 Satz 1 ErbStR). Bei Bundesschatzbriefen Typ B ist der **Rückzahlungswert** vom Besteuerungszeitpunkt maßgebend (R B 12.2 Abs. 1 Satz 2 ErbStR).

2.3 Bewertung von Edelmetallen

Edelmetalle sind mit den an der **Börse gehandelten Werten** anzusetzen (§ 9 BewG).

2.4 Bewertung von Edelsteinen

Edelsteine sind mit dem bei einer Veräußerung im Besteuerungszeitpunkt **erzielbaren Veräußerungspreis** zu bewerten (§ 9 BewG).

2.5 Bewertung von Finanzierungsschätzen des Bundes

Die Bewertung von Finanzierungsschätzen des Bundes erfolgt mit dem **Ausgabewert** zuzüglich der bis zum Besteuerungszeitpunkt **aufgelaufenen Zinsen**. Wegen weiterer Einzelheiten zur Berechnung des Stichtagswerts vgl. R B 12.2 Abs. 2 Satz 8 f. ErbStR.

2.6 Bewertung von Hausrat

Hausratsgegenstände werden mit dem **voraussichtlich erzielbaren Verkaufspreis** angesetzt (§ 9 BewG).

2.7 Bewertung von Investmentanteilen

Für Investmentanteile ist der **Rücknahmepreis** vom Besteuerungszeitpunkt maßgebend (§ 11 Abs. 4 BewG). Bei ausländischen Investmentanteilen kann, sofern der Rücknahmepreis nicht bekannt ist, eine Schätzung unter Ansatz des Ausgabepreises erfolgen.

2.8 Bewertung von Kapitalforderungen bzw. Kapitalschulden

Darlehensforderungen, Hypotheken, Grundschulden, Tantiemeansprüche und Steuererstattungsansprüche sowie andere auf Geld gerichtete Forderungen (sog. **Kapitalforderungen**) sind mit ihrem **Nennwert** anzusetzen, sofern nicht besondere Umstände einen höheren oder geringeren Wert begründen (§ 12 Abs. 1 BewG).

Zu den Gründen, die eine **Bewertung unter dem Nennwert** rechtfertigen, gehören insbesondere

- die Uneinbringlichkeit,
- die Zweifelhaftigkeit der Forderung,
- das Zusammenwirken von niedriger Verzinsung und längerer Unkündbarkeit (R B 12.1 Abs. 2 Satz 1 ErbStR).

Uneinbringliche Forderungen bleiben gem. § 12 Abs. 2 BewG bei der Ermittlung der Bereicherung außer Ansatz. **Zweifelhafte Forderungen** sind mit dem Betrag anzusetzen, den der Schuldner voraussichtlich zahlen wird (R B 12.1 Abs. 3 ErbStR). Forderungen mit einer Verzinsung unter 3 %, deren Realisierbarkeit im Besteuerungszeitpunkt für mindestens vier Jahre eingeschränkt oder ausgeschlossen ist, sind mit dem Nennwert unter Abzug des Kapitalwerts des jährlichen Zinsverlustes zu bewerten (R B 12.1 Abs. 2 Satz 1 ErbStR).

BEISPIEL

Gegenstand einer Schenkung ist ein Darlehen, dessen Restlaufzeit im Besteuerungszeitpunkt noch fünf Jahre beträgt. Eine Kündigung während der Laufzeit ist ausgeschlossen. Das Darlehen wird mit 2 % verzinst. Der Darlehensbetrag beläuft sich auf 200 000 €.

LÖSUNG Bei dem Darlehen handelt es sich um eine niedrig verzinsliche Kapitalforderung, da der Zinssatz unter 3 % liegt und die Laufzeit mindestens vier Jahre beträgt. Diese Kapitalforderung ist mit dem Gegenwartswert anzusetzen, wobei sich dieser Gegenwartswert aus dem Nennwert der Kapitalforderung abzüglich des kapitalisierten Zinsverlustes für einen Zeitraum von fünf Jahren ergibt.

Zinsdifferenz: 3 % ./. 2 % =	1 %
Jährliche Zinsersparnis: 200 000 € × 1 % =	2 000 €
Vervielfältiger nach Tabelle 2 der gleich lautenden Ländererlasse vom 10.10. 2010 BStBl I 2010, 810 4,388	
Zinsersparnis für eine Laufzeit von fünf Jahren: 2 000 € × 4,388 =	8 776 €
Gegenwartswert des niedrig verzinslichen Darlehens: 200 000 € . /. 8 776 € =	191 224 €

Unverzinsliche Forderungen mit einer Laufzeit im Besteuerungszeitpunkt von mehr als einem Jahr sind mit dem abgezinsten Betrag unter Ansatz eines Zinssatzes von 5,5 % zu bewerten.

BEISPIEL

Eine unverzinsliche Darlehensforderung von 100 000 € mit einer Restlaufzeit von fünf Jahren, drei Monaten und zehn Tagen soll Gegenstand einer Schenkung sein.

LÖSUNG Besteuert wird der Gegenwartswert der Darlehensforderung. Dieser ist unter Berücksichtigung einer Abzinsung für fünf Jahre, drei Monate und zehn Tage und eines Zinssatzes von 5,5 % zu ermitteln. Bei dieser Abzinsung wird das Kalenderjahr mit 360 Tagen und jeder Kalendermonat mit 30 Tagen gerechnet. Der Monat der Fälligkeit wird mit der Anzahl der tatsächlichen Tage, höchstens jedoch mit 30 Tagen angesetzt.

Nach Tabelle 1 der gleich lautenden Ländererlasse vom 10.10. 2010 (BStBl I 2010, 810) beträgt der Abzinsungsfaktor bei einer Laufzeit von fünf Jahren 0,765 und bei einer Laufzeit von sechs Jahren 0,725. Durch Interpolation ist nun der Abzinsungsfaktor für eine Laufzeit von fünf Jahren, drei Monaten und zehn Tagen zu ermitteln.

Differenz für ein Jahr (0,765 . /. 0,725): anzusetzen für 3 × 30 Tage + 10 Tage = 100 Tage	0,040
0,040 × 100 Tage/360 Tage =	0,011
Der maßgebende Vervielfältiger lautet: 0,765 . /. 0,011 =	0,754
Gegenwartswert des Darlehens: 100 000 € × 0,754 =	75 400 €

Kapitalforderungen mit einer **Verzinsung über 9 %**, deren Kündigungsmöglichkeit für mindestens vier Jahre ausgeschlossen ist, sind mit dem Nennwert zuzüglich des kapitalisierten Zinsgewinns aus der Differenz zwischen dem tatsächlichen Zinssatz und dem Zinssatz von 9 % anzusetzen (R B 12.1 Abs. 2 Satz 3 ErbStR).

BEISPIELE

a) Die Restlaufzeit einer Darlehensforderung, das Gegenstand einer Schenkung ist, beträgt im Besteuerungszeitpunkt noch fünf Jahre. Eine Kündigung während der Laufzeit ist ausgeschlossen. Das Darlehen wird mit 10 % verzinst.

LÖSUNG Neben dem Rückzahlungsbetrag von 100 000 € ist bei dieser Darlehensforderung der Vorteil aus der hohen Verzinsung in Form eines kapitalisierten Zinsgewinns anzusetzen. Somit ergibt sich folgender Gegenwartswert für die Ermittlung der Schenkungsteuer:

Zinsdifferenz: 10 % . /. 9 % =	1 %
jährlicher Zinsvorteil: 100 000 € × 1 % =	1 000 €
Vervielfältiger nach Tabelle 2 der gleich lautenden Ländererlasse vom 10.10. 2010 (BStBl I 2010, 810) für fünf Jahre	4,388
Zinsvorteil: 1 000 € × 4,388 =	4 388 €
Gegenwartswert des hochverzinslichen Darlehens: 100 000 € + 4 388 € =	104 388 €

Bei hochverzinslichen Kapitalforderungen, die in gleichen Raten getilgt werden, ist für die Berechnung des Kapitalwerts der Zinsdifferenzen der Vervielfältiger der Tabelle 3 der gleich lautenden Ländererlasse vom 10.10. 2010 (BStBl I 2010, 810) auf die Zinsdifferenz anzuwenden, die sich für ein Jahr nach dem Kapitalstand im Besteuerungszeitpunkt ergibt.

b) Im Besteuerungszeitpunkt beträgt die Restlaufzeit eines mit 10 % verzinsten Ratendarlehens noch fünf Jahre. Im Besteuerungszeitpunkt sind noch 100 000 € von diesem Darlehen zu tilgen.

LÖSUNG Der Gegenwartswert des Ratendarlehens ist unter Berücksichtigung der hohen Verzinsung wie folgt zu ermitteln:

Zinsdifferenz: 10 % . /. 9 % =	1 %
jährlicher Zinsvorteil: 100 000 € × 1 % =	1 000 €
Vervielfältiger nach Tabelle 3 der gleich lautenden Ländererlasse vom 10.10. 2010 (BStBl I 2010, 810) für fünf Jahre	2,240
Zinsvorteil während der gesamten Laufzeit: 1 000 € × 2,240 =	2 240 €
Gegenwartswert des Darlehens: 100 000 € + 2 240 € =	102 240 €

Wird mit der Tilgung einer in Raten zu zahlenden Kaufpreisforderung oder -schuld erst nach einer tilgungsfreien Zeit (sog. **Aufschubzeit**) begonnen, so ist in einem ersten Rechenschritt der Barwert auf den Beginn der ersten Zahlungsperiode so zu ermitteln, wie wenn der Beginn der Zahlungsperiode dem Besteuerungszeitpunkt entsprechen würde. In einem zweiten Rechenschritt ist dieser Barwert auf den Besteuerungszeitpunkt abzuzinsen. Eine Aufschubzeit liegt nur vor, wenn die tilgungsfreie Zeit mehr als ein Ratenintervall umfasst (z. B. bei monatlicher Ratenzahlung mehr als einen Monat, bei vierteljährlichen Raten mehr als ein Vierteljahr).

BEISPIEL

Eine unverzinsliche Kapitalforderung im Nennwert von 130 000 € ist in vierteljährlichen Raten von 10 000 € zu tilgen. Die erste Rate ist – bezogen auf den Besteuerungszeitpunkt – in 2 1/2 Jahren zu zahlen.

LÖSUNG Die Tilgung der Kapitalforderung erfolgt in gleichen Jahresraten von 4 × 10 000 € = 40 000 €. Dem Tilgungszeitraum geht eine tilgungsfreie Zeit von 2 1/2 Jahren voran. Demnach ist wie folgt zu rechnen:

1. **Rechenschritt**

Es muss zunächst der auf den Beginn der ersten Zahlungsperiode maßgebende Barwert für den gesamten Tilgungszeitraum nach Tabelle 2 der gleich lautenden Ländererlasse vom 10.10. 2010 (BStBl I 2010, 810) ermittelt werden. Aus dem Nennwert der Kapitalforderung von 130 000 € und der vierteljährlichen Rate von 10 000 € ergeben sich 13 Raten; dies entspricht einem Tilgungszeitraum von 3 1/4 Jahren (Anzahl der 13 Raten geteilt durch 4 Raten pro Jahr = 13/4). Somit ist folgender Vervielfältiger anzusetzen:

Vervielfältiger für vier Jahre nach Tabelle 2	3,602
Vervielfältiger für drei Jahre nach Tabelle 2	./. 2,772
Differenz	0,830
davon 3/12	0,207
maßgebender Vervielfältiger (2,772 + 0,207) =	2,979
Barwert auf den Beginn des Tilgungszeitraums (40 000 € × 2,979)	119 160 €

2. **Rechenschritt**

Der Barwert von 119 160 € ist auf einen tilgungsfreien Zeitraum von 2 1/2 Jahren nach Tabelle 1 der gleich lautenden Ländererlasse vom 10.10. 2010 (BStBl I 2010, 810) abzuzinsen. Hierfür ist folgender Vervielfältiger anzusetzen:

Vervielfältiger für drei Jahre nach Tabelle 1	0,852
Vervielfältiger für zwei Jahre nach Tabelle 1	./. 0,898
Differenz	0,046
davon 6/12	0,023
maßgebender Vervielfältiger (0,898 ./. 0,023) =	0,875
Barwert auf den Besteuerungszeitpunkt (119 160 € × 0,875)	104 265 €

Bei einer **niedrig- bzw. hochverzinslichen** Kapitalforderung oder -schuld ist zunächst auf den Beginn der ersten Tilgungsperiode der Kapitalwert der Zinsdifferenz zu ermitteln und dann auf den Besteuerungszeitpunkt nach Tabelle 1 der gleich lautenden Ländererlasse vom 10.10. 2010 BStBl I 2010, 810 abzuzinsen. Anschließend ist der Kapitalwert der Zinsdifferenz für die tilgungsfreie Zeit zu berechnen, und zwar so, als läge eine niedrig- bzw. hochverzinsliche Kapitalforderung oder -schuld vor, die zu Beginn der ersten Tilgungsperiode in einem Betrag getilgt würde, und zwar nach Tabelle 2 der gleich lautenden Ländererlasse vom 10.10. 2010 (BStBl I 2010, 810). Bei dieser Berechnungsmethode wird davon ausgegangen, dass während der tilgungsfreien Zeit die jeweils anfallenden Zinsen beglichen werden. Die Summe beider Werte ergibt den gesamten Kapitalwert der Zinsdifferenz, um den der Nennwert der Kapitalforderung oder -schuld zu korrigieren ist; der danach verbleibende Betrag stellt den **Gegenwartswert** der Forderung oder Schuld im Besteuerungszeitpunkt unter Berücksichtigung der besonders niedrigen oder besonders hohen Verzinsung dar. Weiterführende Beispiele zu niedrig- bzw. hochverzinslichen Kapitalforderungen enthält der o. g. Ländererlass im Abschnitt 3.2.

Die vorstehenden Grundsätze gelten entsprechend für die Bewertung von **Kapitalschulden**.

2.9 Bewertung von Kunstgegenständen

Gemälde, Skulpturen und andere Kunstgegenstände sind mit dem **gemeinen Wert** zu bewerten (§ 9 BewG). Bei der Wertfindung sind die schwierigen Verwertungsmöglichkeiten angemessen zu berücksichtigen (R B 9.5 Satz 2 ErbStR).

2.10 Bewertung von wiederkehrenden Nutzungen und Leistungen

2.10.1 Begriff und Umfang

Bei wiederkehrenden Nutzungen und Leistungen handelt es sich um:

- wiederkehrende Vorteile, die
- in Geld oder Geldeswert bestehen und
- dem Beteiligten aufgrund eines **einheitlichen Rechts**
- **von einer anderen Seite**, d. h. aus fremdem, ihm steuerlich nicht zuzurechnenden Vermögen, zufließen.

Von den wiederkehrenden Nutzungen und Leistungen sind hauptsächlich betroffen:

a) Renten

Renten sind wiederkehrende gleichbleibende Bezüge bzw. Leistungen, die in Geld oder Geldeswert bestehen und aufgrund eines einheitlich nutzbaren, selbständigen Stammrechts (Rentenstammrecht) gewährt werden. Die Bezüge müssen periodisch wiederkehren und auf **Lebenszeit** einer Person oder auf die Dauer von **mindestens zehn Jahren** gewährt werden. Bei den **Renten** unterscheidet man:

- **Leibrenten**, die auf die Lebenszeit einer bestimmten Person abgestellt sind;
- **Zeitrenten**, die ohne Rücksicht auf die Lebenszeit einer bestimmten Person stets nach festgelegtem Zeitablauf enden. Unbeachtlich ist, ob der Empfänger der Rente noch lebt oder bereits verstorben ist;
- gemischte Renten
- Mindestzeitrenten (verlängerte Leibrenten),
- Höchstzeitrenten (abgekürzte Leibrenten);

b) Altenteilsleistungen bei der Land- und Forstwirtschaft;

c) Nießbrauchsrechte und ähnliche Nutzungsrechte (z. B. Wohnrecht).

MERKSATZ

In Raten zu tilgende Kaufpreisforderungen gehören **nicht** zu den Renten; sie sind nach § 12 BewG zu bewerten.

Für die Bewertung nach dem BewG sind vier Gruppen von wiederkehrenden Nutzungen und Leistungen der Zeitdauer nach zu unterscheiden:

1. Nutzungen und Leistungen auf **bestimmte Zeit,**
2. **immerwährende** Nutzungen und Leistungen,
3. Nutzungen und Leistungen auf **unbestimmte Zeit,**
4. Nutzungen und Leistungen auf **Lebenszeit.**

S. auch die zusammenfassende Übersicht zu §§ 13–16 BewG unter 2.10.5.

2.10.2 Bewertungsmethoden für wiederkehrende Nutzungen und Leistungen

Die **vier Gruppen** von wiederkehrenden Nutzungen und Leistungen sind nach den §§ 13–16 BewG zu bewerten. Das Ergebnis der Bewertung ist der **Kapitalwert**. Der **Kapitalwert ergibt sich** bei

- **Nutzungen und Leistungen auf bestimmte Zeit** (§ 13 Abs. 1 BewG) aus der **Summe der einzelnen Jahreswerte abzüglich** der Zwischenzinsen unter Berücksichtigung der Zinseszinsen; dabei ist von einem Zinssatz von 5,5 % auszugehen, Vervielfältigung des Jahreswerts mit dem Vervielfältiger aus **Anlage 9 a** zum BewG;
- **immerwährende Nutzungen und Leistungen** (§ 13 Abs. 2 BewG) durch den **18,6fachen Jahreswert**;
- **Nutzungen und Leistungen auf unbestimmte Zeit** (§ 13 Abs. 2 BewG) durch den **9,3fachen Jahreswert**;
- **Nutzungen und Leistungen auf Lebenszeit** (§ 14 BewG) durch Vervielfältigung des **Jahreswerts** mit dem Vervielfältiger zu § 14 Abs. 1 Satz 4 BewG.

Nach der Neufassung des § 14 Abs. 1 BewG stellt das BMF die anzuwendenden Vervielfältiger für den Kapitalwert einer lebenslänglichen Nutzung oder Leistung zusammen (vgl. § 14 Abs. 1 Satz 4 BewG). Für die Ermittlung der Vervielfältiger gelten die folgenden BMF-Schreiben mit den dazugehörigen Anlagen:

- für Bewertungsstichtage ab 01.01. 2009 die Anlage zum BMF-Schreiben vom 20.01. 2009 (BStBl I 2009, 270),
- für Bewertungsstichtage ab 01.01. 2010 die Anlage zum BMF-Schreiben vom 01.10. 2009 (BStBl I 2009, 1168),
- für Bewertungsstichtage ab 01.01. 2011 die Anlage zum BMF-Schreiben vom 08.11. 2011 (BStBl I 2010, 1288),
- für Bewertungsstichtage ab dem 01.01. 2012 die Anlage zum BMF-Schreiben vom 26.09. 2011 (BStBl I 2011, 834),
- für Bewertungsstichtage ab dem 01.01.2013 die Anlage zum BMF-Schreiben vom 26.10.2012 (BStBl I 2012, 950),
- für Bewertungsstichtage ab dem 01.01.2016 die Anlage zum BMF-Schreiben vom 02.12.2015 (BStBl I 2015, 954),
- für Bewertungsstichtage ab dem 01.01.2017 die Anlage zum BMF-Schreiben vom 04.11.2016 (BStBl I 2016, 1166),
- für Bewertungsstichtage ab dem 01.01.2019 die Anlage zum BMF-Schreiben vom 22.11.2018 (BStBl I 2018, 1306).

Für Bewertungsstichtage in den Jahren 2014 und 2015 sind die Vervielfältiger aus der für 2013 gültigen Anlage anzuwenden und für Bewertungsstichtage in 2018 sind die Vervielfältiger für 2017 weiter anzuwenden (BMF-Schreiben vom 28.11.2017).

BEISPIELE

a) Die Tochter C (51 Jahre alt) erhält auf Grund eines Vermächtnisses eine lebenslängliche Rente von monatlich 1 000 €. Bewertungsstichtag ist der 13.04.2019.

LÖSUNG Bei dieser Rente bestimmt sich der Vervielfältiger für Bewertungsstichtage in 2019 nach der Anlage zum Erlass vom 22.11.2018. Er beträgt bei einem Alter von 51 Jahren und beim Geschlecht »weiblich« 15,561. Somit ergibt sich folgender Kapitalwert für die Rente:
12 × 1 000 € = 12 000 € × 15,561 = 186 732 €

WICHTIG: Stirbt C nach drei Jahren im Alter von 54 Jahren, ist die Festsetzung der Erbschaftsteuer als nicht laufend veranlagte Steuer nach § 14 Abs. 2 BewG bei der Berechtigten auf Antrag zu ändern. Beim Verpflichteten erfolgt die Änderung ohne Antrag (§ 14 Abs. 2 Satz 3 BewG). Voraussetzung für die Änderung im vorliegenden Fall ist, dass die Rente nicht mehr acht Jahre bestanden haben darf (vgl. § 14 Abs. 2 Satz 1 Nr. 3 BewG). Im Rahmen der Änderung des ursprünglichen Erbschaftsteuerbescheids ist der Steuerfestsetzung der C folgender Kapitalwert zugrunde zu legen:
12 000 € × 2,772 (Vervielfältiger für drei Jahre laut Anlage 9 a zu § 13 BewG) = 33 264 €.

b) A erhält auf Grund eines Vermächtnisses eine Rente von monatlich 1 000 €, wobei die Laufzeit der Rente zehn Jahre beträgt.

LÖSUNG In diesem Fall bestimmt sich der Vervielfältiger nach Anlage 9 a zu § 13 BewG. Er beträgt für eine Laufzeit von zehn Jahren 7,745. Dabei spielt das Geschlecht des Rentenbeziehers keine Rolle. Der Kapitalwert ist demnach wie folgt zu ermitteln:
1 000 € × 12 = 12 000 € × 7,745 = 92 940 €

Problematischer sind in der Praxis die Fälle, in denen die Rente nicht nur von der Lebenserwartung einer Person abhängig ist, sondern für einen bestimmten Zeitraum mindestens oder höchstens gezahlt werden soll (**Mindest- bzw. Höchstzeitrente**), aber auch die Fälle, in denen bei einer gemeinsamen Rente die Rentenzahlungsdauer von der längstlebenden Person abhängig ist.

BEISPIELE

a) Mutter A, im Besteuerungszeitpunkt (= 01.04. 2019) 76 Jahre alt, erhält auf Grund eines Vermächtnisses eine monatliche Rente von 1 000 €, und zwar bis zu ihrem Tod, längstens jedoch für zehn Jahre.

LÖSUNG Hier liegt eine abgekürzte Leibrente vor, die höchstens für zehn Jahre zu zahlen ist (Höchstzeitrente). Dies bedeutet: Die Rente ist bis zu ihrem Tod zu zahlen, höchstens jedoch für einen Zeitraum von zehn Jahren. Daher ist der Vervielfältiger sowohl nach der Anlage zum Erlass vom 22.11. 2018 (s. o.) als auch nach der Anlage 9 a zu § 13 BewG zu ermitteln, wobei der niedrigere der beiden Vervielfältiger maßgebend ist (§ 13 Abs. 1 Satz 2 BewG).
Aus der Anlage zum Erlass vom 22.11. 2018 ergibt sich bei einem vollendeten Lebensalter von 76 Jahren und beim Geschlecht »weiblich« ein Vervielfältiger von 8,997; nach Anlage 9 a zu § 13 BewG beträgt der Vervielfältiger bei einer Laufzeit von zehn Jahren 7,745. Maßgebend ist der niedrigere Vervielfältiger von 7,745. Somit beträgt der Kapitalwert der Rente im Besteuerungszeitpunkt
12 × 1 000 € = 12 000 € × 7,745 = 92 940 €.

b) Wie Beispiel a), jedoch soll die Rente auch über den Tod hinaus gezahlt werden, die Mindestlaufzeit beträgt zehn Jahre.

LÖSUNG Es handelt sich um eine Mindestzeitrente. In diesem Fall kommt es auf den höchsten Vervielfältiger an, also auf den Vervielfältiger von 8,997. Somit ergibt sich folgender Kapitalwert im Besteuerungszeitpunkt:
12 × 1 000 € = 12 000 € × 8,997 = 107 964 €.

Ist eine **gemeinsame Rente** bis zum **Tod des Längstlebenden** zu zahlen und bleibt die Rente während der Rentenzahlungsdauer unverändert, so kommt es für die Ermittlung des Kapitalwerts der Rente auf den höchsten Vervielfältiger an. Ermäßigt sich die Rente nach dem Tod des Erstversterbenden, so ist der Rentenbarwert in zwei Rechenschritten zu ermitteln, und zwar im ersten Rechenschritt unter Ansatz des **höheren Jahreswerts** und des **niedrigen Vervielfältigers** und im zweiten Rechenschritt unter Ansatz des niedrigeren Jahreswerts und der Differenz der beiden Vervielfältiger.

BEISPIEL

A, männlich und 75 Jahre alt, und B, weiblich und ebenfalls 75 Jahre alt, erhalten eine gemeinsame Rente von monatlich 2 000 € (Bewertungsstichtag = 01.04. 2019). Die Rente ermäßigt sich nach dem Tod des Erstversterbenden auf 1 000 €.

LÖSUNG Aus der Anlage zum Erlass vom 22.11. 2018 (s. o.) ergibt sich für A ein Vervielfältiger von 8,277 und für B ein Vervielfältiger von 9,383.

Der Kapitalwert der Rente im Besteuerungszeitpunkt errechnet sich wie folgt:

12 × 2 000 € = 24 000 € × 8,277 =	198 648 €
12 × 1 000 € = 12 000 € × (9,383 . /. 8,277) =	+ 13 272 €
Kapitalwert insgesamt	211 920 €

2.10.3 Maßgebender Jahreswert (§ 15 BewG)

Im Allgemeinen macht die Feststellung des Jahreswerts keine Schwierigkeiten, da es sich meist um eine ziffernmäßig feststehende Größe handelt.

Hat der Berechtigte nicht nur Einnahmen, sondern auch die damit zusammenhängenden Ausgaben zu tragen (z. B. beim Nießbrauch), so ist der **Reinertrag** als Jahreswert maßgebend. Steuern, die bei der Auszahlung einzubehalten sind, dürfen bei der Ermittlung des Jahreswerts nicht abgezogen werden.

Bestehen die Nutzungen und Leistungen nicht in Geld, sondern in **Sachwerten**, so ist nach § 15 Abs. 2 BewG der Mittelpreis des Verbrauchsorts anzusetzen, d. h. der Betrag, den der Berechtigte aufwenden müsste, um sich die Güter im freien Verkehr zu kaufen.

Bei Nutzungen und Leistungen, deren **Jahreswert ungewiss** ist oder **schwankt**, ist nach § 15 Abs. 3 BewG als Jahreswert der Betrag anzusetzen, der im Durchschnitt der Jahre voraussichtlich erzielt wird. Bei der Schätzung des Durchschnittswerts können ausnahmsweise Ereignisse berücksichtigt werden, die in nicht allzu langer Zeit nach dem Besteuerungszeitpunkt eingetreten sind.

2.10.4 Begrenzung des Jahreswerts (§ 16 BewG)

Zu beachten ist die Begrenzungsvorschrift des § 16 BewG, wonach der Jahreswert der Nutzung eines Wirtschaftsgutes **nicht höher** sein darf als der Wert, der sich ergibt, wenn der für das genutzte Wirtschaftsgut nach den Vorschriften des BewG anzusetzende Wert durch **18,6 geteilt** wird.

Diese Regelung findet **sowohl beim Nutzungsberechtigten als auch beim Nutzungsverpflichteten** Anwendung.

Auch nach der Reform der Bewertungsebene ab 01.01.2009 und der Ausrichtung der Bewertung am Verkehrswert, ist § 16 BewG weiterhin bei Ermittlung der ErbSt bzw. SchenkSt anwendbar (BFH vom 09.04.2014, BStBl II 2014, 554). Nur in Fällen, in denen der Nutzungswert bereits im Rahmen des Nachweises eines niedrigeren gemeinen Werts des Grundstücks gem. § 198 Satz 2 BewG i. V. m. § 199 Abs. 1 BauGB berücksichtigt wurde, findet § 16 BewG keine Anwendung. Die auf dem Grundstück lastenden Nutzungsrechte wurden in diesem Fall bereits bei der Wertermittlung mindernd berücksichtigt, ein zusätzlicher Abzug im Rahmen der Erbschaft- bzw. Schenkungsteuerveranlagung kommt nicht in Betracht.

Hinweis:

Die Jahresbewertung nach § 16 BewG findet bei der Grunderwerbsteuer **keine** Anwendung (§ 17 Abs. 3 Satz 2 BewG). Wird anlässlich einer Grundstücksveräußerung dem Verkäufer ein lebenslängliches Wohnrecht an einer Wohnung eingeräumt, hat die Kapitalwertermittlung für das Wohnrecht unter Zugrundelegung **der ortsüblichen Miete** zu erfolgen.

Die Begrenzungsregelung wirkt sich im Einzelnen wie folgt aus:

Nießbrauch an ...	**Jahreswert nach § 16 BewG, höchstens ...**
Betrieb der Land- und Forstwirtschaft	Grundbesitzwert (Betriebsteil) / 18,6
Gewerbebetrieb	Betriebsvermögenswert / 18,6
einem Gesellschaftsanteil an einer Personengesellschaft	Betriebsvermögenswert Gesellschaftsanteil / 18,6
Grundstück des Grundvermögens	Grundbesitzwert / 18,6
notierte Wertpapiere	Kurswert / 18,6
nicht notierte Wertpapiere	gemeiner Wert / 18,6
nicht notierter Anteil an Kapitalgesellschaften	Anteilswert / 18,6

Beim Nießbrauch an einer **Vermögensmasse** kommt es auf den Wert des Ertrags des gesamten Vermögens an.

Ist das Nutzungsrecht auf einen **bestimmten abgrenzbaren Teil** des Wirtschaftsguts beschränkt (z. B. Nießbrauch an einer Wohnung in einem Mietwohngrundstück), so kommt es für die Ermittlung des Höchstbetrags auf den Wert an, der von dem steuerlich maßgebenden Wert für das ganze Wirtschaftsgut auf diesen Teil entfällt. Die Aufteilung erfolgt nach dem Verhältnis der Wohn- bzw. Nutzflächen.

BEISPIEL

Bei einem Mietwohngrundstück (MWG) mit drei Wohnungen besteht ein Nießbrauch an den Einnahmen der Wohnung im Dachgeschoss (DG, 80m²). Der Nießbraucher muss die Bewirtschaftungskosten tragen. Die tatsächliche Miete für das DG beträgt 3 000 € im Jahr, die Bewirtschaftungskosten 500 €. Die Miete für die anderen Wohnungen (je 120 m²) beträgt jeweils 6 000 €. Der gesondert festgestellte Grundbesitzwert i. S. d. § 151 Abs. 1 Satz 1 Nr. 1 BewG für das MWG beträgt 300 000 €.

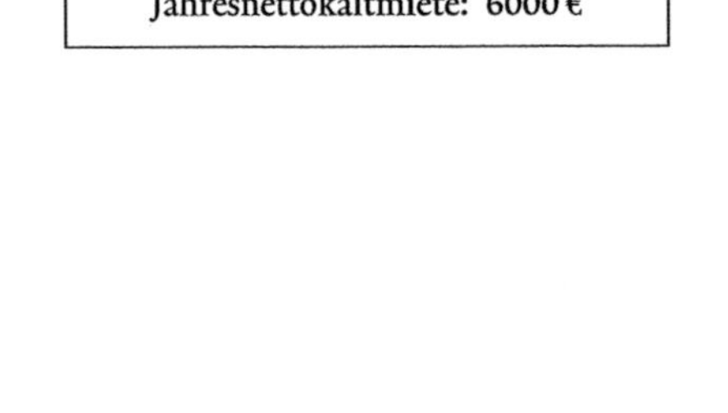

LÖSUNG

Anteiliger Grundbesitzwert für Nießbrauchsrecht DG 80 m^2/320 m^2 von 300 000 € =	75 000 €
Begrenzter Jahreswert: 75 000 € / 18,6 = 4 032,26 €,	rd. 4 032 €
Tatsächlicher Jahreswert (DG): Einnahmen	3 000 €
Bewirtschaftungskosten	./. 500 €
=	2 500 €

Der Kapitalwertermittlung ist der tatsächliche Jahreswert (= 2 500 €) zugrunde zu legen, da dieser niedriger ist als der begrenzte Jahreswert nach § 16 BewG i. H. v. 4 032 €.

2.10.5 Zusammenfassende Übersicht zu den wiederkehrenden Nutzungen und Leistungen (§§ 13–16 BewG)

S. nachfolgende Darstellung.

Beachte:

Bei Begrenzung durch das Leben einer oder mehrerer Personen darf der Kapitalwert nach § 14 BewG nicht überschritten werden (Vergleichsberechnung nach § 13 Abs. 1 Satz 2 BewG).

Die Bewertung nach § 14 BewG hat Vorrang (wenn längstens bis Lebensende einer bestimmten Person gezahlt wird).

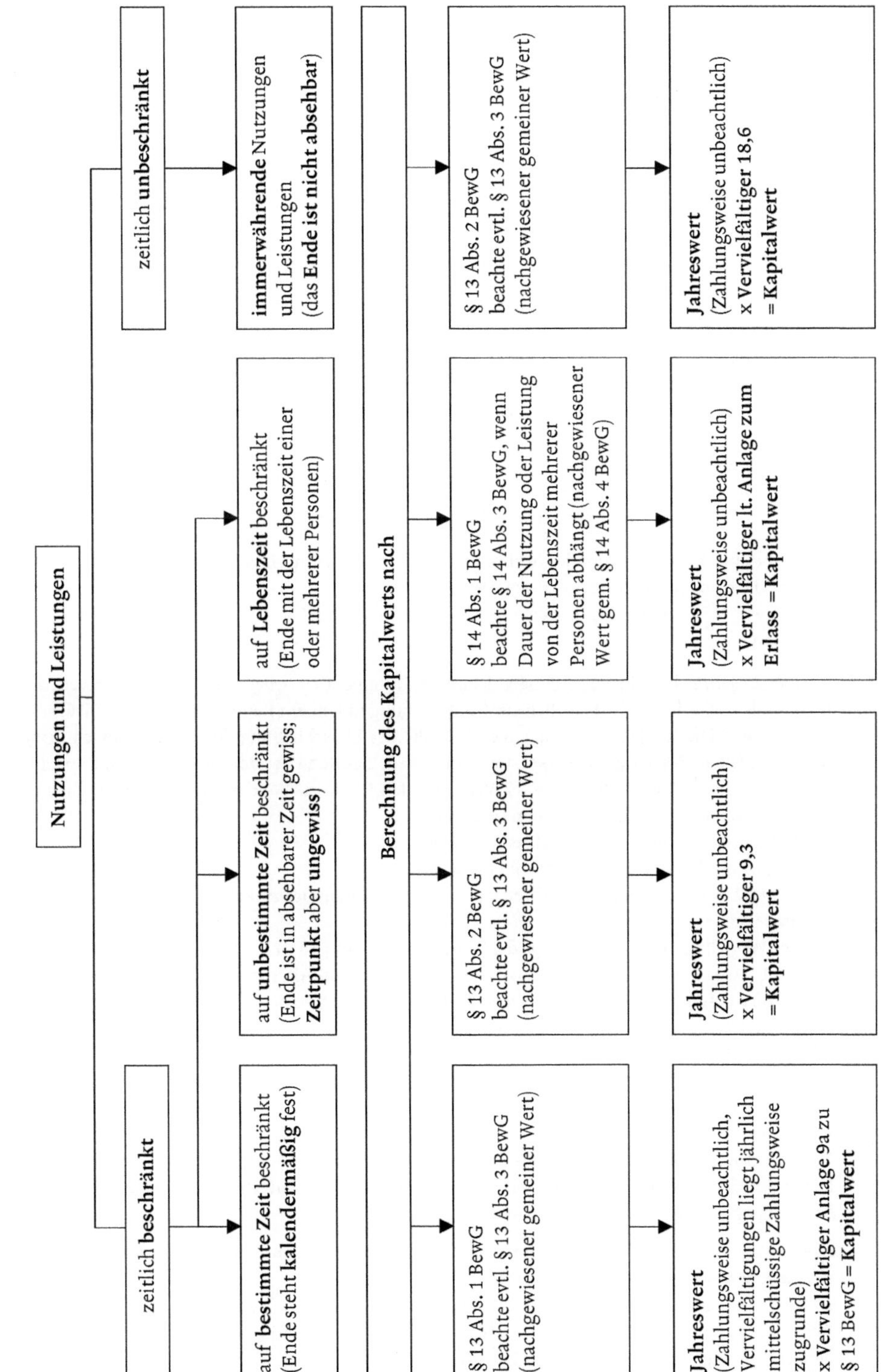
Nutzungen und Leistungen
zeitlich beschränkt
zeitlich unbeschränkt
auf bestimmte Zeit beschränkt (Ende steht kalendermäßig fest)
auf unbestimmte Zeit beschränkt (Ende ist in absehbarer Zeit gewiss; Zeitpunkt aber ungewiss)
auf Lebenszeit beschränkt (Ende mit der Lebenszeit einer oder mehrerer Personen)
immerwährende Nutzungen und Leistungen (das Ende ist nicht absehbar)
Berechnung des Kapitalwerts nach
§ 13 Abs. 1 BewG beachte evtl. § 13 Abs. 3 BewG (nachgewiesener gemeiner Wert)
§ 13 Abs. 2 BewG beachte evtl. § 13 Abs. 3 BewG (nachgewiesener gemeiner Wert)
§ 14 Abs. 1 BewG beachte § 14 Abs. 3 BewG, wenn Dauer der Nutzung oder Leistung von der Lebenszeit mehrerer Personen abhängt (nachgewiesener Wert gem. § 14 Abs. 4 BewG)
§ 13 Abs. 2 BewG beachte evtl. § 13 Abs. 3 BewG (nachgewiesener gemeiner Wert)
Jahreswert (Zahlungsweise unbeachtlich, Vervielfältigungen liegt jährlich mittelschüssige Zahlungsweise zugrunde) x Vervielfältiger Anlage 9a zu § 13 BewG = Kapitalwert
Jahreswert (Zahlungsweise unbeachtlich) x Vervielfältiger 9,3 = Kapitalwert
Jahreswert (Zahlungsweise unbeachtlich) x Vervielfältiger lt. Anlage zum Erlass = Kapitalwert
Jahreswert (Zahlungsweise unbeachtlich) x Vervielfältiger 18,6 = Kapitalwert

2.10.6 Beispiele zu §§ 13–16 BewG

BEISPIELE

a) N bekam von einem Verwandten testamentarisch ein zeitlich befristetes Nießbrauchsvermächtnis an den Mieterträgen eines Geschäftsgrundstücks eingeräumt. Der Grundbesitzwert des Grundstücks beträgt 300 000 €. Die monatlichen Erträge aus dem Nießbrauch betragen 1 300 €.

LÖSUNG Es betragen:

• der tatsächliche Jahreswert (12 × 1 300 €) =	15 600 €
• der begrenzte Jahreswert (300 000 € / 18,6) =	16 129 €

Der Kapitalwertermittlung ist der tatsächliche Jahreswert von 15 600 € zugrunde zu legen.

b) O wurde testamentarisch ein lebenslängliches Nießbrauchsrecht an einem Zweifamilienhaus eingeräumt (Bewertungsstichtag = 01.04. 2019). Der Nießbrauchsberechtigte hatte am Stichtag das 55. Lebensjahr vollendet. Der Grundbesitzwert für das Grundstück beträgt 300 000 €. Der tatsächliche Jahreswert beträgt 20 000 €.

LÖSUNG Der Kapitalwert für das Nießbrauchsrecht errechnet sich wie folgt:

Tatsächlicher Jahreswert	20 000 €
Begrenzter Jahreswert:	16 129 €
Grundbesitzwert = 300 000 € / 18, 6 =	
16 129 € × 13,971 (Vervielfältiger nach Anlage zum Erlass vom 22.11. 2018) =	225 338 €

c) Wie Beispiel b), jedoch wird der Nießbrauch nur für zehn Jahre eingeräumt.

LÖSUNG Der Kapitalwert errechnet sich wie folgt:

16 129 € × 7,745 (Vervielfältiger nach § 13 Abs. 1 BewG, Anlage 9 a zum BewG) =	124 919 €

d) Einer 29 Jahre alten Steuerpflichtigen ist durch Testament ein lebenslängliches Rentenvermächtnis, jeweils nachschüssig halbjährlich zur Zahlung fällig mit einem Rentenbetrag von 4 000 €, ausgesetzt worden. Die Rentenzahlungen sollen im Falle der Eheschließung durch die Vermächtnisnehmerin wegfallen. Bei der Erbschaftsbesteuerung wurde das Rentenvermächtnis mit dem Kapitalwert nach § 14 Abs. 1 BewG = 8 000 € × 17,683 = 141 464 € erfasst. Welche erbschaftsteuerlichen bzw. schenkungsteuerlichen Folgen ergeben sich, wenn

aa) die Steuerpflichtige nach acht Jahren verstirbt,

bb) die Steuerpflichtige nach acht Jahren heiratet,

cc) die Steuerpflichtige nach acht Jahren freiwillig auf das Rentenvermächtnis verzichtet?

LÖSUNG

aa) Der Wegfall der Rente tritt infolge des Todes ein, so dass § 14 Abs. 2 Satz 1 BewG zu beachten ist. Gem. § 14 Abs. 2 Satz 1 Nr. 1 BewG hat die Leistung bei einem Alter von bis zu 30 Jahren nicht mehr als 10 Jahre bestanden. Das Rentenvermächtnis ist daher nach seiner tatsächlichen Dauer zu bewerten. Kapitalwert nach § 13 Abs. 1 und Anlage 9 a BewG:

Jahreswert 8 000 € × 6,509 = 52 072 €.

bb) Aufgrund der Eheschließung tritt die Bedingung ein, so dass die bisherige Erbschaftsteuer-Festsetzung nach dem tatsächlichen Wert des Erwerbs zu berichtigen ist (§ 5 Abs. 2 Satz 1 BewG). Kapitalwert wie bei (aa) = 52 072 €.

cc) Es liegt weder ein Fall des § 14 Abs. 2 BewG noch ein Fall des § 5 Abs. 2 BewG vor, so dass es zu keiner Berichtigung der Erbschaftsteuer kommt. Der freiwillige Verzicht unterliegt der Schenkungsbesteuerung nach § 7 Abs. 1 Nr. 1 ErbStG.

e) A (weiblich, 78 Jahre alt) erhält zum 12.09. 2019 eine Rente von monatlich 1 000 € bis zu ihrem Ableben, höchstens jedoch für zwölf Jahre.

LÖSUNG Es liegt eine Höchstzeitrente (abgekürzte Leibrente) vor. Die Bewertung erfolgt nach § 13 Abs. 1 BewG i. V. m. § 14 Abs. 1 BewG: Jahreswert × Vervielfältiger lt. Anlage 9 a, höchstens Vervielfältiger lt. Anlage zum Erlass vom 22.11. 2018.

Vervielfältiger lt. Anlage 9 a: 8,856.

Vervielfältiger lt. Anlage zum Erlass vom 22.11. 2018: 8,209.

Maßgebend ist nach § 13 Abs. 1 BewG der **niedrigere** Vervielfältiger.

Kapitalwert: 12 000 € × 8,209 = 98 508 €

f) A (weiblich, 78 Jahre alt) erhält zum 12.09. 2019 eine Rente von monatlich 1 000 € bis zu ihrem Ableben, mindestens jedoch für zwölf Jahre.

LÖSUNG Es liegt eine Mindestrente (verlängerte Leibrente) vor. Die Bewertung erfolgt nach § 13 Abs. 1 BewG i. V. m. § 14 Abs. 1 BewG: Jahreswert × Vervielfältiger lt. Anlage 9 a, mindestens Vervielfältiger lt. Anlage zum Erlass vom 22.11. 2018
Vervielfältiger lt. Anlage 9 a: 8,856
Vervielfältiger lt. Anlage 9: 8,209.
Maßgebend ist nach § 13 Abs. 1 BewG der höhere Vervielfältiger.
Kapitalwert: 12 000 € × 8,856 = 106 272 €

g) Eine Stiftung hat den (zeitlich unbeschränkten) Nießbrauch an einem Grundstück. Der maßgebende Jahreswert beträgt 20 000 €.

LÖSUNG Es liegt eine immerwährende Nutzung vor. Die Berechnung erfolgt nach § 13 Abs. 2 1. HS BewG wie folgt:
Kapitalwert: 20 000 € × 18,6 = 372 000 €.

h) B (12 Jahre alt) erhält eine Rente von monatlich 1 000 € bis zum Abschluss seiner Berufsausbildung. Derzeit besucht B das Gymnasium und beabsichtigt nach Ablegen des Abiturs ein Studium aufzunehmen.

LÖSUNG Es liegt eine Leistung von unbestimmter Dauer vor. Bewertung nach § 13 Abs. 2 2. HS BewG:
Kapitalwert: 12 000 € × Vervielfältiger (§ 13 Abs. 2 2. HS BewG) 9,3 = 111 600 €

i) A (männlich, 70 Jahre) und B (weiblich, 72 Jahre) erhalten zum 21.08. 2019 eine gemeinsame Rente von 2 000 € im Monat. Die Rente ist so lange zu zahlen, bis der letzte von beiden verstorben ist.

LÖSUNG Es handelt sich um eine Rente, die vom Leben mehrerer Personen abhängt (§ 14 Abs. 3 BewG).
Vervielfältiger nach Anlage zum Erlass vom 22.11. 2018 für A: 9,970
Vervielfältiger nach Anlage zum Erlass vom 22.11. 2018 für B: 10,465
Maßgebend ist der höhere Vervielfältiger.
Kapitalwert: 24 000 € × 10,465 = 251 160 €
Dieser Kapitalwert ist wie folgt auf die einzelnen Berechtigten aufzuteilen:

A: 12 000 € × 9,970 =	119 640 €
B: 251 160 € . /. 119 640 € =	131 520 €
Kapitalwert insgesamt	251 160 €

Ist die Rente bis zum Tode des Erstversterbenden zu zahlen, ist der niedrigere Vervielfältiger maßgebend:
Kapitalwert: 24 000 € × 9,970 = 239 280 €.
Dieser Kapitalwert ist wie folgt auf die einzelnen Berechtigten aufzuteilen:
A und B je 1/2 = 119 640 €.

j) Den Ehegatten A (64 Jahre) und B (67 Jahre) steht aus der Veräußerung eines Geschäftsgrundstücks zu Lebzeiten eine gemeinsame monatliche Rente von 3 000 € zu, die sich nach dem Tod der Erstversterbenden auf monatlich 1 800 € vermindert. Die Rentenzahlungen sind jeweils am 10. eines Monats fällig (Bewertungsstichtag = 09.07. 2019).

LÖSUNG Der Kapitalwert für die Berechtigten errechnet sich nach § 14 Abs. 1 und 3 BewG wie folgt (Vervielfältiger lt. Anlage zum Erlass vom 22.11. 2018):

Rentenanspruch des A:			
1 500 € × 12 = 18 000 € × 11,759 =	211 662 €		
Rentenanspruch der B:			
1 500 € × 12 = 18 000 € × 11,759 =		211 662 €	
1 800 € × 12 = 21 600 € × 0,290 (12,049 . /. 11,759) =		6 264 €	
=			217 926 €
Kapitalwert insgesamt:			429 588 €

2.11 Bewertung von Pflichtteilsansprüchen

Pflichtteilsansprüche sind als Kapitalforderungen bzw. -schulden grundsätzlich mit dem **Nennwert** zu bewerten, wenn der Pflichtteilsberechtigte seinen **Anspruch geltend gemacht** hat. Erhält ein Pflichtteilsberechtigter zur Befriedigung des von ihm geltend gemachten Pflichtteilsanspruchs an Erfüllung statt ein **Grundstück übertragen**, so ist der Pflichtteilsanspruch nach der BFH-Rechtsprechung nicht mit dem Grundbesitzwert des Grundstücks anzusetzen, sondern mit dem gemeinen Wert (vgl. BFH vom 07.10. 1998 BStBl II 1999, 23). Der Pflichtteilsanspruch ergibt sich aus der Pflichtteilsquote und dem Verkehrswert des Nachlasses im Zeitpunkt des Todes. Der Steuerwert des Nachlasses ist unbeachtlich.

BEISPIEL

Martha (M) verstarb am 10.04.2019, sie hinterlässt drei Kinder. In ihrem gültigen Privattestament bestimmt sie, dass ihr ältester Sohn kein Erbe werden soll. Ihre beiden Töchter sollen je zur Hälfte Erbe werden. Der Sohn macht noch im April gegenüber seinen Schwestern seinen Pflichtteil geltend. Der Nachlass von M umfasst ein Mietwohngrundstück in Mainz (Verkehrswert 1 Mio. €, Grundbesitzwert 900 000 €), Bankguthaben mit einem Nennwert von 2 Mio. € sowie weiteres übriges Vermögen in Höhe von 600 000 €. Im Zusammenhang mit dem Mietwohngrundstück besteht eine Schuld in Höhe von 50 000 €. Die Schwestern haben Bestattungskosten in Höhe von 10 000 € aufgewendet.

LÖSUNG Der Sohn ist als Abkömmling pflichtteilsberechtigt, § 2303 Abs. 1 Satz 1 BGB. Die Pflichtteilsquote beträgt 1/6, § 2303 Abs. 1 Satz 2 i. V. m. § 1924 Abs. 4 BGB. Der Pflichtteilsanspruch bezieht sich auf die Verkehrswerte des Nachlasses (§ 2311 BGB), die Steuerwerte und etwaige Steuerbefreiungen sind unbeachtlich. Die Schulden und tatsächlichen Bestattungskosten können vom Vermögen abgezogen werden (§§ 1967, 1968 BGB). Der Verkehrswert des Nachlasses beträgt 3 540 000 €, der Pflichtteilsanspruch folglich 590 000 €. Dieser Anspruch stellt für den Sohn eine Kapitalforderung dar, die gem. § 12 Abs. 1 ErbStG i. V. m. § 12 Abs. 1 BewG mit dem Nennwert (= 590 000 €) zu bewerten ist. Aus Sicht der Schwestern ist der geltend gemachte Pflichtteilsanspruch als Nachlassverbindlichkeit gem. § 10 Abs. 5 Nr. 2 ErbStG abzugsfähig, die Bewertung der Verbindlichkeit erfolgt ebenfalls mit dem Nennwert (= 590 000 €). Auch wenn das Mietwohngrundstück beim Vermögensanfall nur in Höhe von 90 € angesetzt wird (§ 13d Abs. 1 ErbStG), ist die Pflichtteilsschuld in voller Höhe abzugsfähig. § 10 Abs. 6 ErbStG ist nicht einschlägig, R E 10.10 Abs. 3 ErbStR.

2.12 Bewertung von Sachleistungsansprüchen bzw. Sachleistungsverpflichtungen

Der **Sachleistungsanspruch** ist mit dem **gemeinen Wert** zu erfassen (R B 9.1 ErbStR). Die noch nicht erfüllte Verpflichtung zur Gegenleistung, bei der es sich in der Regel um eine Kapitalschuld handelt, wird mit dem Nennwert angesetzt. Für die **Sachleistungsverpflichtung** ist ebenfalls der gemeine Wert maßgebend. Bezieht sich der Sachleistungsanspruch auf ein Grundstück, z. B. bei nicht erfüllten Grundstückskaufverträgen, so ist nicht der Grundbesitzwert anzusetzen. Der gemeine Wert ist in diesen Fällen vom Verkehrswert abzuleiten. Es ist keine Bewertung nach § 157 BewG vorzunehmen.

BEISPIEL

Eduard (E) verstarb am 10.06.2019. Am 05.05.2019 hatte E einen Kaufvertrag über ein Grundstück abgeschlossen. Der Kaufpreis wurde vereinbarungsgemäß am 20.05.2019 bezahlt, gleichzeitig ging das wirtschaftliche Eigentum auf E über. Die Änderung des Grundbuchs war am 10.06.2019 noch nicht erfolgt. Der Kaufpreis betrug 300 000 €, der Grundbesitzwert i. S. d. § 151 Abs. 1 Nr. 1 BewG soll 290 000 € betragen.

LÖSUNG Da am Todestag E noch kein zivilrechtlicher Eigentümer des Grundstücks war, ist das Grundstück erbschaftsteuerlich noch dem Veräußerer zuzurechnen. Der Übergang des wirtschaftlichen Eigentums ist nicht ausschlaggebend. Damit ist im Nachlass ein Sachleistungsanspruch zu erfassen. Dieser gleicht die bereits erfolgte Kaufpreiszahlung aus. Der Sachleistungsanspruch ist mit dem gemeinen Wert (= Kaufpreis = 300.000 €) anzusetzen, R B 9.3 Abs. 1 Satz 1 ErbStR. Der Grundbesitzwert ist unbeachtlich, R B 9.3 Abs. 1 Satz 2 ErbStR. Beim Verkäufer ist das Grundstück (Grundbesitzwert 290 000 €), die erhaltene Kaufpreiszahlung (soweit noch vorhanden 300 000 €) sowie eine Sachleistungsverpflichtung (gemeiner Wert 300 000 €) anzusetzen. Vergleiche hierzu auch R E 12.2 ErbStR.

2.13 Bewertung von Sammlungen

Sammlungen, die nicht von der Erbschaftsteuer befreit sind, werden bei der Ermittlung der Bereicherung mit dem **gemeinen Wert** erfasst. Wegen der schwierigen Verwertungsmöglichkeiten ist der Wert besonders vorsichtig zu ermitteln.

2.14 Bewertung von Schmuck

Bei Schmuck ist insbesondere wegen der Entwicklung auf den Edelmetallmärkten eine besonders **vorsichtige Bewertung** angezeigt; Liebhaberpreise bleiben stets außer Ansatz (§ 9 Abs. 2 Satz 3 BewG).

2.15 Bewertung von Sparbriefen

Bei den **aufgezinsten Sparbriefen** erfolgt die Bewertung mit dem Nennwert. Im Besteuerungszeitpunkt bestehende Zinsansprüche sind zusätzlich anzusetzen. Bei den **abgezinsten Sparbriefen** ist der Rückzahlungswert im Besteuerungszeitpunkt anzusetzen (R B 12.2 Abs. 3 ErbStR).

2.16 Bewertung von stillen Beteiligungen

Die **Vermögenseinlage** eines typisch stillen Gesellschafters ist wie eine **verzinsliche Kapitalforderung** zu bewerten und zwar grundsätzlich mit dem Nennwert (§ 12 Abs. 1 BewG). Besondere Umstände können jedoch eine hiervon abweichende Bewertung rechtfertigen. Solche besonderen Umstände liegen z. B. vor, wenn die Einlage des typisch stillen Gesellschafters nach der Vertragsgestaltung aus der Sicht des Besteuerungszeitpunkts für mehr als fünf Jahre unkündbar ist und der **Durchschnittsertrag über 9 %** hinausgeht (R B 12.4 Satz 2 ErbStR).

BEISPIEL

Der Nennwert einer stillen Beteiligung macht im Besteuerungszeitpunkt 400 000 € aus. Aus den letzten drei Jahren vor dem Besteuerungszeitpunkt leitet sich ein Durchschnittsertrag von 40 000 € ab.

LÖSUNG Hieraus errechnet sich – bezogen auf den Nennwert der Einlage – eine Verzinsung von 40 000 € / 400 000 € × 100 = 10 %

Da die Verzinsung der Einlage über 9 % hinausgeht, ist neben der Vermögenseinlage von 400 000 € die »Überverzinslichkeit« zu berücksichtigen. Diese errechnet sich wie folgt

100 % + 5 × (10 % ./. 9 %) = 105 %

Wert der stillen Beteiligung (400 000 € × 105 %)	420 000 €

2.17 Bewertung von Vermächtnissen

Geldvermächtnisse sind mit dem **Nennwert** und andere **Vermächtnisse** mit dem **Steuerwert** des betreffenden Vermögensgegenstands anzusetzen (vgl. R B 9.3 Abs. 2 ErbStR). Bezieht sich das Vermächtnis auf ein Grundstück, so ist der Grundbesitzwert i. S. d. § 151 Abs. 1 Nr. 1 BewG maßgebend, obwohl der Vermächtnisnehmer lediglich einen Herausgabeanspruch erwirbt (§ 2174 BGB).

2.18 Bewertung von Wertpapieren

Festverzinsliche Wertpapiere und Anleihen, insbesondere Pfandbriefe, Industrie- und Bundesobligationen sowie Schuldverschreibungen, die an einer deutschen Börse zum Handel im regulierten Markt zugelassen sind, werden mit dem niedrigsten **Börsenkurs** im Besteuerungszeitpunkt angesetzt (R B 11.1 Abs. 1 ErbStR). Sind die Papiere nicht notiert, so ist deren Wert in Anlehnung an die nach Laufzeit und Verzinsung vergleichbar notierten Papiere zu ermitteln (R B 11.1 Abs. 2 Nr. 2 ErbStR).

2.19 Bewertung von Zero-Bonds

Zero-Bonds, die an der Börse gehandelt werden, sind nach R B 12.3 Abs. 1 ErbStR mit dem niedrigsten im Besteuerungszeitpunkt notierten Kurs anzusetzen (§ 11 Abs. 1 Satz 1 BewG). **Nichtnotierte Zero-Bonds** sind in Anlehnung an die Kursnotierungen von den nach Ausstattungen und Laufzeit vergleichbaren Anleihen zu bewerten. Bei fehlendem Vergleichskurs erfolgt die Wertermittlung nach dem Ausgabebetrag zuzüglich der bis zum Besteuerungszeitpunkt aufgelaufenen Zinsen (= Rückzahlungswert), R B 12.3 Abs. 2 Satz 2 ErbStR. Der Rückzahlungswert ist entsprechend der Berechnung für Finanzierungsschätze zu ermitteln, R B 12.3 Abs. 2 Satz 3 ErbStR. Wegen der Bewertung von Zero-Bonds, deren Emissionsrendite über 9 % hinausgeht und deren Einlösung aus der Sicht des Besteuerungszeitpunkts für mindestens vier Jahre ausgeschlossen ist, vgl. R B 12.3 Abs. 3 ErbStR.

BEISPIEL

A hatte am 02.01.2018 Zero-Bonds zum Ausgabewert von 14 381 € gekauft. Er ist am 20.10.2019 verstorben. Die Emissionsrendite beläuft sich auf 4 %.

LÖSUNG Die Zero-Bonds sind im Besteuerungszeitpunkt mit vollem Wert anzusetzen:

Ausgabewert	14 381 €
Emissionsrendite	4 %
Laufzeit ab Erwerb bis zum Besteuerungszeitpunkt	1 Jahr, 9 Monate, 18 Tage

$$14381 \times \left(1 + \frac{4}{100}\right) \times \left(\frac{4 \times 288 \text{ Tage}}{100 \times 360 \text{ Tage}} + 1\right)$$

14 381 × 1,04 × 1,032 =	15 434 €

Zur Berechnung vgl. auch R B 12.3 Abs. 2 Satz 3 ErbStR sowie H B 12.2 »Bewertung von Diskontpapieren« ErbStH.

2.20 Bewertung von Zinsen

Die bei einer Kapitalforderung angefallenen **Zinsen** sind zusätzlich zum Nennwert der Forderung anzusetzen, es sei denn, sie spiegeln sich bereits im Stichtagswert der Forderung wider (z. B. bei den Bundesschatzbriefen Typ B).

3 Bewertung von Anteilen an Kapitalgesellschaften

3.1 Vorbemerkung

Die Bewertung von Anteilen an Kapitalgesellschaften (insbesondere Aktien, GmbH-Anteile) und auch von Betriebsvermögen (Einzelunternehmen, Anteile an gewerblich tätigen Personengesellschaften) ist i. R. d. Erbschaftsteuerreformgesetzes 2009 neu konzipiert worden. Ausgangspunkt war der Beschluss des BVerfG vom 07.11. 2006, nach dem die bisherige Erhebung der Erbschaftsteuer mit dem Grundgesetz unvereinbar war (siehe oben unter 1). Der Gesetzgeber hat daraufhin die Bewertung der einzelnen Vermögensarten angeglichen und allgemein am gemeinen Wert ausgerichtet. Die Bewertung erfolgt nun im Grundsatz **rechtsformneutral** und orientiert sich am **gemeinen Wert** des Unternehmens. Eine Ausnahme gilt für börsennotierte Anteile, die mit dem **Kurswert** zu bewerten sind (§ 11 Abs. 1 BewG). Im Zusammenhang mit der Neuausrichtung der Bewertung und der damit einhergehenden Verbreiterung der Bemessungsgrundlage ist die Neufassung der **Steuerbefreiungen** für Anteile an Kapitalgesellschaften und für Betriebsvermögen zu sehen. Die **Verschonungsregelungen** (§§ 13 a – 13 c ErbStG) werden im Teil I unter 2. dargestellt.

3.2 Allgemeine Bewertungsgrundsätze

Bei der Bewertung von Anteilen an Kapitalgesellschaften ist zunächst der Bewertungsgegenstand, d. h. die **wirtschaftliche Einheit**, zu bestimmen. Jede wirtschaftliche Einheit ist für sich zu bewerten und ihr Wert ist im Ganzen festzustellen (§ 2 Abs. 1 Satz 1 und 2 BewG). Diese allgemeinen Bewertungsgrundsätze haben hier folgende Auswirkung:

- **Notierte Anteile an Kapitalgesellschaften**
  Häufigster Anwendungsfall sind hier Aktien der börsennotierten Aktiengesellschaften. Diese werden in aller Regel von den Aktionären in Wertpapierdepots gehalten. Dabei bildet jede einzelne Aktie innerhalb des Depots – wegen der Einzelveräußerbarkeit – eine eigene wirtschaftliche Einheit. Das Wertpapierdepot selbst ist keine eigene wirtschaftliche Einheit.
- **Nicht notierte Anteile an Kapitalgesellschaften**
  Hier sind die GmbH-Anteile und Aktien nicht börsennotierter Aktiengesellschaften die Hauptanwendungsfälle. Sofern die Aktien einzeln veräußerbar sind, gilt das oben Genannte. Bei GmbH-Anteilen ist der Anteil des Gesellschafters (Stammeinlage) am Stammkapital der GmbH die wirtschaftliche Einheit und als solche im Ganzen zu bewerten. Der gemeine Wert des Anteils an der AG bzw. GmbH bestimmt sich grds. nach dem Verhältnis des Anteils am Nennkapital der Gesellschaft zum gemeinen Wert des Betriebsvermögens der Kapitalgesellschaft im Bewertungsstichtag (§ 97 Abs. 1 b BewG). In Sonderfällen kann bei der Aufteilung auch das Verhältnis des eingezahlten Nennkapitals berücksichtigt werden oder auch eine abweichende Gewinnverteilung.

Nachdem die wirtschaftliche Einheit bestimmt ist, gibt § 12 ErbStG den Weg in die Bewertungsebene vor. Danach gilt für **Aktien börsennotierter Gesellschaften** § 12 Abs. 1 ErbStG. Hier wird auf die allgemeinen Bewertungsvorschriften des Ersten Teils des BewG verwiesen. Eine gesonderte Feststellung ist nicht vorgesehen. Die Bewertung der Aktien erfolgt durch das für die Erbschaft- bzw. Schenkungsteuer zuständige Finanzamt (§ 35 ErbStG). Maßgebend ist der Kurswert § 11 Abs. 1 BewG.

Für **nicht notierte Anteile** an Kapitalgesellschaften gilt § 12 Abs. 2 ErbStG i. V. m. § 151 Abs. 1 Satz 1 Nr. 3 BewG. Hier ist eine **gesonderte Feststellung** des nach § 11 Abs. 2 BewG zu ermittelnden Wertes vorgesehen (= Anteilswert). Nach § 152 Nr. 3 BewG ist hierfür das Finanzamt **örtlich zuständig**, in dessen Bezirk sich die Geschäftsleitung der Kapitalgesellschaft befindet (Feststellungsfinanzamt). Eine gesonderte Feststellung erfolgt nur, wenn der Anteilswert für die Erbschaft- bzw. Schenkungsteuer von Bedeutung ist (»Bedarfsbewertung«). Hierüber entscheidet das für die Festsetzung der Erbschaft- bzw. Schenkungsteuer zuständige Finanzamt (Veranlagungsfinanzamt). Das Feststellungsfinanzamt kann in diesen Fällen nur die Gesellschaft zur Abgabe einer **Feststellungserklärung** auffordern, nicht den Gesellschafter (§ 153 Abs. 3 BewG). Beteiligt am Feststellungsverfahren ist der Gesellschafter, dem der Anteil zuzurechnen ist (§ 154 Abs. 1 Nr. 1 BewG), und auch die Gesellschaft selbst (§ 151 Abs. 1 Nr. 2 BewG). Der **Feststellungsbescheid** ist gem. § 154 Abs. 2 BewG auch der Kapitalgesellschaft bekannt zu geben. Die gesonderte Feststellung ist für die Veranlagung bindend (Grundlagenbescheid). In dem Feststellungsbescheid sind auch Angaben aufzunehmen, die zur Prüfung der Verschonungsregelungen nach § 13 b ErbStG erforderlich sind (u. a. Verwaltungsvermögen, junges Verwaltungsvermögen, Ausgangslohnsumme, §§ 13a Abs. 4, 13b Abs. 10 ErbStG).

Bei der Bewertung von Anteilen an Kapitalgesellschaften sind gem. § 157 Abs. 4 Satz 1 BewG die tatsächlichen Verhältnisse und die Wertverhältnisse vom Bewertungsstichtag zu berücksichtigen. **Bewertungsstichtag** ist der Tag der Steuerentstehung (§ 11 ErbStG). Zu den tatsächlichen Verhältnissen zählt beispielsweise die Höhe der Beteiligung am Nennkapital der Gesellschaft. Der Anteilswert ist nach § 11 Abs. 2 BewG zu ermitteln (§ 157 Abs. 4 Satz 2 BewG).

3.3 Überblick über die Bewertungsmaßstäbe

Überblick zur Bewertung von Anteilen an Kapitalgesellschaften:

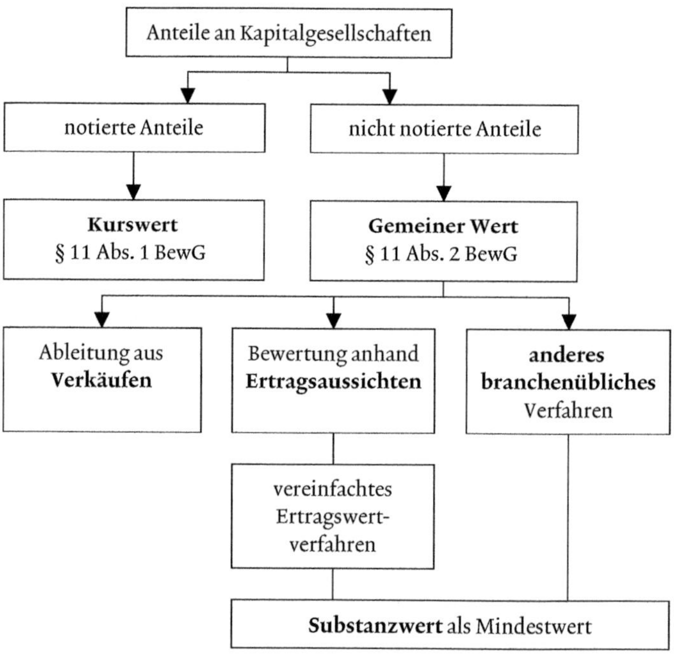

Zur Bewertung von Anteilen an Kapitalgesellschaften in Sonderfällen vgl. R B 11.4 ErbStR. Die Finanzverwaltung stellt in R B 11.4 Abs. 10 ErbStR klar, dass der gemeine Wert von nicht notierten Anteilen an Kapitalgesellschaften **nicht negativ** sein kann. Es ist mindestens ein Ansatz **mit 0 €** vorzunehmen, R B 11.4 Abs. 10 Satz 2 ErbStR. Hintergrund ist die Haftungsbeschränkung der Gesellschafter einer Kapitalgesellschaft. Noch nicht erbrachte Einlagen haben keinen Einfluss auf den gemeinen Wert des Anteils selbst. Die noch zu erbringende Einlage ist als Schuld der Erben im Rahmen der Nachlassverbindlichkeiten (§ 10 Abs. 5 Nr. 1 ErbStG) abzugsfähig. In Schenkungsfällen stellt die noch zu erbringende Einlage eine Gegenleistung des Beschenkten dar, diese mindert die Bereicherung, vgl. R B 11.4 Abs. 10 Satz 4 ErbStR.

In **Liquidationsfällen** ist in aller Regel der Substanzwert bzw. der Liquidationswert anzusetzen, R B 11.4 Abs. 7 und R B 11.5 Abs. 9 ErbStR.

3.4 Ansatz mit dem Kurswert

Anteile an Kapitalgesellschaften, die im Besteuerungszeitpunkt an einer deutschen Börse zum Handel im regulierten Markt oder in den Freiverkehr einbezogen sind, werden mit dem nach § 11 Abs. 1 BewG maßgebenden **Kurs** vom Besteuerungszeitpunkt bewertet. Für die steuerliche Bewertung kommt es dabei auf den **niedrigsten am Stichtag notierten Kurs an einer deutschen Börse** an (§ 11 Abs. 1 Satz 1 BewG).

Sind im Besteuerungszeitpunkt keine Kursnotierungen zustande gekommen, so ist auf den letzten Kurs innerhalb von 30 Tagen vor dem Besteuerungszeitpunkt zurückzugreifen (§ 11 Abs. 1 Satz 2 BewG).

Aktien ausländischer Kapitalgesellschaften, die im Inland zum Handel im regulierten Markt zugelassen sind, werden ebenfalls mit dem niedrigsten am Stichtag notierten Kurs bewertet. Liegt ein solcher Kurs nicht vor, so kann der Telefonkurs im inländischen Bankenverkehr zugrunde gelegt werden (R B 11.1 Abs. 3 Satz 1 ErbStR). Liegt auch eine solche Kursnotierung nicht vor, kann auf den Börsenkurs im Emissionsland zurückgegriffen werden, der dann ggf. nach dem im Besteuerungszeitpunkt maßgebenden Umrechnungskurs in Euro umzurechnen ist (R B 11.1 Abs. 3 Satz 2 ErbStR).

Anteile an einer inländischen **Investmentgesellschaft** (Kapitalanlagegesellschaft, § 1 Abs. 1 KAGG) und Anteile an ausländischen Investmentfonds sind gem. § 11 Abs. 4 BewG mit dem **Rücknahmepreis** anzusetzen.

Ermöglicht die Beteiligung an der Kapitalgesellschaft dem Steuerpflichtigen eine Einflussnahme auf das Unternehmen, so führt dies in der Regel zu einem Wert der Beteiligung, der über den Werten für die einzelnen Anteile liegt. Man bezeichnet diese Werterhöhung als **Paketzuschlag**. Nach § 11 Abs. 3 BewG ist der Paketzuschlag auch bei der Bewertung mit den Kurswerten i. S. d. § 11 Abs. 1 BewG vorzunehmen. Eine Werterhöhung durch einen solchen Paketzuschlag erfolgt erst bei einer Beteiligung von mehr als 25 % (R B 11.8 Abs. 3 ErbStR). Der Zuschlag gilt auch dann, wenn die Aufteilung unter den Erben dazu führt, dass der einzelne Erbe nur eine Beteiligung von weniger als 25 % erhält (R B 11.8 Abs. 4 Satz 1 ErbStR). Die Höhe des Paketzuschlags ist von der Höhe der Beteiligung abhängig und kann bis zu 25 % betragen. Im Einzelfall ist jedoch auch ein höherer Paketzuschlag möglich (R B 11.8 Abs. 9 ErbStR).

3.5 Ableitung des gemeinen Werts aus Verkäufen

Anteile an Kapitalgesellschaften, für die **kein Kurs** vorliegt, sind mit dem **gemeinen Wert** zu bewerten. Dieser ist in erster Linie aus **Verkäufen** unter **fremden Dritten** abzuleiten, die **weniger als ein Jahr zurückliegen** (§ 11 Abs. 2 Satz 1 BewG). Dabei dürfen nur Verkäufe **vor** dem Besteuerungszeitpunkt berücksichtigt werden; Verkäufe danach bleiben nach dem eindeutigen Wortlaut des Gesetzes außer Betracht. Der gemeine Wert ergibt sich aus dem Durchschnittswert der vor dem Bewertungsstichtag erzielten Kaufpreise.

BEISPIEL

G ist mit 112 500 € am Stammkapital einer GmbH beteiligt. Das gesamte Stammkapital der GmbH beträgt 750 000 €. G hatte den Anteil im Jahr 2014 für 200 000 € erworben. Er überträgt seinen Anteil zum 01.04. 2019 unentgeltlich auf seine Tochter. Zuletzt erfolgten folgende Veräußerungsvorgänge:

- am 10.04. 2019 ein Anteil am Stammkapital von 112 500 € für 170 000 €,
- am 15.03. 2019 ein Anteil am Stammkapital von 80 000 € für 130 000 €,
- am 20.01. 2019 ein Anteil am Stammkapital von 100 000 € für 180 000 €,
- am 07.12. 2018 ein Anteil am Stammkapital von 50 000 € für 65 000 €,
- am 12.05. 2018 ein Anteil am Stammkapital von 50 000 € für 73 000 €,
- am 10.03. 2018 ein Anteil am Stammkapital von 100 000 € für 165 000 €.

In welcher Höhe ist der Anteil des G zu bewerten?

LÖSUNG Der gemeine Wert der GmbH-Anteile ist zwingend aus Verkäufen abzuleiten (§ 11 Abs. 2 Satz 2 BewG). Maßgebend sind alle Verkäufe, die weniger als ein Jahr zurückliegen. Nicht einzubeziehen ist daher der Verkauf vom 10.03. 2018. Ebenfalls unberücksichtigt bleibt der nach dem Bewertungsstichtag erfolgte Verkauf am 10.04. 2019. Der gemeine Wert bestimmt sich nach dem Durchschnitt der erzielten Kaufpreise:

Anteil am Stammkapital		**Erzielter Kaufpreis**	
	80 000 €		130 000 €
	100 000 €		180 000 €
	50 000 €		65 000 €
	50 000 €		73 000 €
Gesamt	280 000 €	Gesamt	448 000 €
448 000 €/280 000 € = 1,60 € je € Stammkapital			

Der gemeine Wert des Anteils von G beträgt somit 180 000 € (Anteil am Stammkapital 112 500 € × 1,60 €/je Anteil).

Nur ausnahmsweise kann der gemeine Wert aus einem Verkaufsabschluss kurz nach dem Bewertungsstichtag abgeleitet werden, wenn die Einigung über den Kaufpreis schon am Bewertungsstichtag herbeigeführt war (vgl. BFH vom 22.6. 2010, II R 40/08, DB 2010, 1976). Als Bewertungsstichtag gilt der Zeitpunkt der Steuerentstehung (§ 11 ErbStG). Die Steuer entsteht bei Erwerben von Todes wegen gem. § 9 Abs. 1 Nr. 1 ErbStG mit dem Tode des Erblassers und bei Schenkungen unter Lebenden mit dem Zeitpunkt der Ausführung der Zuwendung (§ 9 Abs. 1 Nr. 2 ErbStG). Die Verkäufe müssen im **gewöhnlichen Geschäftsverkehr** zustande gekommen sein (R B 11.2 Abs. 1 Satz 6 ErbStR, vgl. § 9 Abs. 2 Satz 1 BewG). Notverkäufe oder Verkäufe unter Angehörigen sind meist ungewöhnlich und daher für die Wertableitung ungeeignet (§ 9 Abs. 2 Satz 3 BewG).

Grundsätzlich kann für die Wertableitung auch ein einziger Verkauf vor dem Besteuerungszeitpunkt innerhalb der Frist von einem Jahr ausreichend sein (R B 11.2 Abs. 1 Satz 3 ErbStR). Voraussetzung ist allerdings, dass Gegenstand des Verkaufs **kein Zwerganteil** war (vgl. BFH vom 05.03. 1986 BStBl II 1986, 591). Bei Zwerganteilen reicht ein einziger Verkauf innerhalb der einjährigen Frist aus, wenn der zu bewertende Anteil ebenfalls ein Zwerganteil ist. Eine konkrete Beteiligungsquote gibt es zur Bestimmung eines Zwerganteils nicht. Ein Zwerganteil liegt vor, wenn nur ein **unbedeutender** Teil eines Geschäftsanteils veräußert wird und dessen Verkaufspreis für den gemeinen Wert der übrigen Anteile nur einen begrenzten Aussagewert hat (BFH vom 22.06. 2010, II R 40/08 und vom 02.11. 1988, II R 52/85, BStBl II 1989, 80). Das FG Rheinland-Pfalz hat einen Anteil von 50 000 DM im Verhältnis zu 169 Mio. DM als nicht ausreichend angesehen (FG Rheinland-Pfalz vom 12.03. 1998 EFG 1998, 802).

Bei der Ableitung aus Verkäufen ist ein in dem Kaufpreis enthaltener **Zuschlag für den Beteiligungscharakter** auszuscheiden (R B 11.2 Abs. 1 Satz 7 ErbStR).

Nach der Gesetzesbegründung kann – **unwiderlegbar** – vermutet werden, dass zeitnahe Verkäufe in der Vergangenheit den zutreffenden Marktwert nicht notierter Anteile an Kapitalgesellschaften widerspiegeln (BT-Drucks. 16/7918, 38). Damit entfällt hier der Nachweis eines niedrigeren gemeinen Wertes beispielsweise durch ein Gutachten. Führt die Bewertung nach den Ertragsaussichten (siehe unter 3.3 und 3.6) zu einem niedrigeren Wert, ist auch dieser unbeachtlich, solange die Ableitung aus Verkäufen möglich ist. Entsprechend ist aber auch ein **Mindestwert** nicht zu prüfen. Der in § 11 Abs. 2 Satz 3 BewG angeführte Substanzwert ist somit **unbeachtlich** (R B 11.5 Abs. 1 Satz 2 ErbStR).

3.6 Bewertung nach den Ertragsaussichten

Ist eine Ermittlung des gemeinen Wertes aus Verkäufen nicht möglich, erfolgt die Bewertung anhand der **Ertragsaussichtigen** der Kapitalgesellschaft oder einer anderen anerkannten, auch im gewöhnlichen Geschäftsverkehr für nichtsteuerliche Zwecke üblichen Methode (§ 11 Abs. 2 Satz 2 2. Alt. BewG). Bei der Wertermittlung ist die Sicht eines **Erwerbers** zu berücksichtigen, weil dieser – im Unterschied zum Verkäufer – bemüht sein wird, den Preis möglichst niedrig zu halten. Bei der Bewertung anhand der Ertragsaussichten kann wahlweise auch das **vereinfachte Ertragswertverfahren** (§§ 109–203 BewG) angewendet werden (§ 11 Abs. 2 Satz 4 BewG). Erfolgt die Bewertung anhand der Ertragsaussichten bzw. im vereinfachten Ertragswertverfahren oder nach einer anderen branchenüblichen Methode, ist der Substanzwert als **Mindestwert** zu beachten (§ 11 Abs. 2 Satz 3 BewG). Nachfolgend wird das vereinfachte Ertragswertverfahren ausführlich dargestellt, zu den übrigen Ermittlungsmethoden wird in diesem Grundkurs nur ein kurzer Überblick gegeben.

Die Bewertung erfolgt in zwei Schritten. Zunächst ist der gemeine Wert des Betriebsvermögens der Kapitalgesellschaft insgesamt zu ermitteln (z. B. nach den Ertragsaussichten), danach der Anteilswert. Dieser bestimmt sich nach dem Verhältnis des Anteils am Nennkapital der Gesellschaft zum gemeinen Wert des Betriebsvermögens der Kapitalgesellschaft (§ 97 Abs. 1 b Satz 1 BewG).

3.6.1 Ertragswertmethode

Die Ertragswertmethode geht von der Frage aus, welches Kapital ein Käufer investieren würde, um aus seinem Kapitaleinsatz (Kaufpreis) eine noch angemessene Rendite (Gewinn) zu erwirtschaften. Der durchschnittlich erzielbare Gewinn bestimmt hier den Unternehmenswert.

Da diese Überlegung nicht in jeder Unternehmensbranche anwendbar ist, hat der Gesetzgeber andere gebräuchliche – branchenübliche – Bewertungsmethoden zugelassen. Zu den branchenüblichen **ertragsorientierten** Bewertungsverfahren zählen beispielsweise:

- IDW S 1 (**I**nstitut **d**er **W**irtschaftsprüfer **S**tandard),
- AWH-Standard (**A**rbeitsgemeinschaft der **W**ert ermittelnden Betriebsberater im **Hand**werk),
- DCF-Verfahren (**D**iscounted-**C**ash-**F**low).

Der Steuerpflichtige kann durch Vorlage eines methodisch nicht zu beanstandenden **Gutachtens** den gemeinen Wert des Betriebsvermögens der Kapitalgesellschaft nachweisen (R B 11.2 Abs. 2 Satz 2 ErbStR). Dabei ist jede Bewertungsmethode anwendbar, die die Ertragsaussichten einbezieht.

Der gemeine Wert ist **mindestens** i. H. d. **Substanzwertes** anzusetzen (§ 11 Abs. 2 Satz 3 BewG).

3.6.2 Andere branchenübliche Bewertungsmethoden

Sind in einzelnen Branchen andere Methoden als die ertragsorientierten Bewertungsmethoden zur Preisbildung üblich, so sind diese auch zur Ermittlung des gemeinen Wertes für erbschaft- bzw. schenkungsteuerliche Zwecke heranzuziehen. Anhaltspunkte dafür, welche Bewertungsmethoden gebräuchlich sind, können sich aus branchenüblichen Verlautbarungen ergeben, z. B. aus Veröffentlichungen der jeweiligen Kammern (R B 11.2 Abs. 2 Satz 3 ErbStR). Solche anderen Methoden sind beispielsweise **vergleichsorientierte Methoden** und **Multiplikatorenmethoden**. Bei vergleichsorientierten Methoden erfolgt die Wertermittlung anhand von Kaufpreisen, die üblicherweise für vergleichbare Unternehmen bezahlt werden. Bei den Multiplikatorenmethoden wird hingegen ein Multiplikator auf eine bestimmte Bezugsgröße (z. B. Umsatz, Produktionsmenge, Abonnentenzahl) angewendet. Der gemeine Wert ist dann das sich hieraus ergebende Produkt.

Untergrenze für den gemeinen Wert ist auch bei diesen Bewertungsmethoden der **Substanzwert** nach § 11 Abs. 2 Satz 3 BewG.

Die Anwendung des **vereinfachten Ertragswertverfahrens** (§§ 199–203 BewG) ist **ausgeschlossen**, sofern branchenüblich vergleichsorientierte Methoden oder Multiplikatormethoden angewendet werden.

3.6.3 Vereinfachtes Ertragswertverfahren

3.6.3.1 Anwendungsbereich

Das vereinfachte Ertragswertverfahren soll die Möglichkeit bieten, ohne hohen Ermittlungsaufwand einen objektivierten Unternehmenswert zu ermitteln. Der Anwendungsbereich umfasst gem. § 199 BewG die Bewertung von

- Anteilen an einer Kapitalgesellschaft (§ 199 Abs. 1 BewG),
- Betriebsvermögen (§ 199 Abs. 2 BewG),
- Anteilen am Betriebsvermögen (§ 199 Abs. 2 BewG),

sofern der Wert nach § 11 Abs. 2 Satz 2 BewG anhand der Ertragsaussichten zu ermitteln ist. Sind andere als ertragswertorientierte Verfahren branchenüblich, ist das vereinfachte Ertragswertverfahren nicht anwendbar (R B 199.1 Abs. 1 Satz 2 ErbStR).

Der im vereinfachten Ertragswertverfahren ermittelte Wert ist anzusetzen, wenn er höher ist als der **Substanzwert** nach § 11 Abs. 2 Satz 3 BewG (siehe unter 3.6.4). Das vereinfachte Ertragswertverfahren darf nur angewendet werden, wenn dieses nicht zu **offensichtlich unzutreffenden Ergebnissen** führt. Anhaltspunkte für offensichtlich unzutreffende Werte können sich beispielsweise aus zeitnahen Verkäufen nach dem Bewertungsstichtag ergeben (R B 199.1 Abs. 5 ErbStR). Diese sind bei der Ableitung aus Verkäufen nach § 11 Abs. 2 Satz 2 1. Alt. BewG irrelevant, können hier aber hilfreiche Erkenntnisse liefern. Ist das vereinfachte Ertragswertverfahren aus diesem Grund nicht anwendbar, erfolgt die Wertermittlung anhand der branchenüblichen Ertragswertmethoden (siehe unter 3.6.1).

Ist das vereinfachte Ertragswertverfahren zulässig (§ 199 Abs. 1 BewG, R 199.1 ErbStR), sind besondere Zu- und Abschläge auf den im vereinfachten Ertragswertverfahren ermittelten Wert nicht zulässig, vgl. R B 11.4 Abs. 1 ErbStR. Alternativ kommt dann nur der Nachweis durch ein Gutachten in Betracht.

3.6.3.2 Aufbau

Die Wertermittlung im vereinfachten Ertragswertverfahren erfolgt nach folgendem Schema:

	Wj -03	Wj -02	Wj -01
Gewinn (§ 202 Abs. 1 Satz 1, Abs. 2 BewG)	… €	… €	… €
+ Hinzurechnungen (§ 202 Abs. 1 Satz 2 Nr. 1 BewG)	… €	… €	… €
./. Kürzungen (§ 202 Abs. 1 Satz 2 Nr. 2 BewG)	… €	… €	… €
./. Kürzungen (§ 202 Abs. 1 Satz 2 Nr. 3 BewG)	… €	… €	… €
= Zwischensumme	… €	… €	… €
./. wenn positiv: 30 % pauschaler Ertragsteueraufwand (§ 202 Abs. 3 BewG)	… €	… €	… €
= Betriebsergebnis	… €	… €	… €
Durchschnitt der drei Jahre (§ 201 Abs. 2 Satz 3 BewG)			
= Jahresertrag (§ 201 Abs. 2 Satz 4 BewG)		… €	
× Kapitalisierungsfaktor (§ 203 BewG)	13,75		
= Ertragswert des betriebsnotwendigen Vermögens (§ 200 Abs. 1 BewG)		… €	
+ gemeiner Wert des nicht betriebsnotwendigen Vermögens, abzüglich Schulden (§ 200 Abs. 2 BewG)		… €	
+ Wert der Beteiligungen (§ 200 Abs. 3 BewG)		… €	
+ Gemeiner Wert des jungen Betriebsvermögens, abzüglich Schulden (§ 200 Abs. 4 BewG)		… €	
= Wert nach vereinfachtem Ertragswertverfahren		… €	

3.6.3.3 Ermittlung Jahresertrag

Die Bewertung erfolgt auch im vereinfachten Ertragswertverfahren zukunftsbezogen, d. h. die Grundlage für die Wertermittlung bildet der zukünftig erzielbare Jahresertrag des zu bewertenden Unternehmens (§ 201 Abs. 1 Satz 1 BewG). Da die Bewertung im vereinfachten Ertragswertverfahren ohne größeren Ermittlungsaufwand möglich sein soll und beispielsweise keine Finanzplandaten zur Verfügung stehen, wird der zukünftig erzielbare Jahresertrag anhand des in der Vergangenheit tatsächlich erzielten Durchschnittsertrags **geschätzt** (§ 201 Abs. 1 Satz 2 BewG). Dabei ist der Durchschnittsertrag aus den Betriebsergebnissen der **letzten drei vor dem Bewertungsstichtag abgelaufenen Wirtschaftsjahre** herzuleiten (§ 201 Abs. 2 Satz 1 BewG).

BEISPIEL

Bewertungsstichtag ist der 15.02. 2019, das vom Kalenderjahr abweichende Wirtschaftsjahr der GmbH beginnt am 01.07.

LÖSUNG Der Ermittlungszeitraum umfasst die Wirtschaftsjahre 2015/2016, 2016/2017, und 2017/2018 bzw. die Ergebnisse aus den Bilanzstichtagen zum 30.06.2016, 30.06.2017 und 30.06.2018.

Die Summe der Betriebsergebnisse der drei Wirtschaftsjahre ist **durch drei zu dividieren** und ergibt den **Durchschnittsertrag** (§ 201 Abs. 2 Satz 3 BewG). Das Ergebnis stellt den **Jahresertrag** dar (§ 201 Abs. 2 Satz 4 BewG). Bei der Ermittlung des Durchschnittsertrages sind die einzelnen Jahre **gleichwertig** einzubeziehen.

BEISPIEL

Bewertungsstichtag ist der 15.02. 2019, das Wirtschaftsjahr der GmbH entspricht dem Kalenderjahr. Die Betriebsergebnisse betragen:

- 2016 = 89 450 €,
- 2017 = 67 770 €,
- 2018 = 93 810 €,
- 2019 = 89 290 €.

LÖSUNG Der Durchschnittsertrag ergibt sich aus den Gewinnen der Wirtschaftsjahre 2016 bis 2018 und beträgt 83 676 €. Dies stellt zugleich den maßgebenden Jahresertrag dar (§ 201 Abs. 2 Sätze 3 und 4 BewG). Das Ergebnis aus dem Wirtschaftsjahr 2019 ist nur in besonderen Ausnahmefällen heranzuziehen, vgl. § 201 Abs. 2 Satz 2 BewG.

In Sonderfällen kann ein **verkürzter Ermittlungszeitraum** in Betracht kommen (vgl. § 201 Abs. 3 BewG). Dies ist der Fall, wenn sich der Charakter des Unternehmens, z. B. durch grundlegende Veränderung der Produktion, **nachhaltig** verändert. Ein verkürzter Ermittlungszeitraum muss stets **zwei volle Wirtschaftsjahre** umfassen, die Summe der Betriebsergebnisse ist durch 2 zu dividieren (R B 201 Abs. 2 Satz 3 ErbStR).

Ist das erste Wirtschaftsjahr des Dreijahreszeitraums bei einer **Neugründung** ein **Rumpfwirtschaftsjahr**, ist nicht das Ergebnis des Rumpfwirtschaftsjahrs, sondern das volle Betriebsergebnis des letzten noch nicht abgelaufenen Wirtschaftsjahrs einzubeziehen (Auffassung der Finanzverwaltung nach R B 201 Abs. 4 Satz 1 ErbStR). Die Finanzverwaltung bezieht sich hierbei auf § 201 Abs. 2 Satz 2 BewG. In derartigen Fällen kann aber auch § 201 Abs. 3 Satz 1 BewG herangezogen werden, danach kann bei Neugründungen von einem entsprechend verkürzten Ermittlungszeitraum ausgegangen werden. Bei Neugründungen innerhalb eines Jahres vor dem Bewertungsstichtag ist das vereinfachte Ertragswertverfahren nicht anwendbar (R B 199.1 Abs. 6 Nr. 2 ErbStR). Aus Vereinfachungsgründen lässt die Finanzverwaltung in diesem Fall den Ansatz des Substanzwertes zu, sofern dies nicht zu unzutreffenden Ergebnissen führt.

BEISPIEL

Die A-GmbH wurde zum 01.09. 2016 gegründet, Bewertungsstichtag ist der 15.02. 2019. Das Wirtschaftsjahr der GmbH entspricht dem Kalenderjahr.

LÖSUNG Die letzten drei vor dem Bewertungsstichtag abgelaufenen Wirtschaftsjahre beinhalten zu Beginn grundsätzlich auch das Rumpfwirtschaftsjahr 01.09. 2016 –31.12. 2016. Der Ermittlungszeitraum umfasst nach R B 201 Abs. 4 Satz 1 ErbStR die Wirtschaftsjahre 2017, 2018 und das komplette Wirtschaftsjahr 2019. Damit wird das am Bewertungsstichtag noch nicht abgelaufene Wirtschaftsjahr berücksichtigt. Die Bewertung kann erst nach Ablauf des Jahres 2019 erfolgen. Die Lösung ist gerechtfertigt, da die zukünftig erzielbaren Erträge in die Bewertung einfließen sollen. Der Gewinn des Wirtschaftsjahres 2019 berücksichtigt dies besser als der Gewinn des Rumpf-Wirtschaftsjahres 2015. Abweichend hiervon ist bei Anwendung des § 201 Abs. 3 Satz 1 BewG von einem verkürzten Ermittlungszeitraum über die Wirtschaftsjahre 2017 und 2018 auszugehen.

3.6.3.4 Betriebsergebnis

Ausgangswert zur Ermittlung des Betriebsergebnisses ist gem. § 202 Abs. 1 Satz 1 BewG der **steuerliche Gewinn** i. S. d. § 4 Abs. 1 Satz 1 EStG. **Außerbilanzielle** Korrekturen bleiben **unberücksichtigt**, dies sind insbesondere nicht abziehbare Betriebsausgaben nach § 4 Abs. 5 EStG oder Hinzurechnung bzw. Kürzungen wegen der Bildung oder Auflösung eines Investitionsabzugsbetrages. Die Einkünfte aus Gewerbebetrieb oder auch das zu versteuernde Einkommen der Kapitalgesellschaft sind ohne Bedeutung. Um einen möglichst objektiven und rechtsformneutralen Wert zu erzielen, ist der Ausgangswert (= steuerliche Gewinn) noch zu korrigieren. So sind beispielsweise nur lineare Absetzungen für Abnutzungen bei Anlagegütern anzusetzen. Weiterhin ist ein angemessener Unternehmerlohn abzuziehen, soweit in der Gewinnermittlung noch kein Ansatz erfolgte. Diese Korrektur betrifft Personenunternehmen, da hier der Unternehmerlohn den Gewinn nicht mindert. Enthält der Ausgangswert Aufwendungen bzw. Erträge zu Wirtschaftsgütern, die gesondert mit dem gemeinen Wert anzusetzen sind (§ 200 Abs. 2–4 BewG), sind diese zu neutralisieren, um eine doppelte Erfassung zu verhindern. Hierzu zählen beispielsweise Aufwendungen im Zusammenhang mit nicht betriebsnotwendigem Vermögen oder Erträge aus Beteiligungen. Zu den Korrekturen vgl. auch R B 202 Abs. 3 ErbStR.

Hinzurechnungen gem. § 202 Abs. 1 Satz 2 **Nr. 1** BewG sind:

- Investitionsabzugsbeträge, die den Gewinn gemindert haben,
- **Sonderabschreibungen** oder erhöhte Absetzungen, Bewertungsabschläge, Zuführungen zu steuerfreien Rücklagen sowie **Teilwertabschreibungen**; Anzusetzen sind nur die normalen (linearen) Absetzungen für Abnutzungen;
- Absetzungen auf den **Geschäfts- oder Firmenwert**;
- einmalige **Veräußerungsverluste** sowie außerordentliche Aufwendungen;
- im Gewinn nicht enthaltene Investitionszulagen, soweit in Zukunft mit weiteren zulagenbegünstigten Investitionen in gleichem Umfang gerechnet werden kann;
- der **Ertragsteueraufwand** (Körperschaftsteuer, Zuschlagsteuern und Gewerbesteuer);
- Aufwendungen, die im Zusammenhang stehen mit nicht betriebsnotwendigem Vermögen und jungem Betriebsvermögen (§ 200 Abs. 2 und 4 BewG, Ansatz mit dem gemeinen Wert), und übernommene Verluste aus Beteiligungen i. S. d. § 200 Abs. 2 bis 4 BewG (Einzelheiten hierzu s. R B 202 Abs. 3 Satz 2 Nr. 1 Buchst. f ErbStR).

Kürzungen gem. § 202 Abs. 1 Satz 2 **Nr. 2** BewG sind:

- gewinnerhöhende **Auflösungsbeträge steuerfreier Rücklagen** sowie Gewinne aus der Anwendung des § 6 Abs. 1 Nr. 1 Satz 4 und Nr. 2 Satz 3 EStG;
- einmalige **Veräußerungsgewinne** sowie außerordentliche Erträge;
- im Gewinn enthaltene Investitionszulagen, soweit in Zukunft nicht mit weiteren zulagenbegünstigten Investitionen in gleichem Umfang gerechnet werden kann;

- ein **angemessener Unternehmerlohn**, soweit in der bisherigen Ergebnisrechnung kein solcher berücksichtigt worden ist (Einzelheiten hierzu s. R B 202 Abs. 3 Satz 2 Nr. 2 Buchst. d ErbStR);
- Erträge aus der **Erstattung von Ertragsteuern** (Körperschaftsteuer, Zuschlagsteuern und Gewerbesteuer);
- Erträge, die im Zusammenhang stehen mit Vermögen i. S. d. § 200 Abs. 2 bis 4 BewG (nicht betriebsnotwendiges Vermögen, junges Betriebsvermögen).

Gem. § 202 Abs. 1 Satz 2 Nr. 3 BewG sind hinzuzurechnen oder abzuziehen sonstige wirtschaftlich nicht begründete Vermögensminderungen oder -erhöhungen mit Einfluss auf den zukünftig nachhaltig zu erzielenden Jahresertrag und mit gesellschaftsrechtlichem Bezug, soweit sie nicht bereits als Hinzurechnung oder Kürzung berücksichtigt wurden. Hierzu zählen z. B. **verdeckte Gewinnausschüttungen** sowie unangemessene Pachtzahlungen für die Nutzung von Wirtschaftsgütern bei Personenunternehmen.

Eine weitere wichtige Kürzung ergibt sich aus § 202 Abs. 3 BewG. Da das Verfahren rechtsformneutral ausgestaltet ist, werden in einem ersten Schritt Ertragsteueraufwendungen dem Ausgangswert wieder hinzugerechnet und Erstattungen aus Ertragsteuern entsprechend gekürzt (s. oben bei Hinzurechnungen und Kürzungen). In einem zweiten Schritt wird ein positives Betriebsergebnis um einen **pauschalen Ertragsteueraufwand** i. H. v. **30 %** gemindert. Der pauschale Ertragsteueraufwand ist unabhängig von der Rechtsform des Unternehmens und der tatsächlichen Steuerbelastung in den betreffenden Wirtschaftsjahren anzusetzen. Bei negativen Betriebsergebnissen erfolgt kein Abzug. Der pauschale Ertragsteueraufwand ist auch abzugsfähig, wenn keine Gewerbesteuerpflicht besteht (insbesondere bei Freiberuflern).

3.6.3.5 Kapitalisierungsfaktor

Für Bewertungsstichtage, die nach dem 31.12.2015 beginnen, beträgt der Kapitalisierungsfaktor gem. § 203 Abs. 1 BewG 13,75. Geändert wurde § 203 BewG durch das Gesetz zur Anpassung des Erbschaftsteuer- und Schenkungsteuergesetzes an die Rechtsprechung des BVerfG vom 04.11.2016. Für vorhergehende Bewertungsstichtage entspricht der Kapitalisierungsfaktor dem Kehrwert des Kapitalisierungszinssatzes und beträgt für Bewertungsstichtage in 2015 **18,2149** (§ 203 Abs. 3 BewG). Der variable Basiszins wird um einen festen – pauschalen – Zuschlag von 4,5 erhöht (§ 203 Abs. 1 BewG). Der jeweils gültige Basiszins wurde vom BMF veröffentlicht (zuletzt für 2015: BMF vom 04.01. 2016 BStBl I 2016, 5).

Übersicht der Basiszinssätze und Kapitalisierungsfaktoren für Stichtage in 2012–2015:

	2012	2013	2014	2015
Basiszins	2,44	2,04	2,59	0,99
Zuschlag	4,50	4,50	4,50	4,50
Kapitalisierungszins	6,94	6,54	7,09	5,49
Kapitalisierungsfaktor	**14,4092**	**15,2905**	**14,1043**	**18,2149**
§ 203 BewG enthält keine Rundungsregelung. Die Rundung auf vier Nachkommastellen stellt daher nur eine Vereinfachung dar und ist nicht zwingend anzuwenden. Ab 2016 beträgt der gesetzliche Kapitalisierungsfaktor 13,75.				

3.6.3.6 Nicht betriebsnotwendiges Vermögen

Durch den Ertragswert wird nur das betriebsnotwendige Vermögen erfasst. Bei der Bewertung im vereinfachten Ertragswertverfahren werden die Wirtschaftsgüter des nicht betriebsnotwendigen Vermögens **zusätzlich** zu dem Ertragswert mit dem **gemeinen Wert** angesetzt (§ 200 Abs. 2 BewG). Die in diesem Zusammenhang bestehenden Schulden sind zuvor zu kürzen, es erfolgt nur eine Hinzurechnung des **Nettovermögens**. Nicht betriebsnotwendige Wirtschaftsgüter sind beispielsweise Mietwohngrundstücke eines Produktionsbetriebes oder auch als Geldanlage gehaltene Aktien. Erträge und Aufwendungen im Zusammenhang mit nicht betriebsnotwendigem Vermögen sind bei der Ermittlung des Jahresertrags auszuscheiden (§ 202 Abs. 1 Satz 2 Nr. 1 Buchst. f und Nr. 2 Buchst. f BewG).

Betriebsgrundstücke (§ 99 Abs. 1 BewG) sind mit dem nach § 151 Abs. 1 Satz 1 Nr. 1 BewG gesondert festgestellten **Grundbesitzwert** anzusetzen. Für die Bewertung von Betriebsgrundstücken gelten die §§ 157 ff. BewG.

BEISPIEL

Karoline überträgt Anteile an der K-GmbH zum 01.05.2019 unentgeltlich auf ihren Sohn Carl. Zum Betriebsvermögen des Produktionsbetriebes gehört auch ein Mietwohngrundstück. Das Mietwohngrundstück ist mit 100 000 € für den Grund und Boden sowie mit 450 000 € für das Gebäude bilanziert. Ein zur Finanzierung der AK aufgenommenes Darlehen besteht noch i. H. v. 80 000 € und ist in dieser Höhe passiviert. Die AK für das gesamte Grundstück betrugen 610 000 €. Der Grundbesitzwert beläuft sich auf 580 000 €.
Der Ertragswert (§ 200 Abs. 1 BewG) der GmbH beträgt 1 Mio. €.
Zu ermitteln ist der gemeine Wert des Betriebsvermögens der GmbH im vereinfachten Ertragswertverfahren.

LÖSUNG Da das Mietwohngrundstück ohne Beeinträchtigung der eigentlichen Unternehmenstätigkeit (Produktionsbetrieb) aus dem Unternehmen gelöst werden könnte, handelt es sich um nicht betriebsnotwendiges Vermögen i. S. d. § 200 Abs. 2 BewG. Das Mietwohngrundstück ist mit dem gesondert festgestellten Grundbesitzwert anzusetzen (§ 151 Abs. 1 Nr. 1 BewG). Die Schulden sind i. H. d. Nennwertes abzuziehen.

Ertragswert betriebsnotwendiges Vermögen (§ 200 Abs. 1 BewG)	1 000 000 €
+ Grundbesitzwert Mietwohngrundstück (§ 200 Abs. 2 BewG)	580 000 €
./. Schulden (§ 200 Abs. 2 BewG)	80 000 €
= Wert nach dem vereinfachten Ertragswertverfahren	1 500 000 €

3.6.3.7 Beteiligungen

§ 200 Abs. 3 BewG sieht den gesonderten Ansatz von Beteiligungen vor. Auch hier wird der gemeine Wert der Beteiligungen **zusätzlich** zum Ertragswert angesetzt. Hinzuzurechnen ist der **Nettowert** nach Abzug der Schulden. Betroffen sind aber nur die **betriebsnotwendigen** Beteiligungen, da nicht betriebsnotwendige Wirtschaftsgüter bereits unter die Regelung des § 200 Abs. 2 BewG fallen. Zu den betriebsnotwendigen Beteiligungen zählen beispielsweise **Anteile an Tochtergesellschaften**. Einzelheiten zu Beteiligungen s. R B 200 Abs. 3 ErbStR.

Erträge aus betriebsnotwendigen Beteiligungen sind gem. § 202 Abs. 1 Satz 2 Nr. 2 Buchst. f BewG bei der Ermittlung des Betriebsergebnisses **abzuziehen**, um eine doppelte Erfassung dieser Erträge auszuschließen. Die Erträge sind bereits bei der Bewertung der Beteiligungen berücksichtigt worden. **Nicht** zu korrigieren sind allerdings **Finanzierungsaufwendungen** im Zusammenhang mit der Anschaffung der Beteiligung, diese Aufwendungen haben das Betriebsergebnis zutreffend gemindert, eine doppelte Erfassung ist insoweit nicht gegeben (R B 202 Abs. 3 Satz 2 Nr. 1 Buchst. f Satz 2 ErbStR).

a) Anteile an Kapitalgesellschaften:

- hinzugerechnet wird der gemeine Wert der Beteiligung (§ 151 Abs. 1 Satz 1 Nr. 3 BewG),
- keine Saldierung mit Schulden (R B 200 Abs. 3 Satz 8 ErbStR),
- keine Hinzurechnung der Schuldzinsen beim Ausgangswert (R B 200 Abs. 3 Satz 9 ErbStR).

b) Anteile an Personengesellschaften:

- hinzugerechnet wird der Anteil am Betriebsvermögenswert (§ 151 Abs. 1 Satz 1 Nr. 2 BewG),
- Schulden sind bereits bei der Bewertung des Betriebsvermögens der Personengesellschaft als Sonderbetriebsvermögen berücksichtigt (R B 200 Abs. 3 Satz 10 ErbStR),
- Schuldzinsen werden nicht gesondert berücksichtigt, der Ausgangswert wird bereits um den Gewinn- bzw. Verlustanteil (inkl. Ergebnisse lt. Sonderbilanz) korrigiert (R B 200 Abs. 3 Satz 11 ErbStR).

3.6.3.8 Junges Betriebsvermögen

Innerhalb von **zwei Jahren vor** dem Bewertungsstichtag **eingelegte** Wirtschaftsgüter und Schulden werden gem. § 200 Abs. 4 BewG außerhalb des Ertragswertes mit dem **gemeinen Wert** angesetzt. Damit zusammenhängende Erträge und Aufwendungen werden bei der Ermittlung des Jahreswertes korrigiert (§ 202 Abs. 1 Satz 2 Nr. 1 Buchst. f und Nr. 2 Buchst. f BewG).

BEISPIEL

Dorothea überträgt Anteile an der D-GmbH zum 01.06. 2019 unentgeltlich auf ihren Sohn Daniel. Folgende Wirtschaftsgüter sind in den letzten Jahren eingelegt worden:

- am 01.08. 2018 ein unbebautes Grundstück als Lagerplatz, Grundbesitzwert 100 000 €,
- am 01.12. 2017 ein Kleintransporter zur Auslieferung von Waren, gemeiner Wert 25 000 €,
- am 01.08. 2016 ein Mietwohngrundstück (ausschließlich fremde Wohnzwecke), Grundbesitzwert 250 000 €.

Der Ertragswert (§ 203 BewG) der GmbH beträgt 1 Mio. €.
Zu ermitteln ist der gemeine Wert des Betriebsvermögens der GmbH im vereinfachten Ertragswertverfahren.

LÖSUNG Der Lagerplatz und der Kleintransporter gehören zum betriebsnotwendigen Vermögen. Da beide Wirtschaftsgüter innerhalb von zwei Jahren eingelegt worden sind, greift § 200 Abs. 4 BewG. Der Lagerplatz ist mit dem Grundbesitzwert anzusetzen. Das Mietwohngrundstück gehört zum nicht betriebsnotwendigen Vermögen i. S. d. § 200 Abs. 2 BewG. Eine Korrektur erfolgt hierfür unabhängig von der Zwei-Jahres-Frist.

Ertragswert betriebsnotwendiges Vermögen (§ 200 Abs. 1 BewG)	1 000 000 €
+ Grundbesitzwert Mietwohngrundstück § 200 Abs. 2 BewG)	250 000 €
+ Grundbesitzwert Lagerplatz (§ 200 Abs. 4 BewG)	100 000 €
+ gemeiner Wert Kleintransporter (§ 200 Abs. 4 BewG)	25 000 €
= Wert nach dem vereinfachten Ertragswertverfahren	1 375 000 €

3.6.4 Substanzwert

Als **Mindestwert** sieht § 11 Abs. 2 Satz 3 BewG den Ansatz des Substanzwertes vor. Die Ermittlung des Substanzwertes erfordert eine **Einzelbewertung** des Betriebsvermögens (§ 2 Abs. 3 BewG). Der Substanzwert ist nicht zu prüfen, wenn der Wert gem. § 11 Abs. 2 Satz 1 BewG aus Verkäufen abgeleitet wird. Ein Mindestwert ist somit zu prüfen, wenn die Bewertung

- nach einer ertragsorientierten Methode,
- einer anderen branchenüblichen Methode oder
- im vereinfachten Ertragswertverfahren

erfolgt ist.

In die Mindestwertermittlung sind **dem Grunde nach** alle Wirtschaftsgüter einzubeziehen, die nach den §§ 95 bis 97 BewG zum Betriebsvermögen gehören (vgl. R B 11.5 Abs. 2 ErbStR). Die §§ 99 und 103 BewG sind anzuwenden. Diese Vorschriften enthalten die Regelungen zum Ansatz von Betriebsgrundstücken sowie Schulden und sonstige Abzüge. Nach § 95 BewG sind somit alle Wirtschaftsgüter einzubeziehen, die zum **ertragsteuerlichen Betriebsvermögen** gehören. **Betriebsgrundstücke** zählen **insoweit** zum bewertungsrechtlichen Betriebsvermögen, als sie ertragsteuerlich zum Betriebsvermögen zählen. Bei Kapitalgesellschaften zählen alle Wirtschaftsgüter zum Betriebsvermögen, die der Gesellschaft gehören (§ 97 Abs. 1 Satz 1 BewG). Grundstücke im Eigentum der Kapitalgesellschaft stellen damit stets Betriebsgrundstücke dar. Bei einem Einzelunternehmen kann ein Grundstück ganz, teilweise oder gar nicht zum Betriebsvermögen gehören (vgl. insbesondere R 4.2 Abs. 4, 7 EStR). Bei der Ermittlung des Substanzwertes für Einzelunternehmen ist der Grundbesitzwert daher ggf. nur anteilig anzusetzen.

Die einzelnen Wirtschaftsgüter des Betriebsvermögens sind **der Höhe nach** grundsätzlich mit dem **gemeinen Wert** zu erfassen. Spezielle Bewertungsmethoden zur Ermittlung des gemeinen Wertes sind dabei zu beachten, so ist inländischer Grundbesitz (insbesondere **Betriebsgrundstücke**) mit dem **Grundbesitzwert** (§ 157 ff. BewG) anzusetzen.

Einige Klarstellungen sind im R B 11.5 ErbStR dargestellt. So sind beispielsweise handelsrechtlich zulässige Drohverlustrückstellungen anzusetzen, obwohl für diese steuerrechtlich ein Passivierungsverbot besteht (R B 11.5 Abs. 3 Satz 3 ErbStR). Eine wichtige **Vereinfachungsregelung** betrifft das Anlagevermögen. Nach R B 11.5 Abs. 7 ErbStR können Wirtschaftsgüter des **beweglichen abnutzbaren Anlagevermögens** mit 30 % der Anschaffungs- oder Herstellungskosten angesetzt werden, sofern dies nicht zu unzutreffenden Ergebnissen führt. Wirtschaftsgüter des **Umlaufvermögens** sind mit ihren **Wiederbeschaffungskosten** zum Bewertungsstichtag anzusetzen (R B 11.5 Abs. 8 ErbStR). **Rücklagen** und Ausgleichsposten mit Rücklagencharakter sind nicht abzugsfähig, da sie Eigenkapitalcharakter haben (§ 103 Abs. 3 BewG, R B 11.5 Abs. 4 ErbStR). Hierunter fallen insbesondere die Rücklagen nach § 6 b Abs. 3 EStG (Rücklage für Übertragung aufgedeckter stiller Reserven), R 6.5 Abs. 4 EStR (Rücklage für im Voraus gewährte Zuschüsse) und R 6.6 Abs. 4 EStR (Rücklage für Ersatzbeschaffung),

Die Ermittlung des Substanzwertes ist zum **Bewertungsstichtag** vorzunehmen. Stimmt dieser Stichtag nicht mit dem Bilanzstichtag überein, kann der Wert des Vermögens aus der Vermögensaufstellung des letzten vor dem Bewertungsstichtag endenden Wirtschaftsjahres abgeleitet werden (R B 11.6 Abs. 2 und 3 ErbStR). Der aus dieser Vermögensaufstellung gebildete Ausgangswert ist unter Berücksichtigung der bis zum Bewertungsstichtag eingetretenen Veränderungen zu korrigieren. Als Korrekturen kommen beispielsweise in Betracht:

- Hinzurechnung des **anteiligen Gewinns** bzw. Kürzung des **anteiligen Verlustes**, der auf den Zeitraum vom letzten Bilanzstichtag vor dem Bewertungsstichtag bis zum Bewer-

tungsstichtag entfällt, der Gewinn ist zu korrigieren um Abschreibungen für betrieblichen Grundbesitz (vgl. R B 11.6 Abs. 3 Satz 2 Nr. 1 Satz 3 und Satz 4 ErbStR);
- weitere Vermögensveränderungen infolge Veräußerung oder Erwerb von Anlagevermögen (vgl. R B 11.6 Abs. 3 Satz 2 Nr. 2 ErbStR);
- Vermögensabfluss durch Gewinnausschüttungen (R B 11.6 Abs. 3 Satz 2 Nr. 3 ErbStR);
- Vermögenszuführungen oder -abflüsse infolge von Kapitalerhöhungen oder Kapitalherabsetzungen (R B 11.6 Abs. 3 Satz 2 Nr. 4 ErbStR);
- Vermögenszuführungen durch verdeckte Einlagen (R B 11.6 Abs. 3 Satz 2 Nr. 5 ErbStR).

BEISPIEL

Carmen ist mit 80 % am Stammkapital der C-GmbH beteiligt. Sie überträgt die Hälfte ihrer Anteile zum 01. 05. 2019 unentgeltlich auf ihren Sohn Stefan. Eine Ableitung aus Verkäufen ist nicht möglich. Der im vereinfachten Ertragswertverfahren ermittelte Wert des Betriebsvermögens der GmbH beträgt 1 950 600 €. Zum Bilanzstichtag 31. 12. 2018 gehören zum Betriebsvermögen:
- bebaute Betriebsgrundstücke, Grundbesitzwert 800 000 €,
- gemeine Werte weiteres Anlagevermögen 590 000 €,
- gemeine Wert Umlaufvermögen 120 000 €,
- aktiver Rechnungsabgrenzungsposten 1 700 €,
- Verbindlichkeiten 245 000 €,
- Rückstellungen 31 000 €,
- Rücklage nach § 6b EStG 20 000 €.

Der steuerliche Gewinn der GmbH beträgt im Wirtschaftsjahr 2019 90 000 €, hiervon entfallen auf den Zeitraum Januar bis April 30 000 €.
Zwischen Bilanzstichtag und Bewertungsstichtag sind folgende Vorgänge zu beachten:
- anteilige Gebäudeabschreibung für Betriebsgrundstücke 4 000 €,
- Gewinnausschüttung für 2018 insgesamt 60 000 €,
- sonstiger betrieblicher Ertrag aus Veräußerung von Anlagevermögen im März 3 000 €, zutreffend verbucht und im o. g. Gewinn enthalten.

Wie hoch ist der Substanzwert zum Bewertungsstichtag?

LÖSUNG Der Substanzwert ist gem. § 11 Abs. 2 Satz 3 BewG als Mindestwert zu beachten. Dabei erfolgt eine Einzelbewertung der Wirtschaftsgüter des Betriebsvermögens der GmbH. Aus Vereinfachungsgründen kann der Wert aus der zum letzten Bilanzstichtag (31. 12. 2018) erstellten Vermögensaufstellung abgeleitet werden, R B 11.6 Abs. 2 Satz 1 ErbStR. Dabei ist zunächst der Ausgangswert zum 31. 12. 2018 zu ermitteln und anschließend um Veränderungen zwischen dem 31. 12. 2018 und dem 01. 05. 2019 zu korrigieren, R R 11.6 Abs. 2 Satz 2 i. V. m. Abs. 3 ErbStR.

Betriebsgrundstück, Grundbesitzwert	800 000 €
+ gemeiner Wert Anlagevermögen	590 000 €
+ gemeiner Wert Umlaufvermögen	120 000 €
+ aktiver Rechnungsabgrenzungsposten	1 700 €
= **Rohbetriebsvermögen**	1 511 700 €
./. Verbindlichkeiten	245 000 €
./. Rückstellungen	31 000 €
Rücklage ist nicht abzuziehen	
= **Ausgangswert** zum 31. 12. 2018	**1 235 700 €**
Korrekturen zum Bewertungsstichtag	
+ anteiliger Gewinn Januar – April	30 000 €
+ Gebäude-AfA, soweit diese den Gewinn gemindert hatte	4 000 €
./. Vermögensabfluss durch Gewinnausschüttung	60 000 €
sonstiger betrieblicher Ertrag ist nicht gesondert zu korrigieren, da bereits im anteiligen Gewinn erfasst und korrigiert	
= **Substanzwert** 01. 05. 2019	**1 209 700 €**

3.7 Zusammenfassendes Prüfungsschema

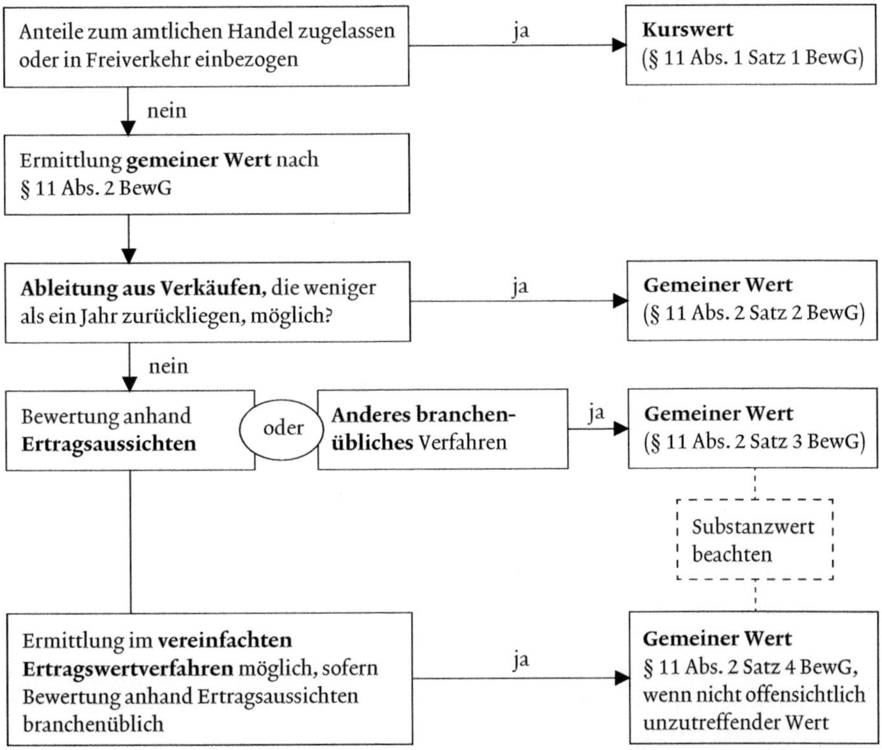

4 Grundbesitzbewertung

Aufgrund des **Beschlusses des BVerfG** vom 07.11. 2006 (1 BvL 10/02, BStBl II 2007, 192) hat der Gesetzgeber die Grundbesitzbewertung für erbschaft- und schenkungsteuerliche Zwecke **ab 2009** neu geregelt, und zwar im 6. Abschn. des 2. Teils des BewG. Die Verknüpfung zum BewG schafft § 12 Abs. 3 ErbStG. Die Bewertungsmethoden sind am gemeinen Wert ausgerichtet (§ 177 BewG). Der gemeine Wert entspricht inhaltlich dem Verkehrswert nach § 194 BauGB. Mit den neuen Bewertungsmethoden soll eine Annäherung an das Marktwertniveau erreicht werden. Bei der bisherigen Bewertung nach dem 4. Abschn. des BewG sind durchschnittlich nur etwa 60 % des gemeinen Wertes erreicht worden (s. Gesetzesbegründung BT-Drs. 16/7918, 44).

Für Zwecke der Erbschaft- und Schenkungsteuer gelten für die Bewertung von Grundbesitz – zeitlich – die folgenden Bewertungsvorschriften des 2. Teils des BewG:

- Erster Abschnitt (Einheitsbewertung) bis 31.12. 1995,
- Vierter Abschnitt (Bedarfsbewertung) 01.01. 1996 bis 31.12. 2008,
- Sechster Abschnitt (Bedarfsbewertung) ab 01.01. 2009.

Die Bedarfsbewertung nach dem 4. Abschn. galt zunächst weiterhin für die Bewertung für Zwecke der **Grunderwerbsteuer** (§ 8 Abs. 2 Satz 1 GrEStG). Nachdem aber das BVerfG (Entscheidung vom 23.06.2015) den Verweis in § 8 Abs. 2 GrEStG auf § 138 BewG als verfassungswidrig eingestuft hatte, gilt rückwirkend für Erwerbsvorgänge, die nach dem 31.12.2008 verwirklicht werden, die Grundbesitzbewertung nach dem 6. Abschnitt (§§ 157 ff. BewG) für die Ermittlung der Bemessungsgrundlage. Dies führt in aller Regel zu einer Erhöhung der grunderwerbsteuerlichen Bemessungsgrundlage. Die rückwirkende Änderung gilt daher nur soweit § 176 Abs. 1 Nr. 1 AO dem nicht entgegensteht (vgl. BT-Drs. 18/6094, 91).

4.1 Bedarfsbewertung

Bei der Einheitsbewertung 1964 wurden alle wirtschaftlichen Einheiten des Grundvermögens sowie der Land- und Forstwirtschaft flächendeckend bewertet. Von dem Prinzip der flächendeckenden Bewertung hat sich der Gesetzgeber bei der Grundbesitzbewertung ab 1996 verabschiedet. Zwei Punkte sind in diesem Zusammenhang zu beachten:

1. Die Grundbesitzwerte gelten nicht – wie die alten Einheitswerte – für alle Substanzsteuern, sondern **nur für Zwecke der Erbschaft- und Grunderwerbsteuer**. Die alten Einheitswerte 1964 bleiben damit für die Grundsteuer und für die Gewerbesteuer maßgebend.
2. Die neuen Grundbesitzwerte sind nur dann zu ermitteln, wenn sie für erbschaft- und schenkungsteuerliche Zwecke oder in Ausnahmefällen für grunderwerbsteuerliche Zwecke benötigt werden (§ 151 Abs. 1 Satz 1 Nr. 1 BewG). Dies hat folgenden Hintergrund: Hätte sich der Gesetzgeber für eine flächendeckende Neubewertung entschieden, so hätte er ca. 25 Mio. Grundstücke und ca. 5 Mio. land- und forstwirtschaftliche Betriebe in den alten und neuen Bundesländern bewerten müssen, obwohl hiervon nur 1 % im Kalenderjahr, also ca. 300 000 wirtschaftliche Einheiten, zur Besteuerung herangezogen werden. Um hier zu einer praktikableren Regelung zu kommen, ist die neue Grundbesitzbewertung auf die Fälle beschränkt worden, in denen sich bei der Erbschaft- und Grunderwerbsteuer ein praktisches Bedürfnis ergibt. Der Grundbesitzwert muss für eine materielle Steuerfestsetzung von Bedeutung sein. Man spricht in diesem Zusammenhang von **Bedarfsbewertung**.

Der **Ablauf der Bedarfsbewertung** stellt sich im Regelfall wie folgt dar: Beim Erbschaftsteuerfinanzamt geht eine Anzeige, z. B. von einer Bank, einem Notar, einem Vermögensverwalter oder einem Vermögensverwahrer ein, die nach Überprüfung durch die Erbschaftsteuerstelle zumindest eine Steuerfestsetzung für möglich erscheinen lässt. Ist Gegenstand dieser möglichen Steuerfestsetzung u. a. Grundbesitz, so wird das Erbschaftsteuerfinanzamt von dem zuständigen Lagefinanzamt einen Grundbesitzwert anfordern. Die Bewertungsstelle des zuständigen Lagefinanzamts oder die Erbschaftsteuerstelle selbst wird daraufhin von dem Erwerber eine Feststellungserklärung anfordern, in der die für die Feststellung des Grundbesitzwerts erforderlichen Grundstücksdaten abgefragt werden. Aufgrund dieser Feststellungserklärung wird dann ein Grundbesitzwert ermittelt, der dem Erwerber in Form eines Feststellungsbescheids mitgeteilt wird; die Erbschaftsteuerstelle erhält hierüber eine Mitteilung. Nunmehr ist die Erbschaftsteuerstelle in der Lage, unter Ansatz des mitgeteilten Grundbesitzwerts oder eines Anteils daran die Erbschaft- oder Schenkungsteuer-Veranlagung durchzuführen. Die Erbschaftsteuerstelle hat die Möglichkeit, bereits vor Eingang der Mitteilung über den Grundbesitzwert eine Veranlagung durchzuführen, und zwar unter Berücksichtigung des von ihr geschätzten Grundbesitzwerts. Zum Feststellungsverfahren vgl. auch R B 151.1 ff. ErbStR.

4.1.1 Grundlagencharakter

Der gegenüber dem Erwerber erteilte **Feststellungsbescheid** hat **Grundlagencharakter**. Es gelten die allgemeinen Bestimmungen der AO zu Feststellungs- bzw. Grundlagenbescheiden und deren Bindungswirkung für Folgebescheide (insbes. §§ 182 Abs. 1, 175 Abs. 1 Nr. 1 AO).

Bestehen Einwendungen gegen die Höhe des Grundbesitzwerts, so müssen diese Einwendungen im Einspruchsverfahren gegen den Feststellungsbescheid (= Grundlagenbescheid) vorgetragen werden. Wird die Einspruchsfrist gegen den Feststellungsbescheid versäumt, so können die Einwendungen nicht nachträglich bei der Erbschaft- oder Schenkungsteuer-Festsetzung (= Folgebescheid) geltend gemacht werden. Dies gilt selbst dann, wenn sich wegen der Höhe des persönlichen Freibetrags ursprünglich keine Erbschaft- oder Schenkungsteuer ergeben hat und erst die Zusammenrechnung mehrerer Erwerbe innerhalb des Zehnjahreszeitraums nach § 14 ErbStG zu einer Steuerpflicht führt.

4.1.2 Feststellungsverfahren

Die **Grundbesitzwerte** sind **gesondert festzustellen**, wenn sie für die Erbschaft- und Schenkungsteuer oder für die Grunderwerbsteuer erforderlich sind (§ 151 Abs. 1 Satz 1 Nr. 1 BewG, § 179 Abs. 1 AO). Die Finanzverwaltung führt die Feststellung gesondert und einheitlich durch, wenn ein Grundstück oder Grundstücksanteil im Erbfall auf **mehrere Miterben** übergeht (§ 179 Abs. 2 Satz 2 AO). Die gesonderte Feststellung wird durch das **Lagefinanzamt** durchgeführt (§ 152 Nr. 1 BewG).

Erfolgt eine gesonderte und einheitliche Feststellung, weil mehrere Erben eine Erbengemeinschaft bilden, wird die wirtschaftliche Einheit der Erbengemeinschaft (in Vertretung der Miterben) zugerechnet (§ 151 Abs. 2 Nr. 2 HS 2 BewG und R B 151.2 Abs. 2 Nr. 2 ErbStR). Die Darstellung der Erbquote ist kein Bestandteil des Feststellungsverfahrens, die Ermittlung ist Aufgabe des Erbschaftsteuerfinanzamtes.

Eine gesonderte und einheitliche Feststellung erfolgt generell, wenn mehrere Beteiligte vorhanden sind, § 154 Abs. 1 Satz 2 BewG. Diese Klarstellung gilt erstmals für Bewertungsstichtage ab 01.01.2016. So wird beispielsweise auch bei Schenkungen – anders als bis 31.12.2015 – eine gesonderte und einheitliche Feststellung vorgenommen, denn sowohl Schenker als auch Beschenkter sind Steuerschuldner und somit Beteiligte am Verfahren, § 154 Abs. 1 Nr. 3 BewG. Bisher wurde grds. nur eine gesonderte Feststellung gegenüber dem Beschenkten vorgenommen, soweit dieser die Steuer schuldete. Einzelheiten zur Neuregelung und insbesondere auch zur Bekanntgabe des Feststellungsbescheides in diesen Fällen stellen die gleich lautenden Ländererlasse vom 14.03.2016 (BStBl I 2016, 249) dar.

BEISPIEL

A verschenkt an B ein Grundstück. A und B sind Gesamtschuldner der Schenkungsteuer gemäß § 20 Abs. 1 Satz 1 ErbStG. B als Beschenkter soll für die Zahlung der Schenkungsteuer in Anspruch genommen werden.

LÖSUNG Für den Grundbesitzwert erfolgt eine gesonderte und einheitliche Feststellung gemäß § 151 Abs. 1 Satz 1 Nr. 1 BewG i. V. m. § 154 Abs. 1 Satz 1 Nr. 3 und § 154 Abs. 1 Satz 2 BewG. A und B als Gesamtschuldner sind beide namentlich als Beteiligte im Bescheid aufzuführen. Die Bekanntgabe des Feststellungsbescheids für den Grundbesitzwert erfolgt an den Beteiligten B. Gegenüber dem Beteiligten A kann auf die Bekanntgabe verzichtet werden, weil er die Steuer nicht übernommen hat und auch nicht als Schuldner in Anspruch genommen werden soll.

Sollte A nachträglich als Gesamtschuldner der Schenkungsteuer in Anspruch genommen werden, muss der Bescheid über die gesonderte und einheitliche Feststellung nunmehr gegenüber A (inhaltsgleich) bekannt gegeben werden. A könnte nun auch Einwendungen gegen die ursprüngliche Ermittlung vorbringen. Denn ein Feststellungsbeteiligter kann einen Feststellungsbescheid, der ihm nicht bekanntgegeben wurde, grundsätzlich ohne zeitliche Begrenzung anfechten (vgl. BFH vom 06.07.2011, BStBl II 2012, 5).

Geht ein Grundstück im Rahmen eines Sachvermächtnisses auf einen **Vermächtnisnehmer** über, so ist auch ein Grundbesitzwert **gesondert festzustellen**, die Zurechnung erfolgt gegenüber dem Vermächtnisnehmer.

Auch bei einer mittelbaren Grundstücksschenkung ist der Grundbesitzwert gesondert festzustellen, da dieser als Bemessungsgrundlage für die Ermittlung der Bereicherung herangezogen gilt (siehe F 2.3.3). Ähnliches gilt bei der Einräumung eines Nutzungsrechtes (z. B. Wohn- oder Nießbrauchsrecht). Auch hier kann die Feststellung eines Grundbesitzwertes notwendig sein, da § 16 BewG eine Obergrenze des Jahreswertes auf Basis des Grundbesitzwertes vorsieht. In den Fällen des § 16 BewG erfolgt immer eine gesonderte Feststellung des gesamten Grundbesitzwertes, auch wenn das Nutzungsrecht nur einzelne Gebäudeteile betrifft. Der Grundbesitzwert ist danach anhand der Wohn- bzw. Nutzfläche aufzuteilen (siehe Beispiel unter H 2.10.4)

Ist ein Grundbesitzwert nur mittelbar Besteuerungsgrundlage für die Erbschaft- bzw. Schenkungssteuer, wie z. B. beim Erwerb von Betriebsvermögen, so ist auch in diesen Fällen eine gesonderte Feststellung des Grundbesitzwerts erforderlich. Eine gesonderte Feststellung des Grundbesitzwertes erfolgt beispielsweise, wenn das Grundstück

- zum nicht betriebsnotwendigen Vermögen zählt (§ 200 Abs. 2 BewG),
- junges Betriebsvermögen nach § 200 Abs. 4 BewG darstellt oder
- zum Verwaltungsvermögen gehört (§ 13 b Abs. 4 Nr. 1 ErbStG).

Auch für die Ermittlung des Substanzwertes (§ 11 Abs. 2 Satz 3 BewG) kann eine gesonderte Feststellung erforderlich sein. Weitere Bedarfsfälle sind im R B 151.2 Abs. 8–11 ErbStR dargestellt.

Zur Abgabe der Feststellungserklärung über die Ermittlung des Grundbesitzwerts ist derjenige verpflichtet, für dessen Steuerfestsetzung der Grundbesitzwert benötigt wird (§ 153 BewG). Auf Grund der Feststellungserklärung ergeht dann in dem jeweiligen Fall ein Feststellungsbescheid, der Grundlagenbescheid für die weitere Berechnung bei der Erbschaft- bzw. Schenkungssteuer ist. Neben dem Grundbesitzwert muss der Feststellungsbescheid auch Angaben zur Art der wirtschaftlichen Einheit und zur Zurechnung der wirtschaftlichen Einheit enthalten (§ 151 Abs. 2 BewG).

Im Rahmen der Grundbesitzbewertung ist § 151 Abs. 3 BewG (**Basiswertregelung**) zu beachten. Gesondert festgestellte Grundbesitzwerte sind für nachfolgende Feststellungen innerhalb einer Jahresfrist unverändert zu Grunde zu legen, wenn sich die Verhältnisse nicht wesentlich verändert haben, vgl. § 151 Abs. 3 Satz 1 BewG. Zum Basiswert vgl. auch R B 151.8 ErbStR. Der Ansatz des Basiswertes für den nachfolgenden Besteuerungsfall ist nicht zwingend. Auf Antrag kann eine Grundbesitzbewertung auf den nachfolgenden Bewertungsstichtag erfolgen, R B 151.8 Abs. 1 Satz 6 ErbStR.

4.1.3 Erklärungspflicht

Der Erwerber des Grundbesitzes hat gegenüber dem **Lagefinanzamt** eine **Feststellungserklärung** abzugeben, in der die für die Grundstücksbewertung relevanten Daten anzugeben sind (§ 153 Abs. 1 Satz 1 BewG).

Geht ein Grundstück im Erbfall auf einen Alleinerben über, ist dieser hinsichtlich der Grundstücksbewertung erklärungspflichtig. Bei mehreren Erben ist grundsätzlich der Vertreter der Erbengemeinschaft zur Abgabe der Feststellungserklärung verpflichtet (§ 153 Abs. 2 BewG).

Für die Abgabe der Feststellungserklärung steht dem Erwerber eine **Frist von mindestens einem Monat** zu (§ 153 Abs. 1 Satz 2 BewG). Bei Versäumnis der Erklärungsfrist kann das Lagefinanzamt einen **Verspätungszuschlag** festsetzen oder die Abgabe der Erklärung durch Festsetzung eines Zwangsgelds erzwingen. Eine **Schätzung des Grundbesitzwerts** ist ebenfalls möglich.

4.2 Bewertung unbebauter Grundstücke

Die Bewertung unbebauter Grundstücke ist in §§ 178, 179 BewG geregelt. Ergänzend zu dieser Vorschrift hat die Finanzverwaltung Zweifelsfragen in den ErbStR (R B 179.1 ff. ErbStR) geregelt.

Im Zusammenhang mit der Bewertung von Grundstücken sind folgende Punkte zu klären:

- Bestimmung der wirtschaftlichen Einheit Grundstück
- Umfang der wirtschaftlichen Einheit
- Handelt es sich um ein bebautes oder unbebautes Grundstück?
- Welche Berechnungsgrößen werden benötigt?
- Kann der Steuerpflichtige eine Überbewertung vermeiden?

4.2.1 Wirtschaftliche Einheit Grundstück

Zunächst ist der genaue Bewertungsgegenstand zu bestimmen, die wirtschaftliche Einheit. Die wirtschaftliche Einheit im Grundvermögen ist das Grundstück (§ 70 Abs. 1 BewG). Dabei ist der Begriff des »Grundstücks« i. S. d. BewG nicht gleichbedeutend mit dem zivilrechtlichen Grundstücksbegriff (R B 176.2 Abs. 1 Satz 2 ErbStR). Die wirtschaftliche Einheit »Grundstück« ist nach der Verkehrsanschauung zu ermitteln (§ 2 Abs. 1 Satz 3 BewG). Die Zusammenfassung mehrerer Flächen zu einer wirtschaftlichen Einheit ist nur möglich, wenn diese dem gleichen Eigentümer gehören (§ 2 Abs. 2 BewG).

BEISPIEL

Adalbert ist Eigentümer eines Bauplatzes, seiner Ehefrau gehört die angrenzende Parzelle, ein bebautes Grundstück.

LÖSUNG Eine Zusammenfassung beider Grundstücksflächen zu einer wirtschaftlichen Einheit ist nach § 2 Abs. 2 BewG ausgeschlossen. Dies gilt auch dann, wenn beide Grundstücke zusammen genutzt werden (z. B. einheitliche Umzäunung).

Bei nebeneinander liegenden Grundstücksflächen, die dem gleichen Eigentümer gehören, sind die örtliche Gewohnheit, die tatsächliche Übung, die Zweckbestimmung und die wirtschaftliche Zusammengehörigkeit zu berücksichtigen (§ 2 Abs. 1 Satz 4 BewG). Von einer wirtschaftlichen Einheit mehrerer Parzellen ist dann auszugehen, wenn sich die unbebaute Fläche optisch als Teil des Gesamtgrundstücks darstellt, z. B. durch eine einheitliche Gartenanlage, einheitliche Umzäunung und gemeinsame Bebauung mit Außenanlagen.

BEISPIEL

Berta ist Eigentümerin zweier nebeneinander liegender Bauplätze.

LÖSUNG Möglich ist hier sowohl die Zusammenfassung zu einer wirtschaftlichen Einheit als auch die getrennte Behandlung als zwei wirtschaftliche Einheiten. Entscheidend für die Lösung sind die tatsächlichen Verhältnisse im jeweiligen Einzelfall.

Für eine Zusammenfassung könnte beispielsweise die konkrete Zweckbestimmung sprechen, d. h. die Absicht des Eigentümers, beide Flächen zusammen als Einheit zu nutzen (einheitliche Umzäunung). Hat der Eigentümer hingegen die Absicht, beide Grundstücke zu bebauen und anschließend getrennt zu verkaufen, liegen zwei wirtschaftliche Einheiten vor.

Ist die unbebaute Fläche getrennt von der bebauten Fläche zu bewerten, sind zwei Grundbesitzwerte festzustellen. In den jeweiligen Feststellungsbescheiden ist die wirtschaftliche Einheit genau zu bezeichnen (§ 151 Abs. 2 Nr. 1 BewG).

4.2.2 Umfang der wirtschaftlichen Einheit

Zur wirtschaftlichen Einheit des unbebauten Grundstücks zählen neben dem Grund und Boden auch die sonstigen Bestandteile und das Zubehör (§ 176 Abs. 1 Nr. 1 BewG). Zu den sonstigen Bestandteilen gehören die fest mit dem Grund und Boden verbundenen Sachen (§ 94 Abs. 1 BGB). Dies sind beispielsweise Wegebefestigungen, Terrassen, Umzäunungen, Gartenanlagen sowie Versorgungsleitungen. Mit dem gesondert festgestellten Grundbesitzwert sind sämtliche Wirtschaftsgüter der wirtschaftlichen Einheit abgegolten und bei der Veranlagung zur Erbschaft- oder Schenkungsteuer nicht gesondert anzusetzen.

4.2.3 Begriff des unbebauten Grundstücks

Nach § 178 Abs. 1 BewG sind unbebaute Grundstücke solche Grundstücke, auf denen sich **keine benutzbaren Gebäude** befinden. Ein Grundstück gilt gem. § 178 Abs. 2 BewG als unbebaut, wenn sich auf dem Grundstück Gebäude befinden, die auf Dauer **keiner Nutzung zugeführt** werden können. Führen Umbaumaßnahmen zu einer vorübergehenden Unbenutzbarkeit des Gebäudes, gilt das Grundstück als bebaut (R B 178 Abs. 4 Satz 8 ErbStR).

Unbebaute Grundstücke sind auch Grundstücke **mit im Bau befindlichen Gebäuden**. Ihre Bewertung erfolgt allerdings nicht nach § 179 BewG, sondern nach der Sonderregelung des § 196 BewG. Wegen weiterer Einzelheiten hierzu vgl. 4. 4. 3.

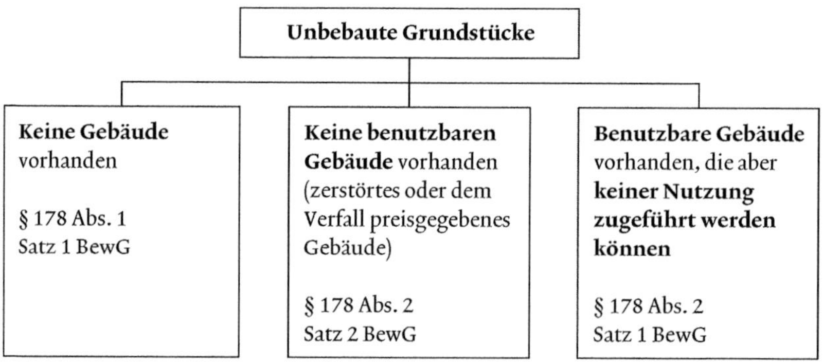

a) Keine Gebäude vorhanden

Unbebaut ist ein Grundstück, wenn sich auf ihm überhaupt keine Bauwerke befinden oder wenn es sich bei den Bauwerken nicht um Gebäude, sondern z. B. Betriebsvorrichtungen handelt. Als **Gebäude** sind solche Bauwerke anzusehen, die Menschen oder Sachen durch räumliche Umschließung Schutz gegen Witterungseinflüsse gewähren, den Aufenthalt von Menschen gestatten, fest mit dem Grund und Boden verbunden, von einiger Beständigkeit und ausreichend standfest sind. Zum Gebäudebegriff vgl. gleichlautende Ländererlasse vom 5.06. 2013 (BStBl I 2013, 734).

Als **Gebäude** kommen beispielsweise auch in Betracht:

- Kiosk,
- Ausstellungshallen,
- Lagerhallen,
- Lagerkeller,
- Garagen und Tiefgaragen.

Nicht als Gebäude zählen beispielsweise folgende **Bauwerke**:

- Brücke,
- Zaun,
- Geräteschuppen,
- Türme von Windkraftanlagen,
- Transformatorhäuschen oder ähnliche kleine Bauwerke,
- mobile Baustellencontainer.

b) Kein benutzbares Gebäude vorhanden

Dies ist der Fall, wenn die Gebäude zerstört sind, so dass sie auf Dauer nicht mehr genutzt werden können (§ 178 Abs. 2 Satz 2 BewG). Ist nur ein Teil des Gebäudes zerstört und kann der restliche Gebäudeteil noch genutzt werden, ist das Gebäude als bebaut anzusehen.

Befinden sich auf dem Grundstück Gebäude, die dem **Verfall preisgegeben** und daher vom Grundstückseigentümer nicht mehr genutzt werden können, liegt ebenfalls ein unbebautes Grundstück vor. Von der Annahme »dem Verfall preisgegeben« ist nur dann auszugehen, wenn erhebliche **Schäden an den konstruktiven Teilen des Gebäudes** eingetreten sind, so dass aus bauordnungsrechtlicher Sicht die sofortige Räumung geboten ist. Dies ist der Fall, wenn der Steuerpflichtige eine Anordnung der Bauaufsichtsbehörde zur sofortigen Räumung seines Grundstücks vorlegen kann (vgl. R B 178 Abs. 4 Satz 4 und 5 ErbStR).

Bei im Bau befindlichen Gebäuden liegt ebenfalls ein unbebautes Grundstück i. S. d. § 178 Abs. 1 Satz 1 BewG vor. Die Bewertung erfolgt aber nicht nach § 179 BewG, sondern nach der Sonderreglung des § 196 BewG. Die Benutzbarkeit eines Gebäudes beginnt im Zeitpunkt der Bezugsfertigkeit (§ 178 Abs. 1 Satz 2 BewG). Die Benutzbarkeit ist gegeben, wenn die Benutzung des Gebäudes zumutbar ist. Entscheidend ist hier die Verkehrsanschauung und nicht die tatsächliche Benutzung oder der Wille des Eigentümers. Mit Abschluss aller wesentlichen Bauarbeiten ist die Benutzbarkeit zumutbar, geringfügige Restarbeiten sind unschädlich (R B 178 Abs. 2 ErbStR).

c) Keine Nutzung

Kann das auf dem Grundstück befindliche Gebäude **keiner Nutzung zugeführt** werden – dies kann bei alten Fabrikgebäuden der Fall sein – ist das Grundstück als unbebaut zu bewerten.

4.2.4 Bewertung unter Ansatz des Bodenrichtwerts

Für die Bewertung unbebauter Grundstücke gilt nach § 179 Satz 1 BewG folgende Gleichung:

$$\text{Grundbesitzwert} = \text{Grundstücksfläche} \times \text{Bodenrichtwert}$$

Die Höhe des Grundbesitzwertes hängt somit entscheidend von der Höhe des aktuellen Bodenrichtwerts ab. Bei dem **Bodenrichtwert** handelt es sich um einen statistischen Durchschnittswert, den der Gutachterausschuss für ein bestimmtes Gebiet aus Kaufpreissammlungen abgeleitet hat. Grundlage für die Ermittlung der Bodenrichtwert ist das Baugesetzbuch (§ 196 BauGB). Die Bodenrichtwerte werden grds. zum Ende eines Kalenderjahres ermittelt (§ 196 Abs. 1 Satz 5 BauGB). Landesrechtlich kann auch ein Zweijahreszeitraum bestimmt sein. Für die Bewertung ist der zuletzt festgestellte Bodenrichtwert anzusetzen (§ 179 Satz 3 BewG). Der Grundbesitzwert ist auf volle Euro abzurunden (R B 179.3 Abs. 1 Satz 2 ErbStR).

BEISPIEL

Ein unbebautes Grundstück mit einer Fläche von 550 m² ist zum 15.01. 2019 für Zwecke der Erbschaftsteuer zu bewerten. Turnusmäßig wurden vom örtlichen Gutachterausschuss folgende Bodenrichtwerte ermittelt:

- zum 31.12. 2016 = 150 €/m²,
- zum 31.12. 2018 = 175 €/m².

Der zum 31.12. 2018 ermittelte Bodenrichtwert liegt dem Finanzamt erst im Februar 2019 vor. Wie hoch ist der Grundbesitzwert?

LÖSUNG Anzusetzen ist der vom Gutachterausschuss zuletzt ermittelte Bodenrichtwert i. H. v. 175 €/m²; (§ 179 Satz 3 BewG). Auf die Mitteilung an das Finanzamt kommt es nicht an. Der Grundbesitzwert beträgt daher 96 250 €.

Der Bodenrichtwert bezieht sich auf ein für ein bestimmtes Gebiet (Bodenrichtwertzone) lagetypisches Grundstück. Dieses Bodenrichtwertgrundstück wird i. d. R. anhand bestimmter Merkmale beschrieben, wie Art der Nutzung (z. B. Wohngebiet oder gewerbliche Baufläche), Bauweise (offene oder geschlossene), Anzahl der Geschosse, bauliche Nutzungsmöglichkeit (z. B. Grundstückstiefe oder Geschossflächenzahl) sowie Erschließungszustand (bereits erschlossen oder noch nicht erschlossen).

Deckt sich das zu bewertende Grundstück in seinen Merkmalen mit denen des Bodenrichtwertgrundstücks, ergibt sich der Grundstückswert nach der oben dargestellten Formel. Häufig werden jedoch die Merkmale des zu bewertenden Grundstücks von denen des Bodenrichtwertgrundstücks abweichen, so dass eine **Korrektur des Bodenrichtwerts** vorzunehmen ist. Hier sieht die Finanzverwaltung in R B 179.2 ErbStR die folgenden wertbeeinflussenden Merkmale vor:

- Geschossflächenzahl (R B 179.2 Abs. 2 ErbStR),
- Grundstücksgröße (R B 179.2 Abs. 3 ErbStR),
- Grundstückstiefe (R B 179.2 Abs. 4 ErbStR),
- Unterteilung in erschließungsbeitragspflichtiges oder erschließungsbeitragsfreies Bauland (R B 179.2 Abs. 6 ErbStR),
- Frei- und Verkehrsflächen (R B 179.2 Abs. 5 ErbStR).

Diese wertbeeinflussenden Merkmale können bei dem zu bewertenden Grundstück nebeneinander vorliegen. Weitere wertbeeinflussende Merkmale, wie z. B. Ecklage oder Lärmbelästigung, sind nicht zu berücksichtigen (R B 179.2 Abs. 8 ErbStR). Die Ableitung vom Wert des Bodenrichtwertgrundstücks erfolgt nach den Vorgaben des Gutachterausschusses (R B 179.2 Abs. 1 Satz 9 ErbStR). Hierzu werden vom örtlichen Gutachterausschuss die erforderlichen Umrechnungskoeffizienten mitgeteilt.

4.2.4.1 Anpassung an eine abweichende Geschossflächenzahl

Die bauliche Nutzungsmöglichkeit eines Grundstücks wird häufig in Form der **Geschossflächenzahl** ausgedrückt. Bei der Geschossflächenzahl handelt es sich um das Verhältnis der Geschossfläche des Gebäudes (nach Außenmaßen) zur Grundstücksfläche. Weicht die

Geschossflächenzahl des zu bewertenden Grundstücks von der des Bodenrichtwertgrundstücks ab, ist der Bodenrichtwert zu korrigieren. Zur Berechnung der Wertkorrektur können die Geschossflächenzahlen nicht unmittelbar ins Verhältnis gesetzt werden. Vielmehr ist es erforderlich, die Geschossflächenzahlen in **Umrechnungskoeffizienten** auszudrücken und diese Umrechnungskoeffizienten dann ins Verhältnis zu setzen (R B 179.2 Abs. 2 ErbStR).

Die Umrechnungskoeffizienten werden entweder durch den örtlichen Gutachterausschuss bestimmt oder sie sind, falls keine regionalen Werte vorliegen, der Anlage 11 zu den Wertermittlungs-Richtlinien 2006 zu entnehmen (H B 179.2 »Abweichende Geschossflächenzahl« ErbStH):

Geschossflächenzahl	Umrechnungs-koeffizient	Geschossflächenzahl	Umrechnungs-koeffizient
0,4	0,66	1,5	1,23
0,5	0,72	1,6	1,28
0,6	0,78	1,7	1,32
0,7	0,84	1,8	1,36
0,8	0,90	1,9	1,41
0,9	0,95	2,0	1,45
1,0	1,00	2,1	1,49
1,1	1,05	2,2	1,53
1,2	1,10	2,3	1,57
1,3	1,14	2,4	1,61
1,4	1,19		

Es gilt dann:

$$\text{Korrigierter Bodenrichtwert} = \frac{\text{Umrechnungskoeffizient für das zu bewertende Grundstück} \times \text{Bodenrichtwert}}{\text{Umrechnungskoeffizient für das Bodenrichtwertgrundstück}}$$

Sowohl Zwischenwerte als auch der korrigierte Bodenrichtwert sind stets auf volle Cent abzurunden (R B 179.2 Abs. 7 Satz 6 ErbStR).

BEISPIEL

Karl überträgt auf seinen Sohn im Wege der vorweggenommenen Erbfolge ein unbebautes Grundstück, für das sich aus der Bodenrichtwertkarte zum 31.12. 2018 ein Bodenrichtwert von 200 €/m^2 ergibt. Die Geschossflächenzahl für das Bodenrichtwertgrundstück beträgt 0,7 die für das zu bewertende Grundstück 0,4. Das Grundstück ist 820 m^2 groß. Örtliche Umrechnungskoeffizienten liegen nicht vor.

LÖSUNG Die geringere Geschossflächenzahl des zu bewertenden Grundstücks gibt an, dass die bauliche Nutzungsmöglichkeit im Vergleich zum Bodenrichtwertgrundstück eingeschränkt ist. Dies führt zu einem geringeren Bodenrichtwert. Da keine regionalen Umrechnungskoeffizienten vorliegen, ist die Wertkorrektur unter Ansatz der Umrechnungskoeffizienten aus der Anlage 11 WertR 2006 vorzunehmen.

Korrigierter Bodenrichtwert = $0\frac{0,66}{0,84} \times 200$ €/m^2 = 157,14 €/m^2 (abgerundet auf volle Cent)

Bei einer Grundstücksfläche von 820 m^2 errechnet sich hieraus ein Grundstückswert von 820 m^2 × 157,14 €/ m^2 = 128 854,80 €. Der Bodenwert ist auf volle Euro abzurunden = 128 854 € (R B 179.3 Abs. 1 Satz 2 ErbStR).

4.2.4.2 Aufteilung in Vorder- und Hinterland

Statt der Umrechnungsfaktoren kann der Gutachterausschuss die **Grundstückstiefe** als Umschreibung der Grundstücksfläche angeben, die für die Bebauung tatsächlich zur Verfügung steht. Man bezeichnet die Teilfläche, die baurechtlich nutzbar ist, als **Vorderland**, im Gegensatz zum **Hinterland**, das baurechtlich gar nicht oder nur beschränkt nutzbar ist. Wegen dieser beschränkten Nutzung ist das Hinterland im Vergleich zum Vorderland mit geringeren Werten anzusetzen.

Sieht die Bodenrichtwertkarte eine Unterteilung in Vorder- und Hinterland vor, ist die Grundstücksfläche des zu bewertenden Grundstücks nach ihrer Tiefe in Zonen zu gliedern, und zwar nach den Vorgaben des Gutachterausschusses (**Aufzonung**). Für die jeweilige Zone ist das anzusetzen, was der Gutachterausschuss dafür vorgegeben hat (R B 179.2 Abs. 4 ErbStR).

4.2.4.3 Besonderheiten

Weitere Besonderheiten sind bei der Bewertung von **Bauerwartungsland, Rohbauland** sowie **Frei- und Verkehrsflächen** zu beachten. Sofern von den Gutachterausschüssen keine Angaben vorliegen, ergeben sich die Wertansätze für Bauerwartungsland und Rohbauland aus H B 179.3 Abs. 2 »Keine Bodenrichtwerte« ErbStH:

- Bauerwartungsland 25 %,
- Bruttorohbauland 50 %,
- Nettorohbauland 75 %

des Bodenrichtwerts für vergleichbares erschließungsbeitragsfreies Bauland.

Für Frei- und Verkehrsflächen in privater Hand sind Abschläge nach den konkreten Verhältnissen im Einzelfall vorzunehmen. Pauschale Abschläge enthalten die Verwaltungsanweisungen nicht (vgl. R B 179.2 Abs. 5 ErbStR).

Durch die **Erschließung eines Grundstücks** wird dessen Wert erhöht. Die Erschließung ist jedoch regelmäßig kein werterhöhendes Merkmal des einzelnen Grundstücks, sondern betrifft sämtliche Grundstücke an einer Straße oder in einer Gegend. Sie dürfte daher bereits im Bodenrichtwert berücksichtigt sein.

Kommen Wertkorrekturen des Bodenrichtwerts aus mehreren Gründen in Betracht, können sie nebeneinander vorgenommen werden. Dabei ist wie folgt vorzugehen (R B 179.2 Abs. 7 ErbStR):

- Zunächst ist der Bodenrichtwert unter Beachtung der vorstehend beschriebenen Korrekturverfahren (R B 179.2 Abs. 2 bis 4 ErbStR) zu ermitteln.
- Von dem so korrigierten Bodenrichtwert sind dann die Anpassungen für Frei- und Verkehrsflächen sowie für die Erschließung vorzunehmen (R B 179.2 Abs. 5 und 6 ErbStR).
- Die bei den einzelnen Rechenschritten auftretenden Zwischenwerte sind auf volle Cent abzurunden.

BEISPIEL

Der Bodenrichtwert zum 31.12. 2018 beträgt für ein Grundstück 170 €/m². Das Grundstück ist teilweise erschlossen und 1 235 m² groß. Nach der von dem Gutachterausschuss vorgegebenen Tabelle zur Anpassung des Bodenrichtwerts ergibt sich wegen der abweichenden Grundstücksgröße ein Umrechnungsfaktor von 0,9. Darüber hinaus ist wegen abweichender Erschließung ein Abschlag von 20 €/ m² vorzunehmen.

LÖSUNG Der Grundstückswert errechnet sich wie folgt:
Anpassung wegen abweichender Grundstücksgröße

Umrechnungsfaktor des Gutachterausschusses: 0,9 × Bodenrichtwert	153 €/m^2
von 170 €/m^2; =	
Anpassung wegen abweichender Erschließung	./. 20 €/m^2
Abschlag (absolut mit 20 €/m^2; anzusetzen)	
maßgebender Bodenrichtwert	
Wert des Grund und Bodens	133 €/m^2
1 235 m^2; × 133 €/m^2 =	164.255 €

Weitere wertbeeinflussende Merkmale, wie z. B. die Ecklage, der Zuschnitt, die Oberflächenbeschaffenheit und die Beschaffenheit des Baugrundes, aber auch das Vorliegen von Außenanlagen, bleiben bei der Bewertung des Grund und Bodens außer Ansatz (R B 179.2 Abs. 8 ErbStR).

4.2.5 Nachweis eines niedrigeren gemeinen Wertes

Geht der Steuerwert des zu bewertenden Grundstücks über den tatsächlichen Verkehrswert bzw. Marktwert hinaus, so hat der Steuerpflichtige die Möglichkeit, den **tatsächlichen Wert** als Grundbesitzwert **feststellen** zu lassen. Hierzu muss er den **tatsächlichen Wert** gegenüber dem Finanzamt **nachweisen** (§ 198 BewG). I. d. R. wird der Nachweis durch ein Gutachten eines Sachverständigen für die Bewertung von Grundstücken oder des örtlich zuständigen Gutachterausschusses geführt (R B 198 Abs. 3 ErbStR). Die mit der Erstellung des Gutachtens verbundenen Kosten hat der Steuerpflichtige zu tragen. Dabei ist das Finanzamt hinsichtlich der Höhe des Gutachterwerts nicht an das Gutachten gebunden; vielmehr unterliegt es der befreienden Beweiswürdigung. Das Gutachten kann also auf seine inhaltliche Richtigkeit und Schlüssigkeit geprüft werden. Stellt das Finanzamt Mängel fest, sieht es den Gutachternachweis als nicht erbracht an und ermittelt den Grundbesitzwert nach den allgemeinen Grundsätzen des § 179 BewG auf der Grundlage des ggf. korrigierten Bodenrichtwerts.

Neben dem Gutachterwert lässt die Finanzverwaltung auch den Nachweis anhand eines stichtagsnahen Kaufpreises zu (R B 198 Abs. 4 ErbStR). Der Kaufpreis muss allerdings im gewöhnlichen Geschäftsverkehr zustande gekommen sein, und zwar innerhalb eines Jahres vor oder nach dem Besteuerungszeitpunkt. Auf eine Anpassung des Kaufpreises an die Wertverhältnisse vom Besteuerungszeitpunkt wird in der Regel verzichtet (R B 198 Abs. 4 Satz 3 ErbStR).

4.3 Bewertung bebauter Grundstücke

Die Bewertung bebauter Grundstücke erfolgt nach den §§ 180 bis 191 BewG. Anders als bei der Bedarfsbewertung nach dem 4. Abschn. des BewG, bei der nahezu alle bebauten Grundstücke in einem sehr einfachen Ertragswertverfahren zu bewerten waren, sind die bebauten Grundstücke ab 2009 zunächst in verschiedene Grundstücksarten aufzuteilen (§ 181 BewG). Abhängig von der jeweiligen Grundstücksart ist die Bewertung nach dem Vergleichswertverfahren, dem Ertragswertverfahren oder dem Sachwertverfahren vorzunehmen (§ 182 BewG). Wie auch bei den unbebauten Grundstücken ist der Nachweis eines niedrigeren gemeinen Wertes möglich (§ 198 BewG).

4.3.1 Begriff des bebauten Grundstücks

Ein bebautes Grundstück liegt vor, wenn sich auf dem Grundstück Gebäude befinden, die **benutzbar** sind (§ 180 Abs. 1 Satz 1 BewG). Gebäude, die **keiner Nutzung** zugeführt werden können, sind unbeachtlich (§ 178 Abs. 2 Satz 1 BewG).

Ein Gebäude ist **benutzbar** – oder anders ausgedrückt bezugsfertig –, wenn es den künftigen Benutzern nach objektiven Merkmalen zugemutet werden kann, dieses Gebäude zu benutzen. Dazu müssen im Besteuerungszeitpunkt **alle wesentlichen Bauarbeiten**, wie Klempnerarbeiten, Einbau von Türen und Fenstern, Verlegen von Strom- und Wasseranschlüssen, Installation der Heizung und der sanitären Einrichtungen sowie das Aufbringen des Estrichs, **abgeschlossen** sein. **Geringfügige Restarbeiten**, die üblicherweise vor dem tatsächlichen Einzug in eine Mietwohnung durchgeführt werden, wie z. B. Malerarbeiten oder das Verlegen des Fußbodenbelags in einigen Räumen, schließen die Bezugsfertigkeit nicht aus.

Die Frage der Bezugsfertigkeit beurteilt sich für das **Gebäude insgesamt**. Es reicht also nicht aus, wenn in einem mehrgeschossigen Gebäude einzelne Etagen bereits fertiggestellt sind, in anderen Etagen aber noch der Innenausbau durchgeführt werden muss. In diesem Fall ist das Gebäude insgesamt noch nicht bezugsfertig; die Bewertung erfolgt dann als Grundstück im Zustand der Bebauung nach § 196 BewG. Eine Ausnahme ist allerdings bei Gebäuden, die nach den Planungen des Erblassers oder Schenkers in **Bauabschnitten errichtet** werden sollen, zu beachten. In diesem Fall ist bereits ein bezugsfertiges Gebäude anzunehmen, wenn ein Bauabschnitt im Besteuerungszeitpunkt abgeschlossen ist und die vorhandene Gebäudesubstanz nach der Verkehrsanschauung als Gebäude anzusehen ist. Dies gilt z. B. für das Einfamilienhaus, dessen Dachgeschoss zu einem späteren Zeitpunkt noch ausgebaut werden soll.

4.3.2 Umfang des bebauten Grundstücks

Der **Umfang des bebauten Grundstücks** bestimmt sich nach den allgemeinen Grundsätzen des § 2 BewG zur **wirtschaftlichen Einheit**. Jede wirtschaftliche Einheit ist für sich und im Ganzen zu bewerten (§ 2 Abs. 1 Satz 1 und 2 BewG). Sämtliche Wirtschaftsgüter der wirtschaftlichen Einheit sind mit dem festgestellten Grundbesitzwert abgegolten und bei Veranlagung zur Erbschaft- oder Schenkungsteuer nicht gesondert anzusetzen. Zum Umfang der wirtschaftlichen Einheit des bebauten Grundstücks s. auch R B 176.1 und R B 180 Abs. 5 ErbStR.

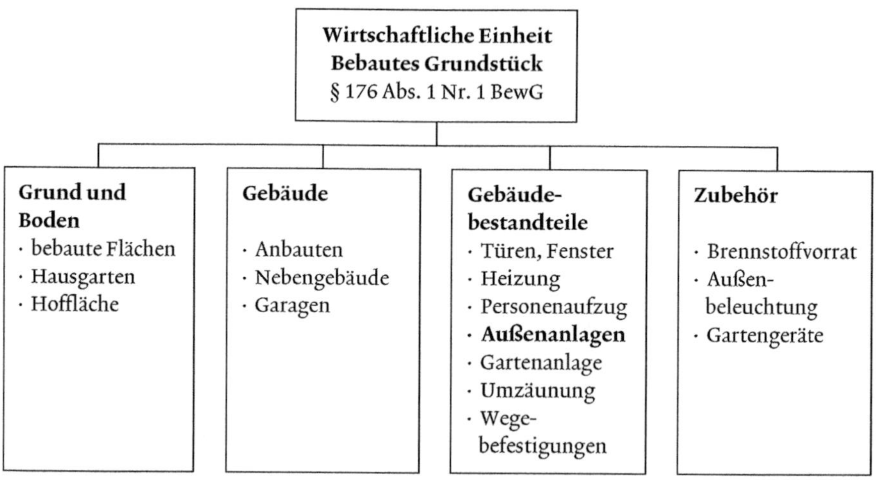

BEISPIELE

a) Ein Grundstück mit einer Fläche von 620 m^2 ist mit einem Einfamilienhaus bebaut. An dieses Einfamilienhausgrundstück grenzt eine Fläche von 500 m^2; an. Diese Fläche dient dem Einfamilienhauseigentümer als zusätzliche Gartenfläche; sie ist durch einen Zaun optisch mit dem Einfamilienhausgrundstück verbunden. Die Grundstücksfläche von 500 m^2 kann baurechtlich selbständig genutzt werden, und zwar durch Bebauung mit einem Ein- oder Zweifamilienhaus. Die übrigen Grundstücke in dieser Gegend sind so geschnitten, dass die Grundstücksflächen zwischen 400 m^2 und 700 m^2 betragen.

LÖSUNG Wegen der baurechtlich getrennten Nutzungsmöglichkeit und wegen der nur beschränkten Einbeziehung der Grundstücksfläche in die des Einfamilienhausgrundstücks ist nach der Verkehrsanschauung von zwei wirtschaftlichen Einheiten auszugehen. Die Grundstücksfläche von 500 m^2 ist als unbebautes Grundstück und das Einfamilienhausgrundstück ist als bebautes Grundstück zu bewerten.

b) A ist Eigentümer eines Einfamilienhauses in einer Reihenhaussiedlung. Die zu den Einfamilienhäusern gehörenden Garagen sind am Ende der Reihenhaussiedlung auf einem getrennten Grundstück errichtet worden. Einige dieser Garagen wurden von Eigentümern erworben, die nicht gleichzeitig Eigentümer eines Reihenhauses sind; diese Garagen werden von ihnen durch Vermietung genutzt.

LÖSUNG Der Anteil des Grundstückseigentümers an dem gemeinsamen Garagengrundstück ist grds. als eigene wirtschaftliche Einheit (sonstiges bebautes Grundstück) anzusehen. Eine weitere wirtschaftliche Einheit bildet das mit dem Einfamilienhaus bebaute Grundstück. Allerdings ist auch eine Zusammenfassung der wirtschaftlichen Einheiten denkbar, wenn dies wegen der Verkehrsanschauung (insbesondere der örtlichen Gewohnheit) geboten ist.

Maschinen und Betriebsvorrichtungen aller Art sind dagegen nicht in die Grundstücksbewertung einzubeziehen, auch wenn sie wesentliche Bestandteile des Grundstücks sind (§ 176 Abs. 2 Nr. 2 BewG). Eine Ausnahme gilt für Gebäudeteile, die eine Doppelfunktion erfüllen, wie z. B. Verstärkungen von Decken und die nicht ausschließlich zu einer Betriebsanlage gehörenden Stützen und sonstigen Bauteile wie Mauervorlagen und Verstrebungen; sie rechnen zum Grundstück (wegen Abgrenzungsfragen vgl. gleichlautende Ländererlasse vom 05.06. 2013 BStBl I 2013, 734).

4.3.3 Grundstücksarten

Die Grundstücksarten sind in § 181 Abs. 1 BewG abschließend aufgezählt. Die Definitionen der jeweiligen Grundstücksarten enthalten die Abs. 2 bis 8. Einzelheiten zur Bestimmung der Grundstücksarten sind in R B 181.1 ErbStR dargestellt. Die Zuordnung zu einer Grundstücksart ist wichtig für das anzuwendende Bewertungsverfahren.

Für die Bestimmung der Grundstücksart ist u. a. die Anzahl der im Gebäude enthaltenen Wohnungen von Bedeutung.

§ 181 Abs. 9 BewG enthält in diesem Zusammenhang eine gesetzliche Definition des Wohnungsbegriffes i. S. d. BewG.

Folgende Grundstücksarten sind zu unterscheiden:

a) Ein- und Zweifamilienhäuser sind Wohngrundstücke mit bis zu zwei Wohnungen, die kein Wohnungseigentum sind (§ 181 Abs. 2 BewG). Eine Mitbenutzung für betriebliche oder öffentliche Zwecke zu weniger als 50 % der Wohn- oder Nutzfläche ist unschädlich. Voraussetzung ist, dass hierdurch die Eigenart als Ein- oder Zweifamilienhaus nicht wesentlich beeinträchtigt wird. Unter betriebliche Zwecke fallen gewerbliche, freiberufliche oder land- und forstwirtschaftliche Zwecke. Eine wesentliche Beeinträchtigung kann sich beispielsweise durch

Verkaufsräume oder eine am Haus angebrachte Leuchtreklame ergeben. Eine Büronutzung oder ein am Haus angebrachtes Praxisschild stellt keine wesentliche Beeinträchtigung dar.

b) Mietwohngrundstücke sind Grundstücke, die mehr als zwei Wohnungen enthalten und zu mehr als 80 % der Wohn- oder Nutzfläche Wohnzwecken dienen (§ 181 Abs. 3 BewG).

c) Wohnungseigentum ist das Sondereigentum an einer Wohnung i. V. m. dem Miteigentumsanteil an dem gemeinschaftlichen Eigentum, zu dem es gehört (§ 181 Abs. 4 BewG). Die Definition entspricht § 1 Abs. 2 Wohnungseigentumsgesetz.

d) Teileigentum ist das Sondereigentum an nicht zu Wohnzwecken dienenden Räumen eines Gebäudes i. V. m. dem Miteigentum an dem gemeinschaftlichen Eigentum, zu dem es gehört (§ 181 Abs. 5 BewG). Die Definition entspricht § 1 Abs. 3 Wohnungseigentumsgesetz.

e) Geschäftsgrundstücke sind Grundstücke, die zu mehr als 80 % der Wohn- oder Nutzfläche eigenen oder fremden betrieblichen oder öffentlichen Zwecken dienen und kein Teileigentum sind (§ 181 Abs. 6 BewG).

f) Gemischt genutzte Grundstücke sind Grundstücke, die neben Wohnzwecken auch eigenen oder fremden betrieblichen oder öffentlichen Zwecken dienen und nicht Ein- und Zweifamilienhäuser, Mietwohngrundstücke, Wohnungseigentum, Teileigentum oder Geschäftsgrundstücke sind (§ 181 Abs. 7 BewG). Hierunter fallen beispielsweise Wohngrundstücke mit einer Wohnung, bei denen die betriebliche Mitbenutzung mindestens 50 % beträgt oder bei denen durch die betriebliche Mitbenutzung die Eigenart als Einfamilienhaus wesentlich beeinträchtigt wird.

g) Sonstige bebaute Grundstücke sind alle übrigen, nicht in den Abs. 2 bis 7 genannten bebauten Grundstücke (§ 181 Abs. 8 BewG). Hierunter fallen beispielsweise Garagengrundstücke.

BEISPIELE

Ermitteln Sie in den folgenden Fällen die zutreffende Grundstücksart.

a)

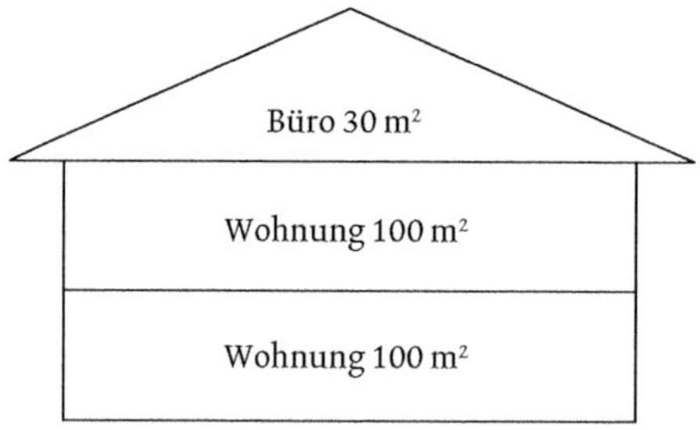

b)

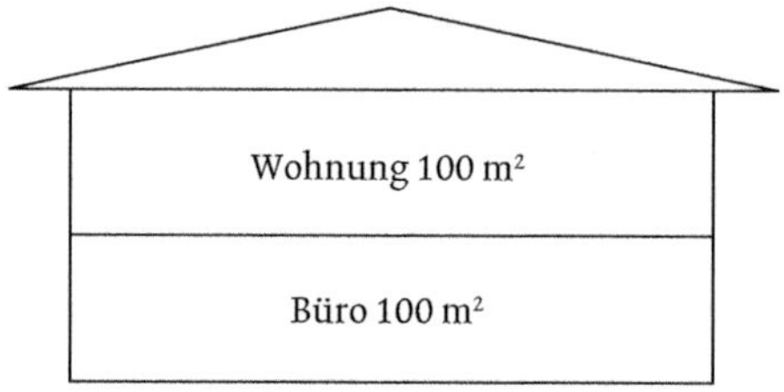

c)

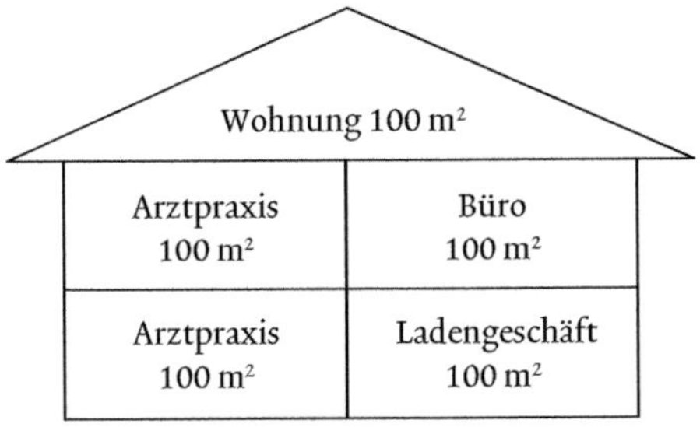

LÖSUNG

a) Bei dem Grundstück handelt sich um ein Zweifamilienhaus (§ 181 Abs. 1 Nr. 1 i. V. m. Abs. 2 BewG). Das Wohngrundstück enthält zwei Wohnungen und wird zu weniger als 50 % der Wohn- und Nutzfläche für betriebliche Zwecke mitbenutzt (hier 13 %). Die Büronutzung beeinträchtigt die Eigenart als Zweifamilienhaus nicht wesentlich.

b) Bei dem Grundstück handelt es sich um ein gemischt genutztes Grundstück (§ 181 Abs. 1 Nr. 5 i. V. m. Abs. 7 BewG). Das Grundstück enthält zwar nur eine Wohnung, die betriebliche Nutzung beträgt aber nicht weniger als 50 % der Wohn- und Nutzfläche (hier genau 50 %), daher sind die Voraussetzungen des § 181 Abs. 2 BewG nicht erfüllt.

c) Bei dem Grundstück handelt es sich um ein gemischt genutztes Grundstück (§ 181 Abs. 1 Nr. 5 i. V. m. Abs. 7 BewG). Das Grundstück wird nicht zu mehr als 80 % der Wohn- und Nutzfläche für betriebliche Zwecke genutzt (hier 80 %), daher liegt kein Geschäftsgrundstück vor (§ 181 Abs. 6 BewG). Die Einordnung als Einfamilienhaus scheidet ebenfalls aus, da es sich offensichtlich nicht um ein Wohngrundstück handelt, auch ist die betriebliche Nutzung nicht kleiner als 50 % der Wohn- und Nutzfläche.

4.3.4 Bewertungsverfahren

Durch § 182 BewG wird jeder Grundstücksart ein bestimmtes Bewertungsverfahren zugeordnet, zu unterscheiden sind

- das Vergleichswertverfahren (§ 183 BewG),
- das Ertragswertverfahren (§§ 184 – 188 BewG) und
- das Sachwertverfahren (§§ 189 – 191 BewG).

Vergleichswertverfahren § 182 Abs. 2 BewG	**Ertragswertverfahren** § 182 Abs. 3 BewG	**Sachwertverfahren** § 182 Abs. 4 BewG
Wohnungseigentum Teileigentum Ein- und Zweifamilienhäuser	Mietwohngrundstücke Geschäftsgrundstücke und gemischt genutzte Grundstücke, für die sich eine übliche Miete ermitteln lässt	Grundstücke aus dem Vergleichswertverfahren, sofern kein Vergleichswert vorliegt Geschäftsgrundstücke und gemischt genutzte Grundstücke, für die sich keine übliche Miete ermitteln lässt

4.3.5 Vergleichswertverfahren

Beim Vergleichswertverfahren wird der gemeine Wert aus tatsächlich erzielten Kaufpreisen von Vergleichsgrundstücken abgeleitet (§ 183 Abs. 1 BewG). Voraussetzung ist, dass eine hinreichende Übereinstimmung der Grundstücke gegeben ist (**Vergleichsgrundstücke**) und, dass eine ausreichende Anzahl geeigneter Kaufpreise vorliegt (**Vergleichspreise**). Daher wird das Vergleichswertverfahren in der Praxis eher für Wohnungseigentum in Betracht kommen. Bei Ein- und Zweifamilienhäusern ist die hinreichende Übereinstimmung bei den wertbeeinflussenden Merkmalen problematisch. Folgende Merkmale sind bei den Vergleichsgrundstücken zu beachten (R B 183 Abs. 2 ErbStR):

- Lage,
- Art und Maß der baulichen Nutzung,
- Grundstücksgröße,
- Erschließungszustand und
- Alter des Gebäudes.

Unbeachtlich sind besondere Rechte oder Belastungen privatrechtlicher oder öffentlich-rechtlicher Art (z. B. Wegerechte, Nießbrauchsrechte, Vorkaufsrechte; § 183 Abs. 3 BewG). Auch die konkrete Innenausstattung des Gebäudes bleibt unberücksichtigt.

Die Finanzämter müssen vorrangig auf die von den örtlichen Gutachterausschüssen mitgeteilten Vergleichspreise zurückgreifen (R B 183 Abs. 2 Satz 4 ErbStR). Abweichungen in den wertbeeinflussenden Merkmalen können durch Zu- oder Abschläge nach Vorgaben des örtlichen Gutachterausschusses berücksichtigt werden (R B 183 Abs. 4 ErbStR).

Anstelle der Vergleichspreise können nach § 183 Abs. 2 BewG auch **Vergleichsfaktoren** herangezogen werden. Diese sind von den örtlichen Gutachterausschüssen für geeignete Bezugseinheiten zu ermitteln (z. B. bei Wohnungseigentum Durchschnittspreise je m^2; Wohnfläche). Siehe hierzu Beispiel in H B 183 Abs. 4 ErbStH.

Liegen für das zu bewertende Grundstück weder geeignete Vergleichspreise noch Vergleichsfaktoren vor, ist das Grundstück im Sachwertverfahren zu bewerten (§ 182 Abs. 4 Nr. 1 BewG).

4.3.6 Ertragswertverfahren

4.3.6.1 Überblick

Das Ertragswertverfahren berücksichtigt den nachhaltig erzielbaren Ertrag eines bebauten Grundstücks als Basis der Wertermittlung. Es wird für Grundstücke angewendet, bei denen typischerweise die Renditeerzielung im Vordergrund steht. Dies sind:

- Mietwohngrundstücke (§ 182 Abs. 3 Nr. 1 BewG),
- Geschäftsgrundstücke und gemischt genutzte Grundstücke (§ 182 Abs. 3 Nr. 2 BewG), für die sich eine übliche Miete ermitteln lässt.

Beim Ertragswertverfahren wird der Grundbesitzwert aus der Summe des **Bodenwertes** und des **Gebäudeertragswertes** gebildet (§ 184 Abs. 1 BewG). Dabei ist mindestens der Bodenwert anzusetzen (§ 184 Abs. 3 BewG). Durch den im Ertragswertverfahren ermittelten Grundbesitzwert sind sonstige bauliche Anlagen abgegolten (§ 184 Abs. 3 Satz 1 BewG). Hierzu zählen insbesondere die Außenanlagen, wie z. B. Gartenanlage, Wegebefestigungen, Terrassen und Umzäunungen.

Ermittlungsschema nach H B 184 ErbStH:

	Rohertrag (Jahresmiete/übliche Miete), § 186 BewG
	./. Bewirtschaftungskosten, § 187 BewG
	= Reinertrag des Grundstücks, § 185 Abs. 1 BewG
	./. Bodenwertverzinsung, § 188 BewG
Bodenrichtwert	= Gebäudereinertrag, § 185 Abs. 2 Satz 1 BewG
× Grundstücksfläche	× Vervielfältiger lt. Anlage 21
= **Bodenwert** § 184 Abs. 2, 179 BewG	= **Gebäudeertragswert** § 185 Abs. 3 Satz 1 BewG
Ertragswert § 184 Abs. 3 Satz 1 BewG	
Mindestwert § 184 Abs. 3 Satz 2 BewG (= Bodenwert)	
Prüfung Öffnungsklausel § 198 BewG	
Grundbesitzwert (§ 151 Abs. 1 Nr. 1, 157 Abs. 3 BewG)	

4.3.6.2 Bodenwert

Als Bodenwert ist der Wert des Grund und Bodens anzusetzen, dieser ist nach den Grundsätzen des § 179 BewG zu ermitteln. Es gelten die unter 4.2.4 dargestellten Grundsätze. Der Nachweis eines niedrigeren gemeinen Wertes ist aber nur für das bebaute Grundstück insgesamt möglich, nicht isoliert für den reinen Bodenwert (R B 198 Abs. 2 Satz 1 ErbStR).

4.3.6.3 Rohertrag

Ausgangswert für die Ermittlung des Gebäudeertragswertes ist der Rohertrag des Grundstücks. Was als Rohertrag anzusetzen ist, bestimmt § 186 Abs. 1 Satz 1 BewG. Danach ist Rohertrag das Entgelt, das die Mieter oder Pächter für die Nutzung des bebauten Grundstücks aufgrund vertraglicher Vereinbarungen zu zahlen haben. Das zum Bewertungsstichtag vereinbarte Entgelt ist auf zwölf Monate hochzurechnen. Bei der Jahresmiete handelt es sich um die Miete, die vertraglich vereinbart wurde (**Sollmiete**). Es kommt also nicht auf die tatsächlich gezahlte Miete an. Demnach wirken sich Mietausfälle auf die Grundstücksbewertung nicht aus.

Zu dem **Gesamtentgelt**, das der Mieter oder Pächter für die Grundstücksnutzung zu zahlen hat, rechnet die Finanzverwaltung (R B 186.1 Abs. 1 Satz 3 ErbStR) neben der vereinbarten Miete auch

- Mieteinnahmen für **Stellplätze** und für Nebengebäude, z. B. für Garagen,
- Vergütungen für außergewöhnliche Nebenleistungen des Mieters, die nicht die Raumnutzung betreffen, aber neben der Raumnutzung aufgrund des Mietvertrags gewährt werden (z. B. Reklamenutzung sowie für das Aufstellen von Werbeschildern und Automaten),

- Vergütungen für Nebenleistungen, die zwar die Raumnutzung betreffen, jedoch nur einzelnen Mietern zugutekommen (z. B. zusätzliche Mieteinnahmen für die Verkabelung des Gebäudes zwecks Datenfernübertragung, für den Einbau einer Klimaanlage oder für den Einbau eines Schwimmbads),
- **Untermietzuschläge,**
- **Baukostenzuschüsse** und Mietvorauszahlungen, soweit sie auf die Miete angerechnet werden,
- Zahlungen des Mieters an Dritte für den Eigentümer, soweit es sich nicht um Betriebskosten i. S. d. § 27 der II. Berechnungsverordnung bzw. § 2 Betriebskostenverordnung handelt (z. B. Erschließungskosten),
- Leistungen des Mieters, die nicht in Geld bestehen, soweit sie nicht gleichzeitig als Betriebskosten zu berücksichtigen wären (z. B. die Übernahme der Grundstücksverwaltung).

Nicht einzubeziehen sind insbesondere (R B 186.1 Abs. 1 Satz 4 ErbStR)

- Einnahmen für die Überlassung von **Maschinen** und **Betriebsvorrichtungen**; bei einem Gesamtentgelt ist dieses aufzuteilen, z. B. bei der Überlassung eines Ladengeschäfts mit Einrichtung,
- Einnahmen für die Überlassung von **Einrichtungsgegenständen**, die nicht als Bestandteil des Gebäudes anzusehen sind, z. B. bei Vermietung möblierter Wohnungen,
- Dienstleistungen, die nicht die Grundstücksnutzung betreffen, z. B. Reinigungsdienste,
- Zuzahlungen Dritter außerhalb des Mietverhältnisses, z. B. die Zuzahlung durch den Mietgarantiegeber einer Bauherrengemeinschaft sowie Aufwandszuschüsse, die im öffentlichen Wohnungsbau an den Vermieter geleistet werden.

Bei einer Gewerbeimmobilie, die umsatzsteuerlich vermietet wird, rechnet die Umsatzsteuer nicht zum Rohertrag. **Schönheitsreparaturen**, die der Mieter übernimmt, gehören bei Wohnraum nicht zum Gesamtentgelt.

Umlagen, die zur Deckung der Betriebskosten gezahlt werden, sind nicht anzusetzen (§ 186 Abs. 1 Satz 2 BewG). Dies gilt für die umlagefähigen Betriebskosten i. S. d. § 27 Zweite Berechnungsverordnung (II. BV) bzw. § 2 Betriebskostenverordnung (BetrKV). Hierzu zählen insbesondere:

- Grundsteuer,
- Kosten der Entwässerung,
- Kosten für zentrale Heizungsanlagen einschließlich Wartung und Reinigung,
- Kosten für zentrale Wasserversorgung,
- Kosten des Betriebs von Aufzügen,
- Gebühren für Straßenreinigung und Müllbeseitigung,
- Kosten für Gebäudereinigung und Ungezieferbekämpfung,
- Kosten der Gartenpflege,
- Kosten der Beleuchtung (Allgemeinstrom),
- Schornsteinfegergebühren,
- Beiträge zur Gebäudehaftpflicht- und -sachversicherung,
- Kosten für den Hauswart,
- Kosten für Gemeinschaftsantenne oder Kabelanschluss,
- Kosten des Betriebs der maschinellen Wascheinrichtungen,
- Betriebskosten von Nebengebäuden, Anlagen und Einrichtungen.

Sind die umlagefähigen Nebenkosten z. T. in der Miete enthalten und werden sie nur z. T. durch Umlagen auf den Mieter abgewälzt, ist die vereinbarte Miete in eine **Nettokaltmiete zu bereinigen**. Werden die Betriebskosten nicht mit den Mietern abgerechnet (z. B. bei Vereinbarung einer pauschalen Warmmiete), ist die vereinbarte Warmmiete maßgebend. Von diesem Betrag können die tatsächlichen umlagefähigen Betriebskosten abgezogen werden (R B 186.2 Abs. 1 Satz 3 ErbStR).

Neben den umlagefähigen Betriebskosten können keine weiteren Betriebskosten, wie **Instandsetzungs- und Verwaltungskosten**, sowie kein Abzugsposten für das **Mietausfallwagnis** bei der Mietermittlung berücksichtigt werden. Diese Aufwendungen werden später im Rahmen der Bewirtschaftungskosten nach § 187 BewG berücksichtigt.

BEISPIEL

Für Zwecke der Erbschaftsteuer ist ein Mietwohngrundstück zum 17.02. 2019 zu bewerten. Das Gebäude enthält drei Wohnungen, die ausschließlich an Studenten vermietet sind. Nach dem im Februar 2019 geltenden Mietvertrag beträgt die Miete für jede Wohnung monatlich 300 € zzgl. Nebenkostenpauschale i. H. v. 75 €. Die Betriebskosten sind durch die Nebenkostenpauschale abgegolten, eine Abrechnung erfolgt nicht. Die tatsächlichen Betriebskosten betragen im Jahr 2019 für alle Wohnungen 2 900 €. Die Erben erhöhen die monatliche Miete zum 01.04. 2019 auf 320 €. Wie hoch ist der Rohertrag?

LÖSUNG Maßgebend sind die tatsächlichen Verhältnisse am Bewertungsstichtag (= 17.02. 2019, § 157 Abs. 1 Satz 1 BewG i. V. m. § 11 ErbStG). Die später eingetretenen Änderungen sind unbeachtlich. Anzusetzen ist die vertraglich vereinbarte Miete im Februar, diese ist auf eine Jahresmiete umzurechnen (300 € × 12 Monate × 3 Wohnungen = 10 800 €). Da die Betriebskosten nicht abgerechnet werden, ist die Nebenkostenpauschale zunächst einzubeziehen (75 € × 12 Monate × 3 Wohnungen = 2 700 €). Hiernach ergibt sich eine Jahreswarmmiete i. H. v. 13 500 €. Von diesem Betrag können die tatsächlich angefallenen umlagefähigen Betriebskosten abgezogen werden. Der anzusetzende Rohertrag beträgt 10 600 € (13 500 € ./. 2 900 €).

Wird **kein Entgelt gezahlt**, so kann das Ertragswertverfahren nur durchgeführt werden, wenn für das Grundstück eine **übliche Miete** ermittelt werden kann; ansonsten erfolgt die Bewertung im Sachwertverfahren (§ 182 Abs. 4 Nr. 2 BewG). Die übliche Miete ist anzusetzen bei Grundstücken oder Grundstücksteilen

- die eigengenutzt, ungenutzt, zu vorübergehendem Gebrauch oder unentgeltlich überlassen sind (§ 186 Abs. 2 Nr. 1 BewG),
- die der Eigentümer dem Mieter zu einer um mehr als 20 % von der üblichen Miete abweichenden tatsächlichen Miete überlassen hat (§ 186 Abs. 2 Nr. 2 BewG.

BEISPIEL

Die Ehefrau des A überlässt ihm für seinen Gewerbebetrieb ein ihr gehörendes Geschäftsgrundstück:
a) unentgeltlich,

b) für eine monatliche Miete i. H. v. 1 200 €, die üblicherweise für vergleichbare Objekte zu zahlende Miete beträgt 1 500 €.

LÖSUNG In der Variante a) ist der Rohertrag unter Ansatz der üblichen Miete zu ermitteln, da das Grundstück unentgeltlich überlassen wird (§ 186 Abs. 2 Nr. 1 BewG). In der Variante b) wird das Grundstück zu einer um 20 % von der üblichen Miete abweichenden tatsächlichen Miete überlassen (Abweichung 300 € von 1 500 €). Der Rohertrag ist unter Ansatz der tatsächlichen Miete (1 200 €) zu ermitteln, da die Abweichung nicht mehr als 20 % beträgt (§ 186 Abs. 2 Nr. 2 BewG).

Die **übliche Miete** ist aus Mieten abzuleiten, die Art, Lage, Größe und Ausstattung des zu bewertenden Grundstücks berücksichtigen (§ 186 Abs. 2 Satz 2 BewG). Betriebskosten sind wie bei der Ermittlung der Jahresmiete ebenfalls nicht einzubeziehen (§ 186 Abs. 2 Satz 3 BewG). Für die Ableitung der üblichen Miete kommen verschiedene Verfahren in Betracht:

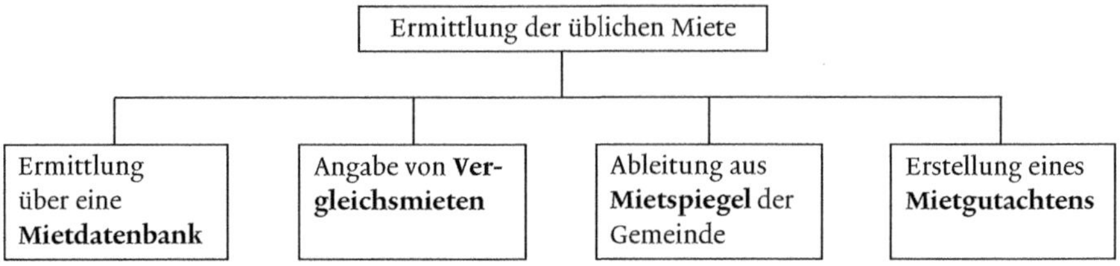

Die Bezugsquellen für die Ermittlung der üblichen Miete sind teilweise den zivilrechtlichen Regelungen über die Miethöhe (§§ 557 ff. BGB) entnommen. Eine **Mietdatenbank** ist gem. § 558 e BGB eine zur Ermittlung der ortsüblichen Miete fortlaufend geführte Sammlung von Mieten, die für einzelne Wohnungen einen Schluss auf die ortsübliche Vergleichsmiete zulassen. Ein **Mietspiegel** ist eine Übersicht über ortsübliche Vergleichsmieten, die von den Gemeinden oder den Interessenvertretern der Vermieter und der Mieter gemeinsam erstellt oder anerkannt worden ist (§ 558 c Abs. 1 BGB bzw. § 558 d Abs. 1 BGB für qualifizierte Mietspiegel). Eine Ableitung aus einem Mietspiegel ist möglich, wenn dieser für den **Bewertungsstichtag** gilt. Die übliche Miete kann auch durch ein **Mietgutachten** nachgewiesen werden. Ein Mietgutachten ist von einem Grundstückssachverständigen oder dem örtlich zuständigen Gutachterausschuss zu erstellen. Die Ableitung der üblichen Miete aus **Vergleichsmieten** ist beispielsweise möglich, wenn sich in einem Grundstück mehrere vergleichbare Räumlichkeiten befinden. Voraussetzung ist, dass die Vergleichsmieten im gewöhnlichen Geschäftsverkehr zustande gekommen sind. Aus der Vermietung an Angehörige erzielte Mieten können daher nicht als Vergleichsmieten herangezogen werden.

BEISPIEL

In einem Mietwohngrundstück befinden sich vier vermietete Wohnungen. Alle Wohnungen sind nach Art, Größe und Ausstattung vergleichbar. Für die einzelnen Wohnungen werden die folgenden Mieten gezahlt:

- Wohnung 1 bis 3 (fremd vermietet) jeweils 500 €,
- Wohnung 4 (an Tochter vermietet) 350 €.

Die Mieten sind Monatsmieten ohne Betriebskosten. Wie hoch ist der maßgebende Rohertrag?

LÖSUNG Die übliche Miete kann hier aus den im gleichen Objekt erzielten Vergleichsmieten abgeleitet werden, da die Wohnungen 1 bis 3 an fremde Dritte vermietet werden. Die aus der Vergleichsmiete abgeleitete übliche Miete beträgt somit 500 € monatlich. Bei der an die Tochter vermieteten Wohnung 4 beträgt die Abweichung 30 % (150 € von 500 €). Für diese Wohnung ist daher die übliche Miete anzusetzen (§ 186 Abs. 2 Nr. 2 BewG). Der Rohertrag beträgt 24 000 € (4 Wohnungen × 500 € × 12 Monate).

4.3.6.4 Bewirtschaftungskosten

Nachdem der Rohertrag des Grundstücks als Ausgangswert ermittelt worden ist, sind die Bewirtschaftungskosten abzuziehen (§ 185 Abs. 1 Satz 2 BewG). Das Ergebnis stellt den **Reinertrag** des Grundstücks dar. Als Bewirtschaftungskosten sind die bei gewöhnlicher Bewirtschaftung nachhaltig entstehenden

- Verwaltungskosten,
- Betriebskosten,

- Instandhaltungskosten und
- das Mietausfallwagnis

zu berücksichtigen (§ 187 Abs. 1 Satz 1 BewG). Soweit die Betriebskosten durch Umlagen gedeckt werden, bleiben sie unberücksichtigt (§ 187 Abs. 1 Satz 2 BewG).

Bei der Ermittlung des Reinertrages werden nicht die tatsächlichen Bewirtschaftungskosten angesetzt, sondern nur **pauschale Erfahrungssätze** (§ 187 Abs. 2 Satz 1 BewG). Die anzusetzenden Erfahrungssätze sind von den örtlichen Gutachterausschüssen mitzuteilen. Sofern keine geeigneten Erfahrungssätze vorliegen, sind die Bewirtschaftungskosten nach **Anlage 23** zum BewG zu ermitteln (§ 187 Abs. 2 Satz 2 BewG). Die pauschalierten Bewirtschaftungskosten sind abhängig von der Grundstücksart und der Restnutzungsdauer des Gebäudes:

Pauschalierte Bewirtschaftungskosten für Verwaltung, Instandhaltung und Mietausfallwagnis in Prozent der Jahresmiete oder üblichen Miete (ohne Betriebskosten)				
Restnutzungsdauer	Grundstücksart			
	Mietwohngrundstück	Gemischt genutztes Grundstück mit einem gewerblichen Anteil von bis zu 50 % (berechnet nach der Wohn- bzw. Nutzfläche)	Gemischt genutztes Grundstück mit einem gewerblichen Anteil von mehr als 50 % (berechnet nach der Wohn- bzw. Nutzfläche)	Geschäftsgrundstück
≥ 60 Jahre	21	21		18
40 bis 59 Jahre	23	22		20
20 bis 39 Jahre	27	24		22
≥ 20 Jahre	29	26		23

Zur Ermittlung der Restnutzungsdauer s. Ausführungen unter 4.3.6.6 sowie R B 185.3 ErbStR.

BEISPIEL

Der Rohertrag eines Geschäftsgrundstücks (Verwaltungsgebäude, Baujahr 2007) beträgt 30 000 €, vom örtlichen Gutachterausschuss stehen keine geeigneten Bewirtschaftungskosten zur Verfügung. Wie hoch sind die pauschalierten Bewirtschaftungskosten zum Bewertungsstichtag 01.04. 2019?

LÖSUNG Die pauschalierten Bewirtschaftungskosten sind nach Anlage 23 zu § 187 Abs. 2 Satz 2 BewG zu ermitteln. Hierfür ist zunächst die Restnutzungsdauer des Gebäudes zu bestimmen (§ 185 Abs. 3 Satz 3 BewG). Das Gebäude ist am Bewertungsstichtag zwölf Jahre alt (zur Berechnung R B 185.3 Abs. 1 Satz 2 ErbStR). Ausgehend von einer wirtschaftlichen Gesamtnutzungsdauer für Verwaltungsgebäude von 60 Jahren (Anlage 22 zum BewG), beträgt die Restnutzungsdauer 48 Jahre. Die pauschalierten Bewirtschaftungskosten sind mit 20 % des Rohertrages anzusetzen (= 6 000 €).

4.3.6.5 Bodenwertverzinsung

Der Reinertrag des Grundstücks ist gem. § 185 Abs. 2 Satz 1 BewG um eine angemessene Verzinsung des Bodenwertes zu mindern (Bodenwertverzinsung). Das Ergebnis stellt den **Gebäudereinertrag** dar.

Zur Ermittlung der Bodenwertverzinsung ist der Bodenwert (§ 184 Abs. 2 BewG) mit dem Liegenschaftszinssatz (§ 188 BewG) zu multiplizieren. Als Liegenschaftszinssatz ist vorrangig der von den Gutachterausschüssen ermittelte **örtliche Liegenschaftszinssatz** anzusetzen. Nur wenn keine geeigneten örtlichen Liegenschaftszinssätze vorliegen, sind die typisierten gesetzlichen Zinssätze nach § 188 Abs. 2 Satz 2 BewG maßgebend:

- 5 % für Mietwohngrundstücke,
- 5,5 % für gemischt genutzte Grundstücke mit einem gewerblichen Anteil von bis zu 50 % der Wohn- und Nutzfläche,
- 6 % für gemischt genutzte Grundstücke mit einem gewerblichen Anteil von mehr als 50 % der Wohn- und Nutzfläche,
- 6,5 % für Geschäftsgrundstücke.

BEISPIEL

Der Reinertrag eines Geschäftsgrundstücks beträgt 24 000 €, der Bodenwert 145 000 €. Vom Gutachterausschuss ist ein örtlicher Liegenschaftszinssatz von 6 % mitgeteilt worden. Wie hoch ist der Gebäudereinertrag?

LÖSUNG Da ein örtlicher Liegenschaftszinssatz zur Verfügung steht, sind die typisierten gesetzlichen Zinssätze unbeachtlich (§ 188 Abs. 2 Satz 1 BewG). Die Bodenwertverzinsung beträgt 8 700 € (6 % von 145 000 €), der Gebäudereinertrag 15 300 € (§ 185 Abs. 2 Satz 1 BewG).

Zur Berechnung der Bodenwertverzinsung bei großen Grundstücken mit selbständig verwertbaren Teilflächen s. R B 185.1 Abs. 3 ErbStR.

4.3.6.6 Vervielfältiger

Zur Ermittlung des **Gebäudeertragswertes** ist der Gebäudereinertrag zu kapitalisieren (§ 185 Abs. 3 Satz 1 BewG). Der anzuwendende Vervielfältiger bestimmt sich nach der Anlage 21 zum BewG und ist abhängig von der Restnutzungsdauer des Gebäudes und dem Liegenschaftszinssatz (§ 185 Abs. 3 Satz 2 BewG).

BEISPIEL

Der Gebäudereinertrag eines Mietwohngrundstücks beträgt 15 300 €, der Bodenwert 145 000 €. Das Gebäude hat eine Restnutzungsdauer von 55 Jahren, der Liegenschaftszinssatz beträgt 5 %. Wie hoch sind Gebäudeertragswert und Grundbesitzwert?

LÖSUNG

Gebäudereinertrag (§ 185 Abs. 2 Satz 1 BewG)	15 300 €
× Vervielfältiger Anlage 21 (55 Jahre/5 %)	× 18,63
= Gebäudeertragswert (§ 185 Abs. 3 Satz 1 und 2 BewG)	285 039 €
+ Bodenwert (§ 184 Abs. 2 BewG)	145 000 €
= Ertragswert (§ 184 Abs. 3 Satz 1 BewG)	430 039 €
Mindestwert (§ 184 Abs. 3 Satz 2 BewG)	145 000 €
Grundbesitzwert (§§ 157 Abs. 3, 151 Abs. 1 Nr. 1 BewG)	**430 039 €**

Als **Restnutzungsdauer** ist der Unterschied zwischen der wirtschaftlichen Gesamtnutzungsdauer (typisiert lt. Anlage 22) und dem Alter des Gebäudes am Bewertungsstichtag anzusetzen (§ 185 Abs. 3 Satz 3 BewG). Als Zeitpunkt der Bezugsfertigkeit kann aus Vereinfachungsgründen der 01.01. des Jahres der Bezugsfertigkeit angesetzt werden (R B 185.3 Abs. 1 Satz 2 ErbStR). Die wirtschaftliche Gesamtnutzungsdauer beträgt beispielsweise bei

- Mietwohngrundstücken 70 Jahre,
- Wohnhäusern mit Mischnutzung 70 Jahre,
- Verwaltungsgebäuden 60 Jahre,
- Kaufhäusern 50 Jahre.

Die Anlage 22 zur Bestimmung der wirtschaftlichen Gesamtnutzungsdauer wurde durch das Steueränderungsgesetz 2015 für Bewertungsstichtage nach dem 31. 12. 2015 geändert. Betroffen sind insbesondere Ein- und Zweifamilienhäuser und Mietwohngrundstücke, die bisherige Nutzungsdauer von 80 Jahren wurde auf 70 Jahre gemindert.

Zu beachten ist, dass als Restnutzungsdauer eines noch nutzbaren Gebäudes **mindestens 30 %** der wirtschaftlichen Gesamtnutzungsdauer anzusetzen sind (§ 185 Abs. 3 Satz 5 BewG).

BEISPIEL

Ein gemischt genutztes Grundstück (Wohnhaus mit Mischnutzung) ist zum 12.05. 2019 im Ertragswertverfahren zu bewerten. Das Gebäude ist

a) Baujahr 1952,
b) Baujahr 1999,
c) Baujahr 2012.

Wie hoch ist die anzusetzende Restnutzungsdauer des Gebäudes?

LÖSUNG Die wirtschaftliche Gesamtnutzungsdauer beträgt für Mietwohngrundstücke typisiert 70 Jahre (§ 185 Abs. 3 Satz 3 BewG i. V. m. Anlage 22 zum BewG). Die Restnutzungsdauer beträgt bei

a) 3 Jahre (70 ./. 67), mindestens jedoch 21 Jahre (§ 185 Abs. 3 Satz 5 BewG),
b) 50 Jahre (70 ./. 20),
c) 63 Jahre (70 ./. 7).

In besonderen Fällen ist von einer Verlängerung oder auch Verkürzung der Restnutzungsdauer auszugehen (§ 185 Abs. 3 Satz 4 BewG). Eine **Verlängerung der Nutzungsdauer** kann sich beispielsweise durch **Modernisierungsmaßnahmen** ergeben, die in den letzten zehn Jahren vor dem Bewertungsstichtag durchgeführt worden sind. Die tatsächlich durchgeführten Modernisierungsmaßnahmen sind anhand eines Punktesystems zu bewerten. Je nach Modernisierungsgrad ist dann die neue Restnutzungsdauer zu bestimmen. Die Einzelheiten hierzu enthält R B 185.3 ErbStR mit den dazugehörigen Tabellen. Die Tabelle 1 zu R B 185.3 ErbStR weist die einzelnen Modernisierungselemente und damit den Modernisierungsgrad aus, anhand der Tabellen 2–6 ist die neue Restnutzungsdauer zu bestimmen.

Eine **Verkürzung der Restnutzungsdauer** nur in besonders gelagerten Einzelfällen in Betracht (z. B. Abbruchverpflichtung des Gebäudes). Baumängel und Bauschäden sollen für sich genommen noch keine Verkürzung der Restnutzungsdauer rechtfertigen, vgl. R B 185.3 Abs. 5 ErbStR.

BEISPIEL

Zum 19.06. 2019 ist ein Mietwohngrundstück zu bewerten. Das Gebäude ist Baujahr 1978. Der Eigentümer hatte im Jahr 2012 eine neue Heizungsanlage eingebaut und in diesem Zusammenhang auch die Leitungssysteme erneuert. Kurze Zeit später erfolgte eine Wärmedämmung der Außenwände inkl. Dach und ein Austausch der kompletten Fenster und Außentüren. Wie hoch ist die Restnutzungsdauer des Gebäudes?

LÖSUNG Am Bewertungsstichtag ist das Gebäude 41 Jahre alt. Bei einer wirtschaftlichen Gesamtnutzungsdauer für Mietwohngrundstücke von 70 Jahren beträgt die Restnutzungsdauer noch 29 Jahre (§ 185 Abs. 3 Satz 3 BewG). Die im Jahr 2012 durchgeführten Modernisierungsmaßnahmen könnten zu einer Verlängerung der Nutzungsdauer führen (§ 185 Abs. 3 Satz 4 BewG). Die Modernisierungsmaßnahmen erfolgten innerhalb von zehn Jahren vor dem Bewertungsstichtag und ergeben nach Tabelle 1 insgesamt zehn Punkte (Heizung 2, Leitungssysteme 2, Wärmedämmung 4, Fenster und Außentüren 2). Eine zumindest überwiegende Modernisierung ist erst ab 14 Punkten anzunehmen, eine Verlängerung der Nutzungsdauer kommt in diesem Fall nicht in Betracht.

FALL 19

A überträgt zum 01.07. 2019 ein Mietwohngrundstück unentgeltlich auf seine Tochter. Das Grundstück umfasst 850 m² zum 31.12. 2018 hat der Gutachterausschuss einen Bodenrichtwert i. H. v. 210 €/m² festgestellt. Das Gebäude wurde im Jahr 1998 fertiggestellt und enthält fünf gleich große Wohnungen, die für jeweils 600 € zzgl. 75 € Nebenkosten vermietet sind. Vom Gutachterausschuss stehen keine geeigneten Erfahrungssätze für die Bewirtschaftungskosten zur Verfügung, Feststellungen zum Liegenschaftszinssatz liegen ebenfalls nicht vor.
Ermitteln Sie den für die Schenkungsteuer maßgebenden Grundbesitzwert.

4.3.7 Sachwertverfahren

Das Sachwertverfahren kommt nach § 182 Abs. 4 BewG bei folgenden Grundstücksarten zur Anwendung:

- Wohnungs- und Teileigentum sowie Ein- und Zweifamilienhäuser, wenn kein Vergleichswert vorliegt,
- Geschäftsgrundstücke und gemischt genutzte Grundstücke, wenn sich auf dem örtlichen Grundstücksmarkt keine übliche Miete ermitteln lässt, und
- sonstige bebaute Grundstücke.

Hierbei handelt es sich um bebaute Grundstücke, die üblicherweise eigengenutzt werden (insbesondere Einfamilienhäuser oder auch Fabrikationsgrundstücke). Der Grundstückswert bestimmt sich in diesen Fällen im Allgemeinen anhand der Herstellungskosten und nicht nach der erzielbaren Rendite.

Das Sachwertverfahren ist in den §§ 189 bis 191 BewG geregelt. Bei der Bewertung ist der Wert der Gebäude (**Gebäudesachwert**) getrennt vom **Bodenwert** zu ermitteln (§ 189 Abs. 1 Satz 1 BewG). Sonstige bauliche Anlagen sind grundsätzlich durch diese Werte abgegolten und werden nicht gesondert angesetzt (§ 189 Abs. 1 Satz 2 BewG). Hierunter fallen übliche Gartenanlagen und Umzäunungen. Nur bei besonders werthaltigen Außenanlagen und sonstigen Anlagen ist ein gesonderter Wertansatz geboten (R B 189 Satz 5 ErbStR). Dies kann z. B. ein größeres Schwimmbad sein.

Das Sachwertverfahren mit den entsprechenden Anlagen zum BewG wurde im Rahmen des Steueränderungsgesetzes 2015 für Bewertungsstichtage nach dem 31. 12. 2015 neu strukturiert. Die Regelherstellungskosten werden erstmals ab 2016 an Baupreisindizes angepasst (§ 190 Abs. 2 BewG). Damit werden steigende, aber auch fallende Baupreise für das Sachwertverfahren berücksichtigt. Die aktuellen Baupreisindizes werden jährlich vom BMF im BStBl veröffentlicht, für Bewertungsstichtage in:

- 2016: 11. 01. 2016, BStBl I 2016, 6;
- 2017: 11. 01. 2017, BStBl I 2017, 30;
- 2018: 22. 01. 2018, BStBl I 2018, 205;
- 2019: 22. 02. 2019, BStBl I 2019, 207.

Zu den Neuregelungen vgl. gleich lautende Ländererlasse vom 08. 01. 2016 (BStBl I 2016, 173). Die Erlasse sind durch die mittlerweile neu aufgelegten ErbStR 2019 ersetzt worden, vgl. R B 190.1 - 190.7 ErbStR.

Ermittlungsschema zum Sachwertverfahren nach H B 189 ErbStH (ohne Außenanlagen):

	Regelherstellungskosten § 190 Abs. 1 BewG Anlage 24 II., III. BewG
	× Baupreisindex § 190 Abs. 1 Satz 3 i. V. m. Abs. 2 BewG
	× Brutto-Grundfläche Anlage 24 I. BewG
Bodenrichtwert	= Gebäuderegelherstellungswert § 190 Abs. 1 BewG
× Grundstücksfläche	./. Alterswertminderung § 190 Abs. 4 BewG
= **Bodenwert** § 179 i. V. m. § 189 Abs. 2 BewG	= **Gebäudesachwert** § 190 BewG
vorläufiger Sachwert § 189 Abs. 3 Satz 1 BewG	
× Wertzahl § 189 Abs. 3 Satz 2 i. V. m. § 191 BewG	
= **Sachwert des Grundstücks** § 189 Abs. 3 BewG	
Prüfung Öffnungsklausel § 198 BewG	
Grundbesitzwert (§§ 151 Abs. 1 Nr. 1, 157 Abs. 3 BewG)	

Die **Regelherstellungskosten** (RHK) sind anhand der Anlage 24 zum BewG zu ermitteln und sind abhängig von

- der Grundstücksart,
- der Gebäudeklasse (z. B. mit bzw. ohne Keller, Gebäudenutzung),
- dem Baujahr und
- der Standardstufe (1–5).

Die Werte der Anlage beziehen sich auf die Brutto-Grundfläche des Gebäudes und basieren auf den Normalherstellungskosten 2010 inkl. der Baunebenkosten und Umsatzsteuer. Die tatsächlichen Herstellungskosten des zu bewertenden Grundstücks sind unbeachtlich.

Als **Brutto-Grundfläche** (BGF) ist die Summe aus den Grundflächen aller Grundrissebenen eines Bauwerks mit den Nutzungen nach DIN 277-1:2005-02 und deren konstruktiven Umschließungen (Anlage 24 I. BewG). Nicht nutzbare Dachflächen werden nicht berücksichtigt. Dachflächen, die nutzbar, aber noch nicht ausgebaut sind, zählen hingegen zur BGF. Die BGF ist in Quadratmetern angegeben. Einzelheiten zur Ermittlung der BGF sind im R B 190.6 ErbStR dargestellt.

Anstelle der bisherigen Abstufungen »einfach«, »mittel« und »gehoben« sind für Bewertungsstichtage ab 01.01.2016 fünf Standardstufen vorgesehen. Die Beschreibung der Gebäudestandards erfolgt im Abschnitt III der Anlage 24 zu § 190 BewG:

- Standardstufe 1 = nicht zeitgemäß, einfachst
- Standardstufe 2 = nicht zeitgemäß, einfach
- Standardstufe 3 = zeitgemäß, Basis
- Standardstufe 4 = zeitgemäß, gehoben
- Standardstufe 5 = zeitgemäß aufwendig

Die Standardstufen sind bei Wohngebäuden anhand von neun Bauteilen zu bestimmen. Dabei ist ein sogen. Wägungsanteil (vgl. Abschnitt III der Anlage 24 zu § 190 BewG), d. h. eine Gewichtung der jeweiligen Bauteile, zu ermitteln, beispielhaft anhand folgender Tabelle dargestellt:

EFH, freistehend, Gebäudeart 1.02, Bewertungsstichtag in 2019:			
Bauteil	RHK lt. Anlage 24 II. nach Standardstufe	Wägungsanteil	maßgebende RHK je Gebäudeteil
Außenwände	695	× 23 %	160
Dach	695	× 15 %	104
Fenster und Außentüren	840	× 11 %	92
Innenwände und Innentüren	605	× 11 %	67
Deckenkonstruktion und Treppen	695	× 11 %	76
Fußböden	605	× 5 %	30
Sanitäreinrichtungen	605	× 9 %	54
Heizung	840	× 9 %	76
Sonstige technische Anlagen	695	× 6 %	42
RHK in €/m² BGF (gewichtet und mathematisch gerundet)			597
Angepasst an Baupreisindex für 2019 lt. BMF vom 22.02.2019 (122,0)			728

Bei den Wägungsanteilen erfolgt eine mathematische Rundung, der indizierte Betrag der Regelherstellungskosten wird dann auf volle Euro abgerundet. Zur Rundung vgl. auch Berechnungsbeispiele in den Hinweisen zu R B 190.4 ErbStR.

Die Regel-HK sind für alle Gebäude gesondert zu ermitteln, dabei sind auch die zur wirtschaftlichen Einheit zählenden Garagen einzubeziehen (Gebäudeart 14.1 – 14.5 in der Anlage 24). Die Indizierung bezieht sich auch auf diese Regel-HK. Abgegolten sind damit grundsätzlich auch die üblichen Außenanlagen und sonstigen Grundstücksbestandteile. Sind die Außenanlagen jedoch besonders werthaltig, erfolgt ein zusätzlicher Ansatz, R B 190.5 Satz 2 ErbStR. Übersteigen die Sachwerte der Außenanlagen bei überschlägiger Berechnung 10 % des Gebäudesachwertes gelten die Außenanlagen als besonders werthaltig, R B 190.5 Satz 4 ErbStR. Zur Berechnung der Sachwerte der Außenanlagen sind die Regel-HK aus der Tabelle zu R B 190. 5 ErbStR heranzuziehen. Auch die in der Tabelle ausgewiesenen Regel-HK sind zu indizieren. Dabei ist aus Vereinfachungsgründen die Indexzahl für Wohngebäude zu verwenden, R B 190.5 Satz 6 ErbStR.

Nach Anpassung an den Baupreisindex sind die Regelherstellungskosten mit der BGF zu multiplizieren, das Ergebnis stellt den **Gebäuderegelherstellungswert** dar (§ 190 Abs. 1 Satz 3 BewG). Der Gebäuderegelherstellungswert ist um eine **Alterswertminderung** zu kürzen (§ 190 Abs. 4 Satz 1 BewG). Nach Abzug der Alterswertminderung ist der verbleibende Gebäudewert mit **mindestens 30 %** des Gebäudeherstellungswertes anzusetzen (§ 190 Abs. 4 Satz 5 BewG). Die Alterswertminderung wird nach dem Verhältnis des Alters des Gebäudes am Bewertungsstichtag zur wirtschaftlichen Gesamtnutzungsdauer nach Anlage 22 BewG bestimmt (§ 190 Abs. 4 Satz 2 BewG).

BEISPIEL

Zum 19.06.2019 ist ein gemischt genutztes Grundstück (Baujahr 2001, Wohnhaus mit Mischnutzung) im Sachwertverfahren zu bewerten. Eine ortsübliche Miete ist nicht ermittelbar. Das Gebäude umfasst drei Stockwerke mit je 90 m^2 Bruttogrundfläche und ist in einem zeitgemäßem Basisstandard. Auf dem Grundstück befindet sich außerdem ein im Jahr 2014 gebautes Schwimmbad in gehobener Ausführung mit einer Fläche von 40 m^2. Der Bodenwert beträgt 200 000 €.
Wie hoch ist der vorläufige Sachwert nach § 189 Abs. 3 BewG?

LÖSUNG Für gemischt genutzte Grundstücke kommt das Sachwertverfahren nur in Betracht, wenn auf dem örtlichen Grundstücksmarkt keine übliche Miete ermittelbar ist (hier Vorgabe im Sachverhalt), § 183 Abs. 4 Nr. 2 BewG.
Ermittlung der Regel-HK nach § 190 Abs. 1 Satz 1 i. V. m. Anlage 24 BewG:

- Bruttogrundfläche 270 m^2
- Gebäudeklasse 5.1
- Standardstufe 3
- Regel-HK lt. Anlage 24 II = 860 €/m^2
- Die Regel-HK von 860 € sind gem. § 190 Abs. 2 BewG und BMF-Schreiben vom 22.02.2019 zu indizieren. Die Indexzahl für Bewertungsstichtage in 2019 und die Gebäudeklasse 5.1 beträgt 122,0. Die für den Bewertungsstichtag sind daher Regel-HK von 1 049 € je Flächeneinheit maßgebend. Bei einer Bruttogrundfläche von 270 m^2 beträgt der Gebäuderegelherstellungswert 283 230 €, § 190 Abs. 1 Satz 3 BewG.
- Ermittlung der Alterswertminderung nach § 190 Abs. 4 i. V. m. Anlage 22 BewG:
- Gesamtnutzungsdauer 70 Jahre
- Gebäudealter 18 Jahre
- Alterswertminderung 18/70 = 72 831 €
- Der **Gebäudesachwert** beträgt **210 399 €**, der Mindestansatz von 30 % gem. § 190 Abs. 4 Satz 5 BewG ist unbeachtlich.
- Mit dem Gebäudesachwert ist sind grds. sämtliche Außenanlagen abgegolten, § 189 Abs. 1 Satz 2 BewG. Zu prüfen ist, ob das Schwimmbad als besonders werthaltige Außenanlage einzustufen ist. Dies erfolgt anhand der Tabelle zu R B 190.5 ErbStR. Danach ergeben sich Regel-HK für Schwimmbecken in gehobener Ausführung von 850 €/m^2. Aus Vereinfachungsgründen erfolgt die Indizierung analog zu den Wohngebäuden mit 122,0 (s. o.), maßgebend sind daher Regel-HK von 1 037 € je Flächeneinheit. Die Regel-HK für das Schwimmbad betragen somit 41 480 €. Bei einer typisierten Gesamtnutzungsdauer von 30 Jahren ist eine Alterswertminderung von 6 913 € (5/30). Der Sachwert des **Schwimmbades** beträgt somit **34 567 €** und ist als besonders werthaltig einzustufen (mehr als 10 % des Gebäudesachwertes).
- Der vorläufige Sachwert setzt sich wie folgt zusammen (§ 189 Abs. 3 Satz 1 BewG):
- Bodenwert lt. Vorgabe 200 000 €
- Gebäudesachwert 210 399 €
- Sachwert Schwimmbad 34 567 €
- **vorläufiger Sachwert 444 966 €**
- Der vorläufige Sachwert ist dann noch mit der Wertzahl aus § 191 BewG an den gemeinen Wert anzupassen.

Besondere Umstände können zu einer Verlängerung oder auch Verkürzung der wirtschaftlichen Gesamtnutzungsdauer führen, § 190 Abs. 4 Satz 3 BewG). In diesem Fall ist von einem fiktiven Baujahr auszugehen (R B 190.7 Abs. 2 ErbStR). Insbesondere durchgreifende **Modernisierungsmaßnahmen** können zu einer Verlängerung der Nutzungsdauer führen. Die tatsächlich durchgeführten Modernisierungsmaßnahmen sind anhand eines Punktesystems (Tabelle 1 zu R B 190.7 ErbStR) zu bewerten. Je nach Modernisierungsgrad ist dann das fiktive Baujahr anhand der Tabellen 2 bis 6 zu R B 190.7 ErbStR zu bestimmen. Dabei zeigen die Tabellen 2 bis 6 die Anzahl der Jahre der Verlängerung der Nutzungsdauer.

BEISPIEL

Zum 19.06.2019 ist ein gemischt genutztes Grundstück (Baujahr 1981, Wohnhaus mit Mischnutzung) im Sachwertverfahren zu bewerten. In den Jahren 2017 und 2018 wurden umfangreiche Renovierungsarbeiten durchgeführt:

- neue Heizungsanlage sowie Wärmedämmung der Außenfassade,
- Dacherneuerung mit Dämmung,
- neue Fenster und Außentüren,
- Erneuerung sämtlicher Leitungssysteme,
- Modernisierung der Bäder.

Welche Auswirkungen haben die Renovierungsmaßnahmen auf die Alterswertminderung?

LÖSUNG Für gemischt genutzte Grundstücke gilt gem. Anlage 22 eine Gesamtnutzungsdauer von 70 Jahren. Bei einem Gebäudealter von 38 Jahren beträgt die Alterswertminderung 38/70. Da innerhalb von zehn Jahren vor dem Bewertungsstichtag umfangreiche Renovierungsarbeiten durchgeführt worden sind, ist eine Verschiebung des Baujahres zu prüfen, § 190 Abs. 4 Satz 3 BewG. Die Beurteilung erfolgt anhand der Tabelle 1 zu R B 190.7 ErbStR:

- Heizungsanlage = 2
- Wärmedämmung der Außenwände = 4
- Dacherneuerung inkl. Dämmung = 4
- neue Fenster und Außentüren = 2
- Modernisierung der Leitungssysteme = 2
- Modernisierung der Bäder = 2
- 16 Punkte stellen nach der Tabelle 1 eine überwiegende Modernisierung dar. Die Verschiebung des Baujahres erfolgt anhand Tabelle 2 (Nutzungsdauer 70 Jahre). Bei einem Gebäudealter von 38 Jahren ist das Baujahr um 12 Jahre zu verschieben. Für die Berechnung der Alterswertminderung ist von einem Baujahr 1993 auszugehen. Die Alterswertminderung beträgt folglich 26/70.

Zur Anpassung an den gemeinen Wert ist der vorläufige Sachwert mit einem Sachwertfaktor (**Wertzahl**) zu multiplizieren (§ 189 Abs. 3 Satz 2 BewG). Dabei ist vorrangig auf die von den Gutachterausschüssen mitgeteilten Sachwertfaktoren abzustellen (§ 191 Abs. 1 BewG). Liegen keine geeigneten Sachwertfaktoren vor, sind diese der Anlage 25 BewG zu entnehmen (§ 191 Abs. 2 BewG).

FALL 20

Zum 08.09.2019 ist ein freistehendes Einfamilienhaus für erbschaftsteuerliche Zwecke im Sachwertverfahren zu bewerten. Das Gebäude ist im Mai 2005 fertiggestellt worden (Keller, Erdgeschoss, Obergeschoss), das Dachgeschoss ist ausgebaut (Gebäude insgesamt zeitgemäß gehobener Standard). Neben dem Gebäude ist auch eine freistehende Garage in Massivbauweise, ohne besondere Ausführungen, errichtet worden. Die Grundstücksfläche umfasst 650 m^2, der Bodenrichtwert beträgt 290 €/m^2. Die Bruttogrundfläche des EFH umfasst 320 m^2, die der Garage 25 m^2. Besonders werthaltige Außenanlagen sind nicht vorhanden. Sachwertfaktoren liegen nicht vor.

Ermitteln Sie den Sachwert für das Einfamilienhaus.

4.3.8 Nachgewiesener Verkehrswert

Sollte der nach §§ 182 bis 196 BewG ermittelte Steuerwert über dem tatsächlichen Wert (Verkehrswert) des Grundstücks liegen, so kann der Steuerpflichtige dem Finanzamt gegenüber den tatsächlichen Grundstückswert als obersten **Wert für die Grundstücksbewertung nach-**

weisen und ihn als Grundstückswert feststellen lassen (§ 198 Satz 1 BewG). Der Nachweis des niedrigeren Marktwertes kann nur einheitlich für die gesamte wirtschaftliche Einheit (z. B. bebautes Grundstück) geführt werden.

Der Nachweis ist entweder durch ein **Gutachten** eines Grundstückssachverständigen oder des örtlich zuständigen Gutachterausschusses oder durch einen **stichtagsnahen Kaufpreis** zu führen.

4.3.8.1 Gutachterwert

Das Gutachten ist durch einen **Sachverständigen** für die Bewertung von Grundstücken zu erstellen. Diesen Sachverständigen gleichgestellt wird der **örtlich zuständige Gutachterausschuss**. Für alle Gutachten gilt, so R B 198 Abs. 3 Sätze 2 und 3 ErbStR, dass sie für die Finanzverwaltung bei der Feststellung des Grundstückswerts nicht bindend sind, sondern der freien Beweiswürdigung unterliegen. Im Rahmen dieser Beweiswürdigung hat das Finanzamt die inhaltliche Richtigkeit und Schlüssigkeit des Gutachtens zu prüfen. Enthält ein Gutachten Mängel, die den ermittelten Wert als zweifelhaft erscheinen lassen, wird dieses Gutachten nicht als Nachweis für einen niedrigeren Grundstückswert anerkannt. Mängel liegen z. B. vor, wenn das Gutachten insgesamt nicht plausibel ist, methodische Mängel bei der Wertermittlung erkennbar sind oder wenn unzutreffende Werte angesetzt wurden. Das Finanzamt kann sich im Feststellungsbescheid darauf beschränken, die von ihm festgestellten Mängel im Gutachten aufzuführen, ohne dabei Aussagen zur Höhe des Verkehrswerts treffen zu müssen. Die mit der Erstellung des Gutachtens verbundenen Kosten hat der Steuerpflichtige zu tragen.

4.3.8.2 Stichtagsnaher Kaufpreis

Als weiteren Nachweis akzeptiert die Finanzverwaltung einen **stichtagsnahen Kaufpreis**, wenn er im **gewöhnlichen Geschäftsverkehr** zustande gekommen ist. Dies setzt voraus, dass es sich weder um Notverkäufe noch um Verkäufe unter nahen Angehörigen handelt. Der Kaufpreis muss grundsätzlich **innerhalb eines Jahres** vor oder nach dem Besteuerungszeitpunkt zustande gekommen sein (R B 198 Abs. 4 Satz 1 ErbStR). Dabei ist auf den Abschluss des notariellen Kaufvertrags abzustellen. Allerdings hat der BFH im Urteil vom 02.07. 2004 (BStBl II 2004, 703) zugelassen, dass ein Kaufpreis, der außerhalb der Einjahresfrist zustande gekommen ist, als nachgewiesener Verkehrswert anerkannt wird, wenn dargetan werden kann, dass sich seit dem Besteuerungszeitpunkt weder die Wertverhältnisse beim Bodenrichtwert noch die bei der Miete bis zum Veräußerungszeitpunkt geändert haben, so dass der Veräußerungspreis den Wert im Besteuerungszeitpunkt tatsächlich widerspiegelt. Der Kaufpreis wäre wie der Gutachterwert an die Wertverhältnisse vom Besteuerungszeitpunkt anzupassen. Hierauf verzichtet die Finanzverwaltung, wenn zwischen dem Zeitpunkt des Erwerbs und dem Besteuerungszeitpunkt keine wesentlichen Änderungen eingetreten sind (R B 198 Abs. 4 Satz 3 ErbStR). Der Steuerpflichtige kann jederzeit eine Wertkorrektur geltend machen.

4.4 Sonderbewertungen nach den §§ 192 bis 197 BewG

Für die Bestellung eines Erbbaurechts, für Gebäude auf fremdem Grund und Boden sowie für Grundstücke mit Gebäuden, die sich im Besteuerungszeitpunkt noch im Bau befinden, sehen die §§ 192 und 196 BewG **Sonderbewertungen** vor. Für Anlagen, Gebäude und Gebäudeteile, die dem **Zivilschutz** dienen, gilt nach § 197 BewG eine Steuerbefreiung.

4.4.1 Bewertung in Erbbaurechtsfällen

Bei dem **Erbbaurecht** handelt es sich um das veräußerliche und vererbliche Recht an einem Grundstück, auf oder unter der Oberfläche des Grundstücks ein Bauwerk zu haben (R B 192.1 Abs. 1 Satz 1 ErbStR). Das Grundstück, an dem das Erbbaurecht bestellt ist, wird als **belastetes Grundstück** bezeichnet (**Erbbaugrundstück**). Bewertungsrechtlich bleibt dieses Grundstück als eigenständige wirtschaftliche Einheit bestehen. Daneben tritt das Erbbaurecht als weitere selbständige wirtschaftliche Einheit. Dies gilt auch für die Fälle, in denen der Eigentümer des belasteten Grundstücks das Erbbaurecht übernimmt oder der Erbbauberechtigte das belastete Grundstück erwirbt (sog. Eigentümererbbaurecht; R B 192.1 Abs. 1 Satz 4 ErbStR).

Ist an einem Grundstück ein Erbbaurecht bestellt worden, liegen bewertungsrechtlich somit **zwei wirtschaftliche Einheiten** vor, für die jeweils ein Grundbesitzwert zu ermitteln ist (§ 192 BewG).

4.4.1.1 Bewertung des Erbbaurechts

Die Bewertung des Erbbaurechts erfolgt nach § 193 BewG. Danach ist vorrangig eine Bewertung im **Vergleichswertverfahren** nach § 183 BewG vorgesehen (§ 193 Abs. 1 BewG). Dies ist aber nur möglich, wenn für das zu bewertende Erbbaurecht Vergleichspreise oder Vergleichsfaktoren vorliegen, hierzu muss eine hinreichende Übereinstimmung in den folgenden Punkten vorliegen:

- der Grundstücksart,
- die Bebauung,
- der Erbbauzins,
- der Bodenrichtwert sowie
- die Restlaufzeit des Erbbaurechts.

Liegen keine geeigneten Vergleichskaufpreise oder Vergleichsfaktoren vor, erfolgt die Bewertung nach § 193 Abs. 2 BewG. Der Wert des Erbbaurechts setzt sich danach zusammen aus dem **Bodenwertanteil** (§ 193 Abs. 3 BewG) und einem **Gebäudewertanteil** (§ 193 Abs. 5 BewG).

Ermittlungsschema nach § 193 Abs. 2 bis 5 BewG für bebaute Grundstücke:

<table>
<tr><td>Angemessener Verzinsungsbetrag des Bodenwerts
§ 193 Abs. 4 BewG</td><td rowspan="2"></td></tr>
<tr><td>./.vertraglich vereinbarter Erbbauzins</td></tr>
<tr><td>= Unterschiedsbetrag
§ 193 Abs. 3 Satz 1 BewG</td><td>Gebäudeertragswert bzw. Gebäudesachwert
§ 193 Abs. 5 Satz 1 BewG</td></tr>
<tr><td>× Vervielfältiger lt. Anlage 21 BewG
§ 193 Abs. 3 Satz 2 BewG</td><td>./. Gebäudewertanteil des Erbbaugrundstücks, wenn keine oder nur teilweise Entschädigung
§ 193 Abs. 5 Satz 2 BewG</td></tr>
<tr><td>= Bodenwertanteil
§ 193 Abs. 3 BewG</td><td>= Gebäudewertanteil
§ 193 Abs. 5 BewG</td></tr>
<tr><td colspan="2" align="center">Grundbesitzwert
§ 193 Abs. 2 BewG</td></tr>
</table>

Bei **unbebauten Grundstücken** ist das Erbbaurecht allein mit dem Bodenwertanteil i. S. d. § 193 Abs. 3 BewG anzusetzen (R B 193 Abs. 2 Satz 2 ErbStR).

Zur Ermittlung des **angemessenen Verzinsungsbetrages** des Bodenwerts ist zunächst der Bodenwert des Grundstücks nach § 179 BewG zu ermitteln (Grundstücksfläche × Bodenrichtwert = Bodenwert) (§ 193 Abs. 3 Satz 1 Nr. 1 BewG). Maßgebend ist der am Bewertungsstichtag geltende Bodenrichtwert. Der Bodenwert ist danach mit dem Liegenschaftszinssatz zu multiplizieren (§ 193 Abs. 4 Satz 1 BewG). Maßgebend ist der vom örtlichen Gutachterausschuss mitgeteilte Liegenschaftszinssatz; nur wenn kein geeigneter Liegenschaftszinssatz vorliegt, ist der typisierte Zinssatz nach § 194 Abs. 4 Satz 2 BewG anzuwenden.

Als **vertraglich vereinbarter Erbbauzins** gilt der am Bewertungsstichtag zu zahlende Erbbauzins, dieser ist in einen **Jahresbetrag** umzurechnen (§ 193 Abs. 3 Satz 1 Nr. 2 BewG). Da auf die vertragliche Vereinbarung abgestellt wird, handelt es sich um einen **Sollzins**, auf die tatsächlichen Zahlungen kommt es nicht an. Ist der vertraglich vereinbarte Erbbauzins höher als der angemessene Verzinsungsbetrag des Bodenwertes, ergibt sich ein negativer Unterschiedsbetrag. Auch ein negativer Unterschiedsbetrag ist mit dem Vervielfältiger zu kapitalisieren.

Der Unterschiedsbetrag ist mit dem Vervielfältiger laut Anlage 21 BewG über die **Restlaufzeit** des Erbbaurechts zu **kapitalisieren** und ergibt den Bodenwertanteil. Die Restlaufzeit des Erbbaurechts am Bewertungsstichtag ist auf volle Jahre abzurunden (R B 193 Abs. 6 Satz 2 ErbStR). Bei einer Restlaufzeit von weniger als einem Jahr ist der Bodenwertanteil mit 0 € anzusetzen.

Der Gebäudewertanteil ist bei Grundstücken, die im Ertragswertverfahren zu bewerten sind, der **Gebäudeertragswert** nach § 185 BewG (z. B. bei Mietwohngrundstücken). Ist das Grundstück im Sachwertverfahren zu bewerten, ist der **Gebäudesachwert** i. S. d. § 190 BewG anzusetzen (z. B. bei Einfamilienhäusern). Der Gebäudewertanteil ist nur dann zu korrigieren, wenn bei Ablauf des Erbbaurechts keine oder nur teilweise eine Entschädigung für den verbleibenden Gebäudewert zu leisten ist (§ 193 Abs. 5 Satz 2 BewG). In diesem Fall ist der verbleibende Gebäudewertanteil des Erbbaugrundstücks i. S. d. § 194 Abs. 4 BewG vom Gebäudewertanteil des Erbbaurechts abzuziehen. Zur Berechnung in diesen Fällen siehe Beispiel 1 im H B 193 Abs. 7 ErbStH.

FALL 21

Zum 01.07. 2019 wird ein Einfamilienhaus vererbt. Das Gebäude wurde im Erbbaurecht errichtet, die Laufzeit des Erbbaurechts beträgt zum 01.07. 2019 noch 52 Jahre. Bei Ablauf des Erbbaurechts ist vom Grundstückseigentümer eine angemessene Entschädigung für das Gebäude zu leisten. Das Grundstück ist 620 m^2 groß, der Bodenrichtwert beträgt 235 €/m^2. Nach den vertraglichen Vereinbarungen ist ein monatlicher Erbbauzins i. H. v. 340 € zu leisten. Der Gutachterausschuss hat keinen geeigneten Liegenschaftszinssatz mitgeteilt. Vergleichspreise oder Vergleichsfaktoren liegen für das Erbbaurecht nicht vor. Der Gebäudesachwert des Einfamilienhauses beträgt zum Bewertungsstichtag 125 700 €. Wie hoch ist der Grundbesitzwert für das Erbbaurecht?

4.4.1.2 Bewertung des Erbbaugrundstücks

Bei der Bewertung der wirtschaftlichen Einheit Erbbaugrundstück ist **vorrangig** das **Vergleichswertverfahren** anzuwenden (§ 194 Abs. 1 BewG). Liegen keine geeigneten Vergleichskaufpreise oder Vergleichsfaktoren vor, erfolgt die Bewertung nach § 194 Abs. 2 bis 4 BewG. Dabei bildet der Bodenwertanteil den Wert des Erbbaugrundstücks. Nur wenn der Eigentümer des Erbbaugrundstücks beim Ablauf des Erbbaurechts keine oder nur eine teilweise Entschädigung für das Gebäude zu leisten hat, erhöht sich der Bodenwertanteil um den verbleibenden Gebäudewertanteil (§ 194 Abs. 2 BewG).

Ermittlungsschema nach § 194 Abs. 2 bis 4 BewG:

Abgezinster Bodenwert	
+ kapitalisierte Erbbauzinsen	
= Bodenwertanteil § 194 Abs. 3 Satz 1 BewG	Abgezinster Gebäudewertanteil des Erbbaugrundstücks, wenn keine oder nur teilweise Entschädigung § 194 Abs. 2 Satz 2 BewG
Grundbesitzwert § 194 Abs. 2 BewG	

Der Bodenwert des Erbbaugrundstücks ist entsprechend der am Bewertungsstichtag verbleibenden Restlaufzeit des Erbbaurechts abzuzinsen. Maßgebend sind die Abzinsungsfaktoren der Anlage 26 BewG (§ 194 Abs. 3 Satz 2 BewG). Der abgezinste Bodenwert ist um die kapitalisierten Erbbauzinsen zu erhöhen. Anzusetzen ist der nach den vertraglichen Vereinbarungen zum Bewertungsstichtag jährlich zu zahlende Erbbauzins (§ 194 Abs. 3 Satz 3 BewG). Der Vervielfältiger ist der Anlage 21 BewG zu entnehmen. Bei der Abzinsung des Bodenwertes und der Kapitalisierung des Erbbauzinses ist die auf volle Jahre abgerundete Restlaufzeit des Erbbaurechts maßgebend.

FALL 22

Zum 01.07. 2019 wird ein mit einem Erbbaurecht belastetes Grundstück vererbt. Die Restlaufzeit des Erbbaurechts beträgt 52 Jahre, nach Ablauf der Laufzeit ist eine angemessene Entschädigung für das Gebäude zu leisten. Das Grundstück ist 620 m² groß, der Bodenrichtwert beträgt 235 €/m². Nach den vertraglichen Vereinbarungen ist ein monatlicher Erbbauzins i. H. v. 340 € zu leisten. Der Gutachterausschuss hat keinen geeigneten Liegenschaftszinssatz mitgeteilt. Vergleichspreise oder Vergleichsfaktoren liegen nicht vor. Wie hoch ist der Grundbesitzwert?

4.4.2 Bewertung von Gebäuden auf fremdem Grund und Boden

Befindet sich auf einem Grundstück ein Gebäude, das einem anderen als dem Grundstückseigentümer steuerlich zuzurechnen ist, liegen **zwei wirtschaftliche Einheiten** vor, und zwar das verpachtete Grundstück und das Gebäude auf fremdem Grund und Boden. Die Bewertung erfolgt nach § 195 BewG. Zur Wertermittlung s. R B 195.2 ErbStR und Berechnungsbeispiele in H B 195.2 ErbStH »Gebäude auf fremdem Grund und Boden« sowie »Belastetes Grundstück«.

4.4.3 Bewertung von Grundstücken mit im Bau befindlichen Gebäuden

Befindet sich auf dem zu bewertenden Grundstück ein Gebäude, das im Besteuerungszeitpunkt **noch nicht fertig gestellt** ist, erfolgt die Bewertung nach § 196 BewG. Es kann sich sowohl um ein unbebautes als auch um ein bebautes Grundstück handeln. Liegen im Bewertungszeitpunkt noch keine benutzbaren Gebäude vor, handelt es sich gem. § 178 Abs. 1 BewG um ein unbebautes Grundstück. Sind neben dem im Bau befindlichen Gebäude bereits benutzbare Gebäude vorhanden, liegt ein bebautes Grundstück vor. Dem Wert des bisher unbebauten oder bebauten Grundstücks sind die bis zum Bewertungsstichtag entstandenen Herstellungskosten für die im Bau befindlichen Gebäude hinzuzurechnen (§ 196 Abs. 2 BewG). Berechnungsbeispiele hierzu sind in H B 196.2 Abs. 3 und Abs. 4 ErbStH dargestellt.

4.4.4 Grundstücke mit Gebäuden und Gebäudeteilen, die dem Zivilschutz dienen

Gebäude, Gebäudeteile und Anlagen, die dem Zivilschutz dienen (§ 1 Zivilschutzgesetz), bleiben bei der Ermittlung des Grundstückswerts außer Ansatz, wenn sie nicht oder nur gelegentlich oder geringfügig für andere Zwecke mitbenutzt werden (§ 197 BewG).

Der Wert des Grund und Bodens ist i. d. R. mit dem gesamten Wert des unbebauten Grundstücks (§ 179 BewG) anzusetzen. Denn der den Zivilschutzräumen zuzurechnende Bodenwertanteil ist nicht nach § 197 BewG befreit (R B 197 Abs. 2 ErbStR).

5 Ansatz von Bodenschätzen im Privatvermögen

Bodenschätze, die nicht zum Betriebsvermögen gehören, sind nach § 12 Abs. 4 ErbStG nur dann bei der Ermittlung des steuerpflichtigen Erwerbs zu erfassen, wenn bei der ertragsteuerlichen Einkunftsermittlung **Absetzungen für Substanzverringerung auf diese Bodenschätze** vorgenommen werden. Ist dies der Fall, so ist für die Ermittlung des steuerpflichtigen Erwerbs der ertragsteuerliche Wertansatz, berechnet aus den Anschaffungs- oder Herstellungskosten abzüglich Abschreibungen, zu übernehmen. Maßgebend sind auch hier die Verhältnisse im Besteuerungszeitpunkt.

6 Bewertung des Betriebsvermögens

Zur allgemeinen Neuausrichtung der Bewertungsregeln durch das ErbStRG 2009 s. oben unter 1. Das Betriebsvermögen von Gewerbebetrieben und freiberuflich Tätigen ist für Erwerbe ab 01.01. 2009 einheitlich mit dem **gemeinen Wert** anzusetzen (§ 109 Abs. 1 BewG). Der gemeine Wert entspricht dem bei einer Veräußerung erzielbaren Preis und wird – soweit möglich – aus Verkäufen unter fremden Dritten abgleitet (§ 11 Abs. 2 Satz 2 BewG). Die bisherige Bewertungsidentität, d. h. Übernahme der Wertansätze aus der Steuerbilanz, gilt nicht mehr. Die Bewertungsregelungen sind **rechtsformneutral** ausgestaltet. Die Ausführungen zur Bewertung von Anteilen an nicht notierten Kapitalgesellschaften gelten für die Bewertung von Betriebsvermögen sinngemäß (vgl. 3.2 ff.). Im folgenden Kapitel werden daher nur die wichtigsten Besonderheiten bei der Bewertung von Betriebsvermögen und von Anteilen am Betriebsvermögen dargestellt.

Wie schon bisher wird gem. § 96 BewG die Ausübung eines freien Berufs i. S. d. § 18 Abs. 1 Nr. 1 EStG einem Gewerbebetrieb gleichgestellt, d. h. die Ausführungen gelten auch für die Bewertung von Betriebsvermögen eines Freiberuflers (z. B. bei Übertragung einer Arztpraxis).

6.1 Feststellungsverfahren

Bei der Ermittlung des Vermögensanfalls ist **inländisches Betriebsvermögen** gem. § 12 Abs. 5 ErbStG mit dem nach § 151 Abs. 1 Satz 1 Nr. 2 BewG **gesondert festgestellten Wert** anzusetzen. Gesondert festzustellen ist der Wert des Betriebsvermögens oder des Anteils am Betriebsvermögen für erbschaft- oder schenkungsteuerliche Zwecke. Das Ergebnis wird als **Betriebsvermögenswert** bezeichnet. Die gesonderte Feststellung erfolgt durch das Betriebsfinanzamt (§ 152 Nr. 2 BewG). Eine gesonderte Feststellung wird nur durchgeführt, wenn die Werte für die Erbschaft- bzw. Schenkungsteuer von Bedeutung sind (»Bedarfsbewertung«). Die

Entscheidung hierüber trifft das für die Erbschaft- bzw. Schenkungsteuer zuständige Finanzamt (Veranlagungsfinanzamt). Das Betriebsfinanzamt kann von jedem, für dessen Besteuerung eine gesonderte Feststellung von Bedeutung ist, die Abgabe einer Feststellungserklärung verlangen (§ 153 Abs. 1 BewG). Die Feststellungserklärung ist gem. § 153 Abs. 4 Satz 1 BewG eigenhändig zu unterschreiben. Der gesondert festgestellte Betriebsvermögenswert ist für das Veranlagungsfinanzamt bindend (§§ 175 Abs. 1 Nr. 1, 182 Abs. 1 AO). In der Mitteilung an das Veranlagungsfinanzamt sind auch Angaben aufzunehmen, die zur Prüfung der Verschonungsregelungen nach § 13 b ErbStG erforderlich sind (u. a. Verwaltungsvermögen, junges Verwaltungsvermögen, Ausgangslohnsumme, § 13a Abs. 4, § 13b Abs. 10 ErbStG).

BEISPIEL

E betreibt in Mainz einen Buchhandel, er wohnt in Wiesbaden. Anlässlich seines Todes ist eine Bewertung seines Nachlasses erforderlich. Welche Feststellungen sind durchzuführen?

LÖSUNG Für die Veranlagung zur Erbschaftsteuer ist das Wohnsitzfinanzamt (Wiesbaden) des Erblassers örtlich zuständig (§ 35 Abs. 1 ErbStG). Die Zuständigkeit ist regelmäßig auf zentral zuständige Erbschaftsteuerstellen übertragen. Der Betriebsvermögenswert für den Buchhandel ist vom Betriebsfinanzamt (Mainz) gesondert festzustellen (§ 151 Abs. 1 Satz 1 Nr. 2 i. V. m. § 152 Nr. 2 BewG). Das Betriebsfinanzamt führt die gesonderte Feststellung nur bei Bedarf, d. h. auf konkrete Anforderung des Wohnsitz- bzw. Erbschaftsteuerfinanzamts durch (§ 151 Abs. 1 Satz 2 BewG). Neben dem Betriebsvermögenswert teilt das Betriebsfinanzamt Mainz dem Erbschaftsteuerfinanzamt die für die Anwendung der erbschaftsteuerlichen Verschonungsregeln notwendigen Angaben nachrichtlich mit.

Bei der Bewertung von Betriebsvermögen und von Anteilen am Betriebsvermögen sind gem. § 157 Abs. 5 Satz 1 BewG die tatsächlichen Verhältnisse und die Wertverhältnisse vom Bewertungsstichtag zu berücksichtigen. **Bewertungsstichtag** ist der Tag der Steuerentstehung (§ 11 ErbStG). Die Steuer entsteht mit dem Tode des Erblassers bzw. mit Ausführung der Zuwendung (§ 9 Abs. 1 Nr. 1 bzw. Nr. 2 ErbStG). Zu den tatsächlichen Verhältnissen zählt beispielsweise der Umfang des Betriebsvermögens vom Bewertungsstichtag, zu den Wertverhältnissen beispielsweise der gemeine Wert einzelner Wirtschaftsgüter.

Für die Ermittlung des Betriebsvermögenswertes gilt § 11 Abs. 2 BewG, § 157 Abs. 5 Satz 2 BewG.

6.2 Einzelunternehmen

6.2.1 Bewertungsgegenstand

Gesondert festzustellen ist der Wert des Betriebsvermögens i. S. d. § 95 BewG (Betriebsvermögenswert). Zunächst ist daher der konkrete Bewertungsgegenstand zu bestimmen. Der Bewertungsgegenstand ist die **wirtschaftliche Einheit Gewerbebetrieb** (§ 95 Abs. 1 BewG). Die wirtschaftliche Einheit Gewerbebetrieb setzt sich aus dem **bewertungsrechtlichen Betriebsvermögen** des einzelnen Betriebes zusammen. Die wirtschaftliche Einheit ist unter Anwendung der allgemeinen Grundsätze des § 2 BewG i. V. m. § 95 Abs. 1 BewG zu ermitteln und von anderen wirtschaftlichen Einheiten abzugrenzen. Es können mehrere wirtschaftliche Einheiten Gewerbebetrieb bestehen. Dies ist der Fall, wenn ertragsteuerlich mehrere selbständige Gewerbebetriebe i. S. d. § 15 Abs. 1 EStG gegeben sind und nach § 2 Abs. 1 Satz 3 BewG eine Zusammenfassung nicht möglich ist (vgl. hierzu auch R 2.4 Abs. 1 GewStR). Neben der Eigentümeridentität (§ 2 Abs. 2 BewG) sind insbesondere Zweckbestimmung und wirtschaftliche Zusammengehörigkeit zu beurteilen (§ 2 Abs. 1 Satz 4 BewG).

BEISPIEL

S betreibt in Mainz eine Bäckerei. Neben dem Hauptgeschäft im Ortsteil Mainz-Hechtsheim unterhält er weitere sieben kleinere Filialen in verschiedenen Mainzer Ortsteilen. Weiterhin ist er zusammen mit seiner Ehefrau Inhaber eines Geschäfts für Aquariumszubehör. Entstanden aus einer Leidenschaft für alte Bücher betreibt S seit einem Jahr ein kleines Antiquariat in der Mainzer Innenstadt. Aus Anlass seines Todes ist das Betriebsvermögen von S im Februar 2019 zu bewerten. Wie viele wirtschaftliche Einheiten sind zu bewerten?

LÖSUNG Hier liegen drei wirtschaftliche Einheiten vor. Eine wirtschaftliche Einheit Gewerbebetrieb umfasst die Bäckerei mit den Filialen. Eine weitere wirtschaftliche Einheit umfasst das Antiquariat in der Innenstadt. Eine Zusammenfassung der beiden Gewerbebetriebe zu einer wirtschaftlichen Einheit ist aufgrund Verkehrsanschauung nicht möglich (§ 2 Abs. 1 Satz 3 BewG). Entscheidend ist die fehlende wirtschaftliche Zusammengehörigkeit und Zweckbestimmung (§ 2 Abs. 1 Satz 4 BewG). Der Anteil am Betriebsvermögen des Geschäfts für Aquariumszubehör ist eine weitere wirtschaftliche Einheit. Die wirtschaftlichen Einheiten sind getrennt zu bewerten (§ 2 Abs. 1 Satz 1 BewG).

Bei mehreren selbständigen Betrieben ist das Betriebsvermögen i. S. d. § 151 Abs. 1 Satz 1 Nr. 2 BewG die Summe aller Betriebsvermögenswerte.

BEISPIEL

M – wohnhaft in Germersheim – betreibt in Landau ein Möbelhaus (Betriebsvermögenswert 353 500 €) und in Karlsruhe eine Gemäldegalerie (Betriebsvermögenswert 86 900 €). Im Rahmen der gesetzlichen Erbfolge gehen die Betriebe auf seinen Bruder über.

LÖSUNG Hier liegen zwei wirtschaftliche Einheiten vor. Eine gesonderte Feststellung des Betriebsvermögenswertes ist von den jeweiligen Betriebsfinanzämtern in Landau und Karlsruhe erforderlich (§ 151 Abs. 1 Satz 1 Nr. 2 i. V. m. § 152 Nr. 2 BewG). Die Summe des Betriebsvermögens beträgt 440 400 €.

Jede der wirtschaftlichen Einheiten ist für sich zu bewerten und ihr Wert im Ganzen festzustellen (§ 2 Abs. 1 Sätze 1 und 2 BewG). Eine Einzelbewertung der Wirtschafsgüter Betriebsvermögens erfolgt nur, soweit dies ausdrücklich vorgesehen ist (§ 2 Abs. 3 BewG). Dies ist beispielsweise bei der Ermittlung des Substanzwertes der Fall (§ 11 Abs. 2 Satz 3 BewG). Beim vereinfachten Ertragswertverfahren ist eine Einzelbewertung für nicht betriebsnotwendiges Vermögen, junges Betriebsvermögen und für Beteiligungen vorgesehen (§ 200 Abs. 2 bis 4 BewG).

§ 95 Abs. 1 BewG knüpft bei der Ermittlung des bewertungsrechtlichen Betriebsvermögens an die **ertragsteuerlichen Grundsätze** an und verweist auf § 15 Abs. 1 und 2 EStG. Soweit das BewG nicht ausdrücklich etwas anderes regelt, ist das Betriebsvermögen für die steuerliche Gewinnermittlung zu übernehmen. Dies gilt unabhängig davon, ob notwendiges oder »nur« gewillkürtes Betriebsvermögen vorliegt. Bei Bilanzierenden ist grundsätzlich eine **Identität des Betriebsvermögens** gegeben. **Ausnahmen** hiervon sind in R B 95 Abs. 2 Satz 2 ErbStR zusammengestellt und betreffen insbesondere:

- Rücklagen (s. § 103 Abs. 3 BewG),
- selbst geschaffene immaterielle Wirtschaftsgüter des Anlagevermögens (s. R B 11.5 Abs. 3 Satz 4 ErbStR),
- Rückstellungen (s. R B 11.5 Abs. 3 Satz 3 ErbStR).

Bei **nicht bilanzierenden Gewerbetreibenden oder freiberuflich Tätigen** wird ebenfalls an das ertragsteuerliche Betriebsvermögen angeknüpft. Das bewertungsrechtliche Betriebsvermögen umfasst sowohl das notwendige als auch das gewillkürte Betriebsvermögen. Forderungen und Verbindlichkeiten, die mit dem Betrieb in wirtschaftlichem Zusammenhang stehen, zählen zur wirtschaftlichen Einheit (z. B. ausstehende Honorarforderungen eines Freiberuflers). Das gilt auch für Bargeld und Bankguthaben, die aus dem Betrieb herrühren (R B 95 Abs. 3 Satz 5 ErbStR).

Auch bei **Betriebsgrundstücken** richtet sich die Zuordnung zum Betriebsvermögen nach den ertragsteuerlichen Grundsätzen (§ 99 Abs. 1 BewG; vgl. insbesondere R 4.2 Abs. 4 Satz 1 i. V. m. Abs. 7 EStR). Die dort geltende Teilbarkeit gilt jetzt auch im Bewertungsrecht, da § 99 Abs. 2 BewG mit Wirkung zum 01.01. 2009 aufgehoben wurde. Ein Grundstück kann folglich ganz, teilweise oder gar nicht zum bewertungsrechtlichen Betriebsvermögen gehören. **Schulden** im Zusammenhang mit Grundstücken sind im gleichen Verhältnis Betriebsvermögen wie das entsprechende Grundstück. Der Teil eines Grundstück der ertragsteuerlich zum Privatvermögen gehört, stellt bewertungsrechtlich Grundvermögen dar. Schulden in diesem Zusammenhang sind ggf. als Nachlassverbindlichkeiten abzugsfähig, § 10 Abs. 5 Nr. 1 ErbStG.

Der **Umfang** der wirtschaftlichen Einheit Gewerbebetrieb ist u. a. bei der Ermittlung des Substanzwertes von Bedeutung, da hier eine Einzelbewertung des Betriebsvermögens vorgesehen ist. Auch bei der Ermittlung der Bereicherung i. S. d. § 10 Abs. 1 Satz 2 ErbStG ist zu entscheiden, welche Wirtschaftsgüter durch den festgestellten Betriebsvermögenswert abgegolten sind. So sind beispielsweise Schulden, die zum Betriebsvermögen zählen, nicht als Nachlassverbindlichkeiten i. S. d. § 10 Abs. 5 Nr. 1 ErbStG abzugsfähig.

BEISPIEL

A ist in Köln als Zahnarzt tätig, seine Praxis ist im Erdgeschoss (100 m^2). Das Obergeschoss (100 m^2) bewohnt er mit seiner Familie. Ein im Zusammenhang mit der Finanzierung der Anschaffungskosten des Grundstücks aufgenommenes Darlehen besteht noch i. H. v. 120 000 €. Anlässlich des Todes von A ist sein Nachlass zu bewerten. In welchem Umfang sind Grundstück und Restschuld bewertungsrechtlich Betriebsvermögen?

LÖSUNG Ertragsteuerlich gehört die Hälfte des Grundstücks (Gebäude sowie anteiliger Grund und Boden) zum notwendigen Betriebsvermögen des A (R 4.2 Abs. 4 Satz 1 i. V. m. Abs. 7 Satz 1 EStR). Die Restschuld i. H. v. 120 000 € stellt i. H. v. 60 000 € Betriebsvermögen dar. Das Bewertungsrecht übernimmt diese. Das Grundstück ist zur Hälfte ein Betriebsgrundstück i. S. d. § 99 Abs. 1 Nr. 1 BewG und Teil der wirtschaftlichen Einheit im Betriebsvermögen (§§ 96, § 95 Abs. 1 BewG). Der anteilige Wert des Grundstücks ist im Betriebsvermögenswert enthalten und durch diesen abgegolten (§§ 151 Abs. 1 Nr. 2, 157 Abs. 5 BewG). Die andere Hälfte des Grundstücks gehört zum Grundvermögen (§ 176 Abs. 1 Nr. 1 BewG). Von den Schulden sind gem. § 103 Abs. 1 BewG 60 000 € Betriebsvermögen, die weiteren 60 000 € sind dem Grunde nach als Nachlassverbindlichkeit abzugsfähig (§ 10 Abs. 5 Nr. 1 BewG; beachte aber Schuldenkappung gem. § 10 Abs. 6 ErbStG).

Die Bewertung des Grundstücks erfolgt in einem ersten Schritt als Ganzes und losgelöst vom Betriebsvermögen wie ein Grundstück im Grundvermögen (§ 99 Abs. 3 BewG). Der gesondert festgestellte Grundbesitzwert ist dann in einem zweiten Schritt auf das Betriebs- bzw. Grundvermögen aufzuteilen. Für die Aufteilung sind die ertragsteuerlichen Grundsätze maßgebend (Flächenrelation).

6.2.2 Bewertungsverfahren

Für die Bewertung von Betriebsvermögen für die Erbschaft- bzw. Schenkungsteuer ordnet § 157 Abs. 5 Satz 2 BewG die Anwendung des § 109 Abs. 1 BewG i. V. mit § 11 Abs. 2 BewG an. Das Betriebsvermögen ist hiernach mit dem **gemeinen Wert** anzusetzen (Betriebsvermögenswert). Für die Ermittlung des gemeinen Wertes ist § 11 Abs. 2 BewG anzuwenden (§ 109 Abs. 1 Satz 2 BewG). Aus § 11 Abs. 2 Satz 2 BewG ergibt sich die folgende **Rangfolge** für die Ermittlung des gemeinen Wertes:

1. primär: **Ableitung aus Verkäufen** unter fremden Dritten, die weniger als ein Jahr zurückliegen;

2. sekundär: Ermittlung
- unter Berücksichtigung der **Ertragsaussichten**,
  das vereinfachte Ertragswertverfahren ist gem. § 11 Abs. 2 Satz 4 BewG anwendbar, oder
- einer **anderen** anerkannten, **branchenüblichen** Methode;
3. Prüfung des Substanzwertes als Mindestwert nach § 11 Abs. 2 Satz 3 BewG.

6.2.2.1 Ableitung aus Verkäufen

Der gemeine Wert ist vorrangig aus Verkäufen unter **fremden Dritten** abzuleiten. Dabei sind nur Verkäufe zu berücksichtigen, die weniger als **ein Jahr vor dem Bewertungsstichtag** liegen. Nach dem Bewertungsstichtag erfolgte Verkäufe dürfen nicht einbezogen werden. Verkäufe innerhalb der Familie oder ungewöhnliche Verkäufe sind für die Ableitung ungeeignet, dies ergibt sich schon aus der allgemeinen Definition des gemeinen Wertes nach § 9 Abs. 2 Sätze 1 und 3 BewG. Kann der gemeine Wert aus Verkäufen abgleitet werden, ist der Substanzwert als Mindestwert nicht zu prüfen (R B 11.5 Abs. 1 Satz 2 ErbStR).

BEISPIEL

K erwirbt zum 01.09. 2018 den Betrieb ihres Vaters für 600 000 €. Beide sind sich darüber einig, dass der Leistungsaustausch gleichwertig ist und kein teilentgeltlicher Erwerb vorliegen soll. Am 22.02. 2019 stirbt K bei einem Verkehrsunfall. Alleinerbe ist ihr Sohn B, er veräußert den Betrieb zum 01.04. 2019 an einen fremden Dritten für 630 000 €.

LÖSUNG Nach dem eindeutigen Wortlaut des § 11 Abs. 2 Satz 2 1. Alt. BewG ist eine Ableitung aus Verkäufen nicht möglich. Der vor dem Bewertungsstichtag erfolgte Verkauf erfolgte nicht unter fremden Dritten. Der von B unter fremden Dritten erzielte Kaufpreis kann nicht herangezogen werden, da der Verkauf erst nach dem Bewertungsstichtag erfolgte.

Zu weiteren Einzelheiten s. 3. 5.

6.2.2.2 Ertragsorientierte Bewertungsmethode

Liegen keine Verkäufe unter fremden Dritten innerhalb eines Jahres vor dem Bewertungsstichtag vor, ist der gemeine Wert anhand der **Ertragsaussichten** des Unternehmens zu ermitteln (s. auch 3.6.1). Anstelle der Bewertung anhand der Ertragsaussichten ist auch eine andere anerkannte, auch im gewöhnlichen Geschäftsverkehr für nichtsteuerliche Zwecke übliche Methode zulässig (s. 6.2.2.3). Die Methoden stehen gleichwertig nebeneinander, entscheidend ist die Branchenüblichkeit. Welche Methode allgemein üblich und anerkannt ist, kann sich beispielsweise aus Verlautbarungen der Kammern ergeben (R B 11.2 Abs. 2 Satz 3 ErbStR).

Zu den branchenüblichen **ertragsorientierten** Bewertungsverfahren zählen z. B.:
- IDW S 1 (**I**nstitut **d**er **W**irtschaftsprüfer **S**tandard),
- AWH-Standard (**A**rbeitsgemeinschaft der **W**ert ermittelnden Betriebsberater im **H**andwerk),
- DCF-Verfahren (**D**iscounted-**C**ash-**F**low).

Der Steuerpflichtige kann durch Vorlage eines methodisch nicht zu beanstandenden **Gutachtens** den gemeinen Wert nachweisen (R B 11.2 Abs. 2 Satz 2 ErbStR). Dabei ist jede Bewertungsmethode anwendbar, die die Ertragsaussichten einbezieht.

Der gemeine Wert ist **mindestens** i. H. d. **Substanzwertes** anzusetzen (§ 11 Abs. 2 Satz 3 BewG).

6.2.2.3 Andere branchenübliche Bewertungsmethode

Andere als ertragsorientierte Bewertungsmethoden sind beispielsweise **vergleichsorientierte Methoden** und **Multiplikatorenmethoden**. Bei vergleichsorientierten Methoden erfolgt die Wertermittlung anhand von Kaufpreisen, die üblicherweise für vergleichbare Unternehmen bezahlt werden. Bei den Multiplikatorenmethoden wird hingegen ein Multiplikator auf eine bestimmte Bezugsgröße (z. B. Umsatz, Produktionsmenge, Abonnentenzahl) angewendet. Der gemeine Wert ist dann das sich hieraus ergebende Produkt. Die Anwendung des **vereinfachten Ertragswertverfahrens** (§§ 199–203 BewG) ist **ausgeschlossen**, sofern branchenüblich vergleichsorientierte Methoden oder Multiplikatormethoden angewendet werden.

Untergrenze für den gemeinen Wert ist der **Substanzwert** nach § 11 Abs. 2 Satz 3 BewG.

6.2.2.4 Vereinfachtes Ertragswertverfahren

Da das vereinfachte Ertragswertverfahren nach den §§ 199–202 BewG rechtsformneutral ausgestaltet ist, kann an dieser Stelle auf die Ausführungen unter 3.6.3 verwiesen werden. Die dort dargestellten Grundzüge gelten auch für die Bewertung von Betriebsvermögen.

Ausgangswert für die Ermittlung des Jahresertrages ist der **steuerliche Gewinn** i. S. d. § 4 Abs. 1 Satz 1 EStG. Dies ist bei **Bilanzierenden** (§ 4 Abs. 1 Satz 1 EStG oder § 5 EStG) der steuerliche »innerbilanzielle« Gewinn. Bei **Einnahme-Überschuss-Rechnern** ist gem. § 202 Abs. 2 Satz 1 BewG vom Überschuss der Betriebseinnahmen über die Betriebsausgaben auszugehen. In beiden Fällen sind die Einkünfte aus Gewerbebetrieb bzw. aus selbständiger Arbeit unbeachtlich. Insbesondere außerbilanzielle Hinzurechnungen und Kürzungen bleiben unberücksichtigt (z. B. nicht abzugsfähige BA gem. § 4 Abs. 5 EStG, vgl. R B 202 Abs. 2 ErbStR). Maßgebend ist der ertragsteuerlich zutreffende Gewinn, nicht der tatsächlich bei der Veranlagung zur ESt angesetzte Gewinn.

Die Hinzurechnungen und Kürzungen sind entsprechend zu berücksichtigen (§ 202 Abs. 2 Satz 2 BewG, R B 202 ErbStR). Der Ausgangswert vermehrt um die Hinzurechnungen und vermindert um die Kürzungen ergibt das **Betriebsergebnis**.

Unabhängig von der tatsächlichen Steuerbelastung ist zur Abgeltung des **Ertragsteueraufwands** ein positives Betriebsergebnis um 30 % zu mindern. Diese **pauschale Kürzung** gilt auch bei der Ermittlung des Betriebsvermögens eines freiberuflich Tätigen, obwohl keine Gewerbesteuerpflicht besteht (R B 202 Abs. 5 Satz 2 ErbStR).

Um Rechtsformneutralität zu erreichen sieht, § 202 Abs. 1 Satz 2 Nr. 2 Buchst. d BewG den Abzug eines **angemessenen Unternehmerlohns** vor, soweit ein solcher bei der Gewinnermittlung nicht berücksichtigt worden ist. Im Unterschied zu den Kapitalgesellschaften ist ein Unternehmerlohn bei Einzelunternehmen nicht als Betriebsausgaben abzugsfähig und kann daher an dieser Stelle angesetzt werden. Auch ein fiktiver Lohn für unentgeltlich mitarbeitende Familienangehörige kann berücksichtigt werden (R B 202 Abs. 3 Satz 2 Nr. 2 Buchst. d Satz 3 ErbStR). Die Angemessenheit des Unternehmerlohns ist anhand der Bruttolöhne an leitende Angestellte des Unternehmens zu beurteilen. Zulässig ist auch die Ableitung aus branchenspezifischen Datensammlungen zu Geschäftsführergehältern (R B 202 Abs. 3 Satz 2 Nr. 2 Buchst. d Satz 6 ErbStR).

Gesondert anzusetzen sind:

- nicht betriebsnotwendiges Vermögen (z. B. Aktien als Geldanlage eines Produktionsbetriebs, § 200 Abs. 2 BewG, s. auch 3.6.3.6);

- betriebsnotwendige Beteiligungen an anderen Gesellschaften (z. B. Beteiligung an verbundenen Unternehmen, § 200 Abs. 3 BewG, s. auch 3.6.3.7);
- innerhalb von zwei Jahren vor dem Bewertungsstichtag eingelegte Wirtschaftsgüter und damit zusammenhängende Schulden (junges Betriebsvermögen; § 200 Abs. 4 BewG, s. auch 3.6.3.8).

Die Wirtschaftsgüter sind im Rahmen einer **Einzelbewertung** mit dem gemeinen Wert anzusetzen. Besonderheiten gelten dabei für:

- inländischen Grundbesitz = Ansatz mit dem Grundbesitzwert (§ 151 Abs. 1 Satz 1 Nr. 1 BewG),
- notierte Anteile an Kapitalgesellschaften = Ansatz mit dem Kurswert (§ 11 Abs. 1 BewG),
- nicht notierte Anteile an Kapitalgesellschaften = Ansatz mit dem gemeinen Wert nach § 11 Abs. 2 BewG.

FALL 23

P überträgt seinen Gewerbebetrieb zum 01.01.2019 unentgeltlich auf seinen Sohn K. Die vorläufigen Betriebsergebnisse betrugen 2018 129 000 €, 2017 144 000 € und 2016 131 000 €. Hinzurechnungen und Kürzungen (§ 202 Abs. 1 Satz 2 Nr. 1 und Nr. 2 BewG) sind bereits zutreffend berücksichtigt. Zum gewillkürten Betriebsvermögen gehört auch ein Mietwohngrundstück (Anschaffungskosten 350 000 €, Buchwert 278 000 €, Grundbesitzwert 300 000 €), die damit im Zusammenhang stehenden Schulden betragen 95 000 €. Weiterhin gehört zum Betriebsvermögen ein im Jahr 2018 eingelegter Pkw (Einlagewert 20 000 €, Buchwert 18 000 €, gemeiner Wert 19 000 €). Ermitteln Sie den Unternehmenswert im vereinfachten Ertragswertverfahren.

6.2.2.5 Substanzwert

Der Substanzwert ist gem. § 11 Abs. 2 Satz 3 BewG als **Mindestwert** anzusetzen, wenn der gemeine Wert des Betriebsvermögens

- unter Berücksichtigung der Ertragsaussichten des Unternehmens,
- nach einer anderen branchenüblichen Methode oder
- im vereinfachten Ertragswertverfahren

ermittelt wird.

Der Substanzwert ist im Rahmen einer **Einzelbewertung** des Betriebsvermögens zu ermitteln. Die einzelnen Wirtschaftsgüter sind dabei mit dem gemeinen Wert anzusetzen. Besonderheiten gelten für

- inländischen **Grundbesitz** = Ansatz mit dem Grundbesitzwert (§ 151 Abs. 1 Satz 1 Nr. 1 BewG),
- **notierte Anteile** an Kapitalgesellschaften = Ansatz mit dem Kurswert (§ 11 Abs. 1 BewG),
- **nicht notierte** Anteile an Kapitalgesellschaften = Ansatz mit dem Anteilswert nach § 11 Abs. 2 BewG,
- **beweglich abnutzbares Anlagevermögen** = Ansatz mit 30 % der Anschaffungskosten (»Kann«-Vereinfachung aus R B 11.5 Abs. 7 ErbStR),
- **Umlaufvermögen** = Ansatz mit den Wiederbeschaffungskosten (»Kann«-Vereinfachung aus R B 11.5 Abs. 8 ErbStR),
- **Rücklagen** und Ausgleichsposten mit Rücklagencharakter = nicht abzugsfähig (§ 103 Abs. 3 BewG),

Stimmt der Bewertungsstichtag nicht mit dem Bilanzstichtag überein und liegt kein Zwischenabschluss vor, so kann aus Vereinfachungsgründen der Substanzwert aus einer Vermögensaufstellung abgeleitet werden, die auf den letzten Bilanzstichtag erstellt wurde. Der Ausgangswert auf Basis dieser Vermögensaufstellung ist auf den Bewertungsstichtag fortzuschreiben. Die hierfür notwendigen Korrekturen sind in R B 109.3 Abs. 3 ErbStR dargestellt, dies sind insbesondere:

- Hinzurechnungen:
  - anteiliger Gewinn
  - Einlagen bis zum Bewertungsstichtag
- Abrechnungen:
  - anteiliger Verlust
  - Entnahmen bis zum Bewertungsstichtag

Zu weiteren Einzelheiten s. R B 11.5, R B 109.1–109.3 ErbStR sowie 3. 6. 4.

FALL 24

Stefan überträgt zum 01.01. 2019 sein Einzelunternehmen auf seine Tochter Tamara. Der im vereinfachten Ertragswertverfahren ermittelte Wert des Betriebsvermögens beträgt 648 682 €.

Aktiva	Bilanz zum 31.12 2018		Passiva
Technische Anlagen	250 000 €	Kapital	431 100 €
Betriebsausstattung	60 000 €	Rücklage (§ 6 b EStG)	12 000 €
Fuhrpark	75 000 €	Gewerbesteuerrückstellung	4 500 €
Warenbestand	27 100 €	Rückstellung Gewährleistung	12 300 €
Betriebsstoffe	13 400 €	Verbindlichkeiten Kreditinstitut	42 100 €
Forderungen	35 100 €	Verbindlichkeiten Lieferanten	2 400 €
Bankguthaben	42 900 €	Umsatzsteuerschuld	600 €
Kassenbestand	1 500 €		
	505 000 €		505 000 €

Erläuterungen:

Die Anschaffungskosten für sämtliche Anlagegüter betrugen 550 000 €, die Waren und Betriebsstoffe sind mit den Anschaffungskosten bilanziert. Die Wiederbeschaffungskosten betragen zusammen 50 000 €. Für alle anderen Bilanzpositionen entspricht der Bilanzansatz den Verkehrswerten. Ermitteln Sie anhand der vorliegenden Informationen den Substanzwert des Einzelunternehmens.

6.3 Anteile an gewerblich tätigen Personengesellschaften

6.3.1 Vorbemerkung

Zu den Anteilen an Personengesellschaften zählen insbesondere Anteile an einer offenen Handelsgesellschaft (OHG) oder auch Kommanditgesellschaft (KG). Voraussetzung ist, dass die Personengesellschaft einen **Gewerbebetrieb** i. S. d. § 15 Abs. 1 Nr. 1 i. V. m. Abs. 2 EStG ausübt oder Einkünfte aus selbständiger Arbeit (§ 18 Abs. 4 EStG) erzielt (§ 97 Abs. 1 Satz 1 Nr. 5 Satz 1 BewG). In diesem Fall handelt es sich um Anteile am Betriebsvermögen. Zum Betriebsvermögen zählen auch Wirtschaftsgüter, die nur einem Gesellschafter gehören, aber der steuerlichen Gewinnermittlung zuzurechnen sind (Sonderbetriebsvermögen; § 97 Abs. 1 Satz 1 Nr. 5 Satz 2 BewG). Erzielt die Personengesellschaft Überschusseinkünfte i. S. d. § 2 Abs. 2 Nr. 2 EStG (z. B. GbR mit Einkünften aus Vermietung und Verpachtung), handelt es sich um eine vermögensverwaltende Personengesellschaft. Für diese erfolgt eine gesonderte Feststellung nach § 151 Abs. 1 Nr. 4 BewG (s. 7). Die nachfolgenden Ausführungen gelten nur für Anteile gewerblich bzw. freiberuflich tätige Personengesellschaften (»Mitunternehmerschaften«).

Der **Anteil eines Gesellschafters** an einer Personengesellschaft setzt sich gem. § 97 Abs. 1 a Nr. 3 BewG wie folgt zusammen:

1. Anteil am **Gesamthandsvermögen** (§ 97 Abs. 1 a Nr. 1 BewG) und
2. Wert des **Sonderbetriebsvermögens** (§ 97 Abs. 1 a Nr. 2 BewG).

Da die Zuordnung zum Gesamthandsvermögen bzw. Sonderbetriebsvermögen auch für die Bewertung von Bedeutung ist, werden nachfolgend zunächst einige Begriffe erläutert.

Zum **Gesamthandsvermögen** zählen alle Wirtschaftsgüter, die allen Gesellschaftern gemeinschaftlich gehören. Das Gesamthandsvermögen stellt in aller Regel auch das Betriebsvermögen der Personengesellschaft dar (Bestandsidentität). **Ausnahmen** bilden Wirtschaftsgüter, die zwar zum Gesamthandsvermögen zählen, ertragsteuerlich aber zum notwendigen Privatvermögen der Gesellschaft gehören (zu einem Grundstück vgl. H 4.2 Abs. 11 »Ausnahme bei privater Nutzung« EStH).

Beim **Sonderbetriebsvermögen** wird zwischen Sonderbetriebsvermögen I und II unterschieden. Wirtschaftsgüter, die einzelne Gesellschafter der Personengesellschaft zur Nutzung überlassen und dem Betrieb der Gesellschaft dienen, gehören zum Sonderbetriebsvermögen I (z. B. Kommanditist überlasst Produktionsgrundstück an KG). Zum Sonderbetriebsvermögen II zählen Wirtschaftsgüter, die der Stellung des Gesellschafters dienen (z. B. Anteile an der Komplementär-GmbH eines Kommanditisten einer GmbH & Co. KG). Bewertungsrechtlich geht die Zurechnung von Wirtschaftsgütern zum Sonderbetriebsvermögen sonstigen Zurechnungen vor (§ 97 Abs. 1 Satz 1 Nr. 5 2. HS BewG). Sonderbilanzen weisen demnach Wirtschaftsgüter aus, die einzelnen Gesellschaftern und nicht der Gesellschaft selbst gehören.

BEISPIELE

a) A überlässt der B-OHG, an der er zu 50 % beteiligt ist, eine Maschine unentgeltlich zur Nutzung.

LÖSUNG Die Maschine gehört zum Sonderbetriebsvermögen I der OHG.

b) B ist Gesellschafter einer GmbH & Co. KG; gleichzeitig hält er eine 50 %ige Beteiligung an der Komplementär-GmbH.

LÖSUNG Die Beteiligung an der Komplementär-GmbH rechnet zum Sonderbetriebsvermögen II.

Im Unterschied zu Sonderbilanzen bilden **Ergänzungsbilanzen** lediglich von der Gesamthandsbilanz abweichende Wertansätze ab und weisen keine Wirtschaftsgüter aus (z. B. abweichende Anschaffungskosten eines später eingetretenen Gesellschafters).

Ertragsteuerliches Schema der Gewinnermittlung bei Personengesellschaften:

		Ergebnis lt. Steuerbilanz der Personengesellschaft
	+ / ./.	Ergebnisse lt. Ergänzungsbilanzen einzelner Gesellschafter
I. Stufe	=	Steuerbilanzergebnis der Personengesellschaft
	+ / ./.	Ergebnisse lt. Sonderbilanzen einzelner Gesellschafter
II. Stufe	=	Ergebnis der Personengesellschaft

6.3.2 Bewertungsgegenstand

Zunächst ist die wirtschaftliche Einheit (= Bewertungsgegenstand) zu bestimmen. Dabei gelten die allgemeinen Grundsätze des § 2 BewG. Jeder Anteil an einer Personengesellschaft (Mitunternehmerschaft) bildet eine eigene wirtschaftliche Einheit und ist für sich zu bewerten (§ 2 Abs. 1 Satz 1 BewG). Dabei ist der Wert grds. im Ganzen zu ermitteln (§ 2 Abs. 1 Satz 2

BewG). Der Grundsatz der Gesamtbewertung wird an einzelnen Stellen durch Einzelbewertungen durchbrochen (z. B. Bewertung von Sonderbetriebsvermögen, Substanzwertermittlung). Für die Ermittlung und Aufteilung des Wertes auf die Gesellschafter geht § 97 BewG als Spezialregelung dem Grundsatz des § 3 BewG vor.

Der Anteil an einer gewerblich tätigen Personengesellschaft gehört gem. § 97 Abs. 1 Satz 1 Nr. 5 BewG zum Betriebsvermögen. Zum Umfang des Betriebsvermögens der Personengesellschaft zählen nach § 97 Abs. 1 Satz 1 Nr. 5 Satz 2 BewG auch das Sonderbetriebsvermögen sowie Schulden, wenn diese bei der steuerlichen Gewinnermittlung zum Betriebsvermögen der Gesellschaft gehören. Zum Umfang des Betriebsvermögens vgl. auch R B 97.1 Abs. 1 ErbStR.

6.3.3 Einzelheiten zum Umfang des Betriebsvermögens

Das Betriebsvermögen von Personengesellschaften umfasst

1. alle Wirtschaftsgüter und sonstigen aktiven Ansätze sowie die Schulden und sonstigen Abzüge, soweit diese zum **Gesamthandsvermögen** gehören, und
2. die Wirtschaftsgüter aus den **Sonderbilanzen** (Sonderbetriebsvermögen I und II).

Bei der Bestimmung des Betriebsvermögens ist § 103 BewG zu beachten. Forderungen und Schulden der Gesellschafter gegenüber der Personengesellschaft sind bei der Wertermittlung des Betriebsvermögens anzusetzen, soweit sie bei der steuerlichen Gewinnermittlung zum Betriebsvermögen der Gesellschaft rechnen (R B 97.1 Abs. 2 Satz 1 ErbStR).

Eine **Darlehensforderung** der Personengesellschaft gegenüber dem Gesellschafter rechnet zum Betriebsvermögen der Gesellschaft, wenn das Darlehen entweder zu fremdüblichen Konditionen (Zins, Laufzeit und Sicherheit) gewährt wurde oder bei fehlenden fremdüblichen Konditionen ein betriebliches Interesse am Verwendungszweck des gewährten Darlehens besteht. Zu den weiteren Einzelheiten bei Darlehen zwischen Personengesellschaft und Gesellschafter vgl. Ausführungen in R B 97.1 Abs. 2 ErbStR.

Bei **Betriebsgrundstücken** richtet sich die Zuordnung zum bewertungsrechtlichen Betriebsvermögen nach den ertragsteuerlichen Grundsätzen (§ 99 Abs. 1 i. V. m. § 97 Abs. 1 Satz 1 Nr. 5 BewG). Es ist zu unterscheiden zwischen Grundstücken im

- Gesamthandsvermögen der Personengesellschaft
  - notwendiges Betriebsvermögen und bewertungsrechtlich »Betriebsgrundstücke«,
  - Ausnahme s. H 4.2 Abs. 11 »Ausnahmen bei privater Nutzung« EStH;
- Eigentum einzelner Gesellschafter
  - notwendiges Sonderbetriebsvermögen nach R 4.2 Abs. 12 EStR, soweit das Grundstück bzw. ein Grundstücksteil dem Betrieb der Personengesellschaft dient (ggf. Aufteilung des Grundstücks entsprechend R 4.2 Abs. 4 EStR) und insoweit »Betriebsgrundstück«,
  - gewillkürtes Sonderbetriebsvermögen möglich (vgl. H 4.2 Abs. 12 »Gewillkürtes Sonderbetriebsvermögen« EStH), insoweit auch »Betriebsgrundstück«.

Nach Aufhebung des § 99 Abs. 2 BewG mit Wirkung vom 01.01. 2009 können auch **Grundstücksteile** ein Betriebsgrundstück i. S. d. § 99 Abs. 1 BewG sein. Dies betrifft insbesondere Grundstücke im Sonderbetriebsvermögen.

BEISPIELE

a) A überlässt der C-KG, an der er als Kommanditist beteiligt ist, ein unbebautes Grundstück als Lagerplatz.

LÖSUNG Das Grundstück gehört gem. R 4.2 Abs. 12 Satz 1 EStR zum notwendigen Sonderbetriebsvermögen I der KG und ist in vollem Umfang ein Betriebsgrundstück (§ 99 Abs. 1 Nr. 1 i. V. m. § 97 Abs. 1 Satz 1 Nr. 5 Satz 2 BewG).

b) B überlässt der A-OHG, an der er zu 50 % beteiligt ist, das Erdgeschoss eines ihm gehörenden Grundstücks. Das Obergeschoss nutzt B mit seiner Familie zu eigenen Wohnzwecken.

LÖSUNG Das Erdgeschoss zählt zum notwendigen Sonderbetriebsvermögen I der OHG (R 4.2 Abs. 12 Satz 2 EStR). Insoweit liegt ein Betriebsgrundstück vor (§ 99 Abs. 1 Nr. 1 BewG). Das Obergeschoss zählt weder ertragsteuerlich noch bewertungsrechtlich zum Betriebsvermögen. Insoweit gehört das Grundstück bewertungsrechtlich zum Grundvermögen. Die Aufteilung des gesondert festgestellten Grundbesitzwertes ist vom Betriebsfinanzamt vorzunehmen. Schulden im Zusammenhang mit diesem Grundstück sind nur anteilig Betriebsvermögen, der auf das Grundvermögen entfallende Anteil der Schulden stellt – bei Erwerben von Todes wegen – eine Nachlassverbindlichkeit dar (§ 10 Abs. 5 Nr. 1 ErbStG).

6.3.4 Bewertungsverfahren

Bewertungsmaßstab ist der **gemeine Wert** (§§ 157 Abs. 5 Satz 2, 109 Abs. 2 Satz 1 BewG). Der gemeine Wert ist nach den Grundsätzen des § 11 Abs. 2 BewG zu ermitteln (§ 109 Abs. 2 Satz 2 BewG). Aus § 11 Abs. 2 BewG ergibt sich die folgende **Rangfolge** für die Ermittlung des Betriebsvermögenswertes:

1. primär: **Ableitung aus Verkäufen** unter fremden Dritten, die weniger als ein Jahr zurückliegen,
2. sekundär: Ermittlung
   - unter Berücksichtigung der **Ertragsaussichten,** das vereinfachte Ertragswertverfahren ist gem. § 11 Abs. 2 Satz 4 BewG anwendbar oder
   - einer **anderen** anerkannten, **branchenüblichen** Methode,
3. Prüfung des **Substanzwertes** als Mindestwert nach § 11 Abs. 2 Satz 3 BewG.

Der gemeine Wert des Anteils am Betriebsvermögen ist dabei in zwei Stufen zu ermitteln:

1. Bewertung des Betriebsvermögens der Personengesellschaft,
2. Aufteilung des Betriebsvermögens auf den einzelnen Gesellschafter.

Das Ergebnis stellt den Anteil am Betriebsvermögen dar (= Betriebsvermögenswert). Ist der Anteil nur eines Gesellschafters von Bedeutung, können bei der Aufteilung die übrigen Gesellschafter aus Vereinfachungsgründen zusammengefasst werden, vgl. R B 97.4 Abs. 1 Satz 4 ErbStR.

Die Grundsätze zur Bewertung von nicht notierten Anteilen an Kapitalgesellschaften und von Betriebsvermögen können auch hier übernommen werden. Zur Ableitung aus Verkäufen vgl. 3.5, zur Bewertung nach den Ertragsaussichten des Unternehmens s. 3.6 und zur Ermittlung nach dem vereinfachten Ertragswertverfahren vgl. 3.6.3, die Ermittlung des Substanzwertes wird unter 3.6.4 dargestellt.

Bei der Bewertung von Anteilen am Betriebsvermögen im **vereinfachten Ertragswertverfahren** sind einige Besonderheiten zu beachten, die nachfolgend dargestellt werden.

Ausgangswert zur Ermittlung der einzelnen Betriebsergebnisse ist der Gewinn i. S. d. § 4 Abs. 1 Satz 1 EStG. Maßgebend ist das Ergebnis der **Steuerbilanz** der Personengesellschaft. **Nicht** berücksichtigt werden die Ergebnisse aus **Sonder- und Ergänzungsbilanzen** (§ 202 Abs. 1 Satz 1 2. HS BewG). Das **Sonderbetriebsvermögen** ist außerhalb des vereinfachten Ertragswertverfahrens im Wege der Einzelbewertung mit dem gemeinen Wert der einzelnen Wirtschaftsgüter und Schulden anzusetzen (§ 97 Abs. 1 a Nr. 2 Satz 1 BewG). Ergebnisse aus **Ergänzungsbilanzen** werden weder bei der Bewertung noch bei der Aufteilung des Betriebsvermögens berücksichtigt.

BEISPIEL

Zum 01.04. 2019 ist der Anteil des Kommanditisten V an der T-KG zu bewerten. Die Bewertung des Betriebsvermögens der KG erfolgt im vereinfachten Ertragswertverfahren. Die ertragsteuerliche Gewinnermittlung der Wirtschaftsjahre 2016 bis 2018 stellt sich wie folgt dar:

	2016	2017	2018
Gewinn Steuerbilanz KG	178 000 €	205 000 €	193 000 €
Gewinn Ergänzungsbilanz V	./. 5 000 €	./. 5 000 €	./. 5 000 €
Ergebnis Steuerbilanzgewinn KG I. Stufe	173 000 €	200 000 €	188 000 €
Gewinn Sonderbilanz V	8 000 €	8 000 €	8 000 €
Ergebnis KG II. Stufe	181 000 €	208 000 €	196 000 €

Welche Beträge bilden den Ausgangspunkt zur Ermittlung der Betriebsergebnisse?

LÖSUNG Ausgangspunkt zur Ermittlung der Betriebsergebnisse ist gem. § 202 Abs. 1 Satz 1 BewG der Gewinn i. S. d. § 4 Abs. 1 Satz 1 EStG. Ergebnisse aus Sonder- und Ergänzungsbilanzen bleiben unberücksichtigt (§ 202 Abs. 1 Satz 1 2. HS BewG). Maßgebend ist der Gewinn laut Steuerbilanz der KG, hier 178 000 € im Jahr 2016, 205 000 € im Jahr 2017 und 193 000 € im Jahr 2018.

FALL 25

Zum 01.01. 2019 ist der Anteil des Kommanditisten G an der P-KG zu bewerten. Die Bewertung des Betriebsvermögens der KG soll im vereinfachten Ertragswertverfahren erfolgen. Folgende Informationen liegen vor:

- Maßgebender Jahresertrag i. S. d. § 201 BewG 256 000 €
- Gemeiner Wert nicht betriebsnotwendiges Vermögen der KG 50 000 €
- Schulden im Zusammenhang mit nicht betriebsnotwendigem Vermögen 10 000 €
- Gemeiner Wert betriebsnotwendige Beteiligung (GmbH-Anteil) der KG 100 000 €
- Schulden im Zusammenhang mit Beteiligung 30 000 €
- Gemeiner Wert Sonderbetriebsvermögen (Betriebsgrundstück) von G 250 000 €
- Schulden im Zusammenhang mit Sonderbetriebsvermögen 50 000 €

Ermitteln Sie den gemeinen Wert des Betriebsvermögens der P-KG.

6.3.5 Aufteilung

Der gemeine Wert des Betriebsvermögens der Personengesellschaft ist auf die Gesellschafter aufzuteilen. Die Aufteilung erfolgt nach den Vorgaben des § 97 Abs. 1 a BewG. Einzelheiten zur Aufteilung ergeben sich aus R B 97.4 ErbStR, ein Beispiel zur Aufteilung ist in den Hinweisen hierzu dargestellt.

Schema zur Aufteilung:

	Gesamt	A	B
Gemeiner Wert »Gesamthandsvermögen«	... €		
./. Vorweg **Kapitalkonten** lt. Hauptbilanz (§ 97 Abs. 1 a **Nr. 1 Buchst. a** BewG)	./. ... €	+ ... €	+ ... €
= Restbetrag lt. **Gewinnverteilungsschlüssel** (§ 97 Abs. 1 a **Nr. 1 Buchst. b** BewG)	= ... €	+ ... €	+ ... €
+ **Direkte Zurechnung** gemeiner Wert Sonderbetriebsvermögen (§ 97 Abs. 1 a **Nr. 2** BewG)		+ ... €	+ ... €
= **gemeiner Wert »Anteil Gesellschafter«** (§ 97 Abs. 1 a **Nr. 3** BewG) Betriebsvermögenswert (§ 157 Abs. 5 Satz 1 BewG)		= ... €	= ... €

Für Zwecke der Erbschaft- oder Schenkungsteuer ist nur der Anteil zu bewerten, der für die Besteuerung von Bedeutung ist. Die übrigen Anteile können zusammengefasst werden.

FALL 26

Zum 01.01. 2019 ist der Anteil des Kommanditisten G an der P-KG zu bewerten. Die Bewertung des Betriebsvermögens der KG soll im vereinfachten Ertragswertverfahren erfolgen. Folgende Informationen liegen vor:

• Jahresertrag i. S. d. § 201 BewG	256 000 €
• Gemeiner Wert nicht betriebsnotwendiges Vermögen der KG	50 000 €
• Schulden im Zusammenhang mit nicht betriebsnotwendigem Vermögen	10 000 €
• Gemeiner Wert betriebsnotwendige Beteiligung (GmbH-Anteil) der KG	100 000 €
• Schulden im Zusammenhang mit Beteiligung	30 000 €
• Gemeiner Wert Sonderbetriebsvermögen (Betriebsgrundstück) von G	250 000 €
• Schulden im Zusammenhang mit Sonderbetriebsvermögen	50 000 €
• Kapitalkonten Gesellschafter G	350 000 €
• Kapitalkonten restliche Gesellschafter	960 000 €
• Anteil des G am Gewinn und Verlust der KG	25 %

Ermitteln Sie den Betriebsvermögenswert des Anteils von G an der P-KG.

7 Bewertung von Anteilen an vermögensverwaltenden Personengesellschaften

Unterhält eine Personengesellschaft keinen Gewerbebetrieb i. S. d. § 97 Abs. 1 Satz 1 Nr. 5 BewG, liegt weder bei der Gesellschaft noch beim Beteiligten Betriebsvermögen i. S. d. § 18 Nr. 3 BewG vor. Zu den vermögensverwaltenden Personengesellschaften zählen z. B. Grundstücksgemeinschaften, sog. Abschreibungsgesellschaften oder geschlossene Immobilienfonds in Rechtsform einer KG. Die Personengesellschaft erzielt in diesen Fällen Überschusseinkünfte i. S. d. § 2 Abs. 2 Nr. 2 EStG. Unabhängig von einer ggf. bestehenden handelsrechtlichen Buchführungspflicht werden die Einkünfte durch den Überschuss der Einnahmen über die Werbungskosten ermittelt. Die Gesellschaft erzielt meist Einkünfte nach § 20 oder 21 EStG.

Beim Erwerb eines Anteils an einer vermögensverwaltenden Personengesellschaft liegt nach § 10 Abs. 1 Satz 4 ErbStG ein Erwerb der anteiligen Wirtschaftsgüter vor. Anteilige Schulden sind bei der Ermittlung der Bereicherung wie eine Gegenleistung zu behandeln. Die Vermögenswerte und Schulden sind im Rahmen einer gesonderten Feststellung zu bewerten (§ 151 Abs. 1 Satz 1 Nr. 4 BewG). Für die gesonderte Feststellung ist das Verwaltungsfinanzamt zuständig (§ 152 Nr. 4 BewG). Im Feststellungsbescheid wird der **anteilige Wert** an den Besitz- und Schuldposten **unsaldiert** festgestellt (R B 151.7 Abs. 1 Satz 2 ErbStR). Gehören zum Vermögen der Gesellschaft Grundbesitz bzw. Anteile an Kapitalgesellschaften, hat das Verwaltungsfinanzamt die gesondert festgestellten Grundbesitz- bzw. Anteilswerte zu übernehmen (R B 151.7 Abs. 2 ErbStR). § 151 Abs. 1 Satz 1 Nr. 1 und 3 bleiben unberührt.

8 Bewertung von Auslandsvermögen

Ausländisches Sachvermögen ist bei der Erbschaft- oder Schenkungsteuer mit dem **gemeinen Wert** zu erfassen. Ausdrücklich klargestellt wird dies für ausländischen Grundbesitz und für ausländisches Betriebsvermögen in § 12 Abs. 6 ErbStG. Soweit **ausländische Wertpapiere** an einer deutschen Börse im amtlichen Handel notiert werden, sind sie mit dem niedrigsten Kurs im Besteuerungszeitpunkt anzusetzen. Besteht kein Inlandskurs, so ist i. d. R. der in Euro umgerechnete Auslandskurs als gemeiner Wert maßgebend. Wegen der Bewertung **nichtnotierter Anteile an einer Kapitalgesellschaft** vgl. die Ausführungen zu 3, die hier sinngemäß gelten. **Ausländische Investmentanteile** sind mit dem Rücknahmepreis vom Besteuerungszeitpunkt zu berücksichtigen.

Teil I Einzelfälle zu persönlichen und sachlichen Steuerbefreiungen und Steuerbegünstigungen (§§ 13–13 d ErbStG)

1 Sachliche Steuerbefreiungen (§ 13 ErbStG)

Bei der Ermittlung des Vermögensanfalls bleiben bestimmte Vermögensgegenstände aufgrund von **sachlichen Steuerbefreiungen außer Ansatz** (§ 13 ErbStG). Die einzelnen Steuerbefreiungen sind unabhängig voneinander; eine Befreiung schließt also eine andere Befreiung nicht aus.

1.1 Überblick über die Steuerbefreiungen

Befreite Vermögensgegenstände	**Befreiungsvorschrift**
Hausrat und andere bewegliche körperliche Gegenstände	§ 13 Abs. 1 Nr. 1 ErbStG
Gegenstände, die Kulturgüter sind	§ 13 Abs. 1 Nr. 2 ErbStG
Grundbesitz, der für Zwecke der Volkswohlfahrt zugänglich ist	§ 13 Abs. 1 Nr. 3 ErbStG
Erwerb des 30. (§ 1969 BGB)	§ 13 Abs. 1 Nr. 4 ErbStG
Erwerb eines Familienheims durch den Ehegatten	§ 13 Abs. 1 Nr. 4 a, 4 b ErbStG
Erwerb eines Familienheims durch Kinder bei Erwerb von Todes wegen	§ 13 Abs. 1 Nr. 4 c ErbStG
Schuldbefreiung bei Unterhalts- und Ausbildungsdarlehen	§ 13 Abs. 1 Nr. 5 ErbStG
Anfälle bei erwerbsunfähigen Eltern bzw. Großeltern	§ 13 Abs. 1 Nr. 6 ErbStG
Ansprüche nach dem Lastenausgleichsgesetz und anderen Entschädigungsgesetzen	§ 13 Abs. 1 Nr. 7 und 8 ErbStG
Erwerb als Entgelt für Pflege- und Unterhaltsleistungen	§ 13 Abs. 1 Nr. 9 ErbStG
Geldzuwendungen im Rahmen des gesetzlichen Pflegegeldes	§ 13 Abs. 1 Nr. 9 a ErbStG
Vermögensrückfall an Eltern	§ 13 Abs. 1 Nr. 10 ErbStG
Verzicht auf Pflichtteils- oder Erbersatzanspruch	§ 13 Abs. 1 Nr. 11 ErbStG
Zuwendungen zum Unterhalt oder zur Ausbildung	§ 13 Abs. 1 Nr. 12 ErbStG
Zuwendungen an Pensions- und Unterstützungskassen	§ 13 Abs. 1 Nr. 13 ErbStG
Übliche Gelegenheitsgeschenke	§ 13 Abs. 1 Nr. 14 ErbStG
Zuwendungen an Gebietskörperschaften	§ 13 Abs. 1 Nr. 15 ErbStG
Zuwendungen an Religionsgesellschaften und steuerbegünstigte Körperschaften	§ 13 Abs. 1 Nr. 16 ErbStG
Zuwendungen zu steuerbegünstigten Zwecken	§ 13 Abs. 1 Nr. 17 ErbStG
Zuwendungen an politische Parteien und Vereine	§ 13 Abs. 1 Nr. 18 ErbStG

Nachfolgend sind nur die häufigsten Steuerbefreiungen kurz dargestellt.

1.2 Hausrat, Kunstgegenstände und andere bewegliche körperliche Gegenstände

Hausrat einschließlich Wäsche und Kleidungsstücke bleibt **bei Erwerbern der Steuerklasse I**, insbesondere bei Ehegatten und Kindern, bis zu einem **Höchstbetrag von 41 000 €** steuerfrei (§ 13 Abs. 1 Nr. 1 Buchst. a ErbStG). Zum Hausrat zählen insbesondere die Wohnungseinrichtung, Unterhaltungselektronik wie z. B. Fernsehgeräte und Musikanlagen, Bücher-, CD-, DVD-Sammlungen, Musikinstrumente sowie Haustiere. **Andere körperliche Gegenstände**, insbesondere Schmuck, Fahrzeuge, Kunstgegenstände und Sammlungen, bleiben bei diesen Personen bis zu einem Freibetrag von **12 000 €** steuerfrei (§ 13 Abs. 1 Nr. 1 Buchst. b ErbStG).

Personen der **Steuerklasse II und III** (vgl. J 2) erhalten für den Erwerb von Hausrat sowie anderer beweglicher körperlicher Gegenstände einen **zusammengefassten Freibetrag von 12 000 €** (§ 13 Abs. 1 Nr. 1 Buchst. c ErbStG).

Bei der Steuerbefreiung handelt es sich um Freibeträge, nicht um Freigrenzen. Die Freibeträge stehen jedem Erben in voller Höhe zu.

BEISPIEL

Der verstorbene A hinterlässt eine Wohnungseinrichtung mit Kleidung, Wäsche und Geschirr im Wert von 60 000 € sowie einen Pkw im Wert von 30 000 €. Erben sind sein Sohn B zu 3/4 und sein Neffe C zu 1/4.

LÖSUNG Nach der Erbquote entfällt von dem Hausrat ein Betrag von 45 000 € auf B und ein Betrag von 15 000 € auf C. Bei B ist der Steuerwert von 45 000 € um den Freibetrag von 41 000 € zu kürzen, so dass noch 4 000 € zu versteuern sind. Der Pkw im Wert von 30 000 € ist B zu 3/4, also 22 500 € zuzurechnen. Hiervon ist ein Freibetrag von 12 000 € abzuziehen, so dass bei B 10 500 € steuerpflichtig sind.

Bei dem Neffen C ist der Hausrat mit 15 000 € und der Pkw mit 7 500 €, zusammen also mit 22 500 € zu erfassen. Hiervon ist ein einheitlicher Freibetrag von 12 000 € abzuziehen, so dass 10 500 € steuerpflichtig sind.

Die **Freibeträge gelten nicht** für Gegenstände, die zum land- und forstwirtschaftlichen Vermögen, Grundvermögen oder Betriebsvermögen gehören, ebenfalls nicht für Zahlungsmittel, Wertpapiere, Münzen sowie unbehandelte Edelmetalle, Edelsteine und Perlen (§ 13 Abs. 1 Nr. 1 Satz 2 ErbStG).

BEISPIEL

Der verstorbene B hinterlässt Hausrat im Wert von 30 000 €, einen Pkw im Wert von 25 000 € sowie festverzinsliche Wertpapiere im Wert von 15 000 €. Alleinerbin ist seine Tochter. Im Zusammenhang mit der Finanzierung des Pkw besteht noch eine Schuld i. H. v. 5 000 €.

LÖSUNG Für den Hausrat erhält die Tochter einen Freibetrag von 41 000 €, der Wert des Hausrates ist in voller Höhe steuerfrei (§ 13 Abs. 1 Nr. 1 Buchst. a ErbStG). Für den Pkw ist ein Freibetrag von 12 000 € abzuziehen, so dass 13 000 € steuerpflichtig sind (§ 13 Abs. 1 Nr. 1 Buchst. b ErbStG). Der nach § 13 Abs. 1 Nr. 1 Buchst. a ErbStG nicht ausgeschöpfte Freibetrag (11 000 €) kann nicht auf die Gegenstände i. S. d. Buchst. b übertragen werden. Für die festverzinslichen Wertpapiere greift keine Steuerbefreiung (§ 13 Abs. 1 Nr. 1 Satz 2 ErbStG). Die Schulden sind i. H. v. 5 000 € als Nachlassverbindlichkeiten i. S. d. § 10 Abs. 5 Nr. 1 ErbStG abzugsfähig (»Erblasserschuld«). Die Schuldenkappung des § 10 Abs. 6 ErbStG greift hier nicht ein, da es sich bei der Befreiung i. S. d. § 13 Abs. 1 Nr. 1 ErbStG um einen pauschalen Freibetrag handelt (vgl. R E 10.10 Abs. 2 Satz 2 ErbStR).

1.3 Befreiung bestimmter Kulturgüter und Baudenkmale

Soweit der Erhalt von Kulturgütern und Grundbesitz im öffentlichen Interesse liegt, kann entweder eine **vollständige Steuerbefreiung**, z. B. bei Baudenkmalen, oder eine partielle **Befreiung i. H. v. 60 %** bzw. bei Grundbesitz **85 %** in Betracht kommen (§ 13 Abs. 1 Nr. 2 ErbStG, R E 13.2 ErbStR).

1.4 Steuerbefreiung im Zusammenhang mit einem Familienwohnheim

Bis einschließlich 2008 waren nur **Zuwendungen** im Zusammenhang mit einem **Familienwohnheim an einen Ehegatten** von der Schenkungsteuer befreit (§ 13 Abs. 1 Nr. 4 a ErbStG a. F.); die Steuerbefreiung galt nicht bei Erwerben von Todes wegen. Im Zuge der Erbschaftsteuerreform 2009 ist die Steuerbefreiung für Familienheime erweitert worden:

- Zuwendungen zu Lebzeiten unter Ehegatten § 13 Abs. 1 Nr. 4 a ErbStG,
- Erwerb von Todes wegen durch Ehegatten § 13 Abs. 1 Nr. 4 b ErbStG,
- Erwerb von Todes wegen durch Kinder § 13 Abs. 1 Nr. 4 c ErbStG.

Wie bisher auch sind **Zuwendungen** an Kinder zu Lebzeiten nicht von der Schenkungsteuer befreit.

1.4.1 Begriff Familienheim

Als **Familienheim** gilt ein

- im Inland oder EU-/EWR-Ausland belegenes,
- bebautes Grundstück i. S. d. § 181 Abs. 1 Nr. 1–5 BewG,
- soweit darin eine Wohnung zu eigenen Wohnzwecken genutzt wird.

Die **Grundstücksart** spielt keine Rolle, demnach kann ein Familienheim auch eine zu eigenen Wohnzwecken genutzte Wohnung in einem gemischt genutzten Grundstück oder auch Geschäftsgrundstück sein. Einzig die sonstigen bebauten Grundstücke sind ausgeschlossen (§ 181 Abs. 1 Nr. 6 BewG). Begünstigt ist nur die zu eigenen Wohnzwecken genutzte Fläche. Ein in der Wohnung integriertes **häusliches Arbeitszimmer** ist unschädlich, wenn die berufliche Nutzung von untergeordneter Bedeutung ist (R E 13.3 Abs. 2 Satz 9 ErbStR). Das für die Bewertung des Grundstücks zuständige **Lagefinanzamt** ermittelt die gesamte Wohn-/Nutzfläche des Gebäudes und die Fläche des begünstigten Familienheims. Diese Angaben werden dann im Rahmen der gesonderten Feststellung des Grundbesitzwertes nachrichtlich mitgeteilt.

Eine zu eigenen Wohnzwecken genutzte Wohnung ist nur dann als Familienheim begünstigt, wenn sich in dieser Wohnung der **Mittelpunkt des häuslichen Lebens** befindet. Nicht begünstigt sind Ferien- und Zweitwohnungen.

BEISPIEL

In einem gemischt genutzten Grundstück nutzt A das Erdgeschoss (120 m^2) als Ladenfläche für seinen Buchhandel. Der entsprechende Anteil am Gebäude zählt ertragsteuerlich zum Betriebsvermögen. Die Wohnung im 1. OG (120 m^2) wird von A und seiner Familie zu eigenen Wohnzwecken genutzt. Im Dachgeschoss befindet sich noch eine kleine Wohnung (40 m^2), die A an einen Studenten vermietet. Innerhalb der eigenen Wohnung nutzt A ein Zimmer (12 m^2) als häusliches Arbeitszimmer. In welchem Umfang liegt ein Familienheim i. S. d. § 13 Abs. 1 Nr. 4 a ErbStG vor?

LÖSUNG Begünstigt ist nur der zu eigenen Wohnzwecken genutzte Anteil des Gebäudes (120 m^2 von 280 m^2). Die als häusliches Arbeitszimmer genutzten 12 m^2 innerhalb der eigenen Wohnung sind unschädlich, diese zählen ebenfalls zum begünstigten Familienheim. Das zuständige Lagefinanzamt ermittelt die gesamte Fläche des Gebäudes (280 m^2) und den als Familienheim begünstigten Umfang (120 m^2) und stellt diese Angaben im nachrichtlichen Teil des Feststellungsbescheides dar.

1.4.2 Zuwendungen unter Ehegatten

Nach § 13 Abs. 1 Nr. 4 a ErbStG ist die **zu Lebzeiten** erfolgte Zuwendung eines Familienheims an den **Ehegatten** von der Schenkungsteuer befreit. Die Steuerbefreiung gilt auch für Zuwendungen an den **Lebenspartner** einer eingetragenen Lebenspartnerschaft. Das Familienheim muss von den Ehegatten/Lebenspartner zu eigenen Wohnzwecken genutzt werden, eine Mitbenutzung durch Eltern bzw. Enkel ist unschädlich.

Folgende Gestaltungen können bei der Zuwendung eines Familienheims begünstigt sein (R E 13.3 Abs. 4 ErbStR):

- Übertragung Alleineigentum/Miteigentum,
- Kauf/Herstellung aus den Mitteln eines Ehegatten bzw. Lebenspartners unter Einräumung einer Miteigentümerstellung des anderen Ehegatten bzw. Lebenspartners,
- Kauf/Herstellung eines Ehegatten bzw. Lebenspartners aus den Mitteln des anderen Ehegatten bzw. Lebenspartners,
- Tilgung eines Finanzierungsdarlehens aus den Mitteln des zuwendenden Ehegatten bzw. Lebenspartners,
- Übernahme von nachträglichen Herstellungskosten oder Erhaltungsaufwendungen eines Ehegatten bzw. Lebenspartners, der nicht Eigentümer/Miteigentümer ist.

Keinen Einfluss auf die Steuerbefreiung haben:

- der Güterstand der Ehegatten/Lebenspartner,
- der Wert und die Fläche des Familienheims.

Auch ist der Empfänger an keine bestimmte **Behaltefrist** gebunden. Allerdings wird die Finanzverwaltung bei einer kurzfristig nach der Zuwendung erfolgten Nutzungsänderung einen Missbrauch von Gestaltungsmöglichkeiten nach § 42 AO prüfen (R E 13.3 Abs. 5 Satz 6 ErbStR).

BEISPIEL

A und B leben seit Jahren zusammen, ohne verheiratet zu sein. Im Jahr 2017 erwirbt A ein Einfamilienhaus mit 250 m² Wohnfläche (Grundbesitzwert 750 000 €). Im Jahr 2018 heiraten A und B, daraufhin überträgt A einen hälftigen Miteigentumsanteil an dem Einfamilienhaus auf B. Das Einfamilienhaus wird ausschließlich zu eigenen Wohnzwecken genutzt. Nach einem heftigen Streit trennen sich die Eheleute im Jahr 2019, sie verkaufen das Einfamilienhaus noch im Jahr 2019 für 1 Mio. €.

LÖSUNG Die im Jahr 2018 erfolgte Zuwendung des Miteigentumsanteils von A auf B ist eine freigebige Zuwendung i. S. d. § 7 Abs. 1 Nr. 1 ErbStG, da B auf Kosten von A bereichert wird und auch ein Bereicherungswille von A gegeben ist, die Zuwendung unterliegt demnach der sachlichen Steuerpflicht. Die Zuwendung des Miteigentumsanteils an dem von den Ehegatten zu eigenen Wohnzwecken genutzten Einfamilienhaus ist nach § 13 Abs. 1 Nr. 4 a ErbStG steuerbefreit. Die Höhe des Grundbesitzwertes (1/2 von 750 000 €) und die Wohnfläche (250 m²) spielen hierbei keine Rolle. Da für B keine Behaltefrist gilt, ist der Verkauf im Jahr 2019 unschädlich, die Steuerbefreiung bleibt bestehen.

1.4.3 Erwerb von Todes wegen durch Ehegatten

Der Erwerb eines Familienheims durch Erwerb von Todes wegen durch den Ehegatten oder den Partner einer eingetragenen Lebenspartnerschaft ist erbschaftsteuerfrei (§ 13 Abs. 1 Nr. 4 b ErbStG). Die Steuerbefreiung ist mit Wirkung vom 01.01. 2009 eingeführt worden. Zum Begriff »Familienheim« s. 1. 4. 1. Voraussetzung ist, dass der **Erblasser** das Familienheim bis zum Erbfall **zu eigenen Wohnzwecken genutzt** hat oder er aus zwingenden Gründen an der

Selbstnutzung gehindert war und die Wohnung vom Erwerber unverzüglich zur Selbstnutzung bestimmt ist (§ 13 Abs. 1 Nr. 4 b Satz 1 ErbStG).

Die Steuerbefreiung ist weder wert- noch flächenmäßig begrenzt. Schulden im Zusammenhang mit dem begünstigten Familienheim sind nicht als Nachlassverbindlichkeiten abzugsfähig (§ 10 Abs. 6 ErbStG; sog. Schuldenkappung).

BEISPIEL

Zum Nachlass des verstorbenen M gehört ein gemischt genutztes Grundstück. Das Ladengeschäft im Erdgeschoss (120 m²) ist vermietet, die Wohnung im Obergeschoss (100 m²) wurde von M und seiner Ehefrau zu eigenen Wohnzwecken genutzt. Der Grundbesitzwert beträgt 352 000 €. Ein zur Finanzierung der Herstellungskosten aufgenommenes Darlehen besteht noch i. H. v. 138 600 €. Alleinerbin ist die Ehefrau.

LÖSUNG Die vom Erblasser und seiner Ehefrau zu eigenen Wohnzwecken genutzte Wohnung ist ein Familienheim i. S. d. § 13 Abs. 1 Nr. 4 b ErbStG. Die Steuerbefreiung umfasst nur die eigene Wohnung im Obergeschoss, für das Erdgeschoss greift keine Steuerbefreiung. Die Aufteilung des Grundbesitzwertes erfolgt anhand der Wohn- und Nutzflächen, steuerpflichtig sind demnach 192 000 € (120/220). Die von der Ehefrau zu übernehmenden Erblasserschulden sind nur i. H. v. 75 600 € als Nachlassverbindlichkeiten abzugsfähig (§ 10 Abs. 5 Nr. 1 i. V. m. Abs. 6 Satz 3 ErbStG). Der anteilige Wert des Familienheims (160 000 €) und die damit im Zusammenhang stehenden Schulden (63 000 €) bleiben bei der Ermittlung des steuerpflichtigen Erwerbs außer Ansatz.

Die Steuerbefreiung ist an eine **Behaltefrist von zehn Jahren** gekoppelt (§ 13 Abs. 1 Nr. 4 b Satz 5 ErbStG). Bei Wegfall der Nutzung zu eigenen Wohnzwecken (z. B. Verkauf oder Vermietung) entfällt die Steuerbefreiung mit Wirkung für die Vergangenheit. Der Erbschaftsteuerbescheid ist in diesem Fall gem. § 175 Abs. 1 Nr. 2 AO zu korrigieren. Der Erwerber verliert somit die komplette Steuerbefreiung, eine zeitanteilige Reduzierung ist nicht vorgesehen (R E 13.4 Abs. 6 Satz 4 ErbStR).

BEISPIEL

Fortsetzung des letzten Beispiels: Nach vier Jahren zieht die Ehefrau aus der Wohnung aus und überlässt diese unentgeltlich an ihre Schwester.

LÖSUNG Die unentgeltliche Überlassung an die Schwester führt zum Wegfall der Nutzung zu eigenen Wohnzwecken (R E 13.4 Abs. 6 Satz 4 ErbStR). Es erfolgt eine Nachversteuerung, der ursprüngliche Erbschaftsteuerbescheid ist nach § 175 Abs. 1 Nr. 2 AO zu ändern. Der steuerpflichtige Vermögensanfall umfasst nun den kompletten Grundbesitzwert i. H. v. 352 000 €, gleichzeitig können die Schulden in voller Höhe als Nachlassverbindlichkeiten angesetzt werden (= 138 600 €).

Eine **Nachversteuerung** erfolgt allerdings nicht, wenn der Ehegatte aus **objektiv zwingenden Gründen** an einer weiteren Selbstnutzung gehindert ist (§ 13 Abs. 1 Nr. 4 b Satz 5 HS 2 ErbStG). Die Finanzverwaltung sieht beispielsweise bei einer **Pflegebedürftigkeit** solche Gründe, nicht jedoch bei einer beruflichen Versetzung (R E 13.4 Abs. 6 Sätze 8 u. 9 ErbStR).

Ist der Erwerber durch letztwillige Verfügung des Erblassers (insbesondere Testament) zur Weitergabe des Familienheims verpflichtet, kann er die Steuerbefreiung nicht in Anspruch nehmen (§ 13 Abs. 1 Nr. 4 b Sätze 2 und 3 ErbStG). Eine solche schädliche **Weitergabeverpflichtung** kann sich beispielsweise aus einem Sachvermächtnis oder einer Auflage ergeben. Schädlich ist auch eine Übertragung im Rahmen einer Teilungsanordnung oder Nachlassteilung (R E 13.4 Abs. 5 Satz 4 und 11 ErbStR). Erfolgt die Übertragung auf ein Kind des Erblassers, kann für das Kind eine Steuerbefreiung nach § 13 Abs. 1 Nr. 4 c ErbStG in Betracht kommen.

BEISPIEL

Zum Nachlass des verstorbenen K gehört u. a. ein von ihm und seiner Familie zu eigenen Wohnzwecken genutztes Einfamilienhaus. Alleinerbin wird laut Testament seine überlebende Ehefrau, das Einfamilienhaus soll im Wege eines Sachvermächtnisses auf das einzige Kind (Sohn A) übergehen. Der Grundbesitzwert beträgt 300 000 €.

LÖSUNG Die Ehefrau wird durch das Testament zur Weitergabe des Familienheims verpflichtet und kann daher die Steuerbefreiung nach § 13 Abs. 1 Nr. 4 b ErbStG nicht in Anspruch nehmen. Der Vermögensanfall umfasst auch den Grundbesitzwert i. H. v. 300 000 €. Die Ehefrau kann aber die Verpflichtung zur Übertragung auf den Sohn als Nachlassverbindlichkeit i. S. d. § 10 Abs. 5 Nr. 2 ErbStG abziehen (Ansatz i. H. d. Grundbesitzwertes). Bezüglich des Einfamilienhauses liegt bei ihr also keine Bereicherung vor. Für den Sohn ist eine Steuerbefreiung nach § 13 Abs. 1 Nr. 4 c ErbStG zu prüfen. Voraussetzung ist, dass er das Einfamilienhaus zu eigenen Wohnzwecken nutzt. Die Steuerbefreiung ist hier auf eine Fläche von 200 m^2 begrenzt. Für den Sohn gilt auch eine Behaltefrist von zehn Jahren.

1.4.4 Erwerb von Todes wegen durch Kinder

Begünstigt ist der Erwerb eines Familienheims durch Kinder i. S. d. Steuerklasse I Nr. 2 und Kinder vorverstorbener Kinder i. S. d. Steuerklasse I Nr. 2 (§ 13 Abs. 1 Nr. 4 c ErbStG). Durch den Verweis auf die Steuerklasse I Nr. 2 sind nicht nur leibliche Kinder, sondern auch Adoptiv- und Stiefkinder begünstigt. Der Erwerb durch Enkel ist begünstigt, wenn die Kinder des Erblassers vorverstorben sind. Die Steuerbefreiung gilt nur, soweit die **Wohnfläche 200 m^2** nicht übersteigt (§ 13 Abs. 1 Nr. 4 c Satz 1 letzter Satzteil ErbStG). Hierbei handelt es sich nicht um eine Freigrenze, d. h. nur der die Grenze übersteigende Flächenanteil wird steuerpflichtig.

BEISPIEL

Zum Nachlass des verstorbenen P gehört u. a. ein von ihm zu eigenen Wohnzwecken genutztes Einfamilienhaus (Wohnfläche 300 m^2). Alleinerbin wird laut Testament seine Tochter A. Der Grundbesitzwert beträgt 900 000 €. A zieht mit ihrer Familie unmittelbar nach dem Erbfall in das Einfamilienhaus.

LÖSUNG A kann die Steuerbefreiung für das Familienheim in Anspruch nehmen, die Befreiung umfasst aber höchstens 200 m^2 Wohnfläche (= 2/3). Der Vermögensanfall ist demnach i. H. v. 300 000 € steuerpflichtig (1/3 von 900 000 €).

Der Erwerb ist nur begünstigt, wenn der Erwerber die Wohnung **unverzüglich zu eigenen Wohnzwecken** nutzt oder er aus objektiv zwingenden Gründen an der Selbstnutzung gehindert ist.

BEISPIEL

Variante zum letzten Beispiel: Die Tochter wohnt zusammen mit ihrer Familie in einem gemieteten Einfamilienhaus. Nach dem Tod ihres Vaters kündigt sie den Mietvertrag und zieht drei Monate später in das geerbte Haus.

LÖSUNG A kann die Steuerbefreiung in Anspruch nehmen, eine Übergangszeit von drei Monaten kann als unschädlich angesehen werden. Anhaltspunkt kann beispielsweise die Kündigungsfrist der bisherigen Wohnung sein.

Auch beim Erwerb durch Kinder ist eine **Weitergabeverpflichtung** oder Übertragung im Rahmen einer Teilungsanordnung oder Nachlassteilung **schädlich** (§ 13 Abs. 1 Nr. 4 c Sätze 2 und 3 ErbStG).

Die Steuerbefreiung **entfällt rückwirkend** in vollem Umfang, wenn der Erwerber das Familienheim nicht mehr zu eigenen Wohnzwecken nutzt (z. B. Verkauf oder Vermietung; § 13 Abs. 1 Nr. 4 c Satz 5 ErbStG). Zur Nachversteuerung s. 1. 4. 3.

Weitere Beispiele zur Steuerbefreiung für Familienheime s. H E 13.4 »Steuerbefreiung – Beispiele« ErbStH.

1.5 Befreiung bei Erwerb durch erwerbsunfähige Eltern und Großeltern

Bei einem Erwerb durch Eltern, Adoptiveltern, Stiefeltern oder Großeltern des Erblassers wird von einer Besteuerung abgesehen, wenn der **Erwerb zusammen** mit dem übrigen Vermögen des Erwerbers **41 000 € nicht übersteigt** und der Erwerber **infolge körperlicher oder geistiger Gebrechen** und unter Berücksichtigung seiner bisherigen Lebensstellung als **erwerbsunfähig** anzusehen ist. Die Befreiung gilt auch für die Fälle, in denen die Eltern oder Großeltern durch die Führung eines gemeinsamen Hausstands mit erwerbsunfähigen oder in Ausbildung befindlichen Kindern bzw. Enkeln an der Ausübung einer Erwerbstätigkeit gehindert sind (§ 13 Abs. 1 Nr. 6 ErbStG). Übersteigt der Erwerb zusammen mit dem übrigen Vermögen des Erwerbers die Grenze von 41 000 €, wird die Erbschaftsteuer nur insoweit erhoben, als sie aus der Hälfte des über 41 000 € hinausgehenden Betrags gedeckt werden kann. Es wird also gerechnet:

ErbSt unter Berücksichtigung des Freibetrags nach dem Steuertarif in § 19 ErbStG
./. Vergleichsgröße (Wert des Erwerbs + übriges Vermögen des Erwerbers ./. 41000€) : 2
= Höchstwert für die Erbschaftsteuer

1.6 Befreiung von Zuwendungen im Zusammenhang mit einer unentgeltlichen Pflege- und Unterhaltsgewährung

Zuwendungen, die als **angemessenes Entgelt für eine unentgeltliche Pflege- und Unterhaltsgewährung** an den Erblasser oder Schenker anzusehen sind, bleiben bis zu einem **Freibetrag von 20 000 €** von der Erbschaft- und Schenkungsteuer freigestellt (§ 13 Abs. 1 Nr. 9 ErbStG. Der Freibetrag kann bei einer gesetzlichen Unterhaltsverpflichtung in Anspruch genommen werden (z. B. Ehegatte, Lebenspartner, Kinder R E 13.5 Abs. 1 Satz 2 ErbStR). Vorausetzung ist, dass die Pflege unentgeltlich oder gegen ein geringes Entgelt erbracht worden ist (R E 13.5 Abs. 1 Satz 3 ErbStR). Die Befreiung greift nicht für Leistungen, denen eine Dienstvereinbarung mit dem Erblasser zugrunde lag und bei denen die vereinbarte Vergütung zu Lebzeiten gezahlt oder beim Erwerber als Nachlassverbindlichkeit abzugsfähig ist. Diese Einschränkung gilt auch bei lebzeitigen Zuwendungen (R E 13.5 Abs. 3 ErbStR).

Besteht eine Verpflichtung zur Pflege erst ab einem künftigen Zeitpunkt, z. B. bei Erreichen einer bestimmten Altersgrenze, handelt es sich hierbei um eine aufschiebend bedingte Verpflichtung, für die zunächst weder ein Freibetrag zu gewähren noch ein Ansatz als Gegenleistung berücksichtigt werden darf. Tritt die Bedingung später ein, ist der ursprüngliche Schenkungsteuerbescheid im Hinblick auf die nachträgliche Freibetragsgewährung nach § 175 Abs. 1 Satz 1 Nr. 2 AO zu ändern (R E 13.5 Abs. 4 Satz 2 ErbStR). Entsprechend ist zu verfahren, wenn die Verpflichtung als Leistungsentgelt und somit als Gegenleistung anzusehen ist.

Erhalten pflegebedürftige Personen anstelle der häuslichen Pflegehilfe ein **Pflegegeld**, weil sie die erforderliche Grundpflege sowie die hauswirtschaftliche Versorgung durch eine Pflegeperson selbst sicherstellen, sind laufende Geldzuwendungen einer pflegebedürftigen Person an eine oder mehrere Pflegepersonen auch **ohne Dienstvereinbarung** zusätzlich **steuerfrei**. Die

Zuwendungen sind nur insoweit steuerfrei, als sie das Pflegegeld, das der Pflegebedürftige aus der gesetzlichen Pflegeversicherung oder einer entsprechenden privaten Pflichtversicherung erhält, nicht übersteigen (§ 13 Abs. 1 Nr. 9 a ErbStG).

1.7 Zuwendungen für Unterhalt oder Ausbildung

Zuwendungen, die auf einer **gesetzlichen Unterhaltspflicht** beruhen (z. B. zwischen Ehegatten oder Verwandten in gerader Linie), werden von der Erbschaft- und Schenkungsteuer nicht erfasst, weil es an der erforderlichen Freigebigkeit fehlt (§ 7 Abs. 1 Nr. 1 ErbStG). Denn der Leistende erfüllt lediglich einen gesetzlichen Unterhaltsanspruch. Die Befreiung in § 13 Abs. 1 Nr. 12 ErbStG gilt nur für laufende Zuwendungen, die darüber hinausgehen, wobei ein angemessener Betrag nicht überschritten werden darf. Die Frage der Angemessenheit richtet sich nach den Vermögensverhältnissen und der Lebensstellung des Bedachten (§ 13 Abs. 2 ErbStG).

1.8 Rückfall geschenkten Vermögens (§ 13 Abs. 1 Nr. 10 ErbStG, R E 13.6)

Grundsätzlich gilt, dass eine einmal entstandene Steuer nicht dadurch entfällt, dass die Schenkung rückgängig gemacht wird. Es sind deshalb Rückschenkungen nicht steuerfrei. Sofern aber Vermögensgegenstände, die **Eltern oder Voreltern ihren Abkömmlingen** durch Schenkung oder Übergabevertrag zugewendet hatten, **im Wege der Erbfolge** wieder an sie zurückfallen, bleiben diese steuerfrei. Diese Befreiungsvorschrift tritt aber nur dann ein, wenn die rückfallenden Vermögensgegenstände dieselben sind (Identität) wie die seinerzeit zugewendeten Gegenstände.

Wertsteigerungen der geschenkten Vermögensgegenstände, die ausschließlich auf der wirtschaftlichen Entwicklung beruhen, stehen der Steuerfreiheit des Rückfalls nicht entgegen. Hat der Wert der geschenkten Gegenstände durch Arbeits- oder Geldaufwand des Abkömmlings eine Wertsteigerung erfahren, unterliegt dieser Mehrwert der Steuerpflicht (BFH vom 22.06.1994 BStBl II 1994, 656).

1.9 Verzicht auf die Geltendmachung des Pflichtteilsanspruchs (§ 13 Abs. 1 Nr. 11 ErbStG)

Nach § 13 Abs. 1 Nr. 11 ErbStG ist der **Verzicht** auf die Geltendmachung des Pflichtteilsanspruchs **steuerfrei**. Diese Regelung gilt aber nur für den Verzicht auf den noch **nicht** geltend gemachten Pflichtteilsanspruch, der grundsätzlich mit dem Tode des Erblassers entsteht (§ 2317 BGB). Ist der Pflichtteilsanspruch aber bereits geltend gemacht worden und wird später auf ihn verzichtet, so liegt eine steuerpflichtige Schenkung vor. Erhält der Pflichtteilsberechtigte eine Abfindung für seinen Verzicht auf den **noch nicht** geltend gemachten Pflichtteil, liegt nach § 3 Abs. 2 Nr. 4 ErbStG ein steuerpflichtiger Erwerb vor.

1.10 Befreiung üblicher Gelegenheitsgeschenke

Die Zuwendung von **Gelegenheitsgeschenken** unterliegt nicht der Schenkungsteuer, soweit sie sowohl nach ihrem Anlass als auch nach ihrem Wert **üblich** ist (§ 13 Abs. 1 Nr. 14 ErbStG). Was als Gelegenheitsgeschenke anzusehen ist, lässt sich weder durch eine absolute noch durch eine relative Wertgrenze ausdrücken. Entscheidend sind die Verhältnisse im Einzelfall, u. a. auch die Verhältnisse des Schenkers. Zur Angemessenheitsprüfung s. auch FG Köln vom 08.05. 2001 (9 K 4175/99, EFG 2001, 1154, im Begründungsteil unter 2.a). Darüber hinaus dürfte es für die Anwendung der Befreiungsvorschrift auch darauf ankommen, welchen Umfang diese Gelegenheitsgeschenke innerhalb des Zehnjahreszeitraums nach § 14 ErbStG haben. Bei einer Vielzahl von Gelegenheitsgeschenken wird die Finanzverwaltung die Wertgrenze der einzelnen Zuwendung relativ niedrig ansetzen; ansonsten dürfte es durchaus vertretbar sein, wie bei den übrigen körperlichen Gegenständen einen Betrag von **12 000 €** steuerfrei zu stellen. Eine Aufteilung der Zuwendung in einen steuerfreien und steuerpflichtigen Anteil erfolgt nicht.

BEISPIELE

Steuerfrei sind z. B. die Schenkung
a) einer Handtasche im Wert von 200 € anlässlich eines Geburtstags,
b) eines Rings im Wert von 1 000 € anlässlich der Hochzeit,
c) einer goldenen Uhr anlässlich eines Jubiläums oder
d) einer Digitalkamera zu Weihnachten.

1.11 Zuwendungen für kirchliche, gemeinnützige oder mildtätige Zwecke

Zuwendungen an inländische Körperschaften, Personenvereinigungen und Vermögensmassen, die nach ihrer Satzung ausschließlich und unmittelbar kirchliche, gemeinnützige oder mildtätige Zwecke verfolgen, sind befreit (§ 13 Abs. 1 Nr. 16 Buchst. a und b ErbStG, R E 13.8 ErbStR). Zuwendungen an andere Empfänger, auch entsprechende ausländische Körperschaften, Personenvereinigungen und Vermögensmassen, bedürfen dagegen einer **besonderen Zweckbestimmung** seitens des Erblassers oder Schenkers (§ 13 Abs. 1 Nr. 17 ErbStG). Zusätzlich muss aus der Sicht der Finanzverwaltung gesichert sein, dass die Zuwendung tatsächlich zu dem bestimmten Zweck verwendet wird (R E 13.10 Abs. 1 Satz 3 ErbStR).

Eine besondere Zweckwidmung ist auch dann erforderlich, wenn Zuwendungen an **ausländische** Körperschaften, Personenvereinigungen und Vermögensmassen aufgrund einer Gegenseitigkeitserklärung mit dem jeweiligen ausländischen Sitzstaat der Einrichtung steuerbefreit sein sollen (§ 13 Abs. 1 Nr. 16 Buchst. c ErbStG; R E 13.9 ErbStR).

BEISPIEL

Der verstorbene B hat testamentarisch verfügt, dass ein unbebautes Grundstück in der Nähe des Friedhofs per Vermächtnis auf die katholische Pfarrgemeinde übergehen soll.

LÖSUNG Die Zuwendung ist nach § 13 Abs. 1 Nr. 16 Buchst. a ErbStG von der Erbschaftsteuer befreit.

1.12 Zuwendungen an politische Parteien und Vereine

Steuerfrei sind Zuwendungen an politische Parteien, wenn es sich um eine **Partei i. S. d. § 2 Parteiengesetz** handelt und die Zuwendung **unmittelbar** an die Partei selbst erfolgt (§ 13 Abs. 1 Nr. 18 Buchst. a ErbStG). Mit Wirkung vom 01.01. 2009 sind auch Vereine begünstigt, deren Zweck darauf gerichtet ist, durch Teilnahme an Wahlen auf Bundes-, Landes- oder Kommunalebene bei der politischen Willensbildung mitzuwirken, und die bei der letzten Wahl mindestens ein Mandat errungen haben oder bei der nächsten Wahl ernsthaft teilnehmen möchten (§ 13 Abs. 1 Nr. 18 Buchst. b ErbStG). Zuwendungen an einzelne Mitglieder oder Abgeordnete einer Partei zur **eigenen Verwendung**, z. B. zur Finanzierung ihres Wahlkampfs, sind dagegen steuerpflichtig.

Beiträge an Personenvereinigungen oder Vereine, die nicht bereits nach § 13 Abs. 1 Nr. 16 oder 18 ErbStG befreit sind, können unter bestimmten Voraussetzungen bis zu 300 € je Kalenderjahr von der Erbschaft- und Schenkungsteuer freigestellt sein (§ 18 ErbStG). Verfolgt ein Verein lediglich die Interessen seiner Mitglieder, wie z. B. ein Berufsverband, sind die Beiträge Gegenleistungen und damit nicht freigebig; Erbschaft- oder Schenkungsteuer kann daher gar nicht anfallen.

Bei Vereinigungen, die nicht nur die Förderung ihrer Mitglieder zum Zweck haben, z. B. politische Vereinigungen, die nicht unter den Anwendungsbereich des § 13 Abs. 1 Nr. 18 ErbStG fallen, bleiben bis zu dem **Betrag von 300 € steuerfrei**. Darüber hinausgehende Beiträge unterliegen der Erbschaft- und Schenkungsteuer, wenn der Freibetrag für Steuerklasse III von 20 000 € überschritten ist (§ 16 Abs. 1 Nr. 7 ErbStG).

1.13 Verzicht auf die Steuerbefreiung

Der Erwerber von nach § 13 Abs. 1 Nr. 2 und 3 ErbStG **steuerfreien** oder **teilweise steuerfreien Gegenständen** kann zur Vermeidung von Steuernachteilen, die sich durch den beschränkten Schuldenabzug nach § 10 Abs. 6 ErbStG ergeben können, **auf die Steuerbefreiung verzichten** (§ 13 Abs. 3 Satz 2 ErbStG). Von dieser Möglichkeit wird er dann Gebrauch machen, wenn die Schulden über den Steuerwert des Vermögensgegenstands hinausgehen. Die Finanzverwaltung lässt es zu, dass die Option zur Steuerpflicht für jeden Vermögensgegenstand getrennt erklärt werden kann (R E 13.11 Satz 2 ErbStR).

2 Steuerbefreiung für Betriebsvermögen, für Betriebe der Land- und Forstwirtschaft und für Anteile an Kapitalgesellschaften

2.1 Allgemeines (01.01.2009–30.06.2016)

Die in den §§ 13 a, 13 b ErbStG getroffenen Regelungen beziehen sich auf die zu gewährenden Verschonungen beim Erwerb von begünstigtem Vermögen. Das begünstigungsfähige Vermögen ist abschließend in § 13b Abs. 1 ErbStG beschrieben und umfasst land- und forstwirtschaftliches Vermögen, Betriebsvermögen und Anteile an Kapitalgesellschaften. Die **Regelverschonung** beläuft sich auf 85 % (§ 13 a Abs. 1 Satz 1 i. V. m. § 13b Abs. 4 ErbStG a. F.) mit einem zusätzlichen Abzugsbetrag von **höchstens** 150 000 € (§ 13 a Abs. 2 ErbStG). Anstelle der Regelverschonung wird auf **unwiderruflichen** Antrag eine Befreiung zu 100 % gewährt (**Optionsverschonung,** § 13 a Abs. 8 ErbStG).

Für die Anwendung der Steuerbefreiung ist für jede wirtschaftliche Einheit des begünstigten Vermögens i. S. d. § 13 b Abs. 1 ErbStG im Einzelnen **gesondert** zu prüfen:

1. der Umfang des **Verwaltungsvermögens** (§ 13 b Abs. 2 ErbStG a. F.),
2. die Höhe der maßgebenden **Lohnsumme** (§ 13 a Abs. 1 Sätze 3 und 4 und Abs. 4 ErbStG a. F.),
3. ob und in welcher Weise bereits gegen die Behaltensregelungen verstoßen wurde.

Werden mehrere wirtschaftliche Einheiten begünstigungsfähigen Vermögens übertragen (z. B. mehrere Gewerbebetriebe oder Anteile an Personen- bzw. Kapitalgesellschaften), so ist der jeweilige Wert des begünstigten Vermögens vor Anwendung des § 13a Abs. 1 ErbStG a. F. zusammenzurechnen. Es können der Verschonungsabschlag und der Abzugsbetrag nach § 13 a

Abs. 2 ErbStG a. F. nur von einem **insgesamt positiven Steuerwert** des gesamten begünstigten Vermögens abgezogen werden.

2.2 Zusammenfassende Übersicht zu den Verschonungsregelungen (01.01.2009–30.06.2016)

	Regelverschonung (§ 13 a Abs. 1 i. V. m. § 13 b Abs. 4 ErbStG a. F.)	**Optionsverschonung** (§ 13 a Abs. 8 ErbStG a. F., R E 13a.13 ErbStR)
	Kein Antrag	**Antrag erforderlich**
Verwaltungsvermögen	≤ 50 %	≤ 10 %
Verschonungsabschlag	85 %	100 %
verbleibendes steuerpflichtiges Vermögen	15 %	Keines
Gleitender Abzugsbetrag für Kleinbetriebe	150 000 € erwerbs- und erwerberbezogen	**ohne Bedeutung**
	Gewährung nur einmal in 10 Jahren	
Behaltensfrist	5 Jahre	7 Jahre
Verstoß gegen die Behaltensfrist	**zeitanteiliger rückwirkender** Wegfall der Verschonung	**zeitanteiliger rückwirkender** Wegfall der Verschonung
Gesamtlohnsumme	400 % für 5 Jahre	700 % für 7 Jahre
Verstoß gegen Lohnsummenregelung	Nachversteuerung **nur anteilig**	Nachversteuerung **nur anteilig**
Sonderregelung zur Lohnsumme bei Kleinbetrieben	Bei Betrieben bis zu **20** Mitarbeitern ist keine Einhaltung der Lohnsumme erforderlich	Bei Betrieben bis zu **20** Mitarbeitern ist keine Einhaltung der Lohnsumme erforderlich

Die **Regelverschonung umfasst 85 %** (§ 13 b Abs. 4 i. V. m. § 13 a Abs. 1 ErbStG a. F.) und wird von Amts wegen gewährt. Dazu wird ein gleitender Abzugsbetrag von **höchstens 150 000 €** (§ 13 a Abs. 2 ErbStG a. F.) berücksichtigt. **Auf Antrag** wird anstelle der Regelverschonung eine **Befreiung zu 100 %** gewährt (**Optionsverschonung**, § 13 a Abs. 8 ErbStG a. F.).

BEISPIEL

Zum Nachlass (Todestag 20.06.2016) gehört u. a. ein Einzelunternehmen (Gewerbebetrieb i. S. d. § 15 EStG). Der gesondert festgestellte Betriebsvermögenswert beträgt 1 300 000 €, darin enthalten ist Verwaltungsvermögen mit einem gemeinen Wert von 400 000 €.
Wie hoch ist das steuerpflichtige Betriebsvermögen?

LÖSUNG

Das Einzelunternehmen ist gem. § 13b Abs. 1 Nr. 2 ErbStG a. F. begünstigtes Vermögen. Der gemeine Wert des Verwaltungsvermögens übersteigt nicht 50 % des Betriebsvermögenswertes, § 13b Abs. 2 Satz 1 ErbStG a. F., daher ist das gesamte Betriebsvermögen begünstigt.

Die Verschonung nach § 13a Abs. 1 und Abs. 2 ErbStG a. F. berechnet sich wie folgt:

	Betriebsvermögenswert		1 300 000 €
./.	Verschonungsabschlag §§ 13a Abs. 1 Satz 1, 13b Abs. 4 ErbStG a. F.		1 105 000 €
=	verbleibendes begünstigtes Vermögen		195 000 €
	Abzugsbetrag nach § 13a Abs. 2 ErbStG a. F. Abzugsbetrag nach Satz 1 150 000 € Kürzung nach Satz 2 (195.000 € ./. 150.000 €) x ½	./. 22 500 €	
./.	verbleibender Abzugsbetrag	127 500 €	127 500 €
=	steuerpflichtiges Betriebsvermögen	67 500 €	

Es gilt eine Behaltensfrist von fünf Jahren, § 13a Abs. 5 ErbStG a. F. Verkaufen die Erben den Betrieb innerhalb dieser Frist, fallen Verschonungsabschlag und Abzugsbetrag mit Wirkung für die Vergangenheit weg, § 13a Abs. 5 Nr. 1 ErbStG a. F. Der Verschonungsabschlag entfällt bei Veräußerung aber nur zeitanteilig, § 13a Abs. 5 Satz 2 ErbStG a. F. Die Lohnsummenregelung gilt nur bei mehr als 20 Beschäftigten, § 13a Abs. 1 Satz 4 ErbStG a. F.

2.3 Prüfschema zur Inanspruchnahme der Steuerbefreiung nach §§ 13 a, 13 b ErbStG a. F. (01.01.2009–30.06.2016)

Zur Prüfung der Inanspruchnahme der Steuerbefreiung ist nach folgenden Prüfschritten bei jeder wirtschaftlichen Einheit vorzugehen:

Schritt 1	Liegt begünstigtes Vermögen nach § 13 a Abs. 1 i. V. m. § 13 b Abs. 1 ErbStG a. F.?
Schritt 2	Umfang des Verwaltungsvermögens (§ 13 b Abs. 2 ErbStG a. F. – ggf. Begünstigungsausnahme)
Schritt 3	Durchführung des Verwaltungsvermögenstests: • Anteil Verwaltungsvermögen bis 50 % – § 13 b Abs. 2 Satz 2 ErbStG a. F., Regelverschonung bzw. • Anteil Verwaltungsvermögen bis 10 % – § 13 a Abs. 8 Nr. 3 ErbStG a. F., Optionsverschonung.
Schritt 4	Bei Nichtüberschreiten der Verwaltungsvermögensquote: Überprüfung und Herausnahme des »jungen Verwaltungsvermögens« aus der Begünstigung (§ 13 b Abs. 2 Satz 3 ErbStG a. F.). Dieses Verwaltungsvermögen unterliegt der regulären Besteuerung.
Schritt 5	Liegt eine Weitergabeverpflichtung/Nachlassteilung vor (§ 13 a Abs. 3 ErbstG a. F.)?
Schritt 6	Prüfung der Bindungsfristen des begünstigten Vermögens bzgl. • Lohnsummenerhalt (§ 13 a Abs. 1 Sätze 2 und 3 und Abs. 4 ErbStG a. F.) • Behaltensregelungen (§ 13 a Abs. 5 ErbStG a. F.)

2.4 Neuregelung zum 01.07.2016

2.4.1 Überblick zur Erbschaftsteuerreform

Das BVerfG hat mit Urteil vom 17.12.2014 (1 BvL 21/12) entschieden, dass die §§ 13a, 13b ErbStG verfassungswidrig sind. Dabei hat das BVerfG jedoch nicht das gesamte ErbStG als nichtig eingestuft, sondern dem Gesetzgeber eine Übergangsfrist zur Neuregelung eingeräumt. Bis zum 30.06.2016 war das ErbStG und damit auch die Verschonungsregelungen nach §§ 13a, 13b ErbStG weiterhin anwendbar.

Mit dem Gesetz zur Anpassung des Erbschaftsteuer- und Schenkungsteuergesetzes an die Rechtsprechung des Bundesverfassungsgerichts vom 04.11.2016 wurden die Verschonungsregelungen für Betriebsvermögen neu geregelt und an die Vorgaben des BVerfG angepasst (§§ 13a–13c, 28, 28a ErbStG). Die Neuregelungen im ErbStG treten rückwirkend zum 01.07.2016 in Kraft.

Gleichzeitig wurde auch die Bewertung im vereinfachten Ertragswertverfahren leicht verändert, so dass überhöhte Unternehmenswerte nur auf Basis der aktuell niedrigen Verzinsung verhindert werden (§ 203 BewG). Diese Änderung tritt rückwirkend zum 01.01.2016 in Kraft.

Die wichtigsten Punkte im Überblick:

- Wie bisher gibt es eine Regelverschonung mit 85 % Verschonungsabschlag und gleitendem Abzugsbetrag und die Möglichkeit zur Optionsverschonung mit 100 % Verschonungsabschlag, § 13a Abs. 1, Abs. 2 und Abs. 10 ErbStG.
- Anders als bisher ist der Verschonungsabschlag nur auf das begünstigte Vermögen anzuwenden, nicht auf den gesamten gemeinen Wert. Verwaltungsvermögen gehört grds. nicht zum begünstigten Vermögen und ist damit steuerpflichtig, § 13b Abs. 2 Satz 1 ErbStG.
- Verwaltungsvermögen wird bis zu einem Anteil von 10 % des Betriebsvermögens wie begünstigtes Vermögen behandelt (unschädliches Verwaltungsvermögen), § 13b Abs. 7 ErbStG.
- Wie bisher sind Finanzmittel bis zu einem Sockelbetrag unschädlich (Finanzmitteltest, § 13b Abs. 4 Nr. 5 ErbStG). Der unschädliche Sockelbetrag wurde von bisher 20 auf nun 15 % abgesenkt. Um Gestaltungen im Zusammenhang mit Cash-Gesellschaften zu erschweren, wird der unschädliche Sockelbetrag nur gewährt, wenn das begünstigte Vermögen einer originär gewerblichen oder freiberuflichen Tätigkeit dient (Bezug auf § 15 Abs. 1 Nr. 1 bzw. § 18 Abs. 1 Nr. 1 und 2 EStG).
- Der Katalog des Verwaltungsvermögens wurde erweitert, die Ermittlung des Verwaltungsvermögens neu gefasst. Neu aufgenommen wurden insbesondere Gegenstände, die typischerweise der privaten Lebensführung dienen (Oldtimer, Yachten, Segelflugzeuge u. Ä.), § 13b Abs. 4 Nr. 3 ErbStG.
- Neu ist bei Erwerben von Todes wegen, dass Verwaltungsvermögen von den Erben innerhalb von zwei Jahren nach dem Tod des Erblassers für Investitionen im Betrieb für die originäre betriebliche Betätigung verwendet werden kann, in diesem Fall zählen die Vermögensgegenstände rückwirkend nicht zum Verwaltungsvermögen. Voraussetzung ist aber, dass der Erblasser die Investition bereits geplant hatte und die Erben diesen Plan nur noch umsetzen, § 13b Abs. 5 ErbStG.
- Begünstigungsfähiges Vermögen (§ 13b Abs. 1 ErbStG) wird aber in vollem Umfang nicht begünstigt, sofern das Verwaltungsvermögen mindestens 90 % des gemeinen Werts des begünstigungsfähigen Vermögens beträgt, § 13b Abs. 2 Satz 2 ErbStG.
- Die Verschonung ist wie bisher gebunden an eine Behaltensfrist von fünf Jahren, bei Optionsverschonung von sieben Jahren, § 13a Abs. 6, Abs. 10 Nr. 6 ErbStG.
- Im Unterschied zur bisherigen Regelung wurde die Mindestlohnsumme nach der Anzahl der Beschäftigten gestaffelt, die Lohnsummenfrist beträgt wie bisher fünf Jahre bei der Regelverschonung bzw. sieben Jahre bei der Optionsverschonung:

– mehr als 15 Beschäftigte = 400 % (700 %),
– 11–15 Beschäftigte = 300 % (565 %),
– 6–10 Beschäftigte = 250 % (500 %),
– nicht mehr als 5 Beschäftigte: keine Anwendung der Lohnsummenregelung.

- Neu ist eine sog. Prüfschwelle zur Abgrenzung von Großerwerben. Die Prüfschwelle beträgt 26 Mio. €, § 13a Abs. 1 ErbStG. Bei Erwerben über dieser Schwelle gibt es ein Wahlrecht zwischen einem abschmelzenden Verschonungsabschlag (§ 13c ErbStG) und einer Verschonungsbedarfsprüfung (§ 28a ErbStG). Erwerbe von begünstigtem Vermögen von derselben Person werden innerhalb von zehn Jahren zusammengerechnet.

- Ein weiterer neuer Punkt ist ein Vorababschlag für Familienunternehmen. Unter den Voraussetzungen des § 13a Abs. 9 ErbStG wird ein Abschlag auf das begünstigte Vermögen vor Anwendung des regulären Verschonungsabschlages gewährt. Der Abschlag beträgt bis zu 30 %.
- Im Rahmen der Steuererhebung wurde für Erwerbe von Todes wegen eine Stundung für den Teil der Steuer eingeführt, der auf begünstigtes Betriebsvermögen entfällt, § 28 ErbStG. Auf Antrag kann die Steuer bis zu sieben Jahre gestundet werden. Die Stundung ist im ersten Jahr zinslos, danach gelten die Regelungen für Stundungszinsen der AO. Die Stundung endet bei einem Verstoß gegen die Behaltensfrist oder die Lohnsummenregelung.
- Auf der Bewertungsebene wurde § 203 BewG neu gefasst, der Kapitalisierungsfaktor für das vereinfachte Ertragswertverfahren wurde ab dem 01.01.2016 auf 13,75 festgeschrieben. Die bisherige Koppelung an den Basiszins entfällt damit.

2.4.2 Schaubilder zur Erbschaftsteuerreform (Neufassung)

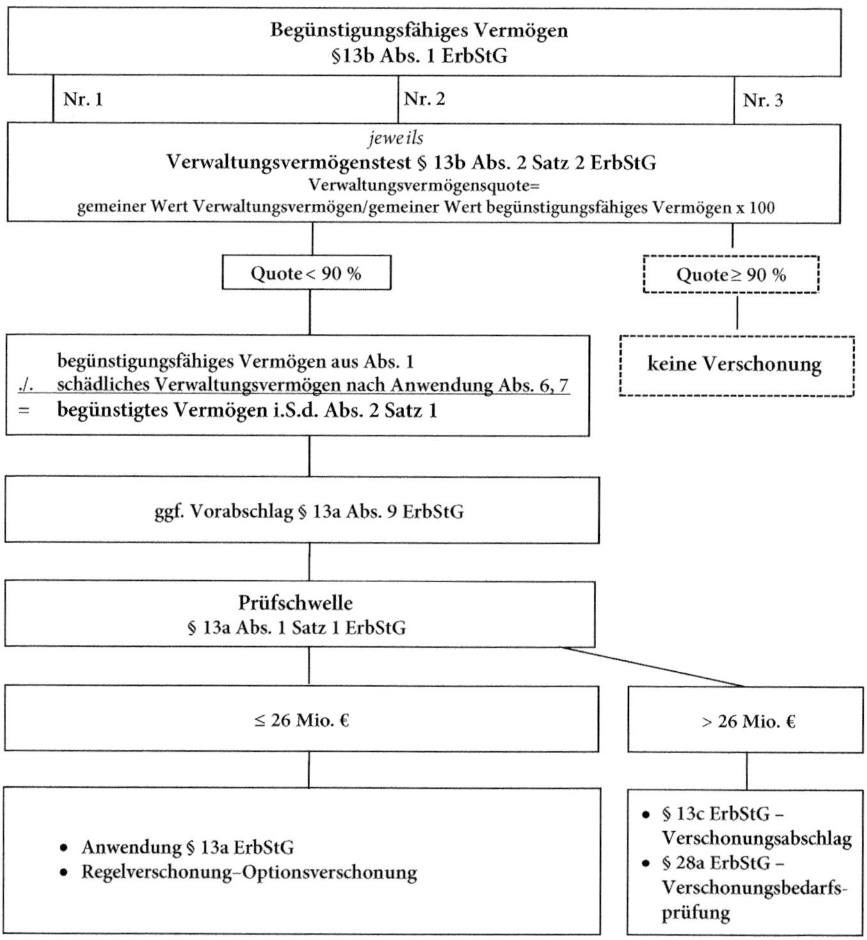

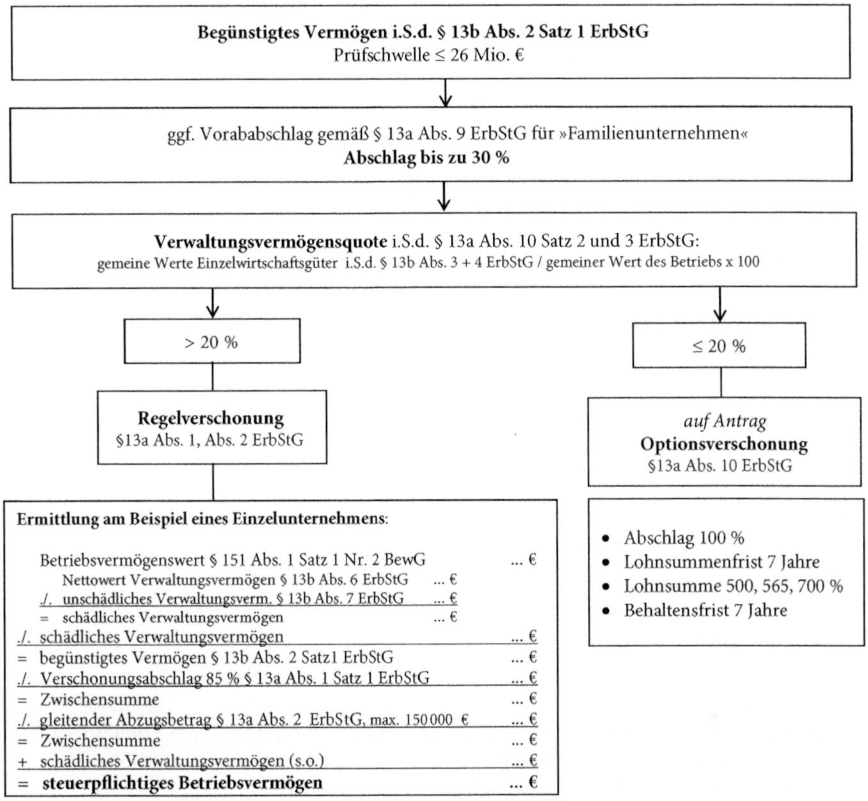

2.4.3 Berechnungsbeispiel altes Recht – neues Recht

Nach der Erbschaftsteuerreform werden die Verschonungsregelungen nur noch auf das begünstigte Vermögen i. S. d. § 13b Abs. 2 Satz 1 ErbStG angewendet. Dabei wird Verwaltungsvermögen grundsätzlich nicht mehr verschont. Eine Ausnahme bildet unschädliches Verwaltungsvermögen i. S. d. § 13b Abs. 7 Satz 1 ErbStG. Bis zum 30.06.2016 wurde Verwaltungsvermögen in die Verschonung einbezogen.

Die notwendigen Rechenschritte zur Ermittlung des Verwaltungsvermögens für den »90 %-Test« nach § 13b Abs. 2 Satz 2 ErbStG sowie die Berechnung des begünstigten Vermögens und des steuerpflichtigen Vermögens werden in R E 13b.9 Abs. 2 ErbStG erläutert. Berechnungsbeispiele enthalten die zugehörigen Hinweise.

MERKE

§ 13b Abs. 1 ErbStG führt das begünstigungsfähige Vermögen auf (= Begünstigung dem Grunde nach).
§ 13b Abs. 2 ErbStG definiert das begünstigte Vermögen (= Begünstigung der Höhe nach). Verschonungsabschlag und Abzugsbetrag werden nur auf das begünstigte Vermögen angewendet.
Nicht begünstigtes Vermögen ist insbesondere das schädliche Verwaltungsvermögen und das junge Verwaltungsvermögen (§ 13b Abs. 7 Satz 2 ErbStG).

BEISPIEL

Zum Nachlass gehört ein Einzelunternehmen (§ 15 Abs. 1 Nr. 1 EStG). Der nach § 151 Abs. 1 Satz 1 Nr. 2 BewG gesondert festgestellte Betriebsvermögenswert beträgt 2 500 000 €. Der Nettowert des Verwaltungsvermögens beträgt 800 000 €, junges Verwaltungsvermögen ist nicht vorhanden.
Wie hoch ist das steuerpflichtige Betriebsvermögen?
a) Todestag = 10. 07. 2016
b) Todestag = 10. 06. 2016

LÖSUNG

a) Todestag = 10. 07. 2016.
Das Einzelunternehmen zählt zum begünstigungsfähigen Vermögen i. S. d. § 13b Abs. 1 Nr. 2 ErbStG (»ganzer Gewerbebetrieb« i. S. d. § 15 Abs. 1 Nr. 1 EStG). Es wird ein Verschonungsabschlag von 85 % (§ 13a Abs. 1 Satz 1 ErbStG) und ein Abzugsbetrag gem. § 13a Abs. 2 ErbStG gewährt. Bemessungsgrundlage für die Verschonung ist das begünstigte Vermögen i. S. d. § 13b Abs. 2 Satz 1 ErbStG.
Zunächst ist das unschädliche Verwaltungsvermögen zu bestimmen (§ 13b Abs. 7 ErbStG):

	Gemeiner Wert Betriebsvermögen	2 500 000 €
./.	Nettowert Verwaltungsvermögen	800 000 €
=	Zwischensumme	1 700 000 €
	hiervon 10 %	170 000 €
=	unschädliches Verwaltungsvermögen § 13b Abs. 7 Satz 1 ErbStG	170 000 €

Das begünstigte Vermögen i. S. d. § 13b Abs. 2 Satz 1 ErbStG beträgt:

	Betriebsvermögenswert begünstigungsfähiges Vermögen	2 500 000 €
./.	schädliches Verwaltungsvermögen (800 000 € ./. 170 000 €), 100 % stpfl.	630 000 €
=	begünstigtes Vermögen	1 870 000 €

Die Verschonung nach § 13a Abs. 1 und Abs. 2 ErbStG berechnet sich wie folgt:

	Begünstigtes Vermögen	1 870 000 €	
./.	Verschonungsabschlag § 13a Abs. 1 Satz 1 ErbStG 85 %	1 589 500 €	
=	verbleibendes begünstigtes Vermögen	280 500 €	
	Abzugsbetrag nach § 13a Abs. 2 ErbStG		
	Abzugsbetrag nach Satz 1 150 000 €		
	Kürzung nach Satz 2		
	(280 500 € ./. 150 000 €) × 0,5	./. 65 250 €	
./.	verbleibender Abzugsbetrag	84 750 €	84 750 €
=	Zwischensumme	195 250 €	
+	schädliches Verwaltungsvermögen (s. o., immer stpfl.)	630 000 €	
=	steuerpflichtiges Betriebsvermögen	825 750 €	

Im Vermögensanfall ist das Einzelunternehmen mit 825 750 € zu erfassen.

b) Todestag = 10. 06. 2016.
Der Betriebsvermögenswert ist insgesamt begünstigt, da der Verwaltungsvermögenstest (§ 13b Abs. 2 Satz 1 ErbStG a. F.) bestanden ist, das Verwaltungsvermögen beträgt nicht mehr als 50 % (hier 32 %).
Die Verschonung nach § 13a Abs. 1 und Abs. 2 ErbStG a. F. berechnet sich wie folgt:

	Betriebsvermögenswert	2 500 000 €	
./.	Verschonungsabschlag §§ 13a Abs. 1 Satz 1, 13b Abs. 4 ErbStG a. F.	2 125 000 €	
=	verbleibendes begünstigtes Vermögen	375 000 €	
	Abzugsbetrag nach § 13a Abs. 2 ErbStG a. F.		
	Abzugsbetrag nach Satz 1 150 000 €		
	Kürzung nach Satz 2		
	(375 000 € ./. 150 000 €) × 0,5	./. 112 500 €	
./.	verbleibender Abzugsbetrag	37 500 €	37 500 €
=	steuerpflichtiges Betriebsvermögen	337 500 €	

Im Unterschied zur ab 01. 07. 2016 geltenden Neuregelung sind nur 337 500 € steuerpflichtig.

2.5 Weitergabeverpflichtung (§ 13a Abs. 5 ErbSt)

Ein Erwerber kann die Befreiung nicht in Anspruch nehmen, soweit er verpflichtet ist, das begünstigte Vermögen auf Grund einer letztwilligen oder rechtsgeschäftlichen Verfügung des Erblassers auf einen Dritten zu übertragen (**Weitergabeverpflichtung**, § 13 a Abs. 5 ErbStG). Letztwillige Verfügung ist das Testament, rechtsgeschäftliche Verfügung ist z. B. der Erbvertrag. Anwendungsfälle sind insbesondere

- Sachvermächtnisse, die auf begünstigtes Vermögen gerichtet sind,
- Vorausvermächtnisse, die auf begünstigtes Vermögen gerichtet sind,
- ein Schenkungsversprechen auf den Todesfall oder
- Auflagen des Erblassers, die auf die Weitergabe begünstigten Vermögens gerichtet sind.

Sind Miterben auf Grund einer Teilungsanordnung des Erblassers verpflichtet, das begünstigte Vermögen auf einen Miterben zu übertragen, können die übertragenden Miterben die Befreiung nicht in Anspruch nehmen; das gilt unabhängig davon, wann die Auseinandersetzungsvereinbarung geschlossen wird. Den übernehmenden Erwerber oder Miterben, der die Befreiung in Anspruch nehmen kann, trifft die Pflicht zur Einhaltung der Lohnsummen- und Behaltensregelung auch hinsichtlich des übertragenen Anteils; er hat die steuerlichen Folgen eines Verstoßes hiergegen zu tragen.

Mit dieser Regelung wird erreicht, dass letztendlich der **tatsächliche Erwerber** des begünstigten Vermögens die Verschonung i. S. d. § 13a bzw. § 13c ErbStG erhält.

Weitere Einzelheiten zu den Folgen einer Weitergabeverpflichtung oder einer Nachlassteilung sind in R E 13a.11 ErbStR dargestellt.

BEISPIEL

Die Eheleute M und F lebten im Vertragsgüterstand der Gütertrennung. In ihrem Ehegattentestament wurde vereinbart, dass sich die Ehegatten gegenseitig allein beerben. Durch Vermächtnis wurde das gewerbliche Einzelunternehmen des Erblassers M seinem Bruder B zugewandt. Der Nachlass von M umfasst das Einzelunternehmen (Betriebsvermögenswert 2 400 000 €, kein Verwaltungsvermögen) und Kapitalvermögen mit einem steuerlichen Wert von 1 600 000 €. Erblasserschulden sind nicht vorhanden. Ein Antrag nach § 13a Abs. 10 ErbStG liegt nicht vor.

LÖSUNG

Erwerb durch Erbanfall an F	
Wert des Betriebsvermögens	2 400 000 €
Wert des übrigen Vermögens	1 600 000 €
Vermögensanfall	4 000 000 €
./. Sachvermächtnis an B (§ 10 Abs. 5 Nr. 2 ErbStG)	2 400 000 €
Erbfallkostenpauschbetrag (§ 10 Abs. 5 Nr. 3 ErbStG)	10 300 €
Bereicherung	1 589 700 €
./. Persönlicher Freibetrag (§ 16 Abs. 1 Nr. 1 ErbStG)	500 000 €
./. Versorgungsfreibetrag (§ 17 Abs. 1 ErbStG)	256 000 €
Steuerpflichtiger Erwerb	833 700 €
ErbSt 19 %	158 403 €

Erwerb durch Vermächtnis an B

Gemeiner Wert begünstigungsfähiges Vermögen (Einzelunternehmen), § 13b Abs. 1 Nr. 2 ErbStG	2 400 000 €
Zugleich begünstigtes Vermögen § 13b Abs. 2 Satz 1 ErbStG	2 400 000 €
./. Verschonungsabschlag (§ 13 a Abs. 1 Satz 1 ErbStG)	2 040 000 €
Verbleibender Betrag	360 000 €
./. gleitender Abzugsbeitrag (§ 13 a Abs. 2 ErbStG)	45 000 €
360 000 € ./. 150 000 € = 210 000 €, davon 50 % = 105 000 €	
150 000 € ./. 105 000 € = 45 000 €	
Steuerpflichtiger Teil	315 000 €
./. Persönlicher Freibetrag für Steuerklasse II Nr. 2	20 000 €
Steuerpflichtiger Erwerb	295 000 €
ErbSt 20 %	59 000 €
kein Härteausgleich, H E 19 (Tabelle...) ErbStH	

2.6 Begünstigungsfähiges Vermögen

2.6.1 Land- und forstwirtschaftliches Vermögen (§ 13 b Abs. 1 Nr. 1 ErbStG)

Der inländische **Wirtschaftsteil des land- und forstwirtschaftlichen Vermögens** (§ 168 Abs. 1 Nr. 1 BewG) und selbst bewirtschaftete Grundstücke i. S. d. § 159 BewG sowie entsprechendes land- und forstwirtschaftliches Vermögen, das einer Betriebsstätte in einem Mitgliedstaat der Europäischen Union oder in einem Staat des Europäischen Wirtschaftsraumes dient.

Nicht begünstigungsfähig sind die Betriebswohnungen und der Wohnteil einschließlich der Altenteilerwohnungen, da diese Teile der wirtschaftlichen Einheit nicht originär der land- und forstwirtschaftlichen Tätigkeit i. S. d. § 158 Abs. 1 BewG dienen. Gleiches gilt für langfristig verpachtete Flächen i. S. d. § 160 Abs. 7 BewG (Stückländereien), für Mietwohngrundstücke oder erbbaurechtsbelastete Flächen.

Begünstigungsfähig ist nur der Wirtschaftsteil eines land- und forstwirtschaftlichen Vermögens, der im Zusammenhang mit dem Erwerb des Betriebs der Land- und Forstwirtschaft oder einer Beteiligung an einer land- und forstwirtschaftlich tätigen Personengesellschaft i. S. d. § 158 Abs. 2 BewG auf den Erwerber übergeht. Übertragungen von Betriebsteilen oder einzelner Wirtschaftsgüter sind nicht begünstigungsfähig. Auf die ertragsteuerrechtliche Beurteilung einer Übertragung kommt es nicht an.

Einzelheiten zur Begünstigung von land- und forstwirtschaftlichem Vermögen enthalten die R E 13b.4 ErbStR.

2.6.2 Betriebsvermögen (§ 13 b Abs. 1 Nr. 2 ErbStG)

Inländisches **Betriebsvermögen** beim Erwerb eines ganzen Gewerbebetriebs, eines Teilbetriebs, eines Mitunternehmeranteils oder eines Anteils daran sowie entsprechendes Betriebsvermögen, das einer Betriebsstätte in der EU oder im EWR zuzurechnen ist; hierzu zählt auch das freiberufliche Vermögen (§ 13 b Abs. 1 Nr. 2 ErbStG).

Das Betriebsvermögen muss im Zusammenhang mit dem Erwerb eines ganzen Gewerbebetriebs, eines Teilbetriebs oder einer Beteiligung an einer Personengesellschaft auf den Erwerber übergehen. Diese Begriffe sind nach ertragsteuerlichen Grundsätzen anzugrenzen. **Begünstigungsfähig** ist nur der unmittelbare Übergang von Betriebsvermögen. Als Erwerb einer

Beteiligung gilt auch, wenn eine Person in ein bestehendes Einzelunternehmen aufgenommen wird oder ein Teil einer Beteiligung an einer gewerblich oder freiberuflich tätigen Personengesellschaft übertragen wird. Eine begünstigte Übertragung eines Anteils an einer Personengesellschaft oder am Sonderbetriebsvermögen des Gesellschafters ist nicht davon abhängig, dass die Gesellschaftsanteile und das Sonderbetriebsvermögen im gleichen quotalen Umfang auf den Erwerber übergehen. Vielmehr gilt dies auch dann, wenn der Schenker sein Sonderbetriebsvermögen in geringerem Umfang überträgt oder es insgesamt zurückbehält und das zurückbehaltene Sonderbetriebsvermögen weiterhin zum Betriebsvermögen derselben Personengesellschaft gehört, sowie auch dann, wenn der Schenker sein Sonderbetriebsvermögen in größerem Umfang überträgt (vgl. R E 13b.5 Abs. 3 Satz 6 ErbStR). Bei Übertragungen von Anteilen an Personengesellschaften ist Voraussetzung, dass der Erwerber Mitunternehmer der Personengesellschaft wird (BFH vom 06.05.2015, II R 34/13, BStBl II 2015, 821; die Entscheidung erging zu § 13a Abs. 4 Nr. 1 ErbStG a. F., entspricht § 13b Abs. 1 Nr. 2 ErbStG n. F.).

Andere Teilübertragungen eines Gewerbebetriebs oder die Übertragung einzelner Wirtschaftsgüter eines Betriebsvermögens sind **nicht begünstigt**. Zu weiteren Einzelheiten vgl. R E 13b.5 ErbStR.

2.7 Anteile an Kapitalgesellschaften (§ 13 b Abs. 1 Nr. 3 ErbStG)

Anteile an Kapitalgesellschaften im Inland, innerhalb der Europäischen Union oder innerhalb des Europäischen Wirtschaftsraums bei einer Mindestbeteiligung des Erblassers oder Schenkers von – unmittelbar – mehr als 25 % (§ 13 b Abs. 1 Nr. 3 ErbStG). Allerdings können für die Frage der Mindestbeteiligung die Anteile des Erblassers oder Schenkers mit den Anteilen anderer Gesellschafter zusammengerechnet werden. Voraussetzung ist, dass der Erblasser oder Schenker sowie die anderen Gesellschafter unwiderruflich untereinander verpflichtet sind, über ihre Anteile nur einheitlich zu verfügen oder diese nur innerhalb dieses – geschlossenen – Personenkreises zu übertragen. Zudem setzt die Zusammenrechnung voraus, dass diese Gesellschaftergruppe ihre Stimmrechte gegenüber nicht gebundenen Gesellschaftern nur einheitlich ausüben darf.

Weiteres enthält die R E 13b.6 ErbStR, insbesondere zur Poolvereinbarung.

Zu weiteren Einzelheiten zu begünstigten Erwerben i. S. d. § 13 b Abs. 1 ErbStG für

- Erwerbe von Todes wegen s. R E 13b.1 ErbStR oder
- Erwerb durch Schenkung unter Lebenden s. R E 13 b.2 ErbStR.

2.8 Verwaltungsvermögen (§ 13 b Abs. 4 ErbStG)

2.8.1 Allgemeines

Die Begünstigungen sind an eine Verwaltungsvermögensquote gekoppelt. Beträgt das Verwaltungsvermögen mindestens 90 % des gemeinen Wertes des begünstigungsfähigen Vermögens, ist das begünstigungsfähige Vermögen in voller Höhe nicht begünstigt, § 13b Abs. 2 Satz 2 ErbStG. Während bisher noch Verwaltungsvermögen bis einschließlich 50 % unschädlich war und die Verschonungsregelungen in diesem Fall auf den gesamten Betriebsvermögenswert angewendet wurden, ist ab 01.07.2016 zwischen begünstigungsfähigem und begünstigtem Vermögen zu unterscheiden. Verwaltungsvermögen zählt nunmehr grds. nicht zu begünstigen Vermögen und unterliegt der regulären Besteuerung. Eine Ausnahme gilt nur für sog. unschädliches Verwaltungsvermögen, § 13b Abs. 7 ErbStG. Zur Ermittlung der Verwaltungsvermögensquote sind zunächst die gemeinen Werte der Einzelwirtschaftsgüter nach § 13b Abs. 4 ErbStG zu ermitteln, ein Schuldenabzug erfolgt hier nicht.

Berechnung der Verwaltungsvermögensquote gem. § 13b Abs. 2 Satz 2 ErbStG (R E 13b.9 Abs. 2 I. ErbStR):

	gemeine Werte Verwaltungsvermögen § 13b Abs. 4 Nr. 1–4 ErbStG
+	gemeine Werte Finanzmittel § 13b Abs. 4 Nr. 5 ErbStG (vor Saldierung mit Schulden und ohne Beachtung des Sockelbetrages)
=	gemeine Werte Verwaltungsvermögen im Verhältnis zum gemeinen Wert begünstigungsfähiges Vermögen

BEISPIEL

Der gemeine Wert eines Betriebes beträgt 1 500 000 €. Zum Betriebsvermögen gehört u. a. ein zu fremden Wohnzwecken vermietetes Grundstück i. S. d. § 13b Abs. 4 Nr. 1 ErbStG (gemeiner Wert 500 000 €), Schulden im Zusammenhang mit diesem Grundstück sind i. H. v. 300 000 € passiviert. Zum Betriebsvermögen zählen weiterhin Geldmittel i. H. v. 600 000 € (§ 13b Abs. 4 Nr. 5 ErbStG). Wie hoch ist die Verwaltungsvermögensquote nach § 13b Abs. 2 ErbStG?

LÖSUNG

	gemeiner Wert Grundstück	500 000 €
+	Finanzmittel – vor Saldierung mit Schulden, kein Sockelbetrag	600 000 €
=	gemeine Werte Verwaltungsvermögen	1 100 000 €

Die Verwaltungsvermögensquote beträgt 73 % (1 100 000/1 500 000), somit können die Verschonungsregelungen angewendet werden.

MERKE

Die Bruttobetrachtung des Verwaltungsvermögens erfolgt nur für die Berechnung der Verwaltungsvermögensquote, § 13b Abs. 2 Satz 2 ErbStG. Bei der Ermittlung des begünstigten Vermögens i. S. d. § 13b Abs. 2 Satz 1 ErbStG ist vom Nettoverwaltungsvermögen auszugehen.

Für die Prüfung, ob die Optionsverschonung anwendbar ist, gilt § 13a Abs. 10 Satz 2 und Satz 3 ErbStG. Hier ist nicht auf die o. g. Verwaltungsvermögensquote abzustellen. Die für § 13a Abs. 10 ErbStG maßgebende Quote bestimmt sich nach den gemeinen Werten der Einzelwirtschaftsgüter des Verwaltungsvermögens nach § 13b Abs. 3 und 4 ErbStG im Verhältnis zum gemeinen Wert des Betriebs.

Maßgebend sind die Verhältnisse im **Besteuerungszeitpunkt** für die Entscheidung, ob Verwaltungsvermögen vorliegt. Hierbei ist ausschließlich auf die Verhältnisse beim Erblasser oder Schenker abzustellen. Veränderungen hinsichtlich des Verwaltungsvermögens, die nach dem Besteuerungszeitpunkt beim Erwerber eintreten, sind unbeachtlich. Eine Ausnahme hiervon enthält § 13b Abs. 5 ErbStG (**Investitionsklausel**). Neu ist bei Erwerben von Todes wegen, dass Verwaltungsvermögen von den Erben innerhalb von zwei Jahren nach dem Tod des Erblassers für Investitionen im Betrieb für die originäre betriebliche Betätigung verwendet werden kann, in diesem Fall zählen die Vermögensgegenstände **rückwirkend nicht zum Verwaltungsvermögen**. Voraussetzung ist aber, dass der Erblasser die Investition bereits geplant hatte und die Erben diesen Plan nur noch umsetzen. Zur Investitionsklausel vgl. auch R E 13b.24 ErbStR. Auf Schenkungen unter Lebenden ist diese Investitionsklausel nicht anwendbar.

2.8.2 Übersicht zum Verwaltungsvermögen nach § 13 b Abs. 4 ErbStG

Nr. 1	Nr. 2	Nr. 3	Nr. 4	Nr. 5
Dritten zur Nutzung überlassene Grundstücksteile, grundstücksgleiche Rechte und Bauten	Unmittelbare Beteiligungen an KapG ≤ 25 % **oder** Beteiligung an KapG trotz Pooling ≤ 25 %	Kunstgegenstände, Kunstsammlungen, wissenschaftliche Sammlungen, Bibliotheken und Archive. Münzen, Edelmetalle und Edelsteine, Briefmarkensammlungen, Oldtimer, Yachten, Segelflugzeuge sowie sonstige typischerweise der privaten Lebensführung dienende Gegenstände.	Wertpapiere und vergleichbare Forderungen (wie z. B. Pfandbriefe, Geldmarktfonds, Festgeldfonds)	Zahlungsmittel, Geschäftsguthaben, Geldforderungen, andere Forderungen (Finanzmittel) nach Abzug des gemeinen Werts der Schulden soweit der Saldo 15 % des Betriebsvermögenswertes übersteigt (Sockelbetrag) Sockelbetrag gilt nur, wenn Hauptzweck Tätigkeit nach § 13 Abs. 1, § 15 Abs. 1 Nr. 1, § 18 Abs. 1 Nr. 1, 2 EStG Sonderfall: junge Finanzmittel immer Verwaltungsvermögen
Ausnahmen: Nutzungsüberlassung i. R. v. Betriebsaufspaltung Sonderbetriebsvermögen Verpachtung im Konzern (§ 4 h EStG) Betriebsverpachtung im Ganzen unbefristet an (künftigen) Erben befristet an Dritte Wohnungsunternehmen Überlassung i. Z. m. Lieferungsverträgen (z. B. bei Brauereigaststätten, Tankstellen) Land- und Forstwirtschaft an Dritte	**Ausnahme:** Hauptzweck des Betriebs bei Banken, Finanzdienstleistern und Versicherungen	**Ausnahme:** Handel, Herstellung, Verarbeitung oder entgeltliche Nutzungsüberlassung dieser Gegenstände ist Hauptzweck des Gewerbebetriebs	**Ausnahme:** Hauptzweck des Betriebs bei Banken, Finanzdienstleistern und Versicherungen	**Ausnahme:** Hauptzweck des Betriebs bei Banken, Finanzdienstleistern und Versicherungen

Im Unterschied zum bisherigen Recht wird Verwaltungsvermögen bei **Beteiligungen** generell mit einbezogen, § 13b Abs. 9 ErbStG.

BEISPIEL

Im Betriebsvermögen der A-GmbH werden folgende Anteile gehalten:

- 30 % Anteil am Stammkapital an der B-GmbH (40 % Verwaltungsvermögen)
- 25 % Anteil am Stammkapital an der C-GmbH (40 % Verwaltungsvermögen)

LÖSUNG

Altes Recht:

Der Anteil an der B-GmbH zählt nicht zum Verwaltungsvermögen der A-GmbH, da der Anteil am Stammkapital mehr als 25 % beträgt und das Verwaltungsvermögen auf Ebene der B-GmbH 50 % nicht übersteigt. Der Anteil an der C-GmbH zählt generell zum Verwaltungsvermögen, da der Anteil am Stammkapital 25 % nicht übersteigt.

Neues Recht:

Der Anteil an der C-GmbH zählt unverändert zum Verwaltungsvermögen (Anteil ≤ 25 %), § 13b Abs. 4 Nr. 2 ErbStG.

Der Anteil an der B-GmbH zählt unverändert nicht zum Verwaltungsvermögen (Anteil > 25 %), auf die Höhe des Verwaltungsvermögens bei der B-GmbH kommt es künftig jedoch nicht mehr an. Das Verwaltungsvermögen der B-GmbH wird anteilig als Verwaltungsvermögen bei der A-GmbH angesetzt, d. h. zu 30 %. Unterstellt der gemeine Wert des Verwaltungsvermögens beträgt 500 000 €, werden hiervon 150 000 € bei der A-GmbH angesetzt, § 13b Abs. 9 Satz 1 ErbStG.

Bei Beteiligungen erfolgt im neuen Recht eine sogen. Verbundvermögensaufstellung, die Beteiligungsgesellschaften werden als transparent behandelt, § 13b Abs. 9 Satz 2 ErbStG. D. h. die Finanzmittel, Schulden und andere Vermögensgegenstände des Verwaltungsvermögens sind zusammenzufassen. Ausführlich zur Verbundvermögensaufstellung vgl. R E 13b.29 ErbStR mit Berechnungsbeispielen in den dazugehörigen Hinweisen.

BEISPIEL

Fortsetzung des letzten Beispiels:

Das Betriebsvermögen der B-GmbH umfasst ein vermietetes Grundstück (gemeiner Wert 400.000 €), Finanzmittel im Wert von 800 000 €, Schulden i. Z. m. Grundstück i. H. v. 50 000 €. Der gemeine Wert des Anteils an der C-GmbH beträgt 250 000 €.

Im Betriebsvermögen der A-GmbH ist ebenfalls ein vermietetes Grundstück aktiviert (gemeiner Wert 200 000 €), Finanzmittel im Wert von 100 000 € vorhanden sowie Schulden i. H. v. 150 000 €. Der gemeine Wert der A-GmbH beträgt 2 Mio. €.

LÖSUNG

Das Verwaltungsvermögen bei der B-GmbH wird entsprechend dem Beteiligungsverhältnis (30 %) bei der A-GmbH angesetzt:

§ 13b Abs. 4 Nr. 1 ErbStG:		
vermietetes Grundstück A-GmbH		200 000 €
vermietetes Grundstück B-GmbH, anteilig zu 30 %		120 000 €
§ 13b Abs. 4 Nr. 2 ErbStG:		
Anteilswert C-GmbH, weil Anteil ≤ 25 %		250 000 €
§ 13b Abs. 4 Nr. 5 ErbStG:		
Finanzmittel A-GmbH	100 000 €	
+ Finanzmittel B-GmbH, anteilig 30 %	240 000 €	
= Zwischensumme	340 000 €	
./. Schulden A-GmbH	150 000 €	
./. Schulden B-GmbH, anteilig 30 %	15 000 €	
= Saldo der Finanzmittel	175 000 €	
unschädlich sind 15 % von 2 Mio. € (= Freibetrag)	300 000 €	
verbleiben schädliche Finanzmittel	0 €	
= Verwaltungsvermögen i. S. d. Nr. 5	0 €	0 €
Summe Verwaltungsvermögen nach § 13b Abs. 4 ErbStG		**570 000 €**

Entsprechendes gilt bei Anteilen an Personengesellschaften, daher sind **Anteile an Personengesellschaften** (»Mitunternehmerschaften«) nicht mehr im Katalog des Verwaltungsvermögens aufgeführt. Im Unterschied zu Anteilen an Kapitalgesellschaften gilt dies bei Anteilen an Personengesellschaften unabhängig von der Höhe der Beteiligung.

Zu Anteilen an Kapitalgesellschaften mit einer Beteiligung von 25 % oder weniger vgl. auch R E 13b.20 ErbStR.

2.8.3 Ermittlung der Finanzmittel nach § 13b Abs. 4 Nr. 5 ErbStG

Finanzmittel gem. § 13b Abs. 4 Nr. 5 ErbStG

	Zahlungsmittel	… €
+	Guthaben aus Bankkonten, Festgeldkonten u.Ä.	…€
+	Forderungen aus Lieferungen und Leistungen	… €
+	Forderungen aus geleisteten Anzahlungen	… €
+	Steuererstattungsansprüche	… €
+	sonstige Kapitalforderungen	… €
=	**Zwischensumme Finanzmittel**	… €
./.	Verbindlichkeiten gegenüber Kreditinstituten	…€
./.	Verbindlichkeiten aus Lieferungen und Leistungen	… €
./.	Verbindlichkeiten aus erhaltenen Anzahlungen	… €
./.	Steuernachforderungen	… €
./.	Rückstellungen	… €
./.	sonstige Kapitalschulden	… €
=	**Saldo Finanzmittel**, weitere Ermittlung nur, wenn Saldo positiv	
./.	**Sockelbetrag** / Freibetrag (**15% des gemeinen Wertes des BV**)	
=	**wenn positiv = schädliche Finanzmittel = Verwaltungsvermögen Nr. 5**	

Eine **beispielhafte Aufzählung** zu den Finanzmitteln enthält R E 13b.23 Abs. 2 ErbStR. Abzugsfähige Schulden sind in R E 13b.23 Abs. 3 ErbStR dargestellt.

BEISPIEL

Zum Betriebsvermögen eines Unternehmens gehören Bankguthaben (Festgeldkonto) i. H. v. 1 000 000 €, Guthaben auf dem Geschäftskonto i. H. v. 20 000 €, Forderungen aus Lieferungen und Leistungen über 150 000 €, Steuerforderungen i. H. v. 30 000 €. Weiterhin sind Rechnungsabgrenzungsposten i. H. v. 5 000 € aktiviert. Demgegenüber stehen Bankschulden i. H. v. 230 000 € und Lieferantenschulden von 20 000 €. Außerdem ist eine Rücklage nach § 6b EStG i. H. v. 30 000 € ausgewiesen. Der gemeine Wert des Betriebsvermögens beträgt 3 000 000 €.
In welcher Höhe sind Finanzmittel als Verwaltungsvermögen anzusetzen?

LÖSUNG

Ermittlung der Finanzmittel:

	Festgeldkonto	1 000.000 €
+	Geschäftskonto	20 000 €
+	Forderungen L+L	150 000 €
+	Steuerforderungen	30 000 €
=	Zwischensumme	1 200 000 €
./.	Kapitalschulden	250 000 €
=	Saldo der Finanzmittel	950 000 €
	unschädlich sind 15 % von 3 Mio. € (= Freibetrag)	450 000 €
	verbleiben schädliche Finanzmittel	500 000 €
=	Verwaltungsvermögen i. S. d. Nr. 5	500 000 €

Gem. § 13b Abs. 4 Nr. 5 Satz 2 ErbStG ist der gemeine Wert der Finanzmittel um den positiven Saldo der eingelegten und der entnommenen Finanzmittel zu verringern (junge Finanzmittel, R E 13b.23 Abs. 3 ErbStR). Junge Finanzmittel liegen vor, wenn sie dem Betrieb im Zeitpunkt der Steuerentstehung weniger als zwei Jahre zuzurechnen waren. Junge Finanzmittel zählen, wie junges Verwaltungsvermögen generell, zum schädlichen Verwaltungsvermögen und sind somit immer steuerpflichtig, § 13b Abs. 7 Satz 2 ErbStG. Der Wert der jungen Finanzmittel ist der Höhe nach begrenzt auf die Summe der positiven Finanzmittel (vgl. oben im Schaubild »Zwischensumme Finanzmittel«). Die Begrenzung erfolgt vor Abzug der Schulden und des Sockelbetrages. Zur Berechnung vgl. R E 13b.9 Abs. 2 II.1 ErbStR.

BEISPIEL

Fortsetzung des letzten Beispiels.
Innerhalb der letzten zwei Jahre vor dem Besteuerungszeitpunkt sind Finanzmittel in Höhe von 1 000 000 € eingelegt worden (Festgeldkonto). Geldentnahmen erfolgten im gleichen Zeitraum in Höhe von 100 000 €. Wie hoch sind junge Finanzmittel anzusetzen?

LÖSUNG

Der gemeine Wert der Finanzmittel ist gem. § 13b Abs. 4 Nr. 5 Satz 2 ErbStG um den positiven Saldo der eingelegten und entnommenen Finanzmittel zu verringern. Junge Finanzmittel sind Verwaltungsvermögen. Der Saldo der eingelegten und entnommenen Finanzmittel beträgt 900 000 €. Dieser Wert ist begrenzt auf die Höhe der Finanzmittel. Laut R E 13b.23 Abs. 3 Satz 3 ErbStR soll sich die Begrenzung auf die Höhe der positiven Finanzmittel beziehen. Im vorliegenden Fall auf die Zwischensumme von 1 200 000 €. Damit sind die gesamten 900 000 € als junge Finanzmittel anzusetzen.

	Festgeldkonto	1 000.000 €
+	Geschäftskonto	20 000 €
+	Forderungen L+L	150 000 €
+	Steuerforderungen	30 000 €
=	Zwischensumme	1 200 000 €
./.	junge Finanzmittel s. o.	900 000 €
=	Saldo	300 000 €
./.	Kapitalschulden	250 000 €
=	Saldo der Finanzmittel	50 000 €
	unschädlich sind 15 % von 3 Mio. € (= Freibetrag)	450 000 €
	verbleiben Finanzmittel	0 €
=	Verwaltungsvermögen (junge Finanzmittel)	900 000 €

2.8.4 Nettowert des Verwaltungsvermögens (§ 13b Abs. 6 ErbStG)

Nachdem die gemeinen Werte des Verwaltungsvermögens i. S. d. § 13b Abs. 4 Nr. 1–5 ErbStG ermittelt worden sind, ist für die weitere Beurteilung der Verschonung zunächst noch der Nettowert des Verwaltungsvermögens zu berechnen, § 13b Abs. 6 ErbStG. Der Nettowert des Verwaltungsvermögens bildet die Grundlage für die Ermittlung des unschädlichen Verwaltungsvermögens (§ 13b Abs. 7 ErbStG) sowie des begünstigten Vermögens i. S. d. § 13b Abs. 2 Satz 1 ErbStG. Schulden werden zunächst soweit möglich unmittelbar den Altersvorsorgeverpflichtungen zugerechnet (Sonderfall des § 13b Abs. 3 ErbStG – im Grundkurs keine Behandlung), danach bei den Finanzmitteln im Rahmen des § 13b Abs. 4 Nr. 5 ErbStG abgezogen. Nur danach noch verbleibende Schulden (z. B. bei negativem Saldo der Finanzmittel – s. 2.8.3) werden im Rahmen des § 13b Abs. 6 ErbStG berücksichtigt.

1. Schritt:
Ermittlung der verbleibenden Schulden:

	Schulden des Betriebes insgesamt	... €
./.	Schulden i. Z. m. § 13b Abs. 3 ErbStG	... €
./.	im Rahmen des § 13b Abs. 4 angesetzte Schulden	... €
=	verbleibende Schulden nach Anwendung Abs. 3 und Abs. 4	... €

2. Schritt:
Aufteilung der verbleibenden Schulden:

$$\frac{\text{verbleibende Schulden 1. Schritt} \times \text{gemeiner Wert des Verwaltungsvermögens}}{\text{gemeiner Wert des begünstigungsfähigen Vermögens} + \text{verbleibende Schulden 1. Schritt}}$$

= anteilige Schulden Verwaltungsvermögen

3. Schritt:
Ermittlung Nettowert des Verwaltungsvermögens:

	gemeiner Wert Verwaltungsvermögen § 13b Abs. 5 ErbStG	... €
./.	anteilige Schulden Verwaltungsvermögen 2. Schritt	... €
=	Nettowert des Verwaltungsvermögens	... €

BEISPIEL

Der gemeine Wert eines Betriebs beträgt 3 000 000 €. Zum Betriebsvermögen gehört ein komplett vermietetes gemischt genutztes Grundstück (gemeiner Wert 1 000 000 €). Weiterhin sind Geldforderungen i. H. v. 50 000 € aktiviert, Schulden im Zusammenhang mit dem Grundstück i. H. v. 400 000 € sowie weitere allgemeine betriebliche Schulden i. H. v. 30 000 € passiviert.
Wie hoch ist das Verwaltungsvermögen und das Nettoverwaltungsvermögen?
In welcher Höhe liegt unschädliches Verwaltungsvermögen vor?
Wie hoch ist das begünstigte Vermögen?

LÖSUNG

Ermittlung gemeiner Wert Verwaltungsvermögen:

	vermietetes Grundstück § 13b Abs. 4 Nr. 1 ErbStG	1 000 000 €
+	Finanzmittel § 13b Abs. 4 Nr. 5 ErbStG – Saldo negativ (50 000 € ./. 400 000 € ./. 30 000 € = ./. 380.000 €), daher	0 €
=	Summe gemeine Werte Verwaltungsvermögen (brutto)	1 000 000 €

Ermittlung der verbleibenden Schulden für § 13b Abs. 6 ErbStG:

	Schulden des Betriebes insgesamt	430 000 €
./.	Schulden i. Z. m. § 13b Abs. 3 ErbStG	0 €
./.	im Rahmen des § 13b Abs. 4 ErbStG angesetzte Schulden	50 000 €
=	verbleibende Schulden nach Anwendung des Abs. 3 und Abs. 4	380 000 €

Aufteilung der 380 000 €:

$$380000€ \times \frac{1000000€}{3000000€ + 380000€} = 112426€$$

Ermittlung Nettowert des Verwaltungsvermögens:

	gemeiner Wert Verwaltungsvermögen	1 000 000 €
./.	anteilige Schulden Verwaltungsvermögen	112 426 €
=	Nettowert des Verwaltungsvermögens	887 574 €

Das unschädliche Verwaltungsvermögen (§ 13b Abs. 7 ErbStG) ist wie folgt zu berechnen:

	gemeiner Wert begünstigungsfähiges Vermögen	3 000 000 €
./.	Nettowert Verwaltungsvermögen	887 574 €
=	Zwischensumme	2 112 426 €
	hiervon 10 %	211 243 €
=	unschädliches Verwaltungsvermögen	211 243 €

Ermittlung begünstigtes Vermögen i. S. d. § 13b Abs. 2 Satz 1 ErbStG:

	gemeiner Wert begünstigungsfähiges Vermögen	3 000 000 €
./.	schädliches Verwaltungsvermögen (887 574 € ./. 211 243 €)	676 331 €
=	begünstigtes Vermögen	2 323 669 €

2.8.5 Vermögen im Zusammenhang mit Altersversorgungsverpflichtungen (§ 13b Abs. 3 ErbStG)

§ 13b Abs. 3 ErbStG enthält Regelungen zur Berücksichtigung von Altersversorgungsvorsorgeverpflichtungen und zur Erfüllung dieser Verpflichtungen angeschaffte Vermögensgegenstände. Entsprechend ihres vorgegebenen Verwendungszwecks nimmt § 13b Abs. 3 ErbStG insbesondere die Vermögensgegenstände aus dem Verwaltungsvermögenskatalog aus. Gem. § 13b Abs. 3 Satz 1 ErbStG gehören Teile des begünstigungsfähigen Vermögens, die ausschließlich und dauerhaft der Erfüllung von Schulden aus Altersversorgungsverpflichtungen dienen und dem Zugriff aller übrigen nicht aus den Altersversorgungsverpflichtungen unmittelbar berechtigten Gläubiger entzogen sind, nicht zum Verwaltungsvermögen i. S. d. § 13b Abs. 4 Nr. 1 bis 5 ErbStG. Die Regelung lehnt sich an § 246 Abs. 2 Satz 2 HGB an. Damit sollen insbesondere CTA-Strukturen (Contractual Trust Arrangement) von der Besteuerung ausgenommen werden. Bei den CTA-Strukturen handelt es sich um ein Modell der betrieblichen Altersvorsorge, bei dem das Unternehmen die Pensionszahlungen und Pensionsforderungen aus der eigenen Bilanz wirtschaftlich ausgliedert, indem es diese auf eine Treuhandgesellschaft überträgt. Das für die Altersversorgungsverpflichtungen vorgesehene Vermögen ist dem Zugriff des Erwerbers und anderer Gläubiger entzogen. Die für die Altersversorgungsverpflichtungen vorgesehenen

Vermögensgegenstände sind hierzu, wie es auch in einer Handelsbilanz geschieht, mit den Schulden aus Altersversorgungsverpflichtungen zu verrechnen. Um eine doppelte Berücksichtigung der für die Altersversorgung vorgehaltenen Finanzmittel und der verrechneten Schulden auszuschließen, bleiben diese beim Finanzmitteltest und bei der quotalen Schuldenverrechnung unberücksichtigt. Besteht ein Überhang an Schulden aus Altersversorgungsverpflichtungen, werden diese beim Finanzmitteltest und der quotalen Schuldenverrechnung berücksichtigt (vgl. Gesetzesbegründung BT-Drs. 18/8911, 43, 44). Zum Altersversorgungsvermögen vgl. R E 13b.11 ErbStR mit Berechnungsbeispielen in den dazugehörigen Hinweisen.

BEISPIEL

Im Betriebsvermögen eines Unternehmens sind ein Mietwohngrundstück sowie Wertpapiere aktiviert. Das Mietwohngrundstück (gemeiner Wert 800 000 €) und die Wertpapiere (gemeiner Wert 500 000 €) sollen als Sondervermögen der Tilgung der Altersversorgungsverpflichtungen dienen. Der gemeine Wert der Verbindlichkeiten hieraus beträgt 1,2 Mio. €.

LÖSUNG Eine Verrechnung der Wirtschaftsgüter des Verwaltungsvermögens mit den Altersversorgungsverpflichtungen erfolgt in folgender Reihenfolge (R E 13b.11 Abs. 4 Satz 1 ErbStR):

	gemeiner Wert Altersversorgungsverpflichtungen	1 200 000 €
./.	junges Verwaltungsvermögen i. Z. m. Altersversorgungsverpflichtung	0 €
=	Saldo I	1 200 000 €
./.	sonstiges Verwaltungsvermögen i. S. d. Abs. 4 Nr. 1 – 4, 1 300 000 € maximal bis Saldo I	1 200 000 €
=	Saldo II	0 €

Es liegt eine **Überdotierung** vor, die Verrechnung erfolgt maximal bis zur Höhe der Altersversorgungsverpflichtungen. Die übersteigenden Werte des Verwaltungsvermögens sind im Rahmen des § 13b Abs. 4 – 7 ErbStG zu berücksichtigen. Zu beachten ist, dass die Verbindlichkeiten in Höhe von 1 200 000 € in voller Höhe nach § 13b Abs. 3 ErbStG ausgeglichen wurden. Eine weitere Berücksichtigung bei den Finanzmitteln – als Kapitalschulden – darf nicht mehr erfolgen. Übersteigen die Verbindlichkeiten den gemeinen Wert des Sondervermögens, liegt eine sog. Unterdotierung vor, die übersteigenden Schulden sind dann bei den Finanzmitteln i. S.d § 13b Abs. 4 Nr. 5 ErbStG abzugsfähig, vgl. R E 13b.11 Abs. 4 Satz 3 ErbStR.

2.9 Vorababschlag für Familienunternehmen (§ 13a Abs. 9 ErbStG)

Im Rahmen der Reform der §§ 13a ff. ErbStG wurde erstmals ein sogen. Vorababschlag für bestimmte Familienunternehmen eingeführt. Der Abschlag ist in § 13a Abs. 9 ErbStG definiert.

Die Unternehmensführung bei familiengeführten Unternehmen ist typischerweise auf die langfristige Sicherung und Fortführung des Unternehmens ausgerichtet. Dies schließt häufig einen freien Handel der Gesellschaftsanteile aus. Vor allem bei großen familiengeführten Unternehmen sind gesellschaftsvertragliche Entnahme-, Verfügungs- und Abfindungsbeschränkungen vorzufinden. Durch die gesellschaftsvertraglichen Beschränkungen erhöht sich das Verschonungsbedürfnis der Erwerber begünstigungsfähigen Vermögens. Die langfristig bestehenden gesellschaftsvertraglichen Beschränkungen führen dazu, dass der objektive gemeine Wert der erworbenen Gesellschaftsanteile aus subjektiver Sicht des Erwerbers wirtschaftlich nicht verfügbar ist. Die Steuerbefreiung soll bei kumulativem Vorliegen von Entnahme-, Abfindungs- und Verfügungsbeschränkungen dem erhöhten Bedürfnis für eine Verschonung unbürokratisch nachkommen (aus der Gesetzesbegründung, BT-Drs. 18/8911, 41).

Der Abschlag wird nur auf das begünstigte Vermögen (§ 13b Abs. 2 Satz 1 ErbStG) angewendet:

	Gemeiner Wert begünstigungsfähiges Vermögen	... €
./.	schädliches bzw. junges Verwaltungsvermögen, § 13b Abs. 7 ErbStG	... €
=	begünstigtes Vermögen i. S. d. § 13b Abs. 2 Satz 1 ErbStG	... €
./.	**Vorababschlag gem. § 13a Abs. 9 ErbStG, bis max. 30 %**	**... €**
=	Zwischensumme	... €
./.	Verschonungsabschlag, § 13a Abs. 1 Satz 1 ErbStG, 85 % bzw. 100 %	... €
=	verbleibender Teil des begünstigten Vermögens	... €
./.	gleitender Abzugsbetrag, § 13a Abs. 2 ErbStG, max. 150 000 €	... €
=	Zwischensumme	... €
+	schädliches bzw. junges Verwaltungsvermögen (s. o.)	... €
=	steuerpflichtiges Vermögen	... €

Als Voraussetzungen für die Inanspruchnahme des Vorababschlages müssen kumulativ folgende Beschränkungen vorliegen:

1. Die Entnahme oder Ausschüttung ist auf höchstens 37,5 % des um die auf den Gewinnanteil oder die Ausschüttungen aus der Gesellschaft entfallenden Steuern vom Einkommen gekürzten Betrages des steuerrechtlichen Gewinns zu beschränken; Entnahmen zur Begleichung der auf den Gewinnanteil oder die Ausschüttungen aus der Gesellschaft entfallenden Steuern vom Einkommen bleiben von der Beschränkung der Entnahme oder Ausschüttung unberücksichtigt, § 13a Abs. 9 Satz 1 Nr. 1 ErbStG (R E 13a.20 Abs. 2 Nr. 1 ErbStR).
2. Verfügungen über die Beteiligung an einer Personengesellschaft oder den Anteil an einer Kapitalgesellschaft sind nur zugunsten von Mitgesellschaftern, von Angehörigen i. S. d. § 15 AO oder von einer Familienstiftung zulässig, § 13a Abs. 9 Satz 1 Nr. 2 ErbStG (R E 13a.20 Abs. 2 Nr. 2 ErbStR).
3. Für den Fall des Ausscheidens aus der Gesellschaft ist eine Abfindung vorgesehen, die unter dem gemeinen Wert der Beteiligung an der Personengesellschaft oder des Anteils an der Kapitalgesellschaft liegt, § 13a Abs. 9 Nr. 3 ErbStG (R E 13a.20 Abs. 2 Nr. 3 ErbStR).

Der Vorababschlag entspricht der im Gesellschaftsvertrag oder in der Satzung vorgesehenen Minderung der Abfindung gegenüber dem gemeinen Wert (siehe oben Aufzählung Nr. 3) und darf 30 % nicht übersteigen, § 13a Abs. 9 Satz 3 ErbStG (R E 13a.20 Abs. 5 ErbStR). Die Voraussetzungen muss der Erwerber nachweisen (objektive Feststellungslast).

Der Vorababschlag wird vor Anwendung des § 13a Abs. 1 ErbStG berücksichtigt und mindert daher auch den Wert der sogen. Prüfschwelle für Großerwerbe, vgl. § 13a Abs. 9 S. 1 ErbStG sowie § 13c Abs. 1 S. 1 ErbStG.

BEISPIEL

Ein GmbH-Anteil i. S. d. § 13b Abs. 1 Nr. 3 ErbStG soll im Wege der Schenkung übertragen werden. Der Wert des begünstigten Vermögens des Anteils beträgt 36 Mio. €. Die Voraussetzungen des § 13a Abs. 9 Nr. 1 – 3 ErbStG sollen vorliegen. Die prozentuale Minderung soll 30 % betragen.
Liegt ein Großerwerb (> 26 Mio. €) vor?

LÖSUNG

Begünstigtes Vermögen i. S. d. § 13b Abs. 2 ErbStG 36,0 Mio. €
Vorababschlag § 13a Abs. 9 S. 1 + 3 ErbStG max. 30 %./. 10,8 Mio. €
Zwischensumme – verbleibendes begünstigtes Vermögen= 25,2 Mio. €
Nach Anwendung des Vorababschlages beträgt das begünstigte Vermögen nur noch 25,2 Mio. €, somit liegt kein Großerwerb vor, die Prüfschwelle von 26 Mio. € ist unterschritten, § 13a Abs. 1 Satz 1 ErbStG.

BEACHTE

Der Vorababschlag des § 13a Abs. 9 ErbStG kommt für Einzelunternehmen nicht in Betracht (mangels Gesellschaftsvertrags bzw. Satzung).

Gem. § 13a Abs. 9 Satz 1 Nr. 2 ErbStG muss die Verfügung über die Beteiligung an der Personengesellschaft oder den Anteil an der Kapitalgesellschaft auf Mitgesellschafter, auf Angehörige i. S. d. § 15 AO oder auf eine Familienstiftung (§ 1 Abs. 1 Nr. 4 ErbStG) beschränkt sein. Diese Verfügungsbeschränkung muss sich unmittelbar aus dem Gesellschaftsvertrag oder der Satzung ergeben.

Die Verfügungsbeschränkung bezieht sich nur auf Verfügungen zu Lebzeiten, d. h. auf Schenkungen oder entgeltliche Übertragungen. Verfügungen von Todes wegen sind (voraussichtlich) nicht betroffen, so Wachter in FR 2016, 700.

Gem. § 13a Abs. 9 Satz 1 Nr. 3 ErbStG muss **für den Fall des Ausscheidens** aus der Gesellschaft eine **Abfindung** vorgesehen sein, die **unter dem gemeinen Wert** des Anteils liegt. Auch diese Beschränkung muss sich aus dem Gesellschaftsvertrag bzw. der Satzung ergeben.

Die Höhe der Minderung der Abfindung ist maßgebend für die Höhe des Vorababschlags, § 13a Abs. 9 Satz 2 ErbStG. Eine konkrete Höhe der Abfindungsbeschränkung wird nicht verlangt. Beträgt die Minderung der Abfindung beispielsweise 40 %, beträgt der Vorababschlag 30 % (maximaler Abschlag). Ist die Höhe der Abfindung auf 80 % des gemeinen Werts des Anteils beschränkt, beträgt der Abschlag 20 %.

§ 13a Abs. 9 Satz 2 ErbStG sieht eine weitere Einschränkung vor. Der Vorababschlag bezieht sich nur auf den Teil des begünstigten Vermögens, der auch den Beschränkungen unterliegt. Ist beispielsweise bei einem KG-Anteil Sonderbetriebsvermögen vorhanden, werden sich die Beschränkungen regelmäßig nicht auf das Sonderbetriebsvermögen beziehen. Für dieses Vermögen würde daher der Vorababschlag nicht greifen.

Um Gestaltungen zu vermeiden, müssen auch im Fall einer Steuerbefreiung die gesellschaftsvertraglichen oder satzungsmäßigen Beschränkungen den tatsächlichen Verhältnissen entsprechen und sowohl einige Zeit vor als auch nach der Übertragung ununterbrochen vorliegen, so die Gesetzesbegründung zu den zeitlichen Voraussetzungen. Gem. § 13 Abs. 9 Satz 5 ErbStG müssen die Voraussetzungen über einen Zeitraum von **zwei Jahren vor und 20 Jahren nach** dem Zeitpunkt der Steuerentstehung (§ 9 ErbStG) vorliegen.

Bei **Neugründungen** kann folglich – zumindest in den ersten zwei Jahren – der Vorababschlag nicht in Betracht kommen.

Der Erwerber (Erbe oder Beschenkter) ist verpflichtet, in diesem Zeitraum **Änderungen** bei den o. g. Beschränkungen innerhalb eines Monats **anzuzeigen**. Dies gilt nicht nur bei Änderungen des Gesellschaftsvertrages oder der Satzung, sondern auch bei den tatsächlichen Verhältnissen, § 13a Abs. 9 Satz 6 Nr. 1 ErbStG.

Die **Festsetzungsfrist** endet nicht vor dem Ablauf des vierten Jahres, nachdem das zuständige Finanzamt von der Änderung einer der Beschränkungen oder der tatsächlichen Verhältnisse Kenntnis erlangt hat, § 13a Abs. 9 Satz 6 Nr. 2 ErbStG.

BEACHTE

Verstöße gegen die Lohnsummenregelung oder die Behaltensregelungen nach § 13a Abs. 5 ErbStG haben keine Auswirkung auf den Vorababschlag.

2.10 Lohnsummenregelung (§ 13a Abs. 3 ErbStG)

2.10.1 Allgemeines

Der vollständige Erhalt des Verschonungsabschlags von 85 % setzt voraus, dass die Lohnsumme des Betriebs innerhalb von fünf Jahren nach dem Erwerb 400 % der Ausgangslohnsumme nicht unterschreitet (Mindestlohnsumme, § 13 a Abs. 3 Satz 1 ErbStG).

Während bei der bis zum 30. 06. 2016 gültigen Rechtslage noch Betriebe mit bis zu 20 Beschäftigten von der Lohnsummenregelung ausgenommen waren, gilt diese für Erwerbe ab dem 01. 07. 2016 bereits für Betriebe mit mehr als fünf Beschäftigten.

§ 13a Abs. 3 ErbStG sieht folgende Staffelungen vor:

Anzahl Beschäftigte	Maßgebende Mindestlohnsumme	
	Regelverschonung	Optionsverschonung
0 – 5	keine Anwendung	
6 – 10	250 %	500 %
11 – 15	300 %	565 %
> 15	400 %	700 %

Die Lohnsummengrenze ist nach § 13a Abs. 3 Satz 3 Nr. 1 ErbStG nicht zu beachten, wenn die Ausgangslohnsumme 0 € beträgt (Ein-Mann-Betrieb) oder der Betrieb nicht mehr als fünf Beschäftigte hat (§ 13a Abs. 3 Satz 3 Nr. 2 ErbStG). Eine Umrechnung nach § 23 Abs. 1 Satz 4 Kündigungsschutzgesetz (KSchG) auf der Grundlage der regelmäßigen wöchentlichen Arbeitszeit erfolgt nicht, d. h. es ist allein die Kopfzahl der Beschäftigten entscheidend, so dass Teilzeitkräfte voll mitgezählt werden (R E 13 a.4 Abs. 2 Satz 5 ErbStR).

Die Lohnsummenfrist beträgt bei der Regelverschonung fünf Jahre und bei der Optionsverschonung sieben Jahre.

Ausgangslohnsumme ist nach § 13a Abs. 3 Satz 2 ErbStG die durchschnittliche Lohnsumme der letzten fünf vor dem Besteuerungszeitpunkt endenden Wirtschaftsjahre (ohne Indexierung).

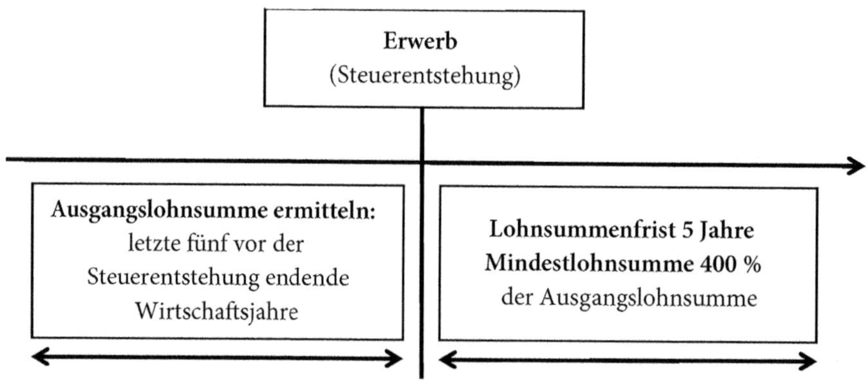

Als Sanktion bei Unterschreiten der Mindestlohnsumme sieht § 13a Abs. 3 Satz 5 ErbStG die rückwirkende Minderung des Verschonungsabschlages vor. Der Abschlag entfällt in dem

Verhältnis, in dem die Mindestlohnsumme unterschritten wird, R E 13a.9 Abs. 1 Satz 5 ErbStR. Es erfolgt eine rückwirkende Änderung des Steuerbescheides nach § 175 Abs. 1 Nr. 2 AO, R E 13a.9 Abs. 1 Satz 6 ErbStR. Der gleitende Abzugsbetrag wird weiterhin gewährt, R E 13a.9 Abs. 1 Satz 10 Nr. 1 ErbStR. Ein Verstoß gegen die Lohnsummenregelung hat auch keine Auswirkung auf den Vorwegabschlag für Familienunternehmen und auf die Höhe des Schwellenwertes nach § 13a Abs. 1 Satz 1 ErbStG.

Verstöße gegen die Lohnsummenregelungen sind innerhalb von sechs Monaten nach Ablauf der Lohnsummenfrist schriftlich anzuzeigen, § 13a Abs. 7 Satz 1 ErbStG.

2.10.2 Ermittlung der Lohnsumme

Bei der Ermittlung der **Ausgangslohnsumme** sind die letzten fünf vor dem Zeitpunkt der Entstehung der Steuer endenden Wirtschaftsjahre maßgebend.

Die Lohnsumme ist nach § 13a Abs. 3 ErbStG wie folgt zu ermitteln:

- Satz 6 = alle Vergütungen, die an die auf den Lohn- und Gehaltslisten erfassten Beschäftigten gezahlt werden, d. h. Löhne, Gehälter, Sachbezüge und ähnliche Vorteile
- Satz 8 = alle regelmäßigen und unregelmäßigen Geld- und Sachleistungen, Bezeichnung ohne Bedeutung
- Satz 9 = Bruttogehälter inkl. der zu entrichtenden Sozialabgaben, Einkommensteuern und Zuschlagsteuern, auch wenn der Arbeitgeber diese einbehält und im Namen des Beschäftigten abführt
- Satz 10 = inkl. Sondervergütungen, Prämien, Gratifikationen, Abfindungen, Zuschüsse zu Lebenshaltungskosten, Familienzulagen, Provisionen u. Ä.

Aus Vereinfachungsgründen können bei inländischen Betrieben die in der Gewinn- und Verlustrechnung ausgewiesenen Aufwendungen für Löhne und Gehälter übernommen werden, R E 13a.5 Satz 2 ErbStR. Die Richtlinie verweist hier auf § 275 Abs. 2 Nr. 6 HGB.

Beispielhafte Aufzählung:

- alle regelmäßigen Gehaltszahlungen,
- einbehaltene Sozialversicherungsabgaben und Steuerabzugsbeträge,
- Vorstandsvergütungen,
- sämtliche Zuschläge für Überstunden und Sonderschichten,
- Erschwerniszulagen,
- Leistungsprämien,
- Orts- und Familienzulagen,
- Sonderzahlungen, wie z. B. Urlaubs- und Weihnachtsgeld, 13. Monatsgehälter usw.,
- Sparzulagen,
- geldwerte Vorteile, wie z. B. Pkw-Überlassung, Kost und Logis.

Nicht zu erfassen sind beispielsweise:

- Arbeitgeberanteil zu den gesetzlichen Sozialversicherungen, R E 13a.5 Satz 3 ErbStR,
- vom Arbeitgeber geschuldete Steuer bei Lohnsteuerpauschalierung,
- Erstattungen von Reisekosten der Arbeitnehmer,
- Lohn- und Gehaltsfortzahlungen im Falle von Krankheit, Mutterschaft usw.

Der bei der Bewertung des Betriebsvermögens zu berücksichtigende **angemessene Unternehmerlohn i. S. d.** § 202 Abs. 1 Satz 2 Nr. 2 d BewG ist weder bei der Ausgangslohnsumme noch bei der Ermittlung der tatsächlichen Mindestlohnsumme einzubeziehen, weil insoweit keine Vergütung gezahlt worden ist.

Nicht erfasst werden weiterhin Vergütungen an

- Beschäftigte im Mutterschutz,
- Beschäftigte in Elternzeit,
- Azubis,
- Saisonarbeiter und
- Langzeiterkrankte.

Diese bleiben auch bei der Ermittlung der Anzahl der Beschäftigten unberücksichtigt.

Als Beschäftigte zählen beispielsweise:

- Geschäftsführer einer GmbH (auch Gesellschafter-Geschäftsführer),
- Heimarbeiter,
- bezahlte mitarbeitende Familienangehörige,
- Teilzeitbeschäftigte,
- geringfügig Beschäftigte nach § 8 SGB IV.

BEISPIEL

Zum 01.01.2019 überträgt der Vater sein Einzelunternehmen unentgeltlich auf seine Tochter. Der gemeine Wert des Unternehmens beträgt 3 Mio. €. Verwaltungsvermögen soll keines vorhanden sein. Der Betrieb hat 17 Beschäftigte. Die Ausgangslohnsumme (Wirtschaftsjahre 2014–2018) beträgt 1 925 000 €. Bei der Ermittlung der Schenkungsteuer für die Tochter kommt die Regelverschonung zur Anwendung.

Wie hoch ist das steuerpflichtige Vermögen im Zeitpunkt der Übertragung?

Wie hoch ist die Nachversteuerung, wenn die tatsächliche Lohnsumme nach fünf Jahren 5 775 000 € beträgt?

LÖSUNG

Ermittlung des steuerpflichtigen Vermögens zum 01.01.2019:

	Begünstigtes Vermögen (kein Verwaltungsvermögen vorhanden)		3 000 000 €
./.	Verschonungsabschlag § 13a Abs. 1 Satz 1 ErbStG 85 %		2 550 000 €
=	verbleibendes begünstigtes Vermögen		450 00 €
	Abzugsbetrag nach § 13a Abs. 2 ErbStG		
	Abzugsbetrag nach Satz 1	150.000 €	
	Kürzung nach Satz 2		
	(450 000 € ./. 150 000 €) × 0,5	./. 150 000 €	
./.	verbleibender Abzugsbetrag	0 €	0 €
=	steuerpflichtiges Vermögen		450 000 €

Nach Ablauf Lohnsummenfrist (fünf Jahre) ist die Mindestlohnsumme zu prüfen, § 13a Abs. 3 Satz 1 ErbStG. Bei 17 Beschäftigten beträgt die Mindestlohnsumme 400 % der Ausgangslohnsumme (1 925 000 € x 400 % = 7 700 000 €). Die tatsächliche Lohnsumme beträgt lt. Aufgabenstellung 5 775 000 €, d. h. 75 %. Die Mindestlohnsumme wird also um 25 % unterschritten. Gem. § 13a Abs. 3 Satz 5 ErbStG fällt der Verschonungsabschlag rückwirkend i. H. v. 25 % weg. Die Berechnung stellt sich wie folgt dar:

	Begünstigtes Vermögen (kein Verwaltungsvermögen vorhanden)	3 000 000 €
./.	Verschonungsabschlag § 13a Abs. 1 Satz 1 ErbStG 85 %, nur zu 75 %	1 912 500 €
=	verbleibendes begünstigtes Vermögen	1 087 500 €
./.	gleitender Abzugsbetrag wie bisher	0 €
=	steuerpflichtiges Vermögen	1 087 500 €

Die Nachversteuerung beträgt daher 637 500 €, dies entspricht 25 % des ursprünglichen Verschonungsabschlages.

Umfasst der Nachlass mehrere wirtschaftliche Einheiten (z. B. mehrere Gewerbebetriebe oder ein Gewerbebetrieb und ein Mitunternehmeranteil), so sind die notwendigen Berechnungsgrundlagen zunächst für jede wirtschaftliche Einheit getrennt zu ermitteln (Anzahl der Beschäftigten, Lohnsummen). In einem weiteren Schritt sind dann die maßgebende Ausgangslohnsumme und die jeweiligen Beschäftigten zusammenzurechnen, R E 13a.6 ErbStR.

BEISPIEL

Zum Nachlass gehören u. a. mehrere GmbH-Anteile (je 100 % Beteiligung):

	Anzahl Beschäftigte	Ausgangslohnsumme
A-GmbH	4	150 000 €
B-GmbH	6	350 000 €
C-GmbH	14	850 000 €

Wie hoch sind Ausgangslohnsumme und Mindestlohnsumme?

LÖSUNG

Für die **A-GmbH** ist keine Ausgangslohnsumme und keine Anzahl der Beschäftigten festzu-stellen, da die Gesellschaft insgesamt nicht mehr als 5 Beschäftigte hat. Ermittlung der Mindestlohnsumme:

	Anzahl Beschäftigte	Ausgangslohnsumme	%-Satz Mindestlohn	Mindestlohnsumme
B-GmbH	6	350 000 €	250	875 000 €
C-GmbH	14	850 000 €	300	2 550 000 €
maßgebende Mindestlohnsumme				**3 425 000 €**

BEISPIEL

Fortsetzung des letzten Beispiels. Am Ende der Lohnsummenfrist werden folgende Lohnsummen festgestellt:

	Lohnsummen
B-GmbH	1 100 000 €
C-GmbH	2 400 000 €

Erfolgt eine Nachversteuerung?

LÖSUNG

Die Mindestlohnsumme beider wirtschaftlicher Einheiten zusammen entscheidet über die Nachversteuerung. Die tatsächliche Lohnsumme beträgt 3 500 000 €, daher ist die Mindestlohnsumme (3 425 000 €) nicht unterschritten und es liegt kein Verstoß gegen die Lohnsummenregelung vor. Die niedrigere Lohnsumme bei der C-GmbH wird durch die höhere Lohnsumme bei der B-GmbH ausgeglichen.

2.11 Wegfall des Verschonungsabschlags und des Abzugsbetrages bei steuerschädlichen Verfügungen (§ 13a Abs. 6 ErbStG)

2.11.1 Grundlagen

Der Verschonungsabschlag und der Abzugsbetrag fallen mit Wirkung für die Vergangenheit weg, soweit innerhalb von fünf Jahren nach dem Zeitpunkt der Steuerentstehung (Behaltensfrist) gegen eine der Behaltensregelungen verstoßen wird, § 13a Abs. 6 Satz 1 ErbStG. Die Gründe für den Verstoß gegen die Behaltensregelungen sind unbeachtlich. Die Behaltensfrist ist für jeden Erwerber gesondert zu prüfen. Die Nachversteuerung erfolgt durch geänderten Steuerbescheid nach § 175 Abs. 1 Satz 1 Nr. 2 AO. Bei einem Verstoß gegen die Behaltensregelungen besteht eine gesetzliche Anzeigepflicht nach § 13 a Abs. 7 Satz 2 ErbStG. Die Anzeige gilt als Steuererklärung und ist schriftlich abzugeben.

Der Verschonungsabschlag und der Abzugsbetrag fallen rückwirkend weg, soweit der Erwerber innerhalb von fünf Jahren

1. einen Gewerbebetrieb oder einen Teilbetrieb, einen Mitunternehmeranteil oder einen Anteil daran veräußert;
2. das land- und forstwirtschaftliche Vermögen veräußert;
3. als Inhaber eines Gewerbebetriebes oder als Mitunternehmer Überentnahmen um mehr als 150 000 € tätigt;
4. Anteile an Kapitalgesellschaften ganz oder teilweise veräußert;
5. im Fall der Poolvereinbarung die Verfügungsbeschränkungen oder die Stimmrechtsbündelung aufhebt.

Auch die Veräußerung von wesentlichen Betriebsgrundlagen stellt einen Verstoß gegen die Behaltensfrist dar, R E 13a.13 Abs. 2 ErbStR. Weitere Beispiele:

- verdeckte Einlage der Anteile in eine andere Kapitalgesellschaft,
- Auflösung der Kapitalgesellschaft (Übergang in Liquidationsstadium),
- Herabsetzung des Nennkapitels der Kapitalgesellschaft (außer bei nomineller Kapitalherabsetzung zum Zweck der Sanierung der Gesellschaft und bei fehlender Kapitalrückzahlung an die Gesellschafter),
- Veräußerung wesentlicher Betriebsgrundlagen durch die Kapitalgesellschaft, wenn das Vermögen (der Erlös) an die Gesellschafter verteilt wird,
- Eröffnung des Insolvenzverfahrens (BFH vom 21.03. 2007 BFH/NV 2007, 1321),
- Übertragung von begünstigtem Vermögen als Abfindung nach § 3 Abs. 2 Nr. 4 ErbStG (Abfindung für einen Verzicht auf den entstandenen Pflichtteilsanspruch oder für die Ausschlagung einer Erbschaft),
- Übertragung von begünstigtem Vermögen zur Erfüllung anderer schuldrechtlicher Ansprüche, z. B. aufgrund eines Geldvermächtnisses, Pflichtteils oder Zugewinnausgleichsanspruchs.

Die Einbringung eines Betriebes in eine Kapitalgesellschaft oder die formwechselnde Umwandlung in eine Kapitalgesellschaft sind keine Verstöße gegen die Behaltensfrist. Die spätere Veräußerung der Anteile an der Kapitalgesellschaft innerhalb der Frist führt dann zu einer Nachversteuerung, R E 13a.13 Abs. 3 ErbStR. Die Realteilung einer Personengesellschaft ist unschädlich, wenn die Gesellschafter nicht nur einzelne Wirtschaftsgüter erhalten (z. B. nach der Realteilung entstehen zwei »Teilbetriebe«).

Weitere unschädliche Verfügungen sind z. B.

- Weiterübertragung des begünstigten Vermögens innerhalb der Behaltensfrist im Wege der Schenkung (teilentgeltliche Übertragung schädlich in Höhe des entgeltlichen Teils; Verstoß des nachfolgenden Erwerbers innerhalb der ersten Behaltensfrist auch beim vorangegangenen Erwerber schädlich),
- Tod des Erwerbers führt zwar zur Beendigung der Behaltensfrist, hat aber keine Auswirkungen auf die Verschonungsvoraussetzungen des § 13 a Abs. 1 und 5 ErbStG,
- Einräumung eines obligatorischen Nutzungsrechts (keine Substanz übertragen),
- Veräußerung des jungen Verwaltungsvermögens.

Bei Verstoß gegen die Behaltensfrist von fünf Jahren, z. B. bei Verkauf durch den Erben, entfällt der Verschonungsabschlag rückwirkend zeitanteilig, § 13a Abs. 6 Satz 2 ErbStG. Von einer Nachversteuerung ist abzusehen, wenn der Veräußerungserlös innerhalb von sechs Monaten in begünstigtes Vermögen investiert wird (Reinvestitionsklausel), § 13b Abs. 6 Satz 3, 4 ErbStG. Die Reinvestition in Verwaltungsvermögen ist schädlich.

Der gleitende Abzugsbetrag entfällt ganz, § 13a Abs. 6 Satz 1 ErbStG (vgl. R E 13a.19 Abs. 1 Satz 1 und 5 ErbStR).

BEISPIEL

E erbt als Alleinerbe einen Gewerbetrieb mit einem gemeinen Wert von 1 100 000 €, der Betrieb hat vier Beschäftigte. Verwaltungsvermögen ist nicht vorhanden. Ein Antrag nach § 13a Abs. 10 ErbStG liegt nicht vor. E veräußert den Betrieb im vierten Jahr nach der Übertragung.
In welcher Höhe erfolgt eine Nachversteuerung?

LÖSUNG

Ermittlung des steuerpflichtigen Betriebsvermögens im Zeitpunkt der Übertragung von Todes wegen:

	Begünstigtes Vermögen (kein Verwaltungsvermögen vorhanden)	1 100 000 €
./.	Verschonungsabschlag 85 %	935 000 €
=	übersteigender Betrag	165 000 €
./.	gleitender Abzugsbetrag, § 13a Abs. 2 ErbStG	142 500 €
=	steuerpflichtiges Betriebsvermögen	22 500 €
Nachversteuerung durch Veräußerung im vierten Jahr:		
	Wert des Betriebsvermögens (nicht mehr begünstigt)	1 100 000 €
	Verschonungsabschlag 85 % = 935 000 €	
./.	zeitanteilig zu gewähren (= 3/5)	561 000 €
=	übersteigender Betrag	539 000 €
	steuerfreierer Abzugsbetrag (rückwirkender Wegfall)	0 €
=	verbleiben steuerpflichtig	539 000 €
Vergleich:		
	steuerpflichtiges BV nach schädlicher Verfügung	539 000 €
./.	steuerpflichtiges Betriebsvermögen bisher	22 500 €
=	Nachversteuerung	516 500 €

2.11.2 Reinvestitionsklausel

In den Fällen der Veräußerung von begünstigtem land- und forstwirtschaftlichem Vermögen und von begünstigten Anteilen an Kapitalgesellschaften ist nach § 13a Abs. 6 Satz 3 ErbStG von der Nachversteuerung abzusehen, wenn der Veräußerungserlös innerhalb der nach § 13b Abs. 2 ErbStG begünstigten Vermögensart verbleibt. Zur Reinvestitionsklausel vgl. auch R E 13a.18 ErbStR.

Dies wird angenommen, wenn der Erlös **innerhalb von sechs Monaten** in begünstigtes Vermögen i. S. d. § 13b Abs. 2 ErbStG investiert wird. Zu den begünstigten Investitionen gehören neben der Anschaffung von neuen Betrieben, Betriebsteilen oder Anlagegütern, die das veräußerte Vermögen im Hinblick auf den ursprünglichen oder einen neuen Betriebszweck ersetzen, auch beispielsweise die Tilgung von betrieblichen Schulden.

Dabei muss die Reinvestition **immer innerhalb derselben Vermögensart** erfolgen und bis zum Ende der Behaltensfrist verbleiben.

Die o. g. Investitionsklausel enthält somit **zwei unterschiedliche Möglichkeiten**:

1. Investition von Verwaltungsvermögen i. S. d. § 13b Abs. 4 **Nr. 1 – 5** ErbStG
- Verwendung von Geldmitteln zur Finanzierung einer Maschine
- Verkauf eines vermieteten Betriebsgrundstücks zur Finanzierung einer Betriebserweiterung (Neubau Betriebsgebäude)

2. Investition nur von **Finanzmitteln** i. S. d. § 13b Abs. 4 **Nr. 5** ErbStG
– Verwendung von Guthaben auf dem Festgeldkonto zur Zahlung von Löhnen

2.11.3 Entnahmebegrenzung

Außer dem Veräußerungsverbot für fünf bzw. sieben Jahre bei Optionsverschonung kommt es dann zu einer Korrektur der Erbschaftsteuer/Schenkungsteuer, wenn der Erwerber des Betriebs bis zum Ende des letzten in die Behaltensfrist fallenden Wirtschaftsjahrs Überentnahmen tätigt, § 13a Abs. 6 Nr. 3 ErbStG.

Die Korrektur erfolgt insoweit, als die Entnahmen im jeweiligen Behaltenszeitraum den Gewinn und die Einlagen in diesem Zeitraum um mehr als 150 000 € übersteigen. Verluste bleiben unberücksichtigt und sie mindern das Entnahmevolumen nicht. Maßgebend für die Prüfung ist das Ende der fünfjährigen Behaltensfrist.

Entnahmen wesentlicher Betriebsgrundlagen bleiben hierbei außer Betracht, da diese als Verstoß gegen die Behaltensregelung nach § 13a Abs. 6 Nr. 1 Satz 2 oder Nr. 2 Satz 2 ErbStG zu betrachten sind. Es ist die Entnahmebegrenzung für jede einzelne Vermögensart gesondert zu prüfen.

Es kann eine erforderliche Nachversteuerung dadurch vermieden werden, indem Einlagen kurz vor Ablauf der Fünfjahresfrist getätigt werden. Die Maßnahme stellt grundsätzlich keinen Gestaltungsmissbrauch i. S. d. § 42 AO dar.

Wird dagegen die Einlage unter Aufnahme eines Kredits geleistet, ist zu prüfen, ob der Kredit als betriebliche Schuld oder ggf. als negatives Sonderbetriebsvermögen des Erwerbers zu behandeln ist. Sollte dies der Fall sein, liegt keine Einlage vor (R E 13a.15 Abs. 4 Sätze 2 und 3 ErbStR).

Nach § 13a Abs. 6 Nr. 3 Satz 3 ErbStG ist bei Ausschüttungen an Gesellschafter einer Kapitalgesellschaft die Entnahmebegrenzung sinngemäß anzuwenden (Ausschüttungsbeschränkung). Somit können ohne Verstoß gegen die Entnahmebeschränkung in der Behaltenszeit erzielte Gewinne, ggf. erhöht um verdeckte Gewinnausschüttungen und getätigte offene und verdeckte Einlagen, ausgeschüttet werden. Darüber hinaus können nur 150 000 € im Fünfjahreszeitraum verdeckt oder offen ausgeschüttet werden. Ob die Ausschüttung mittelbar oder unmittelbar erfolgt, ist unerheblich.

Prüfschema für Überentnahmen

1. Summe der Einlagen der letzten 5 bzw. 7 Jahre
   + Summe der Gewinne der letzten 5 bzw. 7 Jahre
   (Verluste bleiben unberücksichtigt)
   + unschädlicher Betrag von 150 000 €
   = maßgebliche Summe
2. Vergleich mit der Summe sämtlicher Entnahmen der letzten 5 bzw. 7 Jahre: Übersteigt die Summe 2 die Summe 1, liegt ein Fall der Überentnahme vor. Es kommt zur Nachversteuerung.

BEISPIEL

Erblasser E hat seinem Sohn S sein gewerbliches Einzelunternehmen vererbt. Erwerbszeitpunkt ist der 15. 03. 01. Gewinnermittlungszeitraum ist jeweils das mit dem Kalenderjahr übereinstimmende Wirtschaftsjahr. Bis zum 31. 12. 05 sind die folgenden Entnahmen, Einlagen und Betriebsergebnisse angefallen:

Wirtschaftsjahr	Entnahmen	Einlagen	Betriebsergebnis
15. 03. 01–31.12. 01	150 000 €	10 000 €	120 000 €
01. 01. 02–31.12. 02	205 000 €	30 000 €	160 000 €
01. 01. 03–31.12. 03	100 000 €	0	[./. 50 000 €]
01. 01. 04–31.12. 04	180 000 €	0	200 000 €
01. 01. 05–31.12. 05	490 000 €	60 000 €	240 000 €
	1 125 000 €	100 000 €	720 000 €

LÖSUNG Steuerschädliche Überentnahmen: 820 000 € ./. 1 125 000 € = 305 000 € ./. 150 000 € = 155 000 €

2.12 Verschonung bei Großerwerben (§ 13c ErbStG)

Als Reaktion auf die Rechtsprechung des BVerfG (Urteil vom 17. 12. 2014) hat der Gesetzgeber im Rahmen der aktuellen Erbschaftsteuerreform u. a. neue Verschonungsregelungen für sog. Großerwerbe eingeführt:

- § 13c ErbStG: Verschonungsabschlag für Großerwerbe,
- § 28a ErbStG: Verschonungsbedarfsprüfung,
- § 28 ErbStG: allgemeine Stundungsmöglichkeit für Erwerbe von Todes wegen, unabhängig von der Höhe des Erwerbs.

Der Gesetzgeber räumt beim Erwerb von begünstigtem Vermögen von mehr als 26 Mio. € (= sog. Prüfschwelle, § 13a Abs. 1 Satz 1 ErbStG) dem Erwerber ein Wahlrecht ein. Möglich ist ein abschmelzender Verschonungsabschlag nach § 13c ErbStG oder eine Verschonungsbedarfsprüfung nach § 28a ErbStG. Zur Ermittlung der Prüfschwelle von 26 Mio. € werden alle Erwerbe begünstigten Vermögens von derselben Person innerhalb von zehn Jahren zusammengerechnet, § 13a Abs. 1 Satz 2 ErbStG.

§ 13c ErbStG gilt sowohl für Erwerbe von Todes wegen als auch für Schenkungen unter Lebenden. Bei der Prüfschwelle wird auf die Höhe des begünstigten Vermögens i. S. d. § 13b Abs. 2 Satz 1 ErbStG abgestellt. Der Antrag nach § 13c Abs. 1 ErbStG ist unwiderruflich und schließt die Anwendung der Verschonungsbedarfsprüfung nach § 28a ErbStG aus, § 13c Abs. 2 Satz 6 ErbStG.

Im Rahmen des § 13c ErbStG wird der allgemeine Verschonungsabschlag von 85 % (bzw. 100 % bei Optionsverschonung) pro zusätzlichen (vollen) 750 000 € Vermögen über der Prüfschwelle um jeweils 1 % abgeschmolzen. Ab einem begünstigen Vermögen von 90 Mio. € entfällt der Verschonungsabschlag in voller Höhe. Dies gilt sowohl für die Regelverschonung (Abschlag bereits abgeschmolzen) als auch für die Optionsverschonung, § 13c Abs. 1 Satz 2 ErbStG.

Beispielhafte Abschmelzung des Verschonungsabschlages:

Maßgebender Erwerb begünstigten Vermögens in Mio. €	**Verschonungsabschlag in %**	
≤ 26	85	100
27	84	99
30	80	95
50	53	68

Maßgebender Erwerb begünstigten Vermögens in Mio. €	Verschonungsabschlag in %	
60	40	55
70	27	42
80	13	28
89	1	16
90	0	0

BEISPIEL

Im Rahmen eines Erwerbes von Todes wegen wird begünstigtes Vermögen i. S. d. § 13b Abs. 2 Satz 1 ErbStG i. H. v. 29 Mio. € übertragen.
Wie hoch ist der Verschonungsabschlag im Rahmen der Regelverschonung, wenn ein Antrag nach § 13c Abs. 1 ErbStG gestellt wird?

LÖSUNG

Allgemeiner Verschonungsabschlag § 13a Abs. 1 Satz 1 ErbStG	85 %
Abschmelzung § 13c Abs. 1 Satz 1 ErbStG	
(29 Mio. € ./. 26 Mio. €) 3 Mio. € / 750 000 €	4
Abgeschmolzener Verschonungsabschlag nach § 13c Abs. 1 ErbStG	81 %

2.13 Weitere Vergünstigungen

Neben den sachlichen Steuerbefreiungen für begünstigtes Vermögen i. S. d. § 13b Abs. 2 ErbStG gibt es im Rahmen der Steuererhebung weitere Erleichterungen:

- für Erwerbe von Todes wegen: auf Antrag Stundung der auf begünstigtes Vermögen entfallenden ErbSt für bis zu sieben Jahre, im ersten Jahr zinslos sowie
- für Großerwerbe bei Überschreiten der Prüfschwelle (> 26 Mio. € begünstigtes Vermögen) auf Antrag Verschonungsbedarfsprüfung, § 28a ErbStG.

S. Teil K 6, 7.

2.14 Neufassung §§ 13a–13c ErbStG: Aufbau schriftlicher Lösungen

Im Rahmen der ErbStR 2016 wurden die Lösungsschritte für die Ermittlung der Verschonung nach §§ 13a, 13b ErbStG – auch bei Grundfällen – wesentlich komplexer. Die Herangehensweise bei der Lösung schriftlicher Aufgaben soll anhand der nachfolgenden Schritte verdeutlicht werden. Dabei liegt der Schwerpunkt auf der Lösung von Grundfällen, beispielsweise eines Einzelunternehmens. Auf besondere Punkte, wie z. B. Beteiligungen oder auch Altersversorgungsverpflichtungen, wird hierbei nicht eingegangen.

1. Begünstigungsfähiges Vermögen (§ 13b Abs. 1 ErbStG)

Das begünstigungsfähige Vermögen ist abschließend aufgezählt, für jede wirtschaftliche Einheit ist zu prüfen, ob eine Begünstigung dem Grunde nach vorliegt.

Bei Einzelunternehmen (§ 15 Abs. 1 Nr. 1 / § 18 Abs. 1 Nr. 1 EStG): § 13b Abs. 1 Nr. 2 ErbStG

Bei Anteilen an Kapitalgesellschaften ist die Mindestbeteiligungsquote zu beachten (Beteiligung Erblasser oder Schenker > 25 %).

Liegt ein Fall der sog. schädlichen Weitergabeverpflichtung vor, entfällt für den Erwerber die Verschonung:

- § 13a Abs. 5 ErbStG,
- insbesondere bei Herausgabe aufgrund eines Vermächtnisses, einer Teilungsanordnung oder im Rahmen einer Erbauseinandersetzung,
- die weiteren Lösungsschritte sind nur für den begünstigen Erwerber durchzuführen, z. B. den Vermächtnisnehmer.

2. Verwaltungsvermögen – § 13b Abs. 4 ErbStG

2.1 Verwaltungsvermögen § 13b Abs. 4 Nr. 1–4 ErbStG

Prüfung, ob im begünstigungsfähigen Vermögen Verwaltungsvermögen i. S. d. § 13b Abs. 4 Nr. 1–4 ErbStG vorhanden ist:

- Dritten zur Nutzung überlassene Grundstücke,
- Anteile an Kapitalgesellschaften, wenn Beteiligung ≤ 25 %,
- Kunstgegenstände, Oldtimer, Yachten u. ä. Wirtschaftsgüter, die typischerweise der privaten Lebensführung dienen,
- Wertpapiere und vergleichbare Forderungen (z. B. Fondsanteile).

MERKE

Maßgebend sind die jeweiligen Bruttowerte, eine Saldierung der damit im Zusammenhang stehenden Schulden erfolgt nicht. Die Bewertung erfolgt mit dem gemeinen Wert, d. h. insbesondere bei Grundstücken und Anteilen ist ggf. noch eine Bewertung vorzunehmen (z. B. über § 12 Abs. 2 oder Abs. 3 ErbStG i. V. m. BewG).

BEACHTE

Besonderheiten gelten für junges Verwaltungsvermögen, dieses stellt immer schädliches Verwaltungsvermögen dar, § 13b Abs. 7 Satz 2 ErbStG.

2.2 Verwaltungsvermögen (§ 13b Abs. 4 Nr. 5 ErbStG)

Innerhalb des Verwaltungsvermögens ist für Finanzmittel zunächst ein sog. »Finanzmitteltest« durchzuführen:

- Gemeinen Wert der Zahlungsmittel, Geschäftsguthaben, Geldforderungen und anderer Forderungen ermitteln,
- entsprechende »Kapital«-Schulden abziehen,
- Saldo der Finanzmittel berechnen,
- Freibetrag (15 % des gemeinen Werts des begünstigungsfähigen Betriebsvermögens, s. 1.), ermitteln.

MERKE

Verwaltungsvermögen i. S. d. Nr. 5 liegt nur vor, wenn der positive Saldo der Finanzmittel den Freibetrag (Sockelbetrag) überschreitet.

Ein negativer Saldo (Schulden höher als Geldmittel) bleibt zunächst unberücksichtigt. Verwaltungsvermögen i. S. d. Nr. 5 liegt dann nicht vor (= Ansatz mit 0 €). Der negative Saldo wird erst beim 4. Schritt benötigt, bei der Ermittlung des Nettoverwaltungsvermögens.

BEACHTE

Besonderheiten gelten für junge Finanzmittel, diese sind auszusondern und stellen immer schädliches Verwaltungsvermögen dar, § 13b Abs. 4 Nr. 5 Satz 2 i. V. m. § 13b Abs. 7 Satz 2 ErbStG.

2.3 Höhe des Verwaltungsvermögens (brutto)

Gesamtbetrag des Verwaltungsvermögens darstellen:

	Summe aus 2.1
+	Summe aus 2.2 (nur, wenn positiv und über Freibetrag)
=	Gesamtsumme Verwaltungsvermögen (brutto)

3. Verwaltungsvermögensquote – § 13b Abs. 2 ErbStG

Eine Begünstigung entfällt in voller Höhe, wenn das Verwaltungsvermögen mindestens 90 % des gemeinen Werts des begünstigungsfähigen Vermögens beträgt, § 13b Abs. 2 Satz 2 ErbStG.

	Verwaltungsvermögen i. S. d. § 13b Abs. 4 Nr. 1–4 ErbStG
+	Finanzmittel i. S. d. § 13b Abs. 4 Nr. 5 ErbStG, aber: vor Saldierung mit Schulden und vor Anwendung des Freibetrages von 15 %!
=	maßgebendes Verwaltungsvermögens im Verhältnis zum gemeinen Wert des Betriebs

Eine weitere Darstellung der Verschonung kann entfallen, wenn die Quote mindestens 90 % beträgt. Bei einer Quote von weniger als 90 % sind die weiteren Ermittlungsschritte darzustellen. Die Quote hat für die weitere Lösung dann keine Bedeutung mehr.

4. Nettoverwaltungsvermögen – § 13b Abs. 6 ErbStG

Für die Ermittlung des begünstigten Vermögens ist zunächst das Nettoverwaltungsvermögen zu berechnen. In den bisherigen Lösungsschritten erfolgte die Betrachtung des Verwaltungsvermögens brutto (Ausnahme Finanzmittel).

	betriebliche Schulden
./.	Schulden i. Z. m. Vermögen nach § 13b Abs. 3 ErbStG
./.	Schulden, die bei der Ermittlung der Finanzmittel abgezogen wurden
=	verbleibende Schulden

Nur wenn nach dieser Ermittlung noch Schulden verbleiben, erfolgt eine weitere Berechnung und eine anteilige Zuordnung zum Verwaltungsvermögen. In Betracht kommt dies insbesondere, wenn der Saldo der Finanzmittel aus Lösungsschritt 2.2. negativ ist und daher die Finanzmittel nach § 13b Abs. 1 Nr. 5 ErbStG mit 0 € angesetzt worden sind.

Berechnung der auf das Verwaltungsvermögen entfallenden Schulden gem. § 13b Abs. 6 Satz 2 ErbStG:

$$\text{Verwaltungsvermögen} \times \frac{\text{verbleibende Schulden}}{\text{gemeiner Wert Betriebsvermögen + verbleibende Schulden}}$$

Nettoverwaltungsvermögen, § 13b Abs. 6 Satz 1 ErbStG:

	Verwaltungsvermögen insgesamt (siehe 2.3)
./.	anteilige Schulden (siehe Formel oben)
=	Nettoverwaltungsvermögen

5. Unschädliches – schädliches Verwaltungsvermögen (§ 13b Abs. 7 ErbStG)

Schädliches Verwaltungsvermögen ist in voller Höhe steuerpflichtig, ein Teil des Verwaltungsvermögens wird in unschädliches Verwaltungsvermögen umqualifiziert.

5.1 Unschädliches Verwaltungsvermögen – § 13b Abs. 7 Satz 1 ErbStG

	gemeiner Wert begünstigungsfähiges Vermögen
./.	Nettowert Verwaltungsvermögen (Schritt 4)
=	Bemessungsgrundlage
×	10 %
=	Höhe des unschädlichen Verwaltungsvermögens

5.2 Schädliches Verwaltungsvermögen

	Nettowertverwaltungsvermögen (Schritt 4)
./.	unschädlicher Betrag nach 5.1
=	schädliches Verwaltungsvermögen

MERKE

Junges Verwaltungsvermögen und junge Finanzmittel werden nie zu unschädlichem Verwaltungsvermögen. Diese Wirtschaftsgüter bleiben schädliches Verwaltungsvermögen, § 13b Abs. 7 Satz 2 ErbStG.

6. Begünstigtes Vermögen – § 13b Abs. 2 ErbStG

	gemeiner Wert begünstigungsfähiges Vermögen
./.	schädliches Verwaltungsvermögen nach 5.2 (inkl. junges Verwaltungsvermögen)
=	begünstigtes Vermögen i. S. d. § 13b Abs. 2 Satz 1 ErbStG

7. Verschonung – § 13a ErbStG

7.1 Regelverschonung

	gemeiner Wert begünstigungsfähiges Vermögen
./.	schädliches Verwaltungsvermögen (5.2)
=	begünstigtes Vermögen
./.	Verschonungsabschlag nach § 13a Abs. 1 Satz 1 ErbStG
=	verbleibendes begünstigtes Vermögen
./.	gleitender Abzugsbetrag nach § 13a Abs. 2 ErbStG, ggf. abgeschmolzen
=	Zwischensumme
+	schädliches Verwaltungsvermögen (s. o.)
=	steuerpflichtiges Vermögen

7.2 Optionsverschonung

Die Anwendung der Optionsverschonung setzt einen unwiderruflichen Antrag voraus (Sachverhalt und Aufgabenstellung beachten), § 13a Abs. 10 Satz 1 ErbStG.

Bei der Optionsverschonung beträgt der Verschonungsabschlag nach § 13a Abs. 1 Satz 1 ErbStG 100 %, § 13a Abs. 10 Nr. 1 ErbStG.

Im Ergebnis ist nur das schädliche Verwaltungsvermögen steuerpflichtig.

Voraussetzung ist, dass die Verwaltungsvermögensquote nicht mehr als 20 % beträgt, § 13a Abs. 10 Satz 2 ErbStG. Die Berechnung der Quote ist in § 13a Abs. 10 Satz 3 ErbStG beschrieben.

Berechnung Verwaltungsvermögensquote:

$$\frac{\text{gemeine Werte Einzelwirtschaftsgüter nach § 13b Abs. 3 und 4 ErbStG}}{\text{gemeiner Wert des Betriebs}} \times 100$$

Die gemeinen Werte sind vor Abzug von Schulden anzusetzen. Lediglich im Rahmen der Finanzmittel können Schulden berücksichtigt werden (bis 0 €). Der Sockel- bzw. Freibetrag ist nicht zu berücksichtigen.

8. Rückwirkender Wegfall der Verschonung

Je nach Aufgabenstellung muss ggf. ein Wegfall der Verschonung geprüft werden:

- Verstoß gegen Lohnsummenregelung (§ 13a Abs. 3 ErbStG),
- Verstoß gegen Behaltensfrist (§ 13a Abs. 6 ErbStG).

Vergleiche Teil M Übungsfall 12.

3 Verschonungsregelung für zu Wohnzwecken vermietete Grundstücke (§ 13 d ErbStG)

3.1 Allgemeines

Die Verschonungsregelung nach § 13d ErbStG findet Anwendung auf **privat** zu Wohnzwecken vermietete Grundstücke oder Grundstücksteile. Der gemeine Wert des Grundstücks wird um einen **Befreiungsabschlag von 10 %** gekürzt.

Maßgebend sind die Verhältnisse zum Besteuerungszeitpunkt. Eine Behaltensverpflichtung oder eine Verpflichtung zur weiteren Vermietung zu Wohnzwecken ist nicht erforderlich (z. B. bei gewerblicher Vermietung/Eigennutzung oder Verkauf nach Erwerb).

3.2 Voraussetzungen für das Vorliegen von begünstigtem Vermögen

3.2.1 Zu Wohnzwecken vermietete Grundstücke

Begünstigt sind nur Grundstücke oder Grundstücksteile, die zu Wohnzwecken vermietet sind, z. B. Ein- und Zweifamilienhäuser, Mietwohngrundstücke, Wohnungseigentum, Teile gemischt genutzter Grundstücke, die Wohnzwecken dienen, Erbbaurecht.

Vermietet ist ein Grundstück, wenn für die Nutzungsüberlassung ein Entgelt geschuldet wird. Die Höhe des Entgelts ist aber unerheblich. Eine unentgeltliche Überlassung darf nicht vorliegen. Kann eine Vermietung vorübergehend nicht erfolgen (z. B. wegen Modernisierung oder Mieterwechsel), bleibt der Befreiungsabschlag aber möglich.

Im Falle des Übergangs durch Erbfall oder Schenkung eines gemischt genutzten Grundstücks ist nur der Teil begünstigt, der Wohnzwecken dient. Für die Aufteilung des Grundbesitzwerts ist das Verhältnis der zu Wohnzwecken vermieteten Wohnfläche des Gebäudes zur gesamten Wohn-/Nutzfläche maßgebend, R E 13d Abs. 6 Satz 7 ErbStR.

BEISPIEL

Der Erblasser war Eigentümer eines Mietwohngrundstücks mit einem festgestellten Wert i. H. v. 2 400 000 €. Im Grundstück befindet sich eine Arztpraxis mit einer Nutzfläche von 100 m^2; und drei zu Wohnzwecken vermietete Wohnungen mit einer Gesamtwohnfläche von 300 m^2.

LÖSUNG

Anteil zu Wohnzwecken 300 m^2 /400 m^2	75 %
Begünstigter Anteil am Grundbesitzwert 2 400 000 € × 75 %	= 1 800 000 €
Befreiungsabschlag 10 %	= 180 000 €

Die Nutzung einer vermieteten Wohnung zu anderen als Wohnzwecken ist unschädlich, wenn sie von untergeordneter Bedeutung ist (z. B. Arbeitszimmer, R E 13d Abs. 7 ErbStR).

Sollte im Zusammenhang mit dem Erwerb eines ausschließlich zu Wohnzwecken vermieteten Grundstücks ein unentgeltliches Nutzungsrecht an einer darin belegenen Wohnung eingeräumt werden, kann der Befreiungsabschlag unabhängig vom Nutzungsrecht gewährt werden. Maßgebend ist, dass tatsächlich eine Vermietung zu fremden Wohnzwecken vorliegt, R E 13d Abs. 9 Satz 1 ErbStR. Besteht an einer Wohnung ein Wohnrecht, ist für diese Wohnung kein Abschlag möglich, da bei einem Wohnrecht keine Vermietung gegeben ist. Der Erwerb des Nutzungsrechts ist nicht begünstigt, weil kein begünstigtes Vermögen in seiner Substanz übertragen wird (R E 13d Abs. 9 Satz 5 ErbStR).

3.2.2 Belegenheit im Inland, der EU oder dem EWR

Das Vermögen muss im Inland oder in einem Mitgliedstaat der EU oder in einem Staat der EWR belegen sein.

3.2.3 Kein begünstigtes Betriebsvermögen/Vermögen eines Betriebs der Land- und Forstwirtschaft

Es darf das begünstigte Grundstück nicht zu einem begünstigten Betriebsvermögen oder begünstigten Vermögen eines Betriebs der Land- und Forstwirtschaft gehören.

Bei Zugehörigkeit des begünstigten Grundstücks zu einem erworbenen Betriebsvermögen oder zum Vermögen eines Betriebs der Land- und Forstwirtschaft kann der Befreiungsabschlag nur dann in Anspruch genommen werden, wenn das erworbene Vermögen nicht der Begünstigung des § 13a ErbStG unterliegt, weil beispielsweise übermäßiges Verwaltungsvermögen vorliegt, § 13b Abs. 2 Satz 2 ErbStG. Liegt begünstigtes Vermögen i. S. d. § 13b Abs. 2 Satz 1 ErbStG und zählt das Grundstück zum Verwaltungsvermögen gem. § 13b Abs. 4 Nr. 1 ErbStG und ist zum Teil steuerpflichtig, z. B. nach Anwendung des § 13b Abs. 7 Satz 1 ErbStG, so ist die Anwendung des § 13d ErbStG trotzdem ausgeschlossen. Sofern das vermietete Grundstück zum **jungen Verwaltungsvermögen** gehört, ist ein Abschlag nach § 13d Abs. 1 ErbStG möglich, da junges Verwaltungsvermögen stets von der Anwendung des § 13a ErbStG ausgeschlossen ist, vgl. § 13b Abs. 7 Satz 2 i. V. m. Abs. 8 Satz 3 ErbStG. Eine Saldierung von Schulden ist bei jungem Verwaltungsvermögen ausgeschlossen, so dass der gemeine Wert des jungen Verwaltungsvermögens immer einen Bruttowert darstellt. Bemessungsgrundlage für den Abschlag ist der anteilige Grundbesitzwert des Betriebsgrundstücks (s. Beispiel oben).

3.2.4 Begünstigter/Anspruchsberechtigter

Ein Erwerber kann die Befreiung nur dann in Anspruch nehmen, wenn er **das begünstigte Vermögen erwirbt** und auch – zumindest teilweise – behält.

Ist das erworbene begünstigte Vermögen aufgrund einer letztwilligen Verfügung des Erblassers (z. B. Testament) oder einer rechtsgeschäftlichen Verfügung des Erblassers oder Schenkers (z. B. Erbvertrag, Schenkungsvertrag) auf einen Dritten zu übertragen (**Weitergabeverpflichtung**), fällt die Befreiung weg und kommt beim Dritten an (§ 13d Abs. 2 Satz 1 ErbStG). Es fallen hierunter insbesondere Sachvermächtnisse und Vorausvermächtnisse sowie Auflagen des Erblassers oder Schenkers zur Weitergabe des Grundstücks. Der Dritte hat dann selbst einen originären Anspruch auf die Befreiung. Im Unterschied zur Befreiung für ein Familienheim (§ 13 Abs. 1 Nr. 4b, 4c ErbStG) besteht aber keine darüber hinausgehende Behaltensverpflichtung, R E 13d Abs. 2 Satz 2 ErbStR.

BEISPIEL

Erblasser E hat seine Frau F zur Alleinerbin eingesetzt. Sein Neffe N soll das ausschließlich zu Wohnzwecken vermietete Grundstück mit einem gemeinen Wert i. H. v. 3 000 000 € durch Vermächtnis erhalten. Neben dem Grundstück gehört zum Nachlass Kapitalvermögen i. H. v. 2 750 000 €.

LÖSUNG

Besteuerung der Alleinerbin F

Nach § 13d Abs. 1 ErbStG würde ihr zunächst der Verschonungsabschlag von 10 % zustehen. Aufgrund der Weitergabeverpflichtung wegen des angeordneten Vermächtnisses kann sie diesen jedoch nicht in Anspruch nehmen. Die für ihren Erwerb in Betracht kommende Bereicherung ist wie folgt zu ermitteln:

zu Wohnzwecken vermietetes Grundstück (nicht begünstigt)	3 000 000 €
übriges Vermögen	+ 2 750 000 €
abzüglich Vermächtnislast	./. 3 000 000 €
Bereicherung	2 750 000 €

Besteuerung des Vermächtnisnehmers N

Nach § 13d Abs. 1 ErbStG kommt für ihn der Verschonungsabschlag von 10 % zur Anwendung. Die Bereicherung berechnet sich wie folgt:

zu Wohnzwecken vermietetes Grundstück (begünstigt)	3 000 000 €
Befreiungsabschlag 10 % von 3 000 000 € =	./. 300 000 €
Bereicherung	2 700 000 €

FÄLLE 27–28

FALL 27 Der gemeine Wert eines Einzelunternehmens (Gewerbebetrieb) beträgt 2 200 000 € (§ 151 Abs. 1 Nr. 2 BewG). Der Nettowert des Verwaltungsvermögens i. S. d. § 13b Abs. 4 und 6 ErbStG beträgt 450 000 €. Berechnen Sie den steuerpflichtigen Teil des Betriebsvermögens.

FALL 28 Vater V überträgt im Wege der vorweggenommenen Erbfolge sein gewerbliches Einzelunternehmen (18 Beschäftigte) auf seinen Sohn S. Der Betrieb hat einen gemeinen Wert von 4 Mio. € (§ 151 Abs. 1 Nr. 2 BewG). Der Nettowert des Verwaltungsvermögens i. S. d. § 13b Abs. 4 und 6 ErbStG beträgt 500 000 €. S nimmt die Regelverschonung in Anspruch. Nach Ablauf der Lohnsummenfrist wird festgestellt, dass die in diesem Zeitraum gezahlten Löhne nur 320 % der Ausgangslohnsumme betragen haben. Ermitteln Sie die Höhe der Nachversteuerung nach Ablauf der Lohnsummenfrist.

Teil J Berechnung der Steuer (§§ 14–19a ErbStG)

1 Berücksichtigung früherer Erwerbe (§ 14 ErbStG)

Mehrere innerhalb von **zehn Jahren von derselben Person anfallende Vermögensvorteile** sind zusammenzurechnen. Bei der Zusammenrechnung sind die früheren Erwerbe **stets mit ihrem früheren** Wert zu erfassen; damit werden die Vorerwerbe dem letzten Erwerb mit ihrem früheren Wert zugerechnet (§ 14 Abs. 1 Satz 1 ErbStG).

Dagegen sind für die Ermittlung der Erbschaftsteuer bzw. Schenkungsteuer für den Gesamterwerb die persönlichen Verhältnisse und die Rechtslage **zum Zeitpunkt des Letzterwerbs** maßgebend.

Von der Steuer auf den Gesamterwerb ist die Steuer für den Vorerwerb abzuziehen. Bei der Steueranrechnung wird zunächst eine sog. **fiktive Abzugsteuer** nach § 14 Abs. 1 Satz 2 ErbStG ermittelt. Dabei werden die persönlichen Verhältnisse des Erwerbers und die Tarifvorschriften zum Zeitpunkt des Letzterwerbs berücksichtigt. Bei der Berechnung der fiktiven Abzugsteuer darf der persönliche Freibetrag (§ 16 ErbStG) maximal i. H. d. beim Vorerwerb tatsächlich verbrauchten Freibetrages angesetzt werden.

Aufgrund der Änderungen durch die ErbStR kann es u. U. der Fall sein, dass die anzurechnende Steuer aufgrund der höheren Freibeträge zu keiner oder zu einer geringeren Steuer führt. Für solche Fälle bestimmt § 14 Abs. 1 Satz 3 ErbStG, dass die für den **früheren Erwerb tatsächlich gezahlte Steuer** auf die Steuer für den Letzterwerb anzurechnen ist.

Durch die Zusammenrechnung mit den früheren Erwerben darf die Steuer, die sich für den Letzterwerb – ohne Zusammenrechnung – ergeben würde, nicht unterschritten werden § 14 Abs. 1 Satz 4 ErbStG). Hierdurch wird eine **Mindeststeuer** festgelegt.

Die nach oben genannten Regelungen ermittelte Steuer findet ihre **Obergrenze** für den Letzterwerb bei dem Höchststeuersatz des neuen Tarifs i. H. v. 50 % (§ 14 Abs. 3 ErbStG).

Schema zur Ermittlung der Steuer nach § 14 ErbStG:

1. Berechnung der Gesamtsteuer für alle Erwerbe innerhalb des Zehnjahreszeitraums

Steuerwert aktueller Vermögensanfall	... €
+ Hinzurechnung frühere Erwerbe mit damaligem Steuerwert	... €
= Gesamterwerb	... €
./. persönliche Freibeträge (§§ 16, 17 ErbStG nach aktueller Fassung)	... €
= steuerpflichtiger Gesamterwerb	... €
× aktueller Steuersatz (§ 19 Abs. 1 ErbStG)	
= **Steuer auf den Gesamterwerb**	... €

2. Berechnung der Steueranrechnung

Frühere Erwerbe mit damaligem Steuerwert	... €
./. persönlicher Freibetrag (§ 16 ErbStG), max. tatsächlich verbrauchter Freibetrag	... €
= steuerpflichtiger Vorerwerb	... €
× aktueller Steuersatz (§ 19 Abs. 1 ErbStG)	
= **fiktive Abzugsteuer** (§ 14 Abs. 1 Satz 2 ErbStG)	... €
mindestens Ansatz nach § 14 Abs. 1 Satz 3 ErbStG:	... €
tatsächlich entrichtete Steuer auf den Vorerwerb (Abzugsteuer)	

3. Berechnung der festzusetzenden Steuer

Steuer auf den Gesamterwerb (Schritt 1)	... €
./. Steueranrechnung (Schritt 2)	... €
= festzusetzende Steuer	... €

4. Mindeststeuer (§ 14 Abs. 1 Satz 4 ErbStG)

Steuerwert aktueller Vermögensanfall	... €
./. persönliche Freibeträge (§§ 16, 17 ErbStG)	... €
= steuerpflichtiger Erwerb	... €
× aktueller Steuersatz (§ 19 Abs. 1 ErbStG)	
= Steuer auf Letzterwerb	... €

5. Höchststeuer, § 14 Abs. 3 ErbStG

Festzusetzende Steuer max. 50 % des aktuellen Vermögensanfalls

BEISPIEL

Im Wege einer vorweggenommenen Erbfolgeregelung hatte der Vater seiner Tochter am 01.09. 2005 ein bebautes Grundstück mit einem Steuerwert von 220 000 € übertragen. Am 01.03. 2011 erhält die Tochter Kapitalvermögen vom Vater im Wert von 230 000 € geschenkt.

LÖSUNG

Schenkungsteuer aus der Schenkung vom 01.09. 2005 (altes Recht)

Steuerwert des Grundstücks	220 000 €
./. Freibetrag gem. § 16 Abs. 1 Nr. 2 ErbStG a. F.	./. 205 000 €
= steuerpflichtiger Erwerb	15 000 €
Der Steuersatz beträgt gem. § 19 Abs. 1 ErbStG a. F.	7 %
Die Schenkungsteuer nach Steuerklasse I beträgt	1 050 €

Schenkungsteuer auf die Gesamtzuwendung vom 01.03. 2011 (neues Recht)

Steuerwert des Grundstücks wie bisher	220 000 €
+ Steuerwert Kapitalvermögen	230 000 €
= Gesamterwerb	450 000 €
./. Freibetrag gem. § 16 Abs. 1 Nr. 2 ErbStG	./. 400 000 €
steuerpflichtiger Erwerb	50 000 €
Der Steuersatz gem. § 19 Abs. 1 ErbStG beträgt	7 %
Die Schenkungsteuer nach Steuerklasse I beträgt	3 500 €

Berechnung der Steueranrechnung:

§ 14 Abs. 1 Satz 2 ErbStG (fiktive Abzugsteuer)	
Steuerwert des Grundstücks	220 000 €
./. Freibetrag gem. § 16 Abs. 1 Nr. 2 ErbStG neue Fassung, aber maximal verbrauchte Höhe ...	./. 205 000 €
= steuerpflichtiger Erwerb	15 000 €
Der Steuersatz beträgt gem. § 19 Abs. 1 ErbStG nach der neuen Fassung	7 %
Die **fiktive Abzugsteuer** beträgt	1 050 €

Dies entspricht zugleich der tatsächlich entrichteten Steuer (§ 14 Abs. 1 Satz 3 ErbStG).

Anrechnung:

Steuer auf Gesamterwerb	3 500 €
./. Steuer auf Vorerwerb	1 050 €
= festzusetzende Steuer	2 450 €

Mindeststeuer nach § 14 Abs. 1 Satz 4 ErbStG:

Steuerwert Letzterwerb (Kapitalvermögen)	230 000 €
./. Freibetrag gem. § 16 Abs. 1 Nr. 2 ErbStG	./. 400 000 €
= steuerpflichtiger Erwerb	0 €

Die Mindeststeuer (0 €) ist hier unbeachtlich.
Die Höchststeuer nach § 14 Abs. 3 ErbStG ist offensichtlich nicht überschritten.

FALL 29

Willi schenkte seiner Tochter Thea am 24.12.2015 Kapitalvermögen im Wert von 420 000 €. Zum 01.10.2019 hat Willi seiner Tochter ein Geschäftsgrundstück (ausschließlich Ladenflächen) mit einem Grundbesitzwert i. H. v. 380 000 € übertragen. Auszug aus dem Steuerbescheid für die Schenkung vom 24.12.2015:

Vermögensanfall übriges Vermögen	420 000 €
./. persönlicher Freibetrag (§ 16 Abs. 1 Nr. 2 ErbStG)	./. 400 000 €
= steuerpflichtiger Erwerb	20 000 €
× Steuersatz (§ 19 Abs. 1 ErbStG)	7 %
= festzusetzende Steuer	1 400 €

Ermitteln Sie die für die Schenkung zum 01.10. 2019 festzusetzende Steuer!

2 Steuerklassen (§ 15 ErbStG)

2.1 Unterteilung in Steuerklassen

Das Erbschaftsteuergesetz unterscheidet zwischen **drei Steuerklassen**; maßgebend hierfür ist das persönliche Verwandtschaftsverhältnis des Erwerbers zum Erblasser bzw. Schenker (§ 15 ErbStG). Nach den drei Steuerklassen richten sich die persönlichen Freibeträge, der Steuertarif und bestimmte Vergünstigungen.

a) **Steuerklasse I:**
Zum Personenkreis der Steuerklasse I gehören aus der Sicht des Erblassers oder Schenkers
- sein Ehegatte bzw. der Lebenspartner,
- seine Kinder, auch Adoptiv- und Stiefkinder,
- Enkel, Urenkel und weitere Abkömmlinge in gerader Linie, auch die der Stiefkinder, sowie
- Eltern, Großeltern und weitere Voreltern bei Erwerben von Todes wegen.

Begünstigt ist nur der Lebenspartner einer eingetragenen Lebenspartnerschaft.

b) **Steuerklasse II:**
Zum Personenkreis der Steuerklasse II gehören:
- Eltern und Voreltern bei Schenkungen unter Lebenden,
- Geschwister, auch Halbgeschwister und Stiefgeschwister,
- Neffen und Nichten,
- Stiefeltern,
- Schwiegereltern,
- Schwiegersohn und -tochter, auch wenn die Ehe zu einem Stiefkind besteht, sowie
- der geschiedene Ehegatte bzw. der Lebenspartner einer aufgehobenen Lebenspartnerschaft.

c) **Steuerklasse III**
Zum Personenkreis der Steuerklasse III gehören:
- alle übrigen Erwerber,

- insbesondere Tanten und Onkel bei Erwerb von Neffen und Nichten,
- Pflegekinder und Pflegeeltern,
- sowie der Partner einer eheähnlichen Lebensgemeinschaft.

Schließlich sind auch alle Personen- und Kapitalgesellschaften, soweit sie persönlich und nicht die dahinter stehenden Gesellschafter als Erwerber anzusehen sind, der Steuerklasse III zuzurechnen.

2.2 Gemeinschaftliches Testament von Ehegatten

Haben sich Ehegatten in einem gemeinschaftlichen Testament gegenseitig als Erben eingesetzt und bestimmt, dass nach dem Tod des Überlebenden der beiderseitige Nachlass an einen Dritten, z. B. ein gemeinschaftliches Kind, fallen soll, ist anzunehmen, dass der Dritte für den gesamten Nachlass als Erbe des zuletzt versterbenden Ehegatten eingesetzt ist (sog. Berliner Testament; § 2269 Abs. 1 BGB). Beim **Berliner Testament** wird der überlebende Ehegatte zunächst Vollerbe des verstorbenen Ehegatten, so dass sein eigenes Vermögen und das von dem anderen Ehegatten stammende Vermögen zu einer Einheit zusammenwächst und bei seinem Versterben als Gesamtnachlass auf den Dritten als Schlusserben übergeht. Gleiches gilt auch für Partner einer eingetragenen Lebenspartnerschaft.

In Anlehnung an die Besteuerung bei der Vor- und Nacherbschaft (§ 6 ErbStG) sieht § 15 Abs. 3 ErbStG ein **Wahlrecht für den Schlusserben** bzw. den in einem gemeinschaftlichen Testament bedachten Vermächtnisnehmer vor. Dieser kann sich bei seiner Besteuerung ein ggf. zum erstversterbenden Ehegatten bestehendes günstigeres persönliches Verhältnis zunutze machen.

BEISPIEL

A und B sind verheiratet. Sie haben in ihrem gemeinschaftlichen Testament bestimmt, dass nach dem Tod des Längstlebenden das Vermögen auf die Schwester des A übergehen soll. A ist zuerst verstorben.

LÖSUNG Beim Tod der B geht das Vermögen auf die Schwester des A über. Die Schwester des A gehört aus der Sicht der Erblasserin B zur Steuerklasse III, aus der Sicht des Erblassers A zur Steuerklasse II. Hier führt § 15 Abs. 3 ErbStG zu einer günstigeren Besteuerung.

Die **günstigere Steuerklasse zum erstverstorbenen Ehegatten** kann sich auf die Besteuerung nur auswirken, soweit Vermögen, das noch von diesem Ehegatten stammt, auf den Schlusserben übergeht. Zum Umfang des begünstigten Vermögens in den Fällen des § 15 Abs. 3 ErbStG vgl. auch R E 15.3 ErbStR. Darüber hinaus kommt es nur dann zu einer günstigeren Besteuerung, wenn der überlebende Ehegatte an die **gemeinschaftliche Verfügung der Ehegatten gebunden** ist (§ 2271 Abs. 2 BGB) und der Schlusserbe aufgrund dieser Bindung Vermögen erwirbt. Diese Voraussetzung ist auch dann erfüllt, wenn zwar das gemeinschaftliche Testament eine einseitige Änderung durch den überlebenden Ehegatten vorsieht, dieser jedoch tatsächlich von seinem Recht keinen Gebrauch macht.

3 Freibeträge (§§ 16, 17 ErbStG)

3.1 Persönliche Freibeträge

Bei der Ermittlung des steuerpflichtigen Erwerbs sind unabhängig davon, ob es sich um die Besteuerung einer Schenkung oder eines Erwerbs von Todes wegen handelt, folgende **persönliche Freibeträge** zu berücksichtigen (§ 16 Abs. 1 ErbStG):

Personenkreis	Freibetrag in €
Ehegatte, eingetragener Lebenspartner	500 000
Kinder sowie Enkelkinder, die anstelle eines bereits vorverstorbenen Elternteils Vermögen von den Großeltern erwerben	400 000
übrige Enkel, Urenkel und weitere Abkömmlinge in gerader Linie	200 000
Eltern und Voreltern bei Erwerben von Todes wegen	100 000
Personen der Steuerklasse II (Eltern und Voreltern bei Schenkungen, Geschwister, Neffen und Nichten, Stiefeltern, Schwiegereltern und -kinder, geschiedener Ehegatte)	20 000
Personen der Steuerklasse III (z. B. Partner einer eheähnlichen Lebensgemeinschaft)	20 000

Im Fall der **beschränkten Steuerpflicht** – Erblasser bzw. Schenker und Erwerber sind keine Inländer – betrug der **persönliche Freibetrag** ohne Rücksicht auf das Verwandtschaftsverhältnis der Beteiligten früher **2 000 €** (§ 16 Abs. 2 ErbStG a. F.). Für Erwerbe, für die die Steuer nach dem 24. 06. 2017 entsteht, werden die Freibeträge nach § 16 Abs. 1 ErbStG auch bei Vorliegen der beschränkten Steuerpflicht angewendet, vgl. Neufassung des Einleitungssatzes in § 16 Abs. 1 Satz 1 ErbStG. Um eine ungerechtfertigte Besserstellung gegenüber der unbeschränkten Steuerpflicht zu verhindern, ist der Freibetrag ggf. nach Maßgabe des § 16 Abs. 2 ErbStG zu mindern. Die Minderung ist immer dann vorzunehmen, wenn der beschränkt steuerpflichtige Erwerber inländisches und ausländisches Vermögen erwirbt.

BEISPIEL

A schenkt im September 2019 seiner Tochter ein Geschäftsgrundstück in Mainz. Beide wohnen in London. Der gesondert festgestellte Grundbesitzwert beträgt 400 000 €. Bereits im Dezember 2018 hatte A seiner Tochter auch übriges Vermögen im Wert von 100 000 € geschenkt (kein Inlandsvermögen i. S. d. § 121 BewG). Wie hoch ist der persönliche Freibetrag nach § 16 ErbStG?

LÖSUNG Da weder Schenker noch Beschenkte einen Wohnsitz im Inland innehaben, unterliegt der Erwerb nur der beschränkten Steuerpflicht, wenn inländisches Vermögen übertragen wird, § 2 Abs. 1 Nr. 3 ErbStG i. V. m. § 121 BewG. Die Schenkung im Dezember unterliegt daher nicht der beschränkten Steuerpflicht, lediglich die Grundstücksschenkung im September 2019 ist steuerpflichtig (§ 121 Nr. 2 BewG). Da die Schenkung nach dem 24. 06. 2017 erfolgte, kann der persönliche Freibetrag nach § 16 Abs. 1 Nr. 2 ErbStG angesetzt werden. Da jedoch innerhalb der letzten 10 Jahre weiteres Vermögen erworben wurde, welches nicht der beschränkten Steuerpflicht unterlag, ist der Freibetrag gem. § 16 Abs. 2 Satz 1 ErbStG um einen Teilbetrag zu kürzen. Die Kürzung beträgt nach § 16 Abs. 2 Satz 2 ErbStG 80 000 € (100 000 € / 500 000 €), so dass für den Erwerb im September 2019 ein persönlicher Freibetrag in Höhe von 320 000 € anzusetzen ist.

Der persönliche Freibetrag steht einem Steuerpflichtigen bei Erwerb von derselben Person im **Zeitabstand von jeweils zehn Jahren nur einmal** zu (§ 14 ErbStG; vgl. 1). Diese Regelung kann bei einer Zuwendung über eine **Mittelperson** dazu genutzt werden, mehrmals in den Genuss des persönlichen Freibetrags zu kommen.

BEISPIEL

A will seinem Enkel B Kapitalvermögen i. H. v. 450 000 € zukommen lassen. Dazu schenkt er seinem Sohn C einen Betrag von 400 000 €. Einen Betrag von 50 000 € schenkt er dem Enkel unmittelbar.

LÖSUNG Die Zuwendung von A an seinen Enkel B unterliegt durch Ansatz des persönlichen Freibetrags von 200 000 € nicht der Schenkungsteuer. Geht nun der Vater C hin und schenkt den von A

erhaltenen Betrag an seinen Sohn B weiter, fällt auch hier wegen des persönlichen Freibetrags von 400 000 € keine Schenkungsteuer an.
In diesem Zusammenhang wird das Finanzamt die Annahme eines Gestaltungsmissbrauchs prüfen. Dieser liegt dann vor, wenn der Großvater A die Zuwendung an seinen Sohn C mit einer Auflage verbindet, den Geldbetrag an den Enkel weiterzuschenken (Kettenschenkung s. F 2.3.1).

Das **Berliner Testament**, in dem sich die Eheleute gegenseitig zu Alleinerben einsetzen, so dass das Vermögen erst nach dem Tod des Letztversterbenden an die Kinder oder an andere Verwandte übergeht, wirkt sich hinsichtlich der persönlichen Freibeträge nachteilig aus. Zum einen werden die Freibeträge der Kinder beim ersten Erbfall nicht ausgenutzt. Zum anderen wird ein und dasselbe Vermögen zweimal versteuert, und zwar beim Übergang auf den übergebenden Ehegatten und beim Übergang auf die Kinder als Schlusserben.

BEISPIEL

A und B haben sich gegenseitig zu Erben eingesetzt. In ihrem Testament haben sie verfügt, dass nach dem Tod des Erstversterbenden sämtliches Vermögen auf den überlebenden Ehegatten übergehen soll. A ist in 2015 verstorben und hat B ein Vermögen von 2 000 000 € vermacht. B soll nach Ablauf von zehn Jahren seit dem Erbfall in 2015 versterben und ein Vermögen von insgesamt 3 000 000 €, einschließlich des ererbten Vermögens, auf den 32-jährigen Sohn C als Alleinerben übergehen lassen.

LÖSUNG B hat auf der Grundlage eines steuerpflichtigen Erwerbs von 2 000 000 € abzüglich eines persönlichen Freibetrags von 500 000 € und des Versorgungsfreibetrags von 256 000 € ein Vermögen von 1 244 000 € mit 19 % der Erbschaftsteuer zu unterwerfen. Nach dem Tod von B geht ein Vermögen von 3 000 000 € abzüglich des persönlichen Freibetrags von 400 000 € = 2 600 000 € auf den Sohn über; davon hat er 19 % an Erbschaftsteuer zu zahlen. Hätte der Sohn bereits beim Tod des Vaters ein Vermögen von 400 000 € (steuerfrei) geerbt, so hätte sich der steuerpflichtige Erwerb der Mutter auf 1 600 000 € ermäßigt. Beim Erwerb durch den Sohn wäre ein Vermögen von 2 600 000 € ./. des persönlichen Freibetrags von 400 000 € = 2 200 000 € übergegangen.

3.2 Besonderer Versorgungsfreibetrag

Bei **Erwerben von Todes wegen** wird dem Ehegatten, dem eingetragenen Lebenspartner und den Kindern bis zum 27. Lebensjahr ein besonderer Versorgungsfreibetrag gewährt (§ 17 ErbStG). Der besondere Versorgungsfreibetrag wird allerdings um den **Kapitalwert steuerfreier Versorgungsbezüge gekürzt** (§ 17 Abs. 1 Satz 2 und Abs. 2 Satz 2 ErbStG).

Personenkreis	Höhe des Versorgungsfreibetrags in €
Ehegatte oder Lebenspartner	256 000
Kinder bis 5 Jahre	52 000
Kinder im Alter von mehr als 5 bis 10 Jahren	41 000
Kinder im Alter von mehr als 10 bis 15 Jahren	30 700
Kinder im Alter von mehr als 15 bis 20 Jahren	20 500
Kinder im Alter von mehr als 20 bis 27 Jahren	10 300

BEISPIEL

A ist verstorben. Erben sind seine Ehefrau B zur Hälfte und seine beiden Söhne C und D zu je 1/4. Die Söhne sind 25 Jahre bzw. 33 Jahre alt. Der Wert des Nachlasses beträgt 3 000 000 € (Bereicherung).

LÖSUNG Der Nachlasswert der Ehefrau von 1 500 000 € ist um den persönlichen Freibetrag von 500 000 € sowie um den Versorgungsfreibetrag von 256 000 € zu kürzen. Es verbleibt ein steuerpflichtiger Erwerb von 744 000 €. Bei dem 25 Jahre alten Sohn ist neben dem persönlichen Freibetrag von 400 000 € ein Versorgungsfreibetrag von 10 300 € zu berücksichtigen. Sein steuerpflichtiger Erwerb beläuft sich somit auf 750 000 € ./. 400 000 € ./. 10 300 € = 339 700 €. Bei dem 33 Jahre alten Sohn ist ein steuerpflichtiger Erwerb von 350 000 € anzusetzen, nämlich 750 000 € abzüglich des persönlichen Freibetrags i. H. v. 400 000 €. Ein Versorgungsfreibetrag kommt bei ihm wegen des Alters nicht in Betracht.

Zu den **steuerfreien** Versorgungsbezügen, die den besonderen Versorgungsfreibetrag mindern, zählen insbesondere:

- Versorgungsbezüge für Hinterbliebene von Beamten,
- Versorgungsbezüge für Hinterbliebene von Versicherten aus der gesetzlichen Rentenversicherung (gesetzliche Verwitwetenrente, Waisenrente),

S. hierzu auch Aufzählung in R E 17 Abs. 1 ErbStR.

BEISPIEL

A ist verstorben, Alleinerbin ist seine Ehefrau B. Die steuerpflichtige Bereicherung beträgt 1 000 000 €. Daneben erhält B Ansprüche aus einer steuerfreien Hinterbliebenenversorgung, der Kapitalwert dieser Ansprüche beträgt 280 000 €.

LÖSUNG Der steuerpflichtige Nachlasswert (Bereicherung) von 1 000 000 € ist nur um den persönlichen Freibetrag von 500 000 € zu kürzen, der Versorgungsfreibetrag beträgt nach Abzug des Kapitalwerts der steuerfreien Hinterbliebenenversorgung 0 € (256 000 € ./. 280 000 €) (§ 17 Abs. 1 Satz 2 ErbStG). Es verbleibt ein steuerpflichtiger Erwerb von 500 000 €.

4 Steuersätze, Härteausgleichsregelung bei Anwendung der Steuertarife (§ 19 ErbStG)

4.1 Steuersatztabelle (§ 19 Abs. 1 ErbStG)

Die Steuersatztabelle weist die folgenden Steuersätze getrennt nach dem Wert des steuerpflichtigen Erwerbs und den einzelnen Steuerklassen aus:

Wert des steuerpflichtigen Erwerbs (§ 10 ErbStG) bis einschließlich	Prozentsatz in der Steuerklasse		
	I	II	III
75 000 €	7	15	30
300 000 €	11	20	30
600 000 €	15	25	30
6 000 000 €	19	30	30
13 000 000 €	23	35	50
26 000 000 €	27	40	50
über 26 000 000 €	30	43	50

4.2 Progressionsvorbehalt (§ 19 Abs. 2 ErbStG)

Ist im Falle der unbeschränkten Steuerpflicht ein Teil des Vermögens der inländischen Besteuerung auf Grund eines **Abkommens zur Vermeidung der Doppelbesteuerung entzogen**, so ist die Steuer nach dem Steuersatz zu erheben, der für den **ganzen Erwerb** gelten würde.

4.3 Härteausgleich (§ 19 Abs. 3 ErbStG)

Die Härteausgleichsregelung verhindert, dass Belastungssprünge und damit Härten im Grenzbereich der Tarifstufen eintreten. Als echte Tarifvorschrift ist sie auch im Falle der Jahresversteuerung von Renten, Nutzungsrechten und anderen wiederkehrenden Leistungen nach § 23 ErbStG anzuwenden.

Die Regelung in § 19 Abs. 3 ErbStG bestimmt, dass der Unterschied zwischen der Steuer, die sich bei Anwendung des regulären Steuersatzes ergibt, und der Steuer, die sich berechnen würde, wenn der Erwerb die letztvorhergehende Wertgrenze nicht überstiegen hätte, nur insoweit erhoben wird, als er

a) bei einem Steuersatz bis zu 30 % aus der Hälfte,
b) bei einem Steuersatz über 30 % aus drei Vierteln

des die Wertgrenze übersteigenden Betrags gedeckt werden kann.

Die Berechnung des Härteausgleichs wird nach folgenden Berechnungsstufen vorgenommen:

1. Berechnung der Steuer nach Steuersatz für den **gesamten steuerpflichtigen Erwerb**,
2. Berechnung der Steuer für die **vorhergehende Wertstufe,**
3. Berechnung des **Differenzbetrags aus den Steuerbeträgen** von Nr. 1 ./. Nr. 2,
4. Berechnung des **Differenzbetrags aus dem Wert des steuerpflichtigen Erwerbs und aus dem Wert des steuerpflichtigen Erwerbs der vorhergehenden Wertstufe, multipliziert mit dem Prozentsatz**, je nach Steuersatzhöhe 50 % bzw. 75 %,
5. **Berechnung der maßgebenden Steuer**: Steuerbetrag nach Nr. 2, zuzüglich Betrag nach Nr. 4,
6. **Härteausgleich ist nur anwendbar**, wenn der Steuerbetrag nach Nr. 5 **niedriger als** der Steuerbetrag nach Nr. 1 ist.

BEISPIEL

Wiegand schenkt seiner Tochter Trudel einen Geldbetrag, nach Abzug des persönlichen Freibetrages verbleibt ein steuerpflichtiger Erwerb von 80 000 € (§ 10 Abs. 1 Satz 1 ErbStG).
Es betragen

1. die tatsächliche Steuer, 11 % von 80 000 €	8 800 €
2. die Steuer aus der vorhergehenden Wertstufe, 7 % von 75 000 €	5 250 €
3. die Differenz der Steuer nach Nr. 1 und Nr. 2	3 550 €
4. Differenz aus steuerpflichtigem Erwerb und letztvorhergehender Wertstufe × 50 % (80 000 € ./. 75 000 € = 5 000 € × 50 %)	2 500 €
5. die maßgebende Steuer nach Nr. 2 zuzüglich Nr. 4 (5 250 € + 2 500 €), die maßgebende Steuer ist niedriger als der Steuerbetrag nach Nr. 1, d. h. der Härteausgleich ist anwendbar, somit beträgt die Steuer nach § 19 Abs. 3 ErbStG	7 750 €

Variante:
Würde sich der steuerpflichtige Erwerb auf 85 000 € belaufen, findet die Härteausgleichsregelung **keine** Anwendung mehr. Die Steuer würde dann 11 % aus 85 000 € = 9 350 € betragen (niedriger als 5 250 € + 5 000 €).

4.4 Härteausgleichszonen

Die Härteausgleichszonen stellen sich für die drei Steuerklassen im Einzelnen wie folgt dar (H E 19 ErbStH):

Wertgrenze gem. § 19 Abs. 1 ErbStG	Härteausgleich gem. § 19 Abs. 3 ErbStG bei Überschreiten der letztvorhergehenden Wertgrenze bis einschließlich … € in Steuerklasse		
	I	II	III
75 000 €	–	–	–
300 000 €	82 600 €	87 400 €	–
600 000 €	334 200 €	359 900 €	–
6 000 000 €	677 400 €	749 900 €	–
13 000 000 €	6 888 800 €	6 749 900 €	10 799 000 €
26 000 000 €	15 260 800 €	14 857 100 €	–
über 26 000 000 €	29 899 900 €	28 437 400 €	–

5 Tarifbegrenzung beim Erwerb von Betriebsvermögen, von Betrieben der Land- und Forstwirtschaft und von Anteilen an Kapitalgesellschaften (§ 19a ErbStG)

5.1 Voraussetzungen

Beim Übergang von Vermögen i. S. d. § 13b Abs. 1 ErbStG kommt **für natürliche Personen** der **Steuerklasse II oder III** ein Entlastungsbetrag zur Anwendung, wonach dieses Vermögen **stets** erwerberunabhängig nach dem Tarif der Steuerklasse I besteuert wird. Der Entlastungsbetrag gilt gem. § 19a Abs. 2 Satz 1 ErbStG nur für den nicht unter § 13a Abs. 1 oder § 13c ErbStG fallenden Teil des Vermögens i. S. d. § 13b Abs. 2 ErbStG. Der Entlastungsbetrag ergibt sich aus der Differenz, die sich zwischen dem Tarif der Steuerklasse I gegenüber dem Tarif der Steuerklassen II und III ergibt. Dabei muss die Progressionswirkung des Steuersatzes grundsätzlich erhalten bleiben, damit die Erwerber der Steuerklasse II und III gegenüber den Erwerbern der Steuerklasse I nicht bevorteilt werden.

Diese günstige Tarifbegrenzung ist nach§ 19a Abs. 5 ErbStG nur dann anwendbar, wenn der Erwerber **mindestens fünf Jahre** den Betrieb fortführt bzw. die Beteiligung an der Kapitalgesellschaft hält. Bei Verstoß gegen diese Behaltensregelung entfällt der Entlastungsbetrag rückwirkend (entspricht Behaltefrist nach § 13a ErbStG). Zur Behaltensregelung vgl. R E 19a.3 ErbStR.

Nach § 19a Abs. 2 Satz 2 ErbStG kann der Zwischenerwerber den Entlastungsbetrag dann nicht in Anspruch nehmen, soweit er das begünstigte Vermögen aufgrund einer letztwilligen Verfügung des Erblassers oder einer rechtsgeschäftliehen Verfügung des Erblassers oder Schenkers auf einen Dritten übertragen muss (z. B. Sachvermächtnis, Teilungsanordnung), vgl. auch R E 19a.1 Abs. 3 ErbStR.

BEISPIEL

Im Testament des Erblassers E, zu dessen Nachlass u. a. ein gewerbliches Einzelunternehmen gehört, wurde die Nichte B als Alleinerbin eingesetzt. Der Gewerbebetrieb soll im Wege eines Vermächtnisses auf den Neffen C übertragen werden.

LÖSUNG B erhält **keinen** Entlastungsbetrag (§ 19a Abs. 2 Satz 2 ErbStG). Im Erwerb von C ist begünstigtes Vermögen enthalten, so dass auf ihn die Tarifbegrenzungsvorschrift nach§ 19a Abs. 1 ErbStG Anwendung findet.

5.2 Berechnung des Entlastungsbetrages

Die Ermittlung des Entlastungsbetrags ist in mehreren Rechenschritten durchzuführen. In der **ersten** Stufe muss die Steuer für den gesamten Erwerb nach der tatsächlichen Steuerklasse II oder III berechnet werden; gleichzeitig ist die Steuer nach Steuerklasse I zu berechnen.

In der **zweiten** Stufe ist der Unterschied zwischen diesen Steuerbeträgen im Verhältnis des begünstigt erworbenen Vermögens (nach Berücksichtigung der Vergünstigungen von §§ 13a–13c ErbStG) zum **insgesamt** erworbenen Vermögen aufzuteilen. Der anteilig auf das begünstigt erworbene Vermögen entfallende Unterschied mindert als Entlastungsbetrag die sich nach der tatsächlichen Steuerklasse II oder III ergebende Steuer für den gesamten steuerpflichtigen Erwerb.

Maßgebend ist der Vermögensfall, soweit er der Besteuerung unterliegt. Der Steuerwert des gesamten übertragenen Vermögens ist um die Befreiungen nach §§ 13 ff. ErbStG und um die Nachlassverbindlichkeiten oder die bei Schenkungen abzugsfähigen Schulden und Lasten zu kürzen, soweit diese in wirtschaftlichem Zusammenhang mit dem begünstigen Vermögen stehen (s. R E 19a.2 Abs. 1 Sätze 2 bis 4 ErbStR). Dagegen sind Nachlassverbindlichkeiten, die nicht mit dem begünstigten Vermögen in wirtschaftlichem Zusammenhang stehen, nicht abzuziehen.

Weitere Einzelheiten zur Anwendung der Tarifentlastungsregelungen s. R E 19a.1 und R E 19a.2 ErbStR, zur Berechnung des Entlastungsbetrages s. Beispiel in den Hinweisen hierzu.

FALL 30

Erblasser E hatte in seinem Testament seinen Neffen N zum Alleinerben eingesetzt. Der Nachlass umfasste am Todestag 15.02.2019 die folgenden Vermögenswerte:

- begünstigtes Betriebsvermögen i. S. d. § 13b Abs. 1 Nr. 2 ErbStG i. V. m. § 13b Abs. 2 Satz 1 ErbStG mit einem Steuerwert am Todestag i. H. v. 3 000 000 € (schädliches Verwaltungsvermögen ist nicht vorhanden);
- übriges Vermögen (festverzinsliche Wertpapiere) mit einem Steuerwert am Todestag i. H. v. 100 000 €.

Erblasserschulden sind nicht vorhanden.

Wie hoch ist die für N festzusetzende Erbschaftsteuer?

Teil K Steuerfestsetzung und Erhebung (§§ 20 ff. ErbStG)

1 Steuerschuldner und Steuerhaftung (§ 20 ErbStG)

1.1 Steuerschuldner

1.1.1 Steuerschuldner bei Erwerben von Todes wegen

Bei **Erwerben von Todes wegen** ist der **einzelne** Erwerber (Erbe, Miterbe, Vermächtnisnehmer, Pflichtteilsberechtigter, usw.) für seinen Erwerb Steuerschuldner. Die Steuerschuldnerschaft des einzelnen Erwerbers wird nicht dadurch gegenstandslos, dass z. B. aufgrund des Testaments ein anderer die Erbschaftsteuer bezahlen muss. Der Steuerschuldner hat lediglich einen privatrechtlichen Anspruch gegenüber demjenigen, der zur Zahlung seiner Steuer verpflichtet ist. Dies führt im Übrigen gem. § 10 Abs. 2 ErbStG zu einer größeren Bereicherung.

1.1.2 Steuerschuldner bei Schenkungen unter Lebenden

Bei einer **Schenkung unter Lebenden** ist in erster Linie der Beschenkte Steuerschuldner; daneben aber auch der Schenker, § 20 Abs. 1 Satz 1 ErbStG. Beide sind Gesamtschuldner der Schenkungsteuer. Das Finanzamt hat sich aber in erster Linie an den Beschenkten zu halten. Hat sich der Schenker zur Übernahme der Schenkungsteuer verpflichtet (§ 10 Abs. 2 ErbStG), ist der Schenkungsteuerbescheid nach h. M. dem Schenker zuzustellen.

1.2 Steuerhaftung

Nach § 20 Abs. 3 ErbStG haftet der Nachlass **bis zur Auseinandersetzung** (§ 2042 BGB) für die Steuer der am Erbfall Beteiligten. Die Haftung ist gegenständlich auf den Nachlass beschränkt, so dass es sich wesensgemäß um eine **Sachhaftung** handelt. Die Haftung ist zeitlich bis zur Auseinandersetzung und somit auf den ungeteilten Nachlass beschränkt.

Die Beschränkung erfolgt deshalb weil nach einer erfolgten Auseinandersetzung jeder Miterbe frei über das ihm angefallene Vermögen verfügen kann. Sollte das Vermögen vor der Entrichtung der Erbschaftsteuer verbraucht worden sein, wäre es unbillig, wenn die Miterben weiterhin für eine gegenseitige Haftung der Steuerbeträge herangezogen würden.

Ob zum Personenkreis **der am Erbfall Beteiligten** neben den Erben auch Vermächtnisnehmer und Pflichtteilsberechtigte zählen, ist strittig. In § 20 Abs. 5 und 6 ErbStG sind die Haftungstatbestände für den unentgeltlichen Erwerber, für Versicherungsunternehmen und Gewahrsamsinhaber geregelt.

2 Grundsätze zur Anrechnung ausländischer Erbschaftsteuer (§ 21 ErbStG)

Gehört im Fall der **unbeschränkten Steuerpflicht** (§ 2 Abs. 1 Nr. 1 ErbStG) zum steuerpflichtigen Erwerb Auslandsvermögen, ist die dafür festgesetzte, auf den Erwerber entfallende, gezahlte und keinem Ermäßigungsanspruch unterliegende ausländische Erbschaftsteuer **insoweit** anzurechnen, als das Auslandsvermögen auch der deutschen Erbschaftsteuer unterliegt.

Die Anrechnung ausländischer Erbschaftsteuer setzt **gemeinsam** voraus:

- **unbeschränkte Steuerpflicht** bei dem Erwerb, der aus Auslandsvermögen besteht oder zu dem Auslandsvermögen gehört (§ 21 Abs. 1 ErbStG) – somit **keine** Anwendung bei der beschränkten, erweiterten beschränkten Steuerpflicht,
- **Fehlen eines DBA** zur Erbschaft- oder Schenkungsteuer (§ 21 Abs. 1 ErbStG), **Sonderfall:** Sieht ein DBA ausnahmsweise die Anrechnung der Erbschaftsteuer vor, kommt § 21 ErbStG zu Anwendung (§ 21 Abs. 4 ErbStG),
- Belastung durch eine der **deutschen Erbschaftsteuer** vergleichbare ausländische Steuer (§ 21 Abs. 1 ErbStG) und
- **Antrag vor Bestandskraft** des Steuerbescheides muss durch den Anrechnungsberechtigten gestellt worden sein.

Die Anrechnung ist nur bis zu dem Betrag möglich, zu dem das Auslandsvermögen im Inland besteuert wird. Wenn **nur zum Teil Auslandsvermögen** erworben wird, ist für die Ermittlung des Höchstbetrags das Verhältnis des Auslandsvermögens zum gesamten steuerpflichtigen Vermögen des Erwerbers maßgebend (§ 21 Abs. 1 Satz 2 ErbStG). Hierbei ist vom **Nettowert des steuerpflichtigen Gesamtvermögens oder Auslandsvermögens** auszugehen, wobei Freibeträge **nicht** abzuziehen sind. Der anrechenbare **Höchstbetrag** ist daher nach folgender Formel zu berechnen:

$$\text{deutsche Erbschaftsteuer} = \frac{\text{steuerpflichtiges Auslandsvermögen}}{\text{steuerpflichtiges Gesamtvermögen}}$$

Sofern das Auslandsvermögen in **verschiedenen ausländischen** Staaten belegen ist, ist der anrechenbare Teil der ausländischen Erbschaftsteuer für **jeden einzelnen ausländischen Staat** gesondert zu berechnen (§ 21 Abs. 1 Satz 3 ErbStG).

Die ausländische Steuer ist nur auf die deutsche Steuer anrechenbar, wenn die deutsche Erbschaftsteuer **innerhalb von fünf Jahren** nach dem Zeitpunkt der Entstehung der ausländischen Erbschaftsteuer entstanden ist (§ 21 Abs. 1 Satz 4 ErbStG).

Für die Qualifikation als Auslandsvermögen ist nur auf den Erblasser oder Schenker abzustellen. War der Erblasser zur Zeit seines Todes **Inländer** nach § 2 Abs. 1 Nr. 1 a bis d ErbStG, gelten als Auslandsvermögen alle in **§ 121 BewG genannten Vermögensgegenstände**, die auf einen ausländischen Staat entfallen, sowie alle Nutzungsrechte an diesen Vermögensgegenständen (§ 21 Abs. 2 Nr. 1 ErbStG). Somit ist z. B. die Anrechnung von ausländischer Erbschaftsteuer, die auf Beteiligungen an Kapitalgesellschaften, wenn diese nicht 1/10 des Grund- oder Stammkapitals betragen, **nicht** möglich (§ 121 Nr. 4 BewG). Gleiches gilt für ausländische Steuer auf übriges Vermögen (insbes. Bankguthaben, festverzinsliche Wertpapiere, Fondsanteile), da dieses grds. nicht durch § 121 BewG erfasst wird.

War der Erblasser zur Zeit seines Todes **kein Inländer**, so zählen zum Auslandsvermögen alle Vermögensgegenstände mit Ausnahme des Inlandsvermögens i. S. d. § 121 BewG sowie alle Nutzungsrechte an diesen Vermögensgegenständen (§ 21 Abs. 2 Nr. 2 ErbStG).

Der Erwerber muss Nachweise über die Höhe des Auslandsvermögens und über die Festsetzung und Zahlung der ausländischen Steuer führen (§ 21 Abs. 3 ErbStG).

BEISPIEL

Erblasser E mit Wohnsitz in Stuttgart wird von seinem Sohn S (37 Jahre alt) als Alleinerbe beerbt. Zum Besteuerungszeitpunkt 05.04. 2019 (Todestag) betragen die Aktivnachlasswerte (Steuerwerte) 723 500 €. Die Erblasserschulden und die Erbfallkosten betragen lt. Einzelnachweisen = 60 000 €. Der Erbfallkostenpauschbetrag nach § 10 Abs. 5 Nr. 3 ErbStG ist überschritten. **Begünstigte Nachlasswirtschaftsgüter** i. S. d. §§ 13 ff. ErbStG sind im Nachlass **nicht** enthalten.
Im Gesamtnachlass ist ein Ferienwohnhaus in einem Nicht-DBA-Staat mit einem Verkehrswert von 80 000 €, ermittelt auf den 05.04. 2019, enthalten; Belastungen für dieses Grundstück sind nicht vorhanden. S hat für dieses Grundstück 8 700 € ausländische Erbschaftsteuer an die zuständige Steuerbehörde entrichtet.

LÖSUNG Die von S zu zahlende ErbSt errechnet sich wie folgt:

Steuerwert des Aktivnachlasses (Vermögensanfall)	723 500 €
. /. Erblasserschulden, Erbfallschulden	60 000 €
Reinnachlass (Bereicherung)	663 500 €
. /. Freibetrag nach § 16 Abs. 1 Nr. 2 ErbStG (Steuerklasse I Nr. 2, § 15 ErbStG)	./. 400 000 €
Steuerpflichtiger Erwerb	263 500 €
Im Gesamtnachlass enthaltenes Auslandsvermögen	80 000 €
Prozenthaltiger Anteil, bezogen auf den Reinnachlass i. H. v. 663 500 € (persönlicher Freibetrag ist **nicht** zu kürzen!) 12,05727 %	
Erbschaftsteuer aus gesamtem Vermögensanfall (inländisches und ausländisches Vermögen) nach § 19 Abs. 1 ErbStG, Steuerklasse I, 11 % von 263 500 €, **kein** Fall des Härteausgleichs nach § 19 Abs. 3 ErbStG	28 985 €
Anrechnung der ausländischen Erbschaftsteuer § 21 Abs. 1 Satz 2 ErbStG (**Höchstbetrag**), Berechnungsformel s. o.	
$28985€ \times \frac{80000€}{663500€} = \text{rd. } 3495€$	
Die tatsächlich gezahlte ausländische Erbschaftsteuer ist höher, so dass nur anrechenbar sind	3 495 €
Festzusetzende Erbschaftsteuer	**25 490**

3 Kleinbetragsgrenze (§ 22 ErbStG)

Von der Festsetzung der Erbschaftsteuer ist abzusehen, wenn die Steuer, die für den einzelnen Steuerfall festzusetzen ist, den **Betrag von 50 € nicht übersteigt**. Die Worte **für den einzelnen Steuerfall** bedeuten, dass die Kleinbetragsregelung für **jeden** steuerpflichtigen Erwerb gilt. Festsetzungen zur ErbSt bzw. SchenkSt werden nur geändert oder berichtigt, wenn die Abweichung von der bisherigen Festsetzung mindestens 10 € beträgt, § 1 Abs. 1 Nr. 3 Kleinbetragsverordnung.

4 Grundsätze zur Besteuerung von Renten, Nutzungen und Leistungen (§ 23 ErbStG)

Die unentgeltliche Zuwendung eines Nießbrauchs, Wohnrechts oder einer Rente an den Ehegatten, ein Kind, die Eltern oder an andere Erwerber unterliegt der Schenkungsteuer; der Erwerb eines Nutzungs- oder Rentenrechts durch Erbanfall unterliegt der Erbschaftsteuer.

Der Bezugsberechtigte hat die Wahl zwischen der **Sofortversteuerung**, angesetzt mit dem Kapitalwert des Nutzungs- oder Rentenrechts, oder der **Jahresversteuerung** (§ 23 Abs. 1 Satz 1 ErbStG). Bei der Jahresversteuerung berechnet sich die Steuer aus dem Jahreswert der Nutzung bzw. Rente und dem Steuersatz, der sich bei der Sofortversteuerung aus dem Kapitalwert und dem noch angefallenen sonstigen Vermögen nach Abzug der Freibeträge ergeben würde (§ 23 Abs. 1 Satz 2 ErbStG). Die Jahresversteuerung erfolgt nur auf **Antrag** des Erwerbers.

BEISPIEL

A hat seiner Nichte mit Wirkung zum 01.01.2019 ein lebenslanges Nießbrauchsrecht an einem Mietwohngrundstück eingeräumt. Der Jahreswert des Nießbrauchsrechts beträgt 10 000 €. Für das Mietwohngrundstück ergibt sich ein Grundbesitzwert von 250 000 €. Die Nichte ist im Zeitpunkt der Zuwendung 30 Jahre alt.

LÖSUNG Die Zuwendung unterliegt als freigebige Zuwendung nach § 7 Abs. 1 Nr. 1 ErbStG der Schenkungsteuer. Als Bereicherung ist der Kapitalwert des Nießbrauchsrechts anzusetzen (§ 12 Abs. 1 ErbStG i. V. m. § 14 Abs. 1 BewG). Der Kapitalwert ist zum 01.01. 2019 zu bewerten (§ 11 ErbStG). Bei der Sofortversteuerung ergibt sich folgende Schenkungsteuer:

Kapitalwert des Nießbrauchsrechts	
Der Jahreswert beträgt	10 000 €
× Vervielfältiger 17,629 (Erlass vom 22.11.2018; § 14 Abs. 1 BewG)	
Der Wert der Bereicherung beträgt	176 290 €
./. persönlicher Freibetrag bei Steuerklasse II, § 16 Abs. 1 Nr. 5 ErbStG	./. 20 000 €
Der steuerpflichtige Erwerb beträgt	156 290 €
abgerundet, § 10 Abs. 1 Satz 1, 6 ErbStG	156 200 €
Die **Schenkungsteuer** (20 % von 156 200 €) beträgt	31 240 €

Um die Schenkungsteuer zahlen zu können, wäre die Nichte gezwungen, einen Teil dieser Steuer aus ihrem Vermögen vorzufinanzieren. Verfügt sie aber über kein weiteres Vermögen, könnte sie sich für die Jahresversteuerung entscheiden. Bei der Jahresversteuerung wird die jährlich zu entrichtende Schenkungsteuer unter Berücksichtigung des Jahreswerts von 10 000 € und des Steuersatzes von 20 % festgesetzt, also auf 2 000 €.

Um auch bei der Jahresversteuerung den persönlichen Freibetrag zu berücksichtigen, setzt die Erhebung der Jahressteuer erst dann ein, wenn der persönliche Freibetrag durch die Verrechnung mit dem Jahreswert aufgezehrt ist. Das bedeutet für die Nichte im ersten Jahr: Jahreswert von 10 000 € ./. persönlicher Freibetrag von 20 000 € = 0 € zu versteuern. Erst ab dem dritten Jahr fällt somit Schenkungsteuer i. H. v. 2 000 € an.

Die Jahressteuer läuft so lange, bis das Nutzungs- oder Rentenrecht erlischt, also meist bis zum Tod des Berechtigten. Auf Antrag kann die jährliche Versteuerung jederzeit abgelöst und die Steuer, kapitalisiert auf die Restlaufzeit, entrichtet werden (§ 23 Abs. 2 BewG).

5 Mehrfacher Erwerb desselben Vermögens (§ 27 ErbStG)

Fällt Personen der **Steuerklasse I von Todes wegen** Vermögen an, das in den **letzten zehn Jahren vor dem Erwerb** bereits von Personen dieser Steuerklassen erworben worden ist und für das nach dem Erbschaftsteuergesetz eine Steuer zu erheben war, ermäßigt sich der auf dieses Vermögen entfallende Betrag unter Berücksichtigung der Begrenzungsregelung in § 27 Abs. 3 ErbStG. Der Ermäßigungsbetrag darf den Betrag nicht übersteigen, der sich bei Anwendung des Prozentsatzes nach § 27 Abs. 1 ErbStG auf die vom Vorerwerber gezahlte Steuer ergibt. Die Erbschaftsteuer ermäßigt sich:

um ... Prozent	wenn zwischen den beiden Zeitpunkten der Entstehung der Steuer liegen
50	mehr als 1 Jahr
45	mehr als 1 Jahr, aber nicht mehr als 2 Jahre
40	mehr als 2 Jahre, aber nicht mehr als 3 Jahre
35	mehr als 3 Jahre, aber nicht mehr als 4 Jahre
30	mehr als 4 Jahre, aber nicht mehr als 5 Jahre
25	mehr als 5 Jahre, aber nicht mehr als 6 Jahre
20	mehr als 6 Jahre, aber nicht mehr als 8 Jahre
10	mehr als 8 Jahre, aber nicht mehr als 10 Jahre

Mit der nach Zeiträumen **gestaffelten** Verminderung der für den Letzterwerb zu berechnenden Erbschaftsteuer wird erreicht, dass es bei einem Mehrfacherwerb im engsten Familienkreis innerhalb kurzer Zeit nicht zu ungerechtfertigten hohen erbschaftsteuerlichen Belastungen kommt.

Die Anwendung der Ermäßigungsvorschrift setzt voraus, dass

- es sich um Personen handelt, die sowohl für den Vorerwerb als auch für den Letzterwerb zur **Steuerklasse I** gehören,
- es sich um einen **Erwerb von Todes wegen** handelt,
- der Vorerwerb **nicht länger als zehn Jahre** vor dem Letzterwerb liegen darf,
- dasselbe Vermögen erneut übergegangen sein muss und
- der frühere Erwerb auch tatsächlich der Besteuerung unterlegen haben muss.

Bei der Berechnung des Ermäßigungsbetrages, der auf das begünstigte Vermögen entfällt, ist die Steuer für den Gesamterwerb in dem Verhältnis aufzuteilen, in dem der Wert des begünstigten Vermögens zu dem Wert des steuerpflichtigen Gesamterwerbs **ohne Abzug** des dem Erwerber zustehenden Freibetrags steht, § 27 Abs. 2 ErbStG.

Dies geschieht nach folgender Berechnungsformel:

$$\frac{\text{Steuer für den Gesamterwerb} \times \text{Wert des begünstigten Vermögens} \times \text{Prozentsatz}}{\text{Wert des steuerpflichtigen Gesamterwerbs}}$$

BEISPIELE

Vater V verstarb am 01.04. 2018. Alleinerbe ist sein Sohn B. Der Nachlass bestand aus Grundbesitz und festverzinslichen Wertpapieren. Der Steuerwert des Grundbesitzes beträgt 350 000 €, der Steuerwert des übrigen Vermögens 150 000 €. Nach einer schweren Erkrankung verstirbt B am 18.11. 2019. Alleinerbe ist sein Sohn M. Der Nachlass von B erstreckt sich nur auf das von V seinerzeit vererbte Vermögen. Es ist davon auszugehen, dass die Steuerwerte unverändert geblieben sind.

LÖSUNG Die Voraussetzungen für die Inanspruchnahme der Ermäßigungsvorschrift nach § 27 ErbStG sind erfüllt.

Erbschaftsteuer für Vorerwerb B

Steuerklasse I	
Steuerwert des Nachlasses	500 000 €
Erbfallkostenpauschbetrag	./. 10 300 €
persönlicher Freibetrag nach § 16 Abs. 1 Nr. 2 ErbStG	./. 400 000 €
steuerpflichtiger Erwerb	89 700 €
Die Erbschaftsteuer beträgt 11 % von 89 700 €	9 867 €

Erbschaftsteuer für Erwerb M

Steuerklasse I	
Die Erbschaftsteuer beträgt wie beim Erwerb von B	9 867 €
Die Ermäßigung beträgt nach § 27 Abs. 1 ErbStG 45 % von 9 867 €	4 440 €
Die festzusetzende Erbschaftsteuer beläuft sich auf (9 867 € ./. 4 440 €)	5 427 €

Die Summe der Ermäßigungsbeträge der einzelnen Erwerber nach § 27 Abs. 1 ErbStG darf nicht höher sein als der sich nach Abs. 3 ergebende Höchstbetrag. Ist dies der Fall, ist der **Höchstbetrag der Ermäßigung** auf die einzelnen Erwerber entsprechend ihrem jeweiligen Anteil am mehrfach erworbenen Vermögen zu verteilen.

BEISPIEL

Zur Verdeutlichung dient folgendes vereinfachtes Beispiel (**ohne** Berücksichtigung von Erbfallkosten): Beim Tod des M am 04.01. 2019 geht ein Wertpapierdepot im Stichtagswert von 1 Mio. € auf die Ehefrau E über. E verstirbt am 15.10. 2019 und wird von den Kindern K 1 und K 2 zu je 1/2 beerbt. Der Wert des Depots beträgt unverändert 1 Mio. €.

Besteuerung der E

Erwerb	1 000 000 €
./. persönlicher Freibetrag nach § 16 Abs. 1 Nr. 1 ErbStG	./. 500 000 €
./. Versorgungsfreibetrag nach § 17 Abs. 1 ErbStG	./. 256 000 €
steuerpflichtiger Erwerb	244 000 €
Steuersatz 11 % **(kein Fall des Härteausgleichs)**	26 840 €

Besteuerung K 1 und K 2

Erwerb jeweils	500 000 €
./. persönlicher Freibetrag nach § 16 Abs. 1 Nr. 2 ErbStG	./. 400 000 €
steuerpflichtiger Erwerb	100 000 €
Steuersatz 11 %	11 000 €

Da die Steuer in **vollem Umfang** auf das mehrfach erworbene Vermögen entfällt, ergibt sich jeweils ein Ermäßigungsbetrag nach § 27 Abs. 1 und 2 ErbStG i. H. v. 50 % von 11 000 € = 5 500 € und eine Summe der Ermäßigungsbeträge i. H. v. 11 000 €.

Als Höchstbetrag der Steuerermäßigung nach § 27 Abs. 3 ErbStG errechnet sich ein Betrag von 50 % von 26 840 € = 13 420 €.

Die Steuerermäßigung ist demnach für K 1 und K 2 jeweils auf 1/2 von 26 840 € = 13 420 € (aufgerundet) begrenzt.

6 Stundung bei Erwerben von Todes wegen (§ 28 ErbStG)

§ 28 Abs. 1 ErbStG sichert dem Erwerber bei einem Erwerb begünstigten Vermögens i. S. d. § 13b Abs. 2 ErbStG von Todes wegen einen **Rechtsanspruch** auf Stundung der auf das begünstigte Vermögen entfallenden Steuer. Auf Antrag ist die Steuer auf bis zu sieben Jahre zu stunden. Im ersten Jahr erfolgt die Stundung zinslos, danach erfolgt die Verzinsung nach den Grundsätzen der AO. Die Möglichkeit der Stundung besteht unabhängig davon, nach welcher Maßgabe (Regelverschonung, Abschmelzregelung des Verschonungsabschlags oder Verschonungsbedarfsprüfung) eine Steuer auf das begünstigte Vermögen entfällt. Damit soll die Belastung durch die im Erbfall ungeplant entstandene Erbschaftsteuer abgemildert werden. Die Stundung gilt nicht für Schenkungen unter Lebenden.

§ 28 Abs. 3 ErbStG ermöglicht eine vergleichbare Stundung bei Erwerb eines Ein- oder Zweifamilienhauses oder Wohnungseigentums, das der Erwerber nach dem Erwerb zu eigenen Wohnzwecken nutzt sowie bei zu Wohnzwecken vermieteten Grundstücken (§ 13d ErbStG).

7 Verschonungsbedarfsprüfung (§ 28a ErbStG)

§ 28a ErbStG gilt nur bei Erwerben von begünstigtem Vermögen i. S. d. § 13b Abs. 2 ErbStG. Dem Grunde nach muss zunächst begünstigungsfähiges Vermögen nach § 13b Abs. 1 ErbStG vorliegen. Schädliches Verwaltungsvermögen fällt nicht unter die Verschonungsbedarfsprüfung, da diese Vermögensteile auch nicht nach § 13a ErbStG begünstigt werden.

Die Einführung einer Verschonungsbedarfsprüfung für Erwerbe ab dem 01.07.2016 ist eine Reaktion des Gesetzgebers auf die Rechtsprechung des BVerfG vom 17.12.2014, nach der beim Erwerb von sehr großem Vermögen die Verschonung an eine Bedürfnisprüfung gekoppelt werden muss. Beim Überschreiten der Prüfschwelle von 26 Mio. € (§ 13a Abs. 1 Satz 1 ErbStG) wird auf Antrag eine Verschonungsbedarfsprüfung durchgeführt. Dies gilt aber nicht, wenn bereits ein (unwiderruflicher) Antrag nach § 13c ErbStG gestellt worden ist, § 28a Abs. 8 ErbStG. Bei Großerwerben, d. h. bei Überschreiten der Prüfschwelle von 26 Mio. €, hat der Erwerber folgende Möglichkeiten:

- abschmelzender Verschonungsabschlag nach § 13c ErbStG – Antrag ist unwiderruflich,
- Stundung nach § 28 ErbStG – Antrag ist widerruflich oder
- Verschonungsbedarfsprüfung nach § 28a ErbStG – Antrag ist widerruflich.

Bei der Verschonungsbedarfsprüfung muss der Erwerber nachweisen, dass er die Steuer, die auf das begünstigte Vermögen entfällt, nicht aus seinem verfügbaren Vermögen begleichen kann. Das verfügbare Vermögen ist in § 28a Abs. 2 ErbStG definiert. Hierzu zählen 50 % der Summe der gemeinen Werte des

1. mit der Erbschaft oder Schenkung zugleich übergangenen Vermögens, das nicht zum begünstigten Vermögen i. S. d. § 13b Abs. 2 ErbStG gehört (z. B. schädliches Verwaltungsvermögen, Grundvermögen, übriges Vermögen) und
2. dem Erwerber im Zeitpunkt der Entstehung der Steuer gehörenden Vermögens, das nicht zum begünstigten Vermögen i. S. d. § 13b Abs. 2 ErbStG gehören würde (z. B. bereits vorhandenes Grundvermögen, übriges Vermögen, nicht aber Vermögen aus einem eigenen Unternehmen, soweit § 13b Abs. 2 ErbStG erfüllt wäre).

Soweit diese Voraussetzungen erfüllt sind, wird der übersteigende Teil der Steuer auf Antrag erlassen, § 28a Abs. 1 Satz 1 ErbStG. Die nach dem Erlass noch verbleibende Steuer kann ganz oder teilweise bis zu sechs Monate gestundet werden, § 28a Abs. 3 ErbStG. Der Erlass kann nicht in Anspruch genommen werden, soweit der Erwerber aufgrund einer schädlichen Weitergabeverpflichtung das begünstigte Vermögen übertragen muss (z. B. auf Grund eines Vermächtnisses oder einer Teilungsanordnung).

Der Erlass der Steuer steht gem. § 28a Abs. 4 ErbStG unter der **auflösenden Bedingung**, dass die Lohnsummenregelungen und die Behaltensfrist eingehalten werden, § 28a Abs. 4 Nr. 1 und Nr. 2 ErbStG. Hier gilt jedoch eine Lohnsummenfrist und eine Behaltensfrist von sieben Jahren. Erhält der Erwerber durch Schenkung oder Erbschaft innerhalb von zehn Jahren nach der Steuerentstehung weiteres verfügbares Vermögen, steht der Erlass insoweit ebenfalls unter einer auflösenden Bedingung, § 28a Abs. 4 Nr. 3 ErbStG.

BEISPIEL

Der Vater ist Alleingesellschafter der V-GmbH, der Unternehmenswert (= Steuerwert) der GmbH beträgt insgesamt 100 Mio. €. Schädliches Verwaltungsvermögen liegt nicht vor. Gleichzeitig werden noch Wertpapiere mit einem Kurswert von 10 Mio. € übertragen (nicht begünstigt). Die Tochter verfügt über eigenes Kapitalvermögen i. H. v. 5 Mio. €.
a) V überträgt 26 % der Anteile.
b) V überträgt 50 % der Anteile.

LÖSUNG

a) Bei Anwendung der Prüfschwelle für die Verschonungsbedarfsprüfung ist auf die Höhe des Erwerbs begünstigten Vermögens abzustellen, § 13a Abs. 1 i. V. m. § 13b Abs. 2 ErbStG. Maßgeblich ist daher nur der Erwerb bei der Tochter, der gemeine Wert des GmbH-Anteils beträgt 26 Mio. €. Der GmbH-Anteil zählt zum begünstigungsfähigen Vermögen, § 13b Abs. 1 Nr. 3 ErbStG (Anteil Schenker > 25 %). Da kein schädliches Verwaltungsvermögen vorliegt, beträgt das begünstigte Vermögen 26 Mio. €. Da die Prüfschwelle nicht überschritten wird, kann die Tochter die allgemeinen Verschonungsregelungen in Anspruch nehmen. Ein Großerwerb liegt nicht vor.

b) Die Prüfschwelle ist überschritten. Sofern nicht bereits ein unwiderruflicher Antrag nach § 13c ErbStG gestellt wurde, kann ein Antrag auf Verschonungsbedarfsprüfung gestellt werden. Das eigene Vermögen der Tochter beträgt 5 Mio. €, zusätzlich wurde nicht begünstigtes Vermögen von 10 Mio. € übertragen, somit sind verfügbar i. S. d. § 28a Abs. 2 ErbStG 7,5 Mio. €.

Ermittlung der Schenkungsteuer für die Tochter:

	Bereicherung durch Schenkung (da Großerwerb, kein Ansatz eines Verschonungsabschlages)	60 000 000 €
./.	persönlicher Freibetrag § 16 Abs. 1 Nr. 2 ErbStG	400 000 €
=	steuerpflichtiger Erwerb	59 600 000 €
	Steuer gem. § 19 Abs. 1 ErbStG 30 %	17 880 000 €

Für die Verschonungsbedarfsprüfung ist nur auf die Steuer abzustellen, die auf begünstigtes Vermögen i. S. d. § 13b Abs. 2 ErbStG entfällt, hier also auf 14 900 000 € (5/6).

Ermittlung der zu erhebenden Steuer:

	Steuer insgesamt	17 880 000 €	
./.	Steuer auf begünstigtes Vermögen (5/6)	14 900 000 €	
	Steuer auf nicht begünstigtes Vermögen (1/6)	2 980 000 €	
	zu erheben sind mindestens	2 980 000 €	
	Steuer auf begünstigtes Vermögen	14 900 000 €	
+	erhoben wird verfügbares Vermögen	7 500 000 €	7 500 000 €
	übersteigende Steuer wird erlassen	7 400 000 €	
=	zu erhebende Schenkungsteuer insgesamt		10 480 000 €

Vergleichsberechnung bei Anwendung der Regelverschonung und unwiderruflichem Antrag nach § 13c ErbStG:

	Begünstiger GmbH-Anteil (kein Verwaltungsvermögen)	50 000 000 €
./.	Verschonungsabschlag (abgeschmolzen, s. Teil I 2.12) 53 %	26 500 000 €
+	nicht begünstigte Wertpapiere	10 000 000 €
=	steuerpflichtige Bereicherung	33 500 000 €
./.	persönlicher Freibetrag § 16 Abs. 1 Nr. 2 ErbStG	400 000 €
=	steuerpflichtiger Erwerb	33 100 000 €
	Steuer gem. § 19 Abs. 1 ErbStG 30 %	9 930 000 €

Weil im vorliegenden Beispiel kein Verwaltungsvermögen vorhanden ist, käme auch die Optionsverschonung mit einem Verschonungsabschlag von 68 % in Betracht. Der Vorteil des § 13c ErbStG wäre damit noch deutlicher. Bei der Optionsverschonung käme allerdings eine verschärfte Lohnsummenregelung und eine längere Behaltensfrist zum Tragen.

8 Grundsätze zum Erlöschen der Steuer in besonderen Fällen (§ 29 ErbStG)

Für den **Schenkungsbereich** hauptsächlich regelt § 29 ErbStG Sondertatbestände, wonach die Steuer **mit Wirkung für die Vergangenheit** erlischt. Betroffen sind Zuwendungen, die zunächst als freigebige Zuwendungen der Schenkungsteuer unterworfen worden sind und später aufgrund **gesetzlicher** Rückforderungsrechte an den Schenker rückgängig gemacht werden. Aufgrund des nachträglichen Wegfalls der Bereicherung kommt es in einem gewissen Umfang zu einer Erstattung der bisher gezahlten Steuer. Der Erwerber ist nach § 29 Abs. 2 ErbStG für den Zeitraum für den ihm die Nutzungen des zugewandten Vermögens zugestanden haben, wie ein **Nießbraucher** zu behandeln.

Kommt es dagegen bei einer einmal ausgeführten Schenkung zu einer späteren **freiwilligen** Rückgabe der übertragenen Vermögenswerte, handelt es sich um eine **Rückschenkung**, die grundsätzlich eine **erneute** Schenkungsteuerpflicht auslöst.

Für die Erbschaftsbesteuerung ist dagegen eine Steuerfreiheit nach § 13 Abs. 1 Nr. 10 ErbStG für solche Vermögensgegenstände gegeben, die **Eltern** oder **Voreltern** ihren Abkömmlingen durch Schenkung oder Übergabevertrag zugewandt hatten und die an **diese Personen von Todes wegen** zurückfallen (wegen des **Rückfalls** von geschenktem Vermögen, s. H 1.1).

Als **gesetzliche Rückforderungsrechte** kommen insbesondere in Betracht:

- die Herausgabe des Geschenks bei Nichtvollziehung einer Auflage, wenn die Verwendung für den vorgesehenen Zweck unterblieben ist (§ 527 Abs. 1 BGB),
- die Rückforderung aufgrund eingetretener Verarmung des Schenkers (§ 528 Abs. 1 BGB),
- die Rückforderung wegen groben Undanks (§ 530 BGB),
- die Rückforderung von Verlobungsgeschenken, wenn die Eheschließung unterbleibt (§ 1301 BGB),
- die Rückforderung, wenn die Schenkung wegen Irrtums oder arglistiger Täuschung nach erfolgter Anfechtung erfolgte (§ 818 BGB, §§ 119, 123 und 142 BGB),
- die Rückforderung, wenn sich Ehegatten nach erfolgter Scheidung bezüglich des Gesamtgutes nach § 1478 BGB die Vermögenswerte zurückzuerstatten haben,
- die Rückforderungsrechte des Nacherben (§ 2113 BGB),
- die Rückforderungsrechte des Vertragserben und des Vermächtnisnehmers bei **beeinträchtigenden Schenkungen** aufgrund der Rechtsstellung aus Erbverträgen (§§ 2287, 2288 BGB).

Des Weiteren kommen Rückforderungsrechte nach **Vertragsrecht** u. U. in Betracht, z. B.:

- bei Vereinbarung von auflösenden Bedingungen nach Eintritt der Bedingung, Rücktrittsrechten und Widerrufvorbehalten,
- bei Wegfall der Geschäftsgrundlage des Schenkungsvertrages und der damit verbundenen Rückgabepflicht eines Geschenkes.

Zum Erlöschen der Steuer kommt es in den Fällen der **güterrechtlichen Abwicklung** des Zugewinnausgleichs, wenn Vorschenkungen nach § 1380 Abs. 1 BGB auf die Zugewinnausgleichsforderung anzurechnen sind (§ 29 Abs. 1 Nr. 3 ErbStG).

9 Anzeige des Erwerbs (§ 30 ErbStG)

Grundsätzlich sind alle der Erbschaftsteuer unterliegenden Erwerbe von den Erwerbern binnen einer Frist von **drei Monaten** nach erlangter Kenntnis des Anfalls, dem zuständigen Erbschaftsteuerfinanzamt anzuzeigen (§ 30 Abs. 1 ErbStG).

Die Anzeigepflicht **entfällt** u. a., wenn der Erwerb auf einer von einem deutschen Gericht oder **Notar** usw. eröffneten Verfügung gerichtlich oder **notariell** beurkundet wird. Dies gilt jedoch nicht, wenn zum Erwerb Grundbesitz, Betriebsvermögen, Anteile an Kapitalgesellschaften, die nicht der Anzeige nach § 33 ErbStG unterliegen, oder Auslandsvermögen gehört (§ 30 Abs. 3 Satz 1 2. HS ErbStG).

Bei Schenkungen unter Lebenden ist nach § 30 Abs. 2 ErbStG auch der **Schenker** zur Anzeige verpflichtet.

Die Anzeige soll nach § 30 Abs. 4 ErbStG folgende Angaben enthalten:

- Vorname und Familienname, Identifikationsnummer (§ 139b AO), Beruf, Wohnung des Erblassers oder Schenkers und des Erwerbers,
- Todestag und Sterbeort des Erblassers oder Zeitpunkt der Ausführung der Schenkung,
- Gegenstand und Wert des Erwerbs,
- Rechtsgrund des Erwerbs wie gesetzliche Erbfolge, Vermächtnis, Ausstattung,
- persönliches Verhältnis des Erwerbers zum Erblasser oder zum Schenker wie Verwandtschaft, Schwägerschaft, Dienstverhältnis,
- frühere Zuwendungen des Erblassers oder Schenkers an den Erwerber nach Art, Wert und Zeitpunkt der einzelnen Zuwendung.

Die Anzeige des Erwerbs erfolgt **formlos.**

Wird aufgrund einer **unterlassenen Anzeige** die Erbschaftsteuer/Schenkungsteuer nicht, nicht in voller Höhe oder nicht rechtzeitig festgesetzt, liegt ein Tatbestand der Steuerhinterziehung nach § 370 AO vor.

Anzumerken ist, dass gem. § 170 Abs. 5 AO die Festsetzungsfrist für die Erbschaftsteuer (Schenkungsteuer)

- bei **einem Erwerb von Todes wegen** nicht vor Ablauf des Kalenderjahres, in dem der Erwerber Kenntnis von dem Erwerb erlangt hat,
- bei **einer Schenkung** nicht vor Ablauf des Kalenderjahres, in dem der **Schenker gestorben** ist oder die Finanzbehörde von der vollzogenen Schenkung **Kenntnis** erlangt hat,

beginnt.

10 Steuererklärung (§ 31 ErbStG)

Das Finanzamt kann von **jedem** an einem Erbfall, einer Schenkung oder an einer Zweckzuwendung Beteiligten, ohne Rücksicht darauf, ob er selbst steuerpflichtig ist, innerhalb einer **Erklärungsfrist von mindestens einem Monat** die Abgabe einer Steuererklärung verlangen (§ 31 Abs. 1 ErbStG).

Nach § 31 Abs. 2 ErbStG muss die Erklärung ein Verzeichnis der zum Nachlass gehörenden Gegenstände und die für die Wertfeststellung der Gegenstände erforderlichen Angaben enthalten. Die gesetzlich verlangten Angaben sind sowohl in der Erbschaftsteuererklärung als auch in der Schenkungserklärung eingearbeitet. Weitere Einzelangaben zu den Nachlasswirtschaftsgütern sind in den jeweiligen Anlagen zu den **amtlichen Vordrucken** aufzunehmen.

Sind **mehrere Erben** vorhanden, so sind sie berechtigt, die Steuererklärung **gemeinsam** abzugeben. In diesem Fall ist die Steuererklärung von **allen** Beteiligten zu unterschreiben. Sind an dem Erbfall außer den Erben noch weitere Personen beteiligt (Vermächtnisnehmer, Pflichtteilsberechtigte), so können diese im Einverständnis mit den Erben in die gemeinsame Steuererklärung einbezogen werden (§ 31 Abs. 4 ErbStG).

Jeder Erwerber kann nur für **seinen** Erwerb zur Abgabe einer Steuererklärung verpflichtet werden.

Ist ein **Testamentsvollstrecker** oder **Nachlassverwalter** vorhanden oder ein Nachlasspfleger bestellt, so ist dieser zur Abgabe der Steuererklärung verpflichtet (§ 31 Abs. 5 und 6 ErbStG).

Die Steuererklärung ist auf dem amtlich bestimmten Muster abzugeben.

11 Anzeigepflichten (§§ 33, 34 ErbStG)

11.1 Anzeigepflicht der Kreditinstitute, Vermögensverwahrer und Vermögensverwalter (§ 33 Abs. 1 und 2 ErbStG, § 1 ErbStDV)

Wer sich geschäftsmäßig mit der **Verwahrung** oder Verwaltung fremden Vermögens befasst, hat diejenigen in seinem **Gewahrsam befindlichen Vermögensgegenstände** und diejenigen **gegen ihn gerichteten Forderungen**, die **beim Tod** eines Erblassers zu **dessen Vermögen gehörten** oder über die dem Erblasser zur Zeit seines Todes die **Verfügungsmacht zustand**, dem für die **Verwaltung der Erbschaftsteuer zuständigen Finanzamt anzuzeigen** (§ 33 Abs. 1 Satz 1 ErbStG).

Die Anzeigepflicht bezieht sich auch auf die für das Jahr des Todes **bis zum Todestag errechneten Zinsen** für Guthaben, Forderungen und Wertpapiere (Stückzinsen), s. § 1 Abs. 1 Satz 3 ErbStDV.

Die Anzeigepflicht besteht auch dann, wenn an dem in Verwahrung befindlichen Wirtschaftsgut außer dem Erblasser noch andere Personen beteiligt sind.

Befinden sich am Todestag des Erblassers bei dem Anzeigepflichtigen Wirtschaftsgüter in Gewahrsam, die vom Erblasser verschlossen oder unter Mitverschluss gehalten wurden (z. B. in **Schließfächern**), genügt die Mitteilung über das Bestehen eines derartigen Gewahrsams und, soweit er dem Anzeigepflichtigen bekannt ist, die Mitteilung des Versicherungswerts.

Die Anzeige darf **nur** unterbleiben,

- wenn es sich um Wirtschaftsgüter handelt, über die der Erblasser **nur die Verfügungsmacht** hatte, insbesondere als gesetzlicher Vertreter, Betreuer, Liquidator, Verwalter oder Testamentsvollstrecker, oder
- wenn das bei dem einzelnen Geldinstitut verwahrte Vermögen (Konten, Depot usw.) **insgesamt nicht mehr als 5 000 € beträgt** (§ 1 Abs. 4 Nr. 2 ErbStDV). Sind **mehrere** Konten vorhanden, deren Summe zusammen über 5 000 € (Freigrenze) beträgt, besteht Anzeigepflicht.

Dies dient dem Zweck einer möglichst vollständigen Erfassung aller erbschaftsteuerpflichtigen Fälle.

Die Anzeigepflicht betrifft in erster Linie **Banken und Sparkassen**. Sie erstreckt sich auf **sämtliche Spar- und sonstigen Guthaben**, die der Erblasser bei einer Bank oder Sparkasse hatte, oder an denen er auch **nur mitberechtigt** war oder an denen ihm nur die **Verfügungsmacht** zustand.

Die Anzeige ist **in der Regel innerhalb eines Monats**, seitdem der Todesfall dem Verwahrer oder Verwalter bekanntgeworden ist, zu erstatten (§ 33 Abs. 1 Satz 2 Nr. 1 ErbStG).

Bei Sparkonten, die auf den Namen von **Ehegatten** lauten, ist die Bezeichnung allein für das Besteuerungsverfahren bei der Erbschaftsteuer und Schenkungsteuer **nicht bindend**. Entscheidend ist das Innenverhältnis zwischen den Ehegatten. Dabei kann der Güterstand von Bedeutung sein (z. B. Gesamtgut der Gütergemeinschaft) und die Frage, woher das Geld für die Einlage auf dem Konto stammt. Es kann sich auch um Schenkungen des Einzahlenden handeln.

Die gesetzliche **Vermutung** des § 742 BGB, dass das Guthaben den Teilhabern zu gleichen Teilen zusteht, ist für die Ermittlung des steuerpflichtigen Erwerbs **nicht** bindend. Sie kommt nur zur Anwendung, wenn sich trotz Ermittlungen keine anderen Anhaltspunkte ergeben.

Diese Grundsätze gelten sowohl für **Oder-Konten** (mit der Befugnis zu Einzelverfügungen) als auch für **Und-Konten** (für Gemeinschaftsverfügung).

Die Oder-Konten und Und-Konten unterliegen beim Tod eines Verfügungsberechtigten der gesetzlichen Meldepflicht, der Meldepflicht der Banken nach § 33 Abs. 1 ErbStG; das Gleiche gilt für die Konten, die auf den Namen eines Familienangehörigen lauten, über das der Erblasser aber verfügungsberechtigt war.

11.2 Anzeigepflicht der Versicherungsunternehmen (§ 33 ErbStG, § 3 ErbStDV)

Versicherungsunternehmen haben, **bevor** sie Versicherungssummen oder Leibrenten einem anderen als dem Versicherungsnehmer auszahlen oder zur Verfügung stellen, hiervon dem Finanzamt Anzeige zu erstatten (§ 33 Abs. 3 ErbStG). Hierzu gehören auch die Sterbekassen von Berufsverbänden, Vereinen und anderen Anstalten, soweit sie die Lebens- (Sterbegeld-) oder Leibrenten-Versicherung betreiben (§ 3 Abs. 1 Satz 1 ErbStDV).

11.3 Anzeigepflicht der Gerichte, Behörden, Beamten und Notare (§ 34 ErbStG, §§ 4–7 ErbStDV)

Gerichte, Behörden, Beamte und Notare haben dem für die Verwaltung der Erbschaftsteuer zuständigen Finanzamt Anzeige zu erstatten über diejenigen Beurkundungen, Zeugnisse und Anordnungen, die für die Festsetzung einer Erbschaftsteuer von Bedeutung sein können.

Insbesondere haben

- die **Standesämter**:
- die Sterbefälle;
- die **Gerichte und die Notare**:
- die Erteilung von Erbscheinen, Europäischen Nachlasszeugnissen, Testamtentsvollstreckerzeugnissen und Zeugnissen über die Fortsetzung der Gütergemeinschaft, die Beschlüsse über Todeserklärungen sowie die Anordnung von Nachlasspflegeschaften und Nachlassverwaltungen;
- die **Gerichte, die Notare und die deutschen Konsuln**:
- die eröffneten Verfügungen von Todes wegen,
- die abgewickelten Erbauseinandersetzungen,
- die beurkundeten Vereinbarungen der Gütergemeinschaft
- und die beurkundeten Schenkungen und Zweckzuwendungen

anzuzeigen.

11.4 Anzeigepflichten der Gerichte, Notare und sonstigen Urkundspersonen bei Schenkungen und Zweckzuwendungen unter Lebenden (§ 34 ErbStG, § 8 ErbStDV)

Die Gerichte und dgl. haben dem für die Verwaltung der Erbschaftsteuer zuständigen Finanzamt eine beglaubigte Abschrift der Urkunde über eine Schenkung (§ 7 ErbStG) oder eine Zweckzuwendung unter Lebenden (§ 8 ErbStG) zu übersenden.

12 Örtliche Zuständigkeit (§ 35 ErbStG)

Die **örtliche Zuständigkeit** richtet sich nach § 35 Abs. 1 ErbStG nach dem **Wohnsitz oder gewöhnlichen Aufenthalt** bzw. dem Ort der Geschäftsleitung **des Erblassers oder Schenkers,** wenn dieser ein Inländer war in sinngemäßer Anwendung der §§ 19 und 20 AO. Demzufolge wird auf die Person abgestellt, die das übergegangene Vermögen hinterlassen hat. Für die Begriffe Wohnsitz bzw. gewöhnlicher Aufenthalt sind die Regelungen der §§ 8 und 9 AO maßgebend. In den jeweiligen Bundesländern ist die Zuständigkeit für die Erbschaft- und Schenkungsteuer auf einzelne Finanzämter zentralisiert. Auch länderübergreifende Zuständigkeiten sind zu beachten, die Zuständigkeit für Festsetzungen im Saarland ist auf Rheinland-Pfalz (hier das Finanzamt Kusel-Landstuhl) übertragen worden.

Eine weitere Zuständigkeitsregelung, die sich nach den **Verhältnissen des Erwerbers** richtet, ergibt sich aus § 35 Abs. 2 ErbStG. Hiervon betroffen sind Schenkungen unter Lebenden, wenn es sich beim **Erwerber** um eine **Körperschaft, Personenvereinigung oder Vermögensmasse handelt** (§ 35 Abs. 2 Nr. 1 ErbStG). Außerdem ist auf die **Verhältnisse des Erwerbers** abzustellen, wenn der **Erblasser** zur Zeit seines Todes oder der **Schenker** zur Zeit der Ausführung der Zuwendung **kein Inländer** war (§ 35 Abs. 2 Nr. 2 ErbStG).

Teil L Lösungshinweise zu den Fällen

Lösung zu Fall 1

Zu 1: Der Erbschafts- und Schenkungsbesteuerung unterliegen nach § 1 Abs. 1 ErbStG:

- der Erwerb von Todes wegen (§ 3 ErbStG),
- die Schenkungen unter Lebenden (§ 7 ErbStG),
- die Zweckzuwendungen (§ 8 ErbStG),
- als Ersatzerbschaftsteuer bestimmtes Familienstiftungsvermögen (§ 1 Abs. 1 Nr. 4 ErbStG).

Zu 2: Das deutsche Erbschaftsteuerrecht ist geprägt vom Prinzip der **Erbanfallsteuer**, wonach sich der Erwerb unmittelbar auf die Erbschaft selbst bezieht mit der Folge, dass an den Erwerb des einzelnen Erbes angeknüpft wird.

Zu 3: Die Erbschaftsteuer ist eine Besitzsteuer (die Schenkungsteuer wird aber den Verkehrsteuern zugeordnet), eine Landessteuer (Art. 106 Abs. 2 Nr. 2 GG), eine direkte Steuer und eine Personensteuer.

Zu 4: Es muss beim Erwerber (Erben bzw. Beschenkten) eine Bereicherung bei dem übergegangenen Vermögen durch Erbanfall oder Schenkung unter Lebenden eingetreten sein.

Zu 5: Durch § 1 Abs. 2 ErbStG, wonach die Vorschriften über die Erwerbe von Todes auch für Schenkungen und Zweckzuwendungen, die Vorschriften über Schenkungen auch für Zweckzuwendungen unter Lebenden anzuwenden sind, wird die Verbindung hergestellt.

In R E 1.1 Satz 3 ErbStR werden beispielhaft Regelungen genannt, die sich ausschließlich auf Erwerbe von Todes wegen beziehen und auf Schenkungen keine Anwendung finden.

Lösung zu Fall 2

Zu 1: Bei Erbfällen kommt es häufig zu einer gleichzeitigen Erhebung von Einkommensteuer und Erbschaftsteuer. Dies ist dann der Fall, wenn zum Nachlass Vermögenswerte gehören, die beim Erblasser einkommensteuerpflichtig waren, aber wegen fehlendem Zufluss bisher noch nicht zur Versteuerung gekommen sind. Als Beispiele werden genannt:

- Honorarforderungen eines Freiberuflers mit Gewinnermittlung nach § 4 Abs. 3 EStG, die wegen fehlendem Zufluss (§ 11 Abs. 1 EStG) noch nicht als Betriebseinnahmen zu erfassen waren;
- Zinsen aus Sparguthaben, die erst nach Auflösung des Sparkontos in voller Höhe beim Erben im Zeitpunkt des Zuflusses als Einnahmen aus Kapitalvermögen zu versteuern sind;
- Stückzinsen bei festverzinslichen Wertpapieren; es gilt dieselbe Rechtslage wie bei Zinsen aus Sparguthaben.

In den aufgeführten Beispielen sind die Honorarforderungen bei der Stichtagsbewertung als Betriebsvermögen, die Zinsen aus Sparguthaben und die Stückzinsen bis zum Todestag i. R. d. Erbschaftsbesteuerung als Nachlasswerte zu berücksichtigen.

Um eine Mehrfachbelastung abzumildern, kommt für **Erwerbe von Todes wegen nach dem 31.12. 2008**, also für Veranlagungszeiträume ab 2009, **auf Antrag** eine Steuerermäßigung bei der Einkommensteuer nach § 35 b EStG in Betracht.

Zu 2: Erbschaftsteuer (Schenkungsteuer) und Grunderwerbsteuer schließen sich gegenseitig aus, denn nach § 3 Nr. 2 GrEStG wird GrESt nicht erhoben bei Grundstückserwerben von

Todes wegen und Grundstücksschenkungen unter Lebenden i. S. d. Erbschaft- und Schenkungsteuergesetzes.

Bei einer gemischten Grundstücksschenkung ist der Rechtsvorgang in einen unentgeltlichen Teil und in einen entgeltlichen Teil aufzuteilen. Der unentgeltliche Teil unterliegt der Schenkungsbesteuerung; der entgeltliche Teil löst Grunderwerbsteuer aus, sofern nicht eine weitere Befreiungsregelung nach § 3 GrEStG zur Anwendung kommt, z. B. Übertragung an Abkömmlinge, steuerbefreit nach § 3 Nr. 6 GrEStG.

Lösung zu Fall 3

Zu 1: Der **unbeschränkten Steuerpflicht** unterliegt nach § 2 Abs. 1 Nr. 1 Satz 1 ErbStG der **gesamte Vermögensanfall** und zwar sowohl das inländische als auch das ausländische Vermögen, sofern dieses nicht nach einem Doppelbesteuerungsabkommen von der Besteuerung ausgenommen ist.

Die **beschränkte Steuerpflicht** umfasst nach § 2 Abs. 1 Nr. 3 ErbStG lediglich das **Inlandsvermögen i. S. d. § 121 BewG**. Das von der Besteuerung betroffene Vermögen ist in § 121 BewG abschließend geregelt, deshalb bezieht sich die Besteuerung nur auf das dort genannte Vermögen, das auf das Inland entfällt.

Zu 2: Der **unbeschränkten Steuerpflicht** unterliegen alle Erwerbe aus dem Nachlass eines **inländischen Erblassers** und alle Schenkungen eines inländischen Schenkers, auch wenn der Erwerber **kein** Inländer ist.

Des Weiteren unterliegen der unbeschränkten Steuerpflicht alle **Erwerbe von Inländern**, die von einem nicht als Inländer geltenden Erblasser oder Schenker stammen.

Die **beschränkte Steuerpflicht** kommt für die Fälle in Betracht, wenn weder der Erblasser zur Zeit seines Todes bzw. der Schenker zur Zeit der Ausführung der Zuwendung noch der Erwerber zur Zeit der Entstehung der Steuer (§ 9 ErbStG) ein Inländer ist.

Lösung zu Fall 4

Zu 1: Die Erben Rolf Sorge, Wolfgang Sorge und Barbara Sorge sind nach § 2 Abs. 1 Nr. 1 ErbStG **unbeschränkt erbschaftsteuerpflichtig**, da sie von einem inländischen Erblasser beerbt worden sind, § 2 Abs. 1 Nr. 1 Satz 2 Buchs. a ErbStG. Der Erbschaftsbesteuerung unterliegt der **gesamte Vermögensanfall**. Das inländische Vermögen unterliegt mit dem Steuerwert von 2,9 Mio. €, die in Spanien belegene Ferienwohnung mit dem gemeinen Wert von 200 000 € (§ 12 Abs. 7 ErbStG) der Erbschaftsteuer. Die vererbte Ferienimmobilie löst spanische Erbschaftsteuer aus. Zur Vermeidung einer doppelten Besteuerung des Grundbesitzes kann **auf Antrag** bei Vorliegen der Voraussetzungen in § 21 ErbStG die spanische Erbschaftsteuer nach Maßgabe des § 21 Abs. 1 ErbStG auf die deutsche Erbschaftsteuer angerechnet werden.

Zu 2: Sparguthaben sind in § 121 BewG nicht genannt. § 121 Nr. 7 BewG regelt nur grundbuchrechtlich abgesicherte Kapitalforderungen; dies ist bei Sparguthaben nicht der Fall. Nachdem für die beschränkte Steuerpflicht in § 2 Abs. 1 Nr. 3 ErbStG **Inlandsvermögen nach § 121 BewG vorausgesetzt wird**, ist das vererbte Sparguthaben i. H. v. 60 000 € von der deutschen Erbschaftsbesteuerung ausgenommen.

Lösung zu Fall 5

Nachdem der Erblasser E **keine letztwillige Verfügung von Todes wegen** errichtet hatte, tritt die gesetzliche Erbfolgeregelung ein.

Die Abkömmlinge sind gesetzliche Erben erster Ordnung (§ 1924 Abs. 1 BGB), Kinder erben zu gleichen Teilen (§ 1924 Abs. 4 BGB). Das gesetzliche Erbrecht des Ehegatten bestimmt sich nach § 1931 BGB. Der Güterstand, in welchem die Eheleute gelebt haben, ist von Bedeutung beim gesetzlichen Güterstand (§ 1931 Abs. 3 BGB) und beim vertraglichen Güterstand der Gütertrennung (§ 1931 Abs. 4 BGB). Im Fall des gesetzlichen Güterstandes (Zugewinngemeinschaft) erhöht sich der gesetzliche Erbteil aus § 1931 Abs. 1 BGB um 1/4, § 1931 Abs. 3 i. V. m. § 1371 Abs. 1 BGB.

Nach § 1931 Abs. 1 BGB erhält der überlebende Ehegatte neben Verwandten der ersten Ordnung eine Erbquote von 1/4, neben Verwandten der zweiten Ordnung eine Erbquote von 1/2 des Nachlasses.

Unter Berücksichtigung des jeweiligen Güterstandes kommt es zu folgenden gesetzlichen Erbteilen:

a) **Zugewinngemeinschaft (§ 1363 BGB):**
F 1/4 gem. § 1931 Abs. 1 BGB + 1/4 gem. § 1931 Abs. 3 BGB i. V. m. § 1371 Abs. 1 BGB = 1/2,
T 1/4 gem. § 1924 Abs. 4 BGB,
S 1/4 gem. § 1924 Abs. 4 BGB.

b) **Gütergemeinschaft (§ 1415 BGB):**
F 1/4 gem. § 1931 Abs. 1 BGB,
T 3/8 gem. § 1924 Abs. 4 BGB,
S 3/8 gem. § 1924 Abs. 4 BGB.
Zur Zusatzfrage ist anzumerken, dass von erheblicher Bedeutung ist, welche Vermögen vererbt werden. In den Nachlass fallen:

- vom Gesamtgut (§ 1416 BGB) nur die Hälfte,
- vom Sondergut (§ 1417 BGB), nur des jeweiligen Ehegatten, der verstorben ist, in **voller Höhe**,
- vom Vorbehaltsgut (§ 1418 BGB), nur des jeweiligen Ehegatten, der verstorben ist, in **voller Höhe.**

c) **Gütertrennung (§ 1414 BGB):**
Bei zwei Kindern des Erblassers, die zur Erbfolge berufen sind, greift noch die Sonderregelung in § 1931 Abs. 4 BGB, wonach der überlebende Ehegatte und jedes Kind zu **gleichen Teilen** erben.
F 1/3 gem. § 1931 Abs. 4 BGB,
T 1/3 gem. § 1931 Abs. 4 BGB,
S 1/3 gem. § 1931 Abs. 4 BGB.

Lösung zu Fall 6

Durch das Testament hat die überlebende Ehefrau F nur einen geringen Erbteil vererbt bekommen (= 2 800 000 € × 1/5 = 560 000 €); der ihr hinterlassene Erbteil ist geringer als ihr Pflichtteil (großer Pflichtteil wäre: 2 800 000 € × 1/4 = 700 000 €). F müsste deshalb die Überlegung anstellen, ob sie die ihr hinterlassene Erbschaft nicht ausschlägt und stattdessen den realen

Zugewinnausgleich gegenüber S fordert und den kleinen Pflichtteil verlangt. Dies dürfte hier die günstigere Lösung sein, wenn beim Erblasser ein erheblicher Mehrzugewinn entstanden war.

	E	F
Endvermögen	2 800 000 €	400 000 €
Anfangsvermögen	200 000 €	100 000 €
Zugewinn	2 600 000 €	300 000 €
realer Zugewinnausgleichsanspruch von F (2 600 000 ./. 300 000) × ½		1 150 000 €

Bei Ausschlagung der Erbschaft hätte F folgende Ansprüche:

- realer Zugewinnausgleichsanspruch gegenüber Sohn S = 1 150 000 €,
- kleiner Pflichtteil (2 800 000 ./. 1 150 000) × 1/8 = 206 250 €.

Lösung zu Fall 7

Mit der gegenseitigen Alleinerbeneinsetzung der Ehegatten in ihrem Privattestament wird F nach dem Tode von E Alleinerbin. Dadurch wird die gesetzliche Erbfolge der Eltern, die nach § 1925 Abs. 1 BGB gesetzliche Erben der zweiten Ordnung sind, verdrängt.

In der gesetzlichen Erbfolge wäre es unter Beachtung des Güterstandes der Gütertrennung zu folgenden Erbquoten gekommen:

- F 1/2 gem. § 1931 Abs. 1 BGB,
- V 1/4 gem. § 1925 Abs. 1 und 2 BGB,
- M 1/4 gem. § 1925 Abs. 1 und 2 BGB.

V und M gehören zum **pflichtteilsberechtigten Personenkreis** nach § 2303 Abs. 2 BGB. Die Eltern könnten deshalb gegenüber F ihren Pflichtteil geltend machen. Dieser würde sich **jeweils** auf die Hälfte des Werts des gesetzlichen Erbteils belaufen, also 1/2 von 1/4, d. h. 1/8, berechnet vom Verkehrswert des Nachlasses.

Lösung zu Fall 8

F kann von N die Herausgabe der Münzsammlung nur dann verlangen, wenn er durch E mit einem rechtsgültigen Vermächtnis bedacht worden ist (§§ 1939, 2147, 2174 BGB). Ein Vermächtnis kann nur durch eine testamentarische Verfügung ausgesetzt werden. Obwohl der Zusatz handschriftlich in die Testamentsurkunde aufgenommen worden ist, genügt ein solcher Zusatz mit fehlender Unterschrift **nicht** den Formerfordernissen für ein Privattestament nach § 2247 Abs. 1 BGB.

F kann aus diesem Grunde von N die Herausgabe der Münzsammlung **nicht** verlangen.

Lösung zu Fall 9

C könnte innerhalb der Ausschlagungsfrist (6 Wochen) nach § 1944 Abs. 1 BGB die Erbschaft rechtswirksam ausschlagen (§§ 1942 ff. BGB).

Ist die Ausschlagungsfrist verstrichen oder nimmt C aus persönlichen Gründen von einer Ausschlagung Abstand, kann er einen **Antrag auf Eröffnung eines Nachlassinsolvenzverfahrens** stellen (§§ 1980 i. V. m. § 1975 BGB, §§ 317 Abs. 1, 13 Abs. 1 Satz 1, 320 InsO).

Es besteht hierfür eine Verpflichtung, um evtl. Schadensersatzansprüche der Gläubiger von vornherein auszuschließen. Das Insolvenzverfahren wird nach § 320 InsO eröffnet, wenn der Nachlass überschuldet ist oder Zahlungsunfähigkeit besteht bzw. droht. In einem solchen Fall **beschränkt** sich die **Haftung des Erben auf den Nachlass**, der als **Sondervermögen** separat vom übrigen Vermögen zu betrachten ist. Es gilt dieselbe Rechtslage wie bei einer Nachlassverwaltung nach § 1975 BGB.

Lösung zu Fall 10

Zu a): Die in das Testament aufgenommene Teilungsanordnung hat auf die Besteuerung des Erwerbs durch Erbanfall **keinen Einfluss**. Der Gesamtnachlass ist unter Anwendung der steuerlichen Bewertungsvorschriften (§ 12 ErbStG) zu bewerten und den Erben S und T nach Maßgabe ihrer Erbquoten je hälftig zuzurechnen (R E 3.1 ErbStR, s. C 6.2 und C 6.2.1).

Somit sind als Erwerb durch Erbanfall bei S und T jeweils die Hälfte des Steuerwerts, ohne Rücksicht auf die Teilungsanordnung, also 725 000 € anzusetzen.

Zu b): Die letztwillig getroffenen Verfügungen sind als Erbeinsetzung von S und T auszulegen. Nachdem ein **Wertausgleich nicht angeordnet** worden ist, sind die Erbanteile nach dem Verhältnis der Verkehrswerte der Nachlasswirtschaftsgüter zu bestimmen (R E 3.1 Abs. 2 ErbStR, s. C 6.2 und C 6.2.1).

- Erbanteil S (1 000 000 € zu 1 500 000 €) = 2/3,
- Erbanteil T (500 000 € zu 1 500 000 €) = 1/3.

Der anteilige Steuerwert des Erwerbs durch Erbausfall beträgt:

- für S 2/3 von 1 450 000 € (Steuerwert des Nachlasses) = 966 667 €,
- für T 1/3 von 1 450 000 € (Steuerwert des Nachlasses) = 483 333 €.

Lösung zu Fall 11

N hat den von ihrem Onkel kraft letztwilliger Verfügung von Todes wegen übergegangenen Nachlass als Erwerb durch Erbanfall nach § 3 Abs. 1 Nr. 1 1. Alt. ErbStG zu versteuern. Die **Vermächtnislast** ist bei der Ermittlung des steuerpflichtigen Erwerbs als **Erbfallschuld** nach § 10 Abs. 5 Nr. 2 ErbStG abzuziehen.

Das zugunsten von F ausgesetzte Vermächtnis unterliegt nach § 3 Abs. 1 Nr. 1 3. Alt. ErbStG beim Vermächtnisnehmer der Erbschaftsteuer. Das **Sachvermächtnis** ist nach R B 9.3 Abs. 2 ErbStR bei der Erbschaftsbesteuerung mit dem Steuerwert des Vermächtnisgegenstandes anzusetzen.

Für die Erwerber N und F ergeben sich die folgenden Erbschaftsteuerbeträge:

Nichte N

Steuerwert des Reinnachlasses	1 200 000 €
./. Vermächtnislast	./. 220 000 €
./. persönlicher Freibetrag Steuerklasse II Nr. 3 (§ 16 Abs. 1 Nr. 5 ErbStG)	./. 20 000 €
steuerpflichtiger Erwerb	**960 000 €**

Die Erbschaftsteuer beträgt 30 % = 288 000 €.

Freund F

Steuerwert des Sachvermächtnisses (Grundstück)	220 000 €
./. persönlicher Freibetrag Steuerklasse III (§ 16 Abs. 1 Nr. 7 ErbStG)	./. 20 000 €
steuerpflichtiger Erwerb	**200 000 €**

Die Erbschaftsteuer beträgt 30 % = 60 000 €.

Lösung zu Fall 12

Nach der gesetzlichen Erbfolgeregelung sind die Söhne Berthold und Xaver Erben erster Ordnung (§ 1924 Abs. 1 BGB); die Abkömmlinge erben nach § 1924 Abs. 4 BGB zu gleichen Teilen. Die gesetzliche Erbquote beträgt somit jeweils 1/2.

Durch die vom Erblasser vorgenommene testamentarische Erbeinsetzung scheidet für den Sohn Xaver Kummer die gesetzliche Erbfolge aus; er ist als Erbe nicht berufen worden.

Der enterbte Sohn ist nach § 2303 Abs. 1 Satz 1 BGB als Abkömmling pflichtteilsberechtigt, da Gründe für einen Entzug des Pflichtteils nach § 2333 BGB nicht vorlagen. Eine Entziehung des Pflichtteils hätte testamentarisch unter Angabe des Grundes vorgenommen werden müssen.

Beim Pflichtteilsanspruch handelt es sich um einen schuldrechtlichen Geldanspruch von Xaver Kummer gegenüber seinen beiden Kindern Jens und Peter Kummer i. H. d. Hälfte des Werts des gesetzlichen Erbteils (§ 2303 Abs. 1 Satz 2 BGB). Die in den §§ 2311 ff. BGB geregelten Wertermittlungsvorschriften sind auch für die Erbschaftsbesteuerung zu übernehmen und gehen deshalb den Regelungen nach § 12 ErbStG vor.

Bei der Pflichtteilsberechnung sind daher die **Verkehrswerte** des Nachlasses zur Zeit des Erbfalles zugrunde zu legen. Die von den Erben getragenen Bestattungs- und Nachlassregelungskosten sind bei der Wertermittlung für den Pflichtteil (§ 2311 BGB) abzusetzen.

Die Höhe des Pflichtteils beträgt 1/2 von 1/2 = 1/4 aus dem Wert des Nachlasses zur Zeit des Erbfalls, ermittelt nach **Verkehrswerten**. Es betragen:

Aktivwerte des Nachlasses	1 300 000 €
Passivwerte des Nachlasses (Erblasserschulden = 140 000 €, abziehbare Verbindlichkeiten für Nachlassregelung = 7 900 €)	147 900 €
Bemessungsgrundlage für den Pflichtteil	1 152 100 €
Pflichtteilsanspruch 1/4	288 025 €

Alle Erwerber sind nach § 2 Abs. 1 Nr. 1 Satz 2 Buchst. a ErbStG unbeschränkt erbschaftsteuerpflichtig, da der Erblasser seinen Wohnsitz im Inland hatte. Der Besteuerung unterliegt der gesamte Vermögensanfall, § 2 Abs. 1 Nr. 1 Satz 1 ErbStG. Als steuerpflichtiger Erwerb gilt die Bereicherung des Erwerbers, soweit sie nicht steuerfrei ist (§ 10 Abs. 1 Satz 1 ErbStG).

Der Nachlasswert errechnet sich unter Berücksichtigung der Bewertungsvorschriften nach § 12 ErbStG wie folgt:

Aktivnachlass	
Grundbesitz, Einfamilienhaus, Ansatz mit Grundbesitzwert (§ 12 Abs. 3 ErbStG) (kein Befreiungsabschlag § 13 d Abs. 1 ErbStG)	300 000 €
Sparguthaben, Ansatz mit Nennwert (§ 12 Abs. 1 BewG)	130 000 €
Wertpapiere, Ansatz mit Kurswert (§ 11 Abs. 1 BewG)	200 000 €
GmbH-Beteiligung, Ansatz mit dem gemeinen Wert (§ 12 Abs. 2 ErbStG)	360 000 €
Hausrat, Ansatz mit dem gemeinen Wert (§ 12 Abs. 1 ErbStG)	70 000 €
Münzsammlung, Ansatz mit dem gemeinen Wert (§ 12 Abs. 1 ErbStG)	40 000 €
	1 100 000 €
Passive Nachlasswerte	
./. Erblasserschulden (§ 10 Abs. 5 Nr. 1 ErbStG)	./. 140 000 €
./. Erbfallkostenpauschbetrag (§ 10 Abs. 5 Nr. 3 Satz 2 ErbStG)	./. 10 300 €
Abzug der Verbindlichkeit aus dem geltend gemachten Pflichtteil erst bei den betroffenen Miterben (§ 10 Abs. 5 Nr. 2 ErbStG)	
Reinnachlass	**949 700 €**

Berechnung der Erbschaftsteuer

a) Erwerb des Xaver Kummer

Die Geltendmachung des Pflichtteilsanspruchs unterliegt nach § 3 Abs. 1 Nr. 1, 3. Alt. ErbStG als Erwerb von Todes wegen der Erbschaftsbesteuerung.

Der steuerpflichtige Erwerb errechnet sich wie folgt:

Wert des Pflichtteils	288 025 €
./. persönlicher Freibetrag (§ 16 Abs. 1 Nr. 2 ErbStG) = 400 000 €, höchstens	./. 288 025 €
steuerpflichtiger Erwerb	0 €

b) Erwerb der Erben (§ 3 Abs. 1 Nr. 1 1. Alt. ErbStG)

Steuerwert des Nachlasses	949 700 €
Erwerb Berthold Kummer	
Anteil 1/2 aus 949 700 €	474 850 €
(darin enthaltener Anteil am Hausrat 1/2 von 70 000 € = 35 000 €, davon steuerfrei nach § 13 Abs. 1 Nr. 1 a ErbStG 35 000 €)	./. 35 000 €
=	439 850 €
./. persönlicher Freibetrag (§ 16 Abs. 1 Nr. 2 ErbStG)	400 000 €
= steuerpflichtiger Erwerb	39 850 €
abgerundet nach § 10 Abs. 1 Satz 6 ErbStG	39 800 €
ErbSt 7 % aus 39 800 €	= 2 786 €

Erwerb Jens Kummer

Anteil 1/4 aus 949 700 €	237 425 €
./. anteiliger Wert des geltend gemachten Pflichtteils 1/2 von 288 025 € (§ 10 Abs. 5 Nr. 2 ErbStG)	rd. 144 013 €
./. Freibetrag für Hausrat, enthaltener Anteil am Nachlasswert 1/4 von 70 000 € = 17 500 €, davon steuerfrei nach § 13 Abs. 1 Nr. 1 a ErbStG	./. 17 500 €
./. persönlicher Freibetrag (§ 16 Abs. 1 Nr. 3 ErbStG) = 200 000 €, höchstens	./. 75 912 €
steuerpflichtiger Erwerb	**0 €**

Erwerb Peter Kummer

Dieselbe Lösung wie bei Jens Kummer.

Erläuterungen zu den Lösungen zur Berechnung der Erbschaftsteuer:

Der Wertermittlung sind nach § 11 ErbStG i. V. m. § 9 Abs. 1 Nr. 1 ErbStG die wertmäßigen Verhältnisse vom Todestag zugrunde zu legen.

Die Steuerbefreiungsregelung für das vermietete EFH nach § 13 d ErbStG kommt **nicht** zur Anwendung, da es zum Zeitpunkt des Eintritts des Erbfalls noch nicht vermietet ist. Es sind die Verhältnisse zum Besteuerungszeitpunkt maßgebend (R E 13d Abs. 2 Satz 1 ErbStR).

Bezüglich der Beteiligung an der X-GmbH finden die Steuervergünstigungen nach §§ 13 a, 13 b ErbStG keine Anwendung, da § 13 b Abs. 1 Nr. 3 ErbStG eine unmittelbare Beteiligung des Erblassers zu **mehr als einem Viertel** voraussetzt. Die GmbH-Anteile sind mit dem festgestellten gemeinen Wert vom Todestag anzusetzen (§ 11 Abs. 2 BewG i. V. m. § 151 Abs. 1 Satz 1 Nr. 3 BewG).

Für die Münzsammlung kommt eine Steuerbefreiung **nicht** in Betracht (§ 13 Abs. 1 Nr. 1 Satz 2 ErbStG).

Der besondere Versorgungsfreibetrag nach § 17 Abs. 2 Satz 1 Nr. 2 ErbStG wird nur Kindern und Stiefkindern gewährt (§ 15 Abs. 1 Steuerklasse I Nr. 2 ErbStG), dagegen nicht für Enkelkinder.

Lösung zu Fall 13

Die Beendigung des ehelichen Güterstandes der Zugewinngemeinschaft **durch den Tod** eines Ehegatten, wobei es **nicht** zu einem realen Zugewinnausgleich nach § 1371 Abs. 2 BGB kommt, unterliegt die Ausgleichsforderung nach Maßgabe von § 1371 Abs. 2 BGB **nicht** der Erbschaftsteuer (§ 5 Abs. 1 Satz 1 ErbStG).

Aus diesem Grunde muss bei der Berechnung der Erbschaftsteuer für die Witwe F eine fiktive **steuerfrei zu stellende Ausgleichsforderung** ermittelt werden, die beim Erwerb von F abzuziehen ist. Die Berechnung der fiktiven Ausgleichsforderung für den erbrechtlichen Zugewinnausgleich erfolgt nach R E 5.1 ErbStR, H E 5.1 ErbStH, s. D 2, D 2.1.2–2.4 Der Auszahlungsbetrag aus der Lebensversicherung an F, Erwerb nach § 3 Abs. 1 Nr. 4 ErbStG, ist dem Endvermögen des verstorbenen Ehegatten zuzurechnen (R E 5.1 Abs. 4 ErbStR).

Nachdem der Nachlass des Erblassers mit einem niedrigeren Wert (Steuerwert) als der Verkehrswert zum Ansatz kommt, muss nach § 5 Abs. 1 Satz 5 ErbStG, R E 5.1 Abs. 5 ErbStR, die fiktive steuerfreie Ausgleichsforderung auf das Steuerwertniveau herabgeführt werden. Bei der Umrechnung Verkehrswert/Steuerwert des Nachlasses ist bzgl. des Hausrates der Freibetrag nach § 13 Abs. 1 Nr. 1 Buchst. a ErbStG **nicht** zu kürzen (R E 5.1 Abs. 5 Satz 3 ErbStR). Das begünstige Vermögen ist vor Abzug der sachlichen Steuerbefreiung mit dem Bruttowert zu berücksichtigen.

Die nach § 5 Abs. 1 Sätze 1 und 5 ErbStG steuerfreie fiktive Ausgleichsforderung berechnet sich wie folgt:

	Erblasser M	Ehefrau F
Endvermögen	800 000 €	175 000 €
Erwerb nach § 3 Abs. 1 Nr. 4 ErbStG	325 000 €	
berichtigtes Endvermögen	1 125 000 €	175 000 €
./. indiziertes Anfangsvermögen	./. 100 000 €	./. 25 000 €
Zugewinn	**1 025 000 €**	**150 000 €**

Zugewinnsaldo:
1 025 000 € ./. 150 000 € = 875 000 €,
davon fiktiver Ausgleich 1/2 = 437 500 €.
Umrechnung auf das Steuerwertniveau nach § 5 Abs. 1 Satz 5 ErbStG:

$$\frac{\text{zivilrechtliche Ausgleichsforderung} \times \text{Steuerwert des Nachlasses}}{\text{Verkehrswert des Nachlasses}}$$

$$= \frac{437500€ \times 1085000€}{1125000€} = \text{rd. } 421945€$$

Der Freibetrag nach § 5 Abs. 1 ErbStG ist in Höhe von 421 945 € anzusetzen.

Lösung zu Fall 14

Bei der Witwenrente von F handelt es sich um einen **nichtsteuerbaren** Versorgungsbezug nach R E 3.5 Abs. 1 Satz 1 ErbStR. Nach BFH vom 20.05. 1981 BStBl II 1982, 27, sind steuerfreie Hinterbliebenenbezüge **nicht** dem Endvermögen des Erblassers hinzuzurechnen, s. D 2.3. Auswirkungen auf den Freibetrag nach § 5 Abs. 1 ErbStG ergeben sich daher nicht.

Der F nach § 17 Abs. 1 ErbStG zustehende Versorgungsfreibetrag (s. J 3.2) ist um den nach § 14 BewG in Betracht kommenden Kapitalwert der Versorgungsbezüge zu kürzen (§ 17 Abs. 1 Satz 2 ErbStG).

Der abziehbare Versorgungsfreibetrag berechnet sich wie folgt:

Versorgungsfreibetrag (§ 17 Abs. 1 Satz 1 ErbStG)	256 000 €
./. Kapitalwert der nichtsteuerbaren Versorgungsbezüge,	197 484 €
Jahreswert 16 800 € x Vervielfältiger nach § 14 Abs. 1 BewG = 11,755	
(BMF vom 22.11. 2018, weibl. 68. Lj.)	
verbleibender Versorgungsfreibetrag	**58 516 €**

Lösung zu Fall 15

Sollte F die Erbschaft nach § 1371 Abs. 3 BGB ausschlagen, kommt es zum güterrechtlichen Zugewinnausgleich, d. h. es wird ein tatsächlicher Zugewinnausgleich durchgeführt. F hat eine Kapitalforderung gegenüber ihrem Sohn. Die hierbei in Betracht kommende Zugewinnausgleichsforderung ist nach § 5 Abs. 2 ErbStG, R E 5.2 Abs. 1 ErbStR von der Erbschaftsteuer befreit. Ist der Steuerwert des Nachlasses (hier 2,6 Mio. €) niedriger als der Verkehrswert (hier 2,8 Mio. €), kommt eine Begrenzung auf den Steuerwert im Rahmen des § 5 Abs. 2 ErbStG nicht in Betracht!

Die Zugewinnausgleichsforderung von F beträgt:

	beim verstorbenen Ehemann M	bei der Ehefrau F
Endvermögen	2 800 000 €	400 000 €
. /. indiziertes Anfangsvermögen	. /. 200 000 €	. /. 100 000 €
Zugewinn	**2 600 000 €**	**300 000 €**
Zugewinnsaldo: 2 600 000 € . /. 300 000 €		= 2 300 000 €
davon tatsächlicher Zugewinnausgleich 1/2		= 1 150 000 €

Bei der Nachlasswertermittlung für F bleiben gem. § 5 Abs. 2 ErbStG 1 150 000 € außer Ansatz, insoweit liegt kein Erwerb i. S. d. §§ 3, 7 ErbStG vor.

Anmerkung: Im Falle des gesetzlichen Güterstandes hätte F einen Pflichtteil i. H. v. 1/2 von 1/4 = 1/8 zu beanspruchen (§ 1371 Abs. 2 BGB). Bei der Bemessungsgrundlage für den Pflichtteil müsste die reale Zugewinnausgleichsforderung, die eine Erblasserschuld darstellt, in Abzug gebracht werden. Der Pflichtteilanspruch würde sich folglich auf 1/8 von 2 800 000 € . /. 1 150 000 € = 206 250 € belaufen.

F müsste dann den geltend gemachten Pflichtteilanspruch als Erwerb von Todes wegen versteuern; beim Erben S wäre sowohl die Pflichtteilslast als auch der Zugewinnausgleich bei der Nachlasswertermittlung als Erbfallschuld zu kürzen (§ 10 Abs. 5 Nr. 2 ErbStG).

Die Verbindlichkeit aus der Pflichtteilslast ist nach der Rechtsprechung des BFH (Urteil vom 22. 07. 2015, II R 12/14, BStBl II 2016, 228) auch dann in voller Höhe abzugsfähig, wenn im Nachlass steuerbefreites Vermögen (z. B. § 13d ErbStG) enthalten ist. Diese Rechtsauffassung hat die Finanzverwaltung zwischenzeitlich übernommen, vgl. auch R E 10.10 Abs. 3 ErbStR.

Lösung zu Fall 16

Die Übertragung des Mietwohngrundstücks vom Vater auf seine Tochter A stellt eine freigebige Zuwendung i. S. d. § 7 Abs. 1 Nr. 1 ErbStG dar. A wird als Bedachte objektiv auf Kosten des Vaters bereichert, die Beteiligten sind sich darüber einig, dass zumindest teilweise eine Unentgeltlichkeit vorliegt (subjektiver Bereicherungswille des Vaters). A erfüllt durch die Übernahme der Verbindlichkeit eine Leistungsauflage i. H. v. 100 000 €. Zusätzlich liegt noch eine Nutzungsauflage vor, da A zeitlich befristet die Nutzung des Grundstücks nicht gebührt. Ermittlung der Bereicherung nach R E 7.4 Abs. 1 und Abs. 2 ErbStR:

Grundbesitzwert des MWG (§§ 12 Abs. 3 ErbStG, 151 Abs. 1 Nr. 1 BewG)	670 000 €	
Ansatz i. H. v. 90 % nach § 13 d Abs. 1 ErbStG		603 000 €
Leistungsauflage	55 000 €	
Nutzungsauflage (§§ 12 Abs. 1 ErbStG, 14 Abs. 1 BewG)	146 900 €	
	201 900 €	
./. Ansatz insgesamt nur i. H. v. 90 %		181 710 €
= Bereicherung = Bemessungsgrundlage		421 290 €

Unter Berücksichtigung des persönlichen Freibetrages von 400 000 € (§ 16 Abs. 1 Nr. 2 ErbStG) verbleibt für die Tochter noch ein steuerpflichtiger Erwerb i. H. v. abgerundet 21 200 € (§ 10 Abs. 1 Satz 1 und 6 ErbStG). Die Schenkungsteuer beträgt gem. § 19 Abs. 1 ErbStG 1 484 €.

Im Zusammenhang mit dem Erwerb entstehende **Erwerbsnebenkosten** (z. B. Eintragung der Eigentumsänderung im Grundbuch) können **in voller Höhe**, d. h. ohne Kürzung auf 90 % angesetzt werden, vgl. R E 7.4 Abs. 4 Satz 1 ErbStR.

Lösung zu Fall 17

Die Regelungen zum Abzug von Nachlassverbindlichkeiten ergeben sich aus § 10 Abs. 5 ErbStG, s. G 4.4.

Schulden	**Erblasserschulden ja/nein**	**Erbfallschulden ja/nein**	**Wertansatz in €**
Personensteuern ESt, SolZ, KiSt für den **VZ 17**, Abschlusszahlung 10 000 € für den **VZ 18**, Abschlusszahlung 4 000 €	VZ 17 und VZ 18: ja, § 10 Abs. 5 Nr. 1 ErbStG (zum VZ 18 vgl. BFH vom 04. 07. 2012 – II R 15/11, BStBl II 2012, 790)	–	14 000
Noch zu zahlende Grundbesitzabgabe für das von E bis zu seinem Tode bewohnte EFH, fällig am 15. 08. 19, Vierteljahresbetrag 500 €	ja: § 10 Abs. 5 Nr. 1 ErbStG	–	500
Schuld an Kfz-Werkstätte für durchgeführte Jahresinspektion am 08. 10. 19, Rechnungsbetrag 650 €, der gemeine Wert des Pkw beträgt 7 500 €, kein Ansatz des Fahrzeugs beim Erben, da unter Freibetrag nach § 13 Abs. 1 Nr. 1 Buchst. b ErbStG fallend	ja: § 10 Abs. 5 Nr. 1 ErbStG, Steuerfreiheit unbeachtlich, R E 10.10 Abs. 3 Satz 2 ErbStG	–	650
Bestattungskosten 4 325 €, Kosten für Todesanzeigen und Danksagungen in den regionalen Tageszeitungen 1 200 €, Kosten der kirchlichen und bürgerlichen Trauerfeierlichkeiten 2 735 €	–	ja: § 10 Abs. 5 Nr. 3 ErbStG	4 325 1 200 2 735

Schulden	Erblasserschulden ja/nein	Erbfallschulden ja/nein	Wertansatz in €
Kosten für Grabstelle und angemessenes Grabdenkmal 4 600 €	–	§ 10 Abs. 5 Nr. 3 ErbStG	4 600
Kosten für übliche Grabpflege, jährliche Kosten lt. Nachweis 250 €	–	Jahreswert 250 × 9,3	2 325
Nachlassregelungskosten (Gerichts- und Notargebühren für die Testamentseröffnung, Erteilung des Erbscheins, Umschreibung im Grundbuch u. a.) 1 490 €	–	ja: § 10 Abs. 5 Nr. 3 ErbStG	1 490
Steuerberatungskosten für die Erstellung der Erbschaftsteuererklärung 2 000 €	–	ja: § 10 Abs. 5 Nr. 3 ErbStG	2 000
Anwaltskosten eines Miterben zur Durchsetzung seiner erbrechtlichen Ansprüche, lt. Einzelnachweis 3 000 €	–	ja: § 10 Abs. 5 Nr. 3 ErbStG, R E 10.9 Abs. 5 ErbStR	3 000
Verauslagte Gebühren an den Gutachterausschuss für die Verkehrswertermittlung eines Nachlassgrundstücks 2 750 €	–	ja: § 10 Abs. 5 Nr. 3 ErbStG	2 750

Anmerkung: Die Erblasserschulden im Gesamtbetrag von 15 150 € sind **uneingeschränkt** nach § 10 Abs. 5 Nr. 1 ErbStG abzugsfähig. Es liegen die **nachgewiesenen Erbfallkosten** i. H. v. 21 425 € über dem Erbfallkostenpauschbetrag von 10 300 €, so dass die tatsächlich entstandenen Kosten zu berücksichtigen sind. Die Anwaltskosten des Miterben, die sich allein auf die Erlangung seines Erwerbes beziehen, sind bei Nachweis **neben** dem Pauschbetrag abziehbar.

Lösung zu Fall 18

Die Einzelsachverhalte beziehen sich auf die Gesetzesregelung in § 10 Abs. 6 ErbStG **zur Beschränkung des Schuldenabzugs**. Es findet die Einschränkung des Schuldenabzuges nur bei **Erwerben von Todes wegen** Anwendung.

Schulden, die in wirtschaftlichem Zusammenhang mit Vermögensgegenständen stehen, die **nicht** der Besteuerung nach dem ErbStG unterliegen, sind **nicht** abzugsfähig. Hierdurch wird erreicht, dass eine Doppelvergünstigung vermieden wird. Vermögensgegenstände, die von der Besteuerung ausgenommen sind, sollen durch einen Schuldenabzug nicht zusätzlich begünstigt werden.

Schulden und Lasten, die mit **teilweise befreiten** Vermögensgegenständen in wirtschaftlichem Zusammenhang stehen, sind nach § 10 Abs. 6 Satz 3 ErbStG nur mit dem Betrag abzugsfähig, der dem steuerpflichtigen Teil entspricht.

Zu 1: Kulturgüter i. S. d. § 13 Abs. 1 Nr. 2 a ErbStG sind i. H. v. 60 % steuerbefreit. Es ist deshalb ein Schuldenabzug nur in dem Umfange möglich, der dem steuerpflichtigen Teil entspricht. Der Schuldenabzug ist deshalb auf 40 % von 100 000 € = 40 000 € beschränkt.

Zu 2: Der Abzug der Schuld richtet sich nach § 10 Abs. 6 Satz 4 ErbStG und zwar nach dem Verhältnis Wert des begünstigten Vermögens **nach** Anwendung von § 13 a ErbStG zum Wert des begünstigten Vermögens **vor** Anwendung von § 13 a ErbStG.

Abziehbare Schuld aus der Finanzierung der Beteiligung:

$$100000€ \times \frac{400000€}{1300000€} = 30769{,}20\ €.$$

Lösung zu Fall 19

Für Zwecke der Schenkungsteuer ist ein Grundbesitzwert zu ermitteln, § 12 Abs. 3 ErbStG i. V. m. § 151 Abs. 1 Nr. 1 BewG und § 157 Abs. 1 und Abs. 3 BewG. Das Mietwohngrundstück ist im Ertragswertverfahren zu bewerten (§ 182 Abs. 3 Nr. 1 BewG). Der Gebäudeertragswert ist getrennt vom Bodenwert zu ermitteln (§ 184 Abs. 1 BewG).

Bodenwert (§§ 184 Abs. 2, 179 BewG) 850 m$^{2\times2}$10 €/m$^{2=}$		178 500 €
Gebäudeertragswert	36 000 €	
Rohertrag (§ 186 Abs. 1 BewG) Kaltmiete ohne Umlagen 600 € × 12 Monate × 5 Wohnungen		
Bewirtschaftungskosten (§ 187 Abs. 2 BewG), Anlage 23		
Gesamtnutzungsdauer lt. Anlage 22 70 Jahre		
Gebäudealter am Bewertungsstichtag 21 Jahre		
Restnutzungsdauer 49 Jahre		
pauschalierte Bewirtschaftungskosten 23 % von 36 000 €	./. 8 280 €	
Reinertrag (§ 185 Abs. 1 BewG)	27 720 €	
Bodenwertverzinsung (§ 185 Abs. 2 Satz 2 i. V. m. § 188 Abs. 2 Satz 2 Nr. 1 BewG) Bodenwert 178 500 € × Liegenschaftszinssatz 5 %	./. 8 925 €	
Gebäudereinertrag (§ 185 Abs. 2 Satz 1 BewG)	18 795 €	
Vervielfältiger (§ 185 Abs. 3 Satz 1 und 2 BewG i. V. m. Anlage 21) Restnutzungsdauer 49 Jahre, Zinssatz 5 %	18,17	
Gebäudeertragswert	341 505 €	+ 341 505 €
Ertragswert (§ 184 Abs. 3 Satz 1 BewG)		= 520 005 €
Mindestwert kommt nicht zum Tragen (§ 184 Abs. 3 Satz 2 BewG)		
Grundbesitzwert § 12 Abs. 3 ErbStG i. V. m. § 151 Abs. 1 Nr. 1 BewG		520 005 €

Lösung zu Fall 20

Für Zwecke der Erbschaftsteuer ist ein Grundbesitzwert zu ermitteln, § 12 Abs. 3 ErbStG i. V. m. § 151 Abs. 1 Nr. 1 BewG und § 157 Abs. 1 und Abs. 3 BewG. Bewertungsstichtag ist der 08. 09. 2019 (§§ 11, 9 Abs. 1 Nr. 1 ErbStG). Das Einfamilienhaus ist im Sachwertverfahren zu bewerten, da ein Vergleichswert nicht vorliegt (§ 182 Abs. 4 Nr. 1 BewG). Zunächst sind Bodenwert und Gebäudesachwert getrennt zu ermitteln (§ 189 Abs. 1 Satz 1 BewG).

Bodenwert (§§ 189 Abs. 2, 179 BewG)		188 500 €
650 m² × 290 €/m² =		
Gebäudesachwert EFH:		
Brutto-Grundfläche 320 m² × Regelherstellungskosten =	392 320 €	
Gebäuderegelherstellungswert § 190 Abs. 1 Satz 3 BewG		
Regelherstellungskosten Anlage 24, GKL 1.11,		
Standard 4, 1 005 €/m²		
Anpassung an Preisindex § 190 Abs. 2 BewG, BMF, vom		
22.02.2019, 122,0 = 1 226 €/m²		
Alterswertminderung 14/70 § 190 Abs. 4 Satz 1 und 2 BewG	./. 78 464 €	
i. V. m. Anlage 22		
vorläufiger Gebäudesachwert	313 856 €	
mindestens 30 % von 392 120 €	117 696 €	313 856 €
§ 190 Abs. 4 Satz 5 BewG		
Gebäudesachwert Garage:		
Bruttogrundfläche 25 m²		
Regelherstellungskosten Anlage 24, GKL 14.1, 485 €/m²	14 875 €	
Anpassung an Preisindex § 190 Abs. 2 BewG, BMF vom		
22.02.2019, 122,7 = 595 €/m²		
Alterswertminderung 14/60 § 190 Abs. 4 Satz 1 und 2 BewG	./. 3 471 €	
i. V. m. Anlage 22		
vorläufiger Gebäudesachwert	11 404 €	
mindestens 30 % von 14 875 €	4 462 €	11 404 €
§ 190 Abs. 4 Satz 5 BewG		
vorläufiger Sachwert		513 760 €
§ 189 Abs. 3 Satz 1 BewG		
Wertzahl 0,8		
§ 189 Abs. 3 Satz 2 i. V. m. § 191 Abs. 2 i. V. m. Anlage 25		
(vorl. Sachwert über 500 000 € und Bodenrichtwert		
bis 300 €/m²)		
Sachwert		411 008 €
Grundbesitzwert		411 008 €
§ 12 Abs. 3 ErbStG i. V. m. § 151 Abs. 1 Nr. 1 BewG		

Lösung zu Fall 21

Zu bewerten ist die wirtschaftliche Einheit des Erbbaurechts (§ 192 BewG). Da das Vergleichswertverfahren nicht angewendet werden kann, ist die Bewertung nach § 193 Abs. 2 bis 5 BewG vorzunehmen.

Bodenwert nach § 179 BewG	145 700 €
Liegenschaftszinssatz nach § 193 Abs. 4 Satz 2 Nr. 1 BewG	3 %
angemessener Verzinsungsbetrag (§ 193 Abs. 3 Satz 1 Nr. 1 BewG)	4 371 €
145 700 € × 3 %	
vertraglich vereinbarter jährlicher Erbbauzins (§ 193 Abs. 3 Satz 1 Nr. 2 BewG)	4 080 €
Unterschiedsbetrag	291 €
Kapitalisierung über Restlaufzeit 52 Jahre, Liegenschaftszins 3 %	
§ 193 Abs. 3 Satz 2 BewG i. V. m. Anlage 21 BewG, Vervielfältiger	26,17
Bodenwertanteil (§ 193 Abs. 3 BewG)	7 615 €
Gebäudewertanteil (§ 193 Abs. 5 Satz 1 BewG)	125 700 €
Wert des Erbbaurechts (§ 193 Abs. 2 BewG)	**133 315 €**
Grundbesitzwert (§ 151 Abs. 1 Nr. 1 BewG)	**133 315 €**

Lösung zu Fall 22

Zu bewerten ist die wirtschaftliche Einheit des Erbbaugrundstücks (§ 192 BewG). Da das Vergleichswertverfahren nicht angewendet werden kann, ist die Bewertung nach § 194 Abs. 2 bis 4 BewG vorzunehmen.

Bodenwert nach § 179 BewG	145 700 €
Liegenschaftszinssatz nach § 193 Abs. 4 Satz 2 Nr. 1 BewG	3 %
Restlaufzeit Erbbaurecht 52 Jahre Abzinsungsfaktor	0,2150
(§ 194 Abs. 3 Satz 2 BewG i. V. m. Anlage 26)	
abgezinster Bodenwert	**31 325 €**
jährlicher Erbbauzins	4 080 €
Zinssatz 3 %, Restlaufzeit 52 Jahre, Vervielfältiger nach Anlage 21	26,17
kapitalisierter Erbbauzins	**106 773 €**
Bodenwertanteil (§ 194 Abs. 3 Satz 1 BewG): 31 325 € + 106 773 €	138 098 €
Wert des Erbbaugrundstücks § 194 Abs. 2 Satz 1 BewG	138 098 €
Grundbesitzwert § 151 Abs. 1 Nr. 1 BewG	**138 098 €**

Lösung zu Fall 23

	2016	2017	2018	
Betriebsergebnis vor Ertragsteuer	131 000 €	144 000 €	129 000 €	§ 202 Abs. 1 BewG
Ertragsteueraufwand pauschal 30 %	39 300 €	43 200 €	38 700 €	§ 202 Abs. 3 BewG
Betriebsergebnis	91 700 €	100 800 €	90 300 €	
Summe		282 800 €		§ 201 Abs. 2 Satz 1 BewG
Durchschnitt = Jahresertrag		94 266 €		§ 201 Abs. 2 Satz 3, 4 BewG
Kapitalisierungsfaktor		13,75		§ 203 BewG
Ertragswert		1 296 157 €		§ 200 Abs. 1 BewG
Mietwohngrundstück		+ 300 000 €		§ 200 Abs. 2 BewG
Schulden Grundstück		./. 95 000 €		§ 200 Abs. 2 BewG
Pkw		+ 19 000 €		§ 200 Abs. 4 BewG
Wert im vereinfachten Ertragswertverfahren		1 520 157 €		§ 11 Abs. 2 S. 4 BewG

Lösung zu Fall 24

Zur Ermittlung des Substanzwertes erfolgt eine Einzelbewertung des Betriebsvermögens (§ 2 Abs. 3 i. V. m. § 11 Abs. 2 Satz 3 BewG). Bewertungsmaßstab ist der gemeine Wert (R B 11.5 Abs. 5 Satz 1 sowie R B 109.1 Satz 1 ErbStR). Zum Umfang des Betriebsvermögens vgl. R B 11.5 Abs. 3 ErbStR. Grundsätzlich werden die Wirtschaftsgüter des ertragsteuerlichen Betriebsvermögens übernommen. Rücklagen sind gem. § 11 Abs. 2 Satz 3 i. V. m. § 103 Abs. 3 BewG nicht abzugsfähig (R B 11.5 Abs. 4 sowie R B 103.1 Abs. 2 ErbStR).

Position	Wert	Begründung
+ Technische Anlage	165 000 €	Ansatz 30 % der Anschaffungskosten (R B 11.5 Abs. 7 ErbStR)
+ Betriebsausstattung		
+ Fuhrpark		
+ Warenbestand	50 000 €	Ansatz der Wiederbeschaffungskosten (R B 11.5 Abs. 8 ErbStR)
+ Betriebsstoffe		
+ Forderungen	35 100 €	
+ Bankguthaben	42 900 €	
+ Kassenbestand	1 500 €	
./. Rücklage (§ 6 b EStG)	0 €	kein Abzug (§ 103 Abs. 3 BewG)
./. Gewerbesteuer	4 500 €	
./. Gewährleistung	12 300 €	
./. Verbindlichkeiten Kreditinstitut	42 100 €	
./. Verbindlichkeiten Lieferanten	2 400 €	
./. Umsatzsteuer	600 €	
= **Substanzwert**	**232 600 €**	§ 11 Abs. 2 Satz 3 BewG
Wert im vereinfachten Ertragswertverfahren	648 682 €	§ 11 Abs. 2 Satz 4 BewG
Betriebsvermögenswert	648 682 €	§ 151 Abs. 1 Nr. 2 BewG

Lösung zu Fall 25

Zur Ermittlung des Ertragswertes ist der Jahresertrag von 256 000 € mit dem Kapitalisierungsfaktor (§ 203 BewG) zu multiplizieren. Der Kapitalisierungsfaktor beträgt 13,75, der Ertragswert 3 520 000 €. Mit dem Ertragswert sind die Wirtschaftsgüter aus dem Gesamthandsvermögen abgegolten (Grundsatz der Gesamtbewertung, § 2 Abs. 1 Satz 2 BewG). Für folgende Ausnahme ist ein gesonderter Ansatz durch Einzelbewertung (§ 2 Abs. 3 BewG) vorgesehen:

Ertragswert KG (§ 200 Abs. 1 BewG)	3 520 000 €
+ Nettowert nicht betriebsnotwendiges Vermögen nach § 200 Abs. 2 BewG	40 000 €
+ gemeiner Wert Beteiligungen nach § 200 Abs. 3 BewG	100 000 €
= gemeiner Wert Gesamthandsvermögen (§ 97 Abs. 1 a Nr. 1 BewG)	3 660 000 €
+ Nettowert Sonderbetriebsvermögen (§ 97 Abs. 1 a Nr. 2 BewG)	200 000 €
= gemeiner Wert Betriebsvermögen P-KG	3 860 000 €

Die Schulden im Zusammenhang mit der Beteiligung sind nicht vom gemeinen Wert der Beteiligung abzuziehen (§ 200 Abs. 3 BewG, R B 200 Abs. 3 Satz 8 ErbStR). Diese sind durch den Ertragswert der KG abgegolten, da die Schuldzinsen die Betriebsergebnisse der KG und damit den Jahresertrag gemindert haben.

Lösung zu Fall 26

Zur Bewertung des Betriebsvermögens der KG siehe Lösung zum **Fall 25**.

Ertragswert KG	3 520 000 €
+ Nettowert nicht betriebsnotwendiges Vermögen nach § 200 Abs. 2 BewG	40 000 €
+ gemeiner Wert Beteiligungen nach § 200 Abs. 3 BewG	100 000 €
= gemeiner Wert Gesamthandsvermögen (§ 97 Abs. 1 a Nr. 1 BewG)	3 660 000 €
+ Nettowert Sonderbetriebsvermögen (§ 97 Abs. 1 a Nr. 2 BewG)	200 000 €
= gemeiner Wert Betriebsvermögen P-KG	3 860 000 €

Aufteilung des gemeinen Wertes:

	P-KG	Anteil G	Übrige Anteile
Gemeiner Wert Gesamthandsvermögen	3 660 000 €		
Kapitalkonten vorweg zuzurechnen § 97 Abs. 1 a Nr. 1 Buchst. a BewG	./. 1 310 000 €	+ 350 000 €	+ 960 000 €
Restbetrag	= 2 350 000 €		
Gewinnverteilungsschlüssel, G 25 % § 97 Abs. 1 a Nr. 1 Buchst. b BewG	./. 2 350 000 €	+ 587 500 €	+ 1 762 500 €
	0 €	+ 937 500 €	+ 2 722 500 €
Gemeiner Wert Sonderbetriebsvermögen § 97 Abs. 1 a Nr. 2 Satz 2 BewG		+ 200 000 €	
Gemeiner Wert Anteil G § 97 Abs. 1a Nr. 3 BewG		+ 1 137 500 €	

Lösung zu Fall 27

Wert des begünstigungsfähigen Betriebsvermögens (§ 13b Abs. 1 Nr. 2 ErbStG)			2 200 000 €
Nettowert Verwaltungsvermögen (VV)		450 000 €	
Gemeiner Wert Betrieb 2 200 000 €			
Nettowert VV	./. 450 000 €		
Zwischensumme	1 750 000 €		
Hiervon 10 % = unschädliches VV = § 13b Abs. 7 Satz 1 ErbStG		175 000 €	
schädliches VV		275 000 €	./. 275 000 €
begünstigtes Vermögen § 13b Abs. 2 Satz 1 ErbStG			1 925 000 €
Verschonungsabschlag 85 % § 13a Abs. 1 Satz 1 ErbStG			./. 1 636 250 €
übersteigender Betrag			288 750 €
Abzugsbetrag § 13a Abs. 2 Satz 1 ErbStG		150 000 €	
(288 750 ./. 150 000) × 1/2 § 13a Abs. 2 Satz 2 ErbStG		./. 69 375 €	
anzusetzender Abzugsbetrag		80 625 €	./. 80 625 €
Zwischensumme			208 125 €
schädliches Verwaltungsvermögen (s. o.)			+ 275 000 €
steuerpflichtiges Betriebsvermögen			483 125 €

Lösung zu Fall 28

1. Ermittlung der Schenkungsteuer im Zeitpunkt der Schenkung:

Wert des begünstigungsfähigen Betriebsvermögens (§ 13b Abs. 1 Nr. 2 ErbStG)			4 000 000 €
Nettowert Verwaltungsvermögen (VV)		500 000 €	
Gemeiner Wert Betrieb	4 000 000 €		
Nettowert VV	./. 500 000 €		
Zwischensumme	3 500 000 €		
Hiervon 10 % = unschädliches VV = § 13b Abs. 7 Satz 1 ErbStG		350 000 €	
schädliches VV		150 000 €	./. 150 000 €
begünstigtes Vermögen § 13b Abs. 2 Satz 1 ErbStG			3 850 000 €
Verschonungsabschlag 85 % § 13a Abs. 1 Satz 1 ErbStG			./. 3 272 500 €
übersteigender Betrag			577 500 €
Abzugsbetrag § 13a Abs. 2 Satz 2 ErbStG		in voller Höhe abgeschmolzen	
Zwischensumme			577 500 €
schädliches Verwaltungsvermögen (s. o.)			+ 150 000 €
steuerpflichtiges Betriebsvermögen			727 500 €
Persönlicher Freibetrag § 16 Abs. 1 Nr. 2 ErbStG			./. 400 000 €
abgerundeter steuerpflichtiger Erwerb § 10 Abs. 1 Satz 1 + 6 ErbStG			327 000 €
Schenkungsteuer § 19 Abs. 1 ErbStG 15 %			49 050 €
Anwendung Härteausgleich § 19 Abs. 3 Buchst. a ErbStG			
Steuer auf vorhergehende Wertgrenze 300 000 € × 11 %		33 000 €	
die Wertgrenze übersteigender Betrag 27 000 € × 50 %		13 500 €	
Steuer nach § 19 Abs. 3 ErbStG		46 500 €	
Niedriger als Steuer nach § 19 Abs. 1 ErbStG, daher anzusetzende Steuer			46 500 €

2. Ermittlung der Schenkungsteuer nach Ablauf der Lohnsummenfrist (rückwirkende Änderung der Steuerfestsetzung):

Wert des begünstigungsfähigen Betriebsvermögens (§ 13b Abs. 1 Nr. 2 ErbStG)			4 000 000 €
Nettowert Verwaltungsvermögen (VV)		500 000 €	
Gemeiner Wert Betrieb	4 000 000 €		
Nettowert VV	./. 500 000 €		
Zwischensumme	3 500 000 €		
Hiervon 10 % = unschädliches VV = § 13b Abs. 7 Satz 1 ErbStG		350 000 €	
schädliches VV		150 000 €	./. 150 000 €
begünstigtes Vermögen § 13b Abs. 2 Satz 1 ErbStG			3 850 000 €
bisheriger Verschonungsabschlag		3 272 500 €	
anzusetzen nur noch in Höhe von 320/400 § 13a Abs. 3 Satz 5 ErbStG			./. 2 618 000 €
übersteigender Betrag			1 232 000 €
schädliches Verwaltungsvermögen (s. o.)			+ 150 000 €
steuerpflichtiges Betriebsvermögen			1 382 000 €
Persönlicher Freibetrag § 16 Abs. 1 Nr. 2 ErbStG			./. 400 000 €
steuerpflichtiger Erwerb § 10 Abs. 1 Satz 1 ErbStG			982 000 €
Schenkungsteuer § 19 Abs. 1 ErbStG 19 %			186 580 €
keine Anwendung Härteausgleich H E 19 »Tabelle…« ErbStH			
Mehrsteuer durch Verstoß gegen Lohnsummenregelung			140 080 €

Lösung zu Fall 29

1. Berechnung der Gesamtsteuer für alle Erwerbe (§ 14 Abs. 1 Satz 1 ErbStG)

Steuerwert aktueller Vermögensanfall (Grundbesitzwert § 12 Abs. 3 ErbStG)	380 000 €
+ Hinzurechnung frühere Erwerbe mit damaligem Steuerwert	420 000 €
= Summe Gesamterwerb	800 000 €
./. persönlicher Freibetrag für Thea (§ 16 Abs. 1 Nr. 2 ErbStG)	400 000 €
= steuerpflichtiger Gesamterwerb (§ 10 Abs. 1 Satz 1 ErbStG)	400 000 €
× aktueller Steuertarif § 19 Abs. 1 ErbStG bei Steuerklasse I (kein Härteausgleich)	15 %
= **Steuer auf den Gesamterwerb**	60 000 €

2. Berechnung der Steueranrechnung

frühere Erwerbe mit damaligem Steuerwert	420 000 €
./. persönlicher Freibetrag (§ 16 Abs. 1 Nr. 2 ErbStG)	400 000 €
= steuerpflichtiger Vorerwerb	20 000 €
× aktueller Steuertarif (§ 19 Abs. 1 ErbStG) bei Steuerklasse I	7 %
= **fiktive Abzugsteuer** (§ 14 Abs. 1 Satz 2 ErbStG)	1 400 €
mindestens Ansatz nach § 14 Abs. 1 Satz 3 ErbStG	1 400 €
tatsächlich entrichtete Steuer auf den Vorerwerb (**Abzugsteuer**)	

3. Berechnung der festzusetzenden Steuer

Steuer auf den Gesamterwerb (Schritt 1)	60 000 €
./. Steueranrechnung (Schritt 2)	1 400 €
= **festzusetzende Steuer**	58 600 €

4. Mindeststeuer (§ 14 Abs. 1 Satz 4 ErbStG)

Steuerwert aktueller Vermögensanfall (Grundbesitzwert)	400 000 €
./. persönlicher Freibetrag Thea (§ 16 Abs. 1 Nr. 2 ErbStG)	400 000 €
= steuerpflichtiger Erwerb	0 €

kein Ansatz der Mindeststeuer

5. Höchststeuer (§ 14 Abs. 3 ErbStG)

maximal 50 % des letzten Vermögensanfalls, 190 000 €, hier ohne Bedeutung

Die Schenkungsteuer ist i. H. v. 58 600 € festzusetzen.

Lösung zu Fall 30

Bei der Berechnung der für N festzusetzenden Erbschaftsteuer kommt neben der Verschonung von Betriebsvermögen nach §§ 13 a, 13 b ErbStG auch die Tarifbegrenzung gem. § 19 a ErbStG zur Anwendung, da der Neffe zur Steuerklasse II zählt, § 15 Abs. 1 Steuerklasse II Nr. 3 ErbStG. Der Entlastungsbetrag ist nach § 19 a Abs. 4 ErbStG zu ermitteln.

Ermittlung der von N zu entrichtenden Erbschaftsteuer:

Begünstigtes Betriebsvermögen (§ 13 b Abs. 1 Nr. 2 i. V. m. Abs. 2 Satz 1 ErbStG)	3 000 000 €
Verschonungsabschlag 85 % (§ 13 a Abs. 1 Satz 1 ErbStG)	./. 2 550 000 €
übersteigender Betrag	450 000 €
Abzugsbetrag § 13a Abs. 2 ErbStG in voller Höhe abgeschmolzen	
Steuerpflichtiges Betriebsvermögen	450 000 €
+ übriges Vermögen	100 000 €
Vermögensanfall	550 000 €
./. Erbfallkosten-Pauschbetrag (§ 10 Abs. 5 Nr. 3 ErbStG)	./. 10 300 €
Bereicherung (§ 10 Abs. 1 Satz 2 ErbStG)	539 700 €
./. persönlicher Freibetrag (§ 16 Abs. 1 Nr. 5 ErbStG)	./. 20 000 €
steuerpflichtiger Erwerb (§ 10 Abs. 1 Satz 1 ErbStG)	**519 700 €**
Erbschaftsteuer, Steuerklasse II, 25 % (§ 19 Abs. 1 ErbStG)	**129 925 €**
gem. § 19a Abs. 3 ErbStG entfällt davon anteilig auf das Betriebsvermögen $\frac{450000€}{550000€} \times 129925€$	106 302 €
Steuer für Steuerklasse I, 15 % aus 519 700 € = 77 955 €	
davon entfällt anteilig auf das Betriebsvermögen $\frac{450000€}{550000€} \times 77955€$	./. 63 781 €
Unterschied Steuerklasse II zu Steuerklasse I	**42 521 €**
Erbschaftsteuer für den gesamten Erwerb nach Steuerklasse II	129 925 €
./. Entlastungsbetrag (§ 19 a Abs. 1 ErbStG)	./. 42 521 €
Festzusetzende Erbschaftsteuer	**87 404 €**

Teil M Komplexe Übungsfälle

Übungsfall 1

Problemkreis: Gewillkürte Erbfolge, Pflichtteilsrecht, Ermittlung der ErbSt
Bearbeitungszeit: 2 Stunden
Hilfsmittel: BewG, ErbStG, ErbStR, ErbStH

I. Sachverhalt

Der in Ludwigsburg, Kastanienallee 12, wohnende Erblasser Hermann Müller verstarb am 01.03. 2019. Er lebte im gesetzlichen Güterstand. In seinem Testament vom 10.04. 2017 setzte er seine Ehefrau Helene Müller zu 1/2, seinen Sohn Max Müller (32 Jahre alt) zu 1/4 und seine Tochter Karin Müller (29 Jahre alt) ebenfalls zu 1/4 als Erben ein. Seinen Enkeln Rolf (Sohn des Max Müller) und Thomas (Sohn der Tochter Karin Schulze, geb. Müller) setzte er ein Geldvermächtnis von jeweils 80000 € aus. Mit den Vermächtnissen zugunsten der Enkelsöhne beschwerte er jeweils seine Kinder Max und Karin.

Den Sohn Hans Müller (34 Jahre alt) bedachte er weder als Erbe noch als Vermächtnisnehmer, da er aus der Firma des Erblassers ausgeschieden war. Hans Müller machte daraufhin am 15.04. 2019 seinen Pflichtteil geltend.

Nach dem Verzeichnis über das Anfangsvermögen am 01.07. 1960 betrug das Anfangsvermögen bei Hermann Müller = 600000 € und bei Helene Müller = 50000 € (beide Werte bereits indiziert).

Das Endvermögen der Helene Müller betrug 1850000 €.

Der Nachlass setzt sich wie folgt zusammen:

Mietwohngrundstück Ludwigsburg, Kastanienallee 12	
Grundbesitzwert zum Besteuerungszeitpunkt (Verkehrswert 1400000 €)	1380000 €
Einzelunternehmen (§ 15 Abs. 1 Nr. 1 EStG)	
Der Steuerwert auf den Todestag betrug (Verkehrswert 1600000 €)	1600000 €
Schädliches Verwaltungsvermögen liegt nicht vor.	
Übriges Vermögen	
1 000 Aktien der Z-AG mit einem Kurswert am Todestag von 200 € pro Aktie	200000 €
Bankguthaben inkl. Zinsen bis Todestag	100000 €
Wertpapierdepot, Kurswert am Todestag	300000 €
Hausrat (**ohne** Voraus des Ehegatten nach § 1932 BGB), gemeiner Wert am Todestag	40000 €
Kunstgegenstände, nicht unter § 13 Abs. 1 Nr. 2 ErbStG fallend, gemeiner Wert am Todestag	50000 €
Privater Personenkraftwagen, gemeiner Wert am Todestag	25000 €
Schulden	
Nachlassverbindlichkeit inkl. Erbfallkosten (15000 €)	115000 €

II. Aufgabe

Berechnen Sie für alle Erwerber die tarifliche Erbschaftsteuer nach dem Tod von Hermann Müller.

Fallvariante

Wie Grundfall, jedoch hatte der Erblasser in seinem Testament seinem Sohn Max durch **Vorausvermächtnis** sein Betriebsvermögen zugewandt.

In welcher Höhe fällt bei dieser Sachverhaltsgestaltung bei den einzelnen Erwerbern Erbschaftsteuer an (nur rechnerische Darstellung ohne Begründungen)?

Übungsfall 2

Problemkreis: Gesetzliche Erbfolge mit güterstandsrechtlichen Auswirkungen, Ermittlung der ErbSt
Bearbeitungszeit: 1,5 Stunden
Hilfsmittel: BewG, ErbStG, ErbStR, ErbStH

I. Sachverhalt

Der Erblasser X, der im Güterstand der Gütergemeinschaft lebte, verstarb am 01.02. 2019. Bei seinem Tode lebten seine Ehefrau (E), sein Sohn (S = 32 Jahre), seine Tochter (T = 29 Jahre) und seine Mutter (M). Eine letztwillige Verfügung hatte er **nicht** errichtet.

Es ist von den folgenden Nachlasswerten auszugehen:

Gesamtgut der Eheleute X und E (§ 1416 BGB)

Betrieb der Land- und Forstwirtschaft, für den zum Besteuerungszeitpunkt ein Grundbesitzwert von 150 000 € (Wert Betriebsteil: 80 000 €, Wert Wohnteil: 70 000 €) festgestellt wurde.

Ein Mietwohngrundstück, für das zum Besteuerungszeitpunkt ein Grundbesitzwert von 600 000 € festgestellt wurde. Das Grundstück wird ausschließlich zu fremden Wohnzwecken vermietet.

Siehe auch folgende Ausführungen.

Sonstiges Gesamtgut (§ 1417 Abs. 3 BGB)

Wert zum Besteuerungszeitpunkt 1 600 000 €

Sondergut des X (§ 1417 BGB)

X war Komplementär der X-KG. Auf den Todestag betrug sein Anteil am Betriebsvermögen nach § 97 Abs. 1 a BewG 450 000 €.

Vorbehaltsgut des X (§ 1418 BGB)

X hatte von seiner Mutter 1 000 Wertpapiere der Z-AG mit einem Kurswert am Todestag von 285 € geschenkt bekommen. Seine Mutter hatte gem. § 1418 Abs. 2 Nr. 2 BGB bestimmt, dass die Aktien Vorbehaltsgut sein sollen.

Schulden

Zum Bau des Mietwohngrundstücks (Gesamtgut) hatten die Ehegatten ein Hypothekendarlehen i. H. v. 100 000 € aufgenommen. Die Hypothek war am Todestag noch mit 68 000 € valutiert.

Sonstiges

X hatte einen Lebensversicherungsvertrag über 300 000 € abgeschlossen und die Prämien aus seinen Einkünften aus Kapitalvermögen entrichtet. Begünstigt aus dem Lebensversicherungsvertrag ist seine Ehefrau E. Die Versicherung wurde mit dem Tode des X fällig. Die Auszahlung an E erfolgte im Laufe des Februar 2019.

E bezieht aus der Angestelltenversicherung des X seit dem Todestag eine erbschaftsteuerfreie monatliche lebenslängliche Witwenrente i. H. v. 1 000 €. E hatte am Todestag des X das 66. Lebensjahr vollendet.

II. Aufgabe

Es ist für die Erwerber E, S, T und M jeweils zu zahlende Erbschaftsteuer zu ermitteln. Gehen Sie davon aus, dass bei begünstigungsfähigem Vermögen i. S. d. § 13b Abs. 1 ErbStG kein Verwaltungsvermögen vorliegt.

Übungsfall 3

Problemkreis:	Gemischte Schenkung kombiniert mit Leistungs- und Duldungsauflage, Wertermittlung eines bebauten Grundstücks im Ertragswertverfahren mit Nießbrauch, Berechnung der Schenkungsteuer
Bearbeitungszeit:	2 Stunden
Hilfsmittel:	BewG, ErbStG, ErbStR, ErbStH

I. Sachverhalt

Die in kinderloser Ehe verheirateten Eheleute Fritz Mössle (geb. am 10.05.1942) und Waltraud Mössle (geb. am 10.06. 1945), wohnhaft in Weinstadt, sind je hälftig Eigentümer eines Wohn- und Geschäftshauses in Winterbach, Bahnhofstraße 12. Es handelt sich um ein viergeschossiges Gebäude mit drei gleich großen und ähnlich ausgestatteten Wohnungen (Wohnungsgröße jeweils 95 m²). Die Mieter entrichten je Wohneinheit eine monatliche ortsübliche Miete i. H. v. 1 080 €. In diesem Betrag sind umlagefähige Betriebskosten i. H. v. 8 % des Mietzinses enthalten. Mit Wirkung zum 31.03.2019 wurde den Mietern der Wohnung im 2. OG gekündigt. Die Wohnung wurde am 15.04.2019 durch die Ehegatten Mössle selbst bezogen.

Im EG des Gebäudes befindet sich eine Zahnarztpraxis mit einer Nutzfläche von 115 m². Die monatliche ortsübliche Kaltmiete für die Praxisräume beträgt 1 725 €. Im TG befinden sich insgesamt 12 Pkw-Einstellplätze (je zwei Stellplätze zu jeder Wohnung und sechs Stellplätze für die zahnärztliche Praxis). Die Stellplätze wurden zusammen mit jeder Wohneinheit und der Zahnarztpraxis zu einem ortsüblichen Monatsentgelt von je 50 € je Stellplatz vermietet.

Der durch den Gutachterausschuss der Gemeinde Winterbach zuletzt auf den 31.12. 2018 ermittelte Bodenrichtwert beläuft sich auf 625 €/m². Nach dem Erfahrungssatz des Gutachterausschusses betragen die regionalen Bewirtschaftungskosten für vergleichbare Grundstücke jährlich 24 %.

Das Gebäude wurde im Jahr 1999 fertiggestellt. Die Grundstücksfläche umfasst 614 m². Die Baukosten für das Gebäude beliefen sich auf 810 000 €. Am Besteuerungszeitpunkt waren für das Grundstück aus den Baumaßnahmen Schulden i. H. v. 100 000 € noch nicht getilgt.

Angesichts der persönlichen und engen Beziehungen zu ihrem Neffen Stefan Greiner (geb. am 01.07.1974), Sohn der Schwester von Fritz Mössle, hatten sich die Ehegatten Mössle dazu entschlossen, das in ihrem jeweils hälftigen Eigentum stehende Grundstück Bahnhofstraße 12 in Winterbach anlässlich des 45. Geburtstages des Neffen mit Wirkung zum 01.07.2019 durch Schenkung zu übertragen.

Im notariellen Schenkungsvertrag vom selben Tag mit vereinbarter Auflassung und gleichzeitiger Eintragungsbewilligung für den Beschenkten wurde festgelegt, dass anlässlich der Grundstücksübertragung die auf dem Grundstück noch lastenden Schulden i. H. v. 100 000 € durch Stefan Greiner zu übernehmen sind. Für die Wohnung im 2. OG wurde zugunsten der Schenker ein lebenslängliches Wohnrecht als Grunddienstbarkeit im Grundbuch eingetragen. Das gemeinsame Wohnrecht erlischt mit dem Ableben des zuletzt Versterbenden. Die durch die Wohnberechtigten im Zusammenhang mit dem Wohnrecht zu tragenden Kosten belaufen sich insgesamt jährlich auf 2 250 €.

II. Aufgabe

Die sich aus dem Sachverhalt ergebende Schenkungsteuer ist zu berechnen. Es ist hierbei **zunächst** die Grundbesitzbewertung für das durch die Schenkung übergegangene Grundstück durchzuführen.

Übungsfall 4

Problemkreis: Nachlasswertermittlung, erbrechtlicher Zugewinnausgleich, Ermittlung der ErbSt
Bearbeitungszeit: 1,5 Stunden
Hilfsmittel: BewG, ErbStG, ErbStR, ErbStH

I. Sachverhalt

Steuerberater und Wirtschaftsprüfer Engelbert Losch (L), zuletzt wohnhaft in Kirchheim u. T., ist am 10.03. 2019 nach schwerer Krankheit verstorben.

Nach einem gemeinschaftlichen Ehegattentestament vom 10. 12. 2012 ist seine Ehefrau Anna (A) Alleinerbin des Nachlasses von L geworden. Es sind keine Pflichtteilsberechtigten nach Eintritt der Erbfolge von A vorhanden.

Die Ehegatten Losch hatten im gesetzlichen Güterstand gelebt. L hinterlässt ein Vermögen mit einem Verkehrswert von 2 000 000 €. Die maßgebenden Anfangsvermögen betragen von L = 400 000 € und von A = 380 000 € nach erfolgter Indizierung. Das Endvermögen von A hatte im Zeitpunkt des Todes ihres Ehemannes 1 820 000 € betragen. Anlässlich des Todes von L waren u. a. Erbfallkosten (Kosten der Bestattung, Nachlassregelungskosten) i. H. v. 10 120 € in nachgewiesener Höhe angefallen. Diese Kosten sind vom vorgegebenen Steuerwert des Nachlasses noch **nicht** gekürzt. L hatte keine weiteren Schulden hinterlassen.

Der Steuerwert des Nachlasses von L gliedert sich im Einzelnen wie folgt auf:

• Selbst bewohntes Einfamilienhaus, A lebt nach dem Tod von L weiter in diesem Wohngebäude Kirchheim u. T., Sonnenblick 10 (Eigentümer: L und A je 1/2) Anteiliger Grundbesitzwert lt. gesonderter Feststellung auf den 10.03. 2019, soweit auf L entfallend	242 961 €
• L hatte seine Praxis aus gesundheitlichen Gründen im März 2017 veräußert. Der Veräußerungserlös wurde auf einem Festgeldkonto angelegt. Dieses Konto hatte am Todestag einen Saldo inkl. Zinsen i. H. v.	937 640 €
• Wertpapiere des Privatvermögens mit einem Kurswert am Todestag i. H. v.	255 000 €
• Bausparguthaben (100 485 €) und Sparguthaben (120 960 €) inkl. Zinsen am Todestag	221 445 €
• Münzsammlung, unverarbeitete Edelmetalle (Barrengold), gemeiner Wert am Todestag	75 200 €
• Anteil am Hausrat, gemeiner Wert am Todestag	48 000 €
• Segelyacht, befindlich im Yachthafen des Segel- und Ruderclubs Wasserburg/Bodensee, gemeiner Wert am Todestag	93 360 €

A, geboren am 17.10. 1959, erhält nach dem Tode ihres Ehemannes vom Versorgungswerk der Steuerberater Baden-Württemberg eine monatliche Witwenrente i. H. v. 1 800 € bis zu ihrem Tode.

II. Aufgabe

Berechnen Sie die festzusetzende Erbschaftsteuer für A und äußern Sie sich kurz zur persönlichen und sachlichen Steuerpflicht.

Übungsfall 5

Problemkreis: Grundbesitzbewertung
Bearbeitungszeit: 1,5 Stunden
Hilfsmittel: BewG, ErbStG, ErbStR, ErbStH

I. Sachverhalt

Barbara Wilson (B) ist Eigentümerin eines in Mainz belegenen Grundstücks. Das 1 250 m^2 große Grundstück ist mit einem im Jahr 1968 errichteten Gebäude bebaut, das wie folgt genutzt wird:

- Erdgeschoss, 120 m^2, Laden, vermietet für 11 €/m^2, zzgl. Betriebskosten monatlich 150 €;
- 1. OG, 100 m^2, Büro, vermietet für 10 €/m^2, zzgl. Betriebskosten monatlich 130 €;
- 2. OG, 100 m^2, Wohnung, vermietet für 10 €/m^2, zzgl. Betriebskosten monatlich 130 €;
- 3. OG, 100 m^2, Wohnung, vermietet für 8 €/m^2, zzgl. Betriebskosten monatlich 130 €;
- 4. OG, 80 m^2, Wohnung, vermietet für 6 €/m^2, zzgl. Betriebskosten monatlich 90 €;

Weiterhin sind auf dem Grundstück noch sechs Garagen, die von den Mietern des Gebäudes genutzt werden und für monatlich 75 € je Garage vermietet sind. Für die Mieter der Wohnung hat B auch einen kleinen Spielplatz errichten lassen (Herstellungskosten 8 350 €).

Im Jahr 2014 hatte B einige Modernisierungsmaßnahmen durchführen lassen. So wurde das Dach saniert und mit neuer verbesserter Wärmedämmung versehen, auch wurde die komplette Außenfassade neu gedämmt. Ergänzend zur Dämmung von Dach und Außenwand ließ B neue Fenster zum Schall- und Wärmeschutz einbauen.

B möchte das Grundstück zum 01.01. 2019 unentgeltlich auf ihre Tochter Tira übertragen.

Hinweis: Der Gutachterausschuss hat einen Bodenrichtwert zum 31.12. 2018 von 310 €/m^2 festgestellt, weitere Feststellungen liegen vom Gutachterausschuss nicht vor. Die ortsübliche Kaltmiete für Laden- und Büroflächen beträgt 10 €/m^2, für vergleichbare Wohnungen 8 €/m^2. Für Garagen beträgt die ortsübliche Miete 75 € monatlich. Das Grundstück enthält keine selbständig verwertbaren Teilflächen.

II. Aufgabe

Ermitteln Sie den für die Schenkungsteuer maßgebenden Grundbesitzwert zum 01.01.2019. Gehen Sie bei der Lösung auch auf das Feststellungsverfahren ein.

Übungsfall 6

Problemkreis: Nachlassbesteuerung unter Anwendung von § 27 ErbStG, Berechnung der ErbSt
Bearbeitungszeit: 45 Minuten
Hilfsmittel: ErbStG, ErbStR, ErbStH

I. Sachverhalt

Erblasser M, zuletzt wohnhaft in Sindelfingen, lebte mit seiner Ehefrau im vertraglichen Güterstand der **Gütertrennung**. Er verstarb am 15.01.2019. Aufgrund des gemeinschaftlichen Ehegattentestaments war seine Ehefrau F Alleinerbin geworden. Der Nachlass des M bestand ausschließlich aus Kapitalvermögen mit einem Steuerwert am Todestag von 2,8 Mio. €. Aus Anlass des Todes von M stehen F **keine** nichtsteuerbaren Ansprüche aus Versorgungsbezügen zu. F erlag nach einem Verkehrsunfall am 20.11.2019 ihren tödlichen Verletzungen. Sie wurde von ihrer Tochter T (29 Jahre) und ihrem Sohn S (31 Jahre) je hälftig beerbt. Der Nachlass von F umfasst ausschließlich das von M geerbte Kapitalvermögen (2,8 Mio. € abzüglich der anlässlich des Todes von M zu zahlenden Erbschaftsteuer).

II. Aufgabe

Berechnen Sie die Erbschaftsteuer für die Erwerber F, T und S. Auf die persönliche und sachliche Steuerpflicht ist nicht einzugehen. Ggf. bestehende Pflichtteilsansprüche wurde nicht geltend gemacht.

Übungsfall 7

Problemkreis: Grundbesitzbewertung, Bewertung von wiederkehrenden Nutzungen und Leistungen, Ermittlung der ErbSt
Bearbeitungszeit: 1 Stunde
Hilfsmittel: BewG, ErbStG, ErbStR, ErbStH, Gleich lautender Ländererlass vom 10.10.2010 (z. B. Beck'sche Steuererlasse 200 § 12/1)

I. Sachverhalt

Der Nachlass der am 20.03. 2019 in Stuttgart verstorbenen Hermine Krauss (nachfolgend H. K.) umfasst u. a. die folgenden Wirtschaftsgüter und Verpflichtungen:

1. Eigentumswohnung in Stuttgart-Möhringen, Elfenstr. 10

Für die im Jahr 1992 errichtete Eigentumswohnung mit einer Wohnfläche von 120 m^2 hatte der Gutachterausschuss der Landeshauptstadt Stuttgart in seinem Grundstücksmarktbericht vom 20.01. 2019 unter Heranziehung des in Betracht kommenden Vergleichsfaktors, der sich sowohl auf den **Gebäudewert** als auch auf den **Bodenwert** bezieht, folgenden Wert für die Immobilie ermittelt:

120 m^2 Wohnfläche × 2 150 €/ m^2 = 258 000 €

Das Wohnungseigentum umfasst das Sondereigentum an der Wohnung mit der Wohnfläche von 120 m^2 und an einer Garage im Tiefgeschoss sowie einen Anteil am gemeinschaftlichen Eigentum von 13,75 %. Zum Besteuerungszeitpunkt hat der Tiefgaragenplatz einen gemeinen Wert von 18 720 €. Die bestehende Wohnrechtsverpflichtung – siehe unter 2. – findet beim Vergleichswertverfahren keine Berücksichtigung (§ 183 Abs. 3 BewG).

Die Wohnung wurde durch die Erblasserin bis zu ihrer Unterbringung in einem Altenpflegeheim am 20.03. 2018 selbst bewohnt. Nach dem Mietspiegel der Landeshauptstadt Stuttgart beträgt die übliche Miete zum Besteuerungszeitpunkt für die Wohnung 1 230 € monatlich; für die Garage beläuft sich die übliche Miete auf 55 € monatlich.

2. Wohnrechtsverpflichtung

Durch notariellen Vertrag vom 15.03. 2018 hatte die Erblasserin der am 15.02. 1953 geborenen ehemaligen Hausgehilfin Josefine Kurz das lebenslängliche Wohnrecht an der Wohnung in Stuttgart-Möhringen einschließlich der Nutzung der Garage eingeräumt. Die Berechtigte übt dieses im Grundbuch eingetragene Wohnrecht seit 20.04. 2018 aus.

Die Erblasserin H. K. hatte sich im Vertrag über das Wohn- und Nutzungsrecht auch verpflichtet, ebenfalls auf **Lebenszeit der Berechtigten** die laufend jährlich anfallenden Betriebskosten der Wohnung zu übernehmen. Diese betragen nach den Verhältnissen vom Besteuerungszeitpunkt jährlich 730 €.

3. Darlehensforderung

H. K. hatte ihrer Schwester zum Bau eines Einfamilienhauses ein privates unverzinsliches Tilgungsdarlehen gewährt, dem **keine** wirtschaftlichen Vor- bzw. Nachteile gegenüberstehen. Das Darlehen valutiert am Todestag mit 112 000 € und ist monatlich mit 4 000 € zu tilgen, jeweils am Monatsende, letztmals am 20.06. 2021.

4. Rente aus Grundstücksveräußerung

H. K. hatte mit notariellem Grundstückskaufvertrag vom 01.08. 2007 ein in zentraler Lage von Stuttgart belegenes Geschäftsgrundstück auf Rentenbasis veräußert. Nach den Regelungen im Kaufvertrag waren die monatlichen Rentenzahlungen i. H. v. jeweils 12 500 € am 30. eines Monats zu leisten für den Zeitraum 01.08.2007 bis 31.07.2022. Für den Fall des vorzeitigen Ablebens von H. K. ist der Käufer verpflichtet, die Rentenzahlungen an die Erben von H. K. zu leisten. Die letzte Zahlung ist somit am 31.07.2022 fällig.

5. Nach einem am 10.02.2017 errichteten notariellen Testament wurde die Großnichte Sybille Fröhlich, geb. am 14.05.1993, zur Alleinerbin nach H. K. eingesetzt.

II. Aufgabe

1. Führen Sie die Bewertungen der wirtschaftlichen Einheiten aus dem Nachlass von H. K. durch, soweit diese für die Festsetzung der Erbschaftsteuer von Sybille Fröhlich von Bedeutung sind. Die Erbschaftsteuer ist nicht zu berechnen.
2. Äußern Sie sich **kurz** zu den verfahrensrechtlichen Regelungen zur Feststellung von Grundbesitzwerten. In den Lösungshinweisen sind die einschlägigen gesetzlichen Bestimmungen und Verwaltungsanweisungen anzugeben.

Übungsfall 8

Problemkreis:	Betriebsübertragung durch vorweggenommene Erbfolge, Ermittlung der SchenkSt
Bearbeitungszeit:	45 Minuten
Hilfsmittel:	BewG, ErbStG, ErbStR, ErbStH

I. Sachverhalt

Walter Pflaume (nachfolgend W. P.), 67 Jahre alt, ist Inhaber eines Einzelunternehmens mit Sitz in Stuttgart. W. P. hatte sich aus Altersgründen dazu entschlossen, seinen Gewerbebetrieb mit Wirkung zum 01.01.2019 an seinen Sohn Berthold zu übertragen.

In dem am 31.12.2018 notariell abgeschlossenen Geschäftsübertragungsvertrag hatte sich der Sohn gegenüber seinem Vater verpflichtet, eine monatliche Rente im Voraus i. H. v. 10 000 € bis an dessen Lebensende zu zahlen. In der notariellen Vereinbarung wurde außerdem festgelegt, dass die Familie von Berthold Pflaume den Vater auch bei Eintritt von gesundheitlichen Leiden zu versorgen und zu pflegen hat. Für den Fall, dass einmal später solche Versorgungs- und Pflegeleistungen zu erbringen sind, wurde hierfür zunächst ein monatlicher Betrag von 4 000 € angesetzt.

Nach einem methodisch nicht zu beanstandenden Gutachten beträgt der gemeine Wert i. S. d. § 11 Abs. 2 Satz 2 BewG für das Unternehmen 6 420 000 €. Eine ertragsorientierte Bewertungsmethode ist nicht branchenüblich. Der Substanzwert (§ 11 Abs. 2 Satz 3 BewG) beträgt 4 750 000 €. Der Wert nach § 11 Abs. 2 Satz 4 BewG beträgt 5 995 000 €. Eine Ableitung aus Verkäufen ist nicht möglich.

Im Laufe des Jahres 2018 hatte W. P. – zulässig – ein ausschließlich zu fremden Wohnzwecken vermietetes Grundstück in das Betriebsvermögen des Einzelunternehmens eingelegt (Grundbesitzwert 420 000 €). Weiteres Verwaltungsvermögen i. S. d. § 13 b Abs. 4 ErbStG ist nicht enthalten. Die Finanzmittel liegen unterhalb des Freibetrages. Ein Antrag nach § 13 a Abs. 10 ErbStG wird **nicht** gestellt. Auf § 13b Abs. 2 Satz 2 ErbStG ist nicht einzugehen.

Im Zusammenhang mit der Übertragung sind Erwerbsnebenkosten (Notar, Grundbucheintragung usw.) in Höhe von 3 000 € sowie Gebühren für die Schenkungsteuererklärung und die jeweiligen Feststellungserklärungen in Höhe von 2 000 € angefallen.

II. Aufgabe

Nehmen Sie im Einzelnen dazu Stellung, welche schenkungsteuerrechtlichen Folgen aus der Schenkung des gewerblichen Einzelunternehmens durch W. P. an seinen Sohn Berthold zu ziehen sind.

Berechnen Sie die in Betracht kommende Schenkungsteuer und erläutern Sie die einzelnen Schritte.

Begründen Sie Ihre Entscheidungen unter Hinweis auf die jeweiligen gesetzlichen Bestimmungen und dazu ergangenen Verwaltungsanweisungen.

Übungsfall 9

Problemkreis: Schenkweise Übertragung von Beteiligungen an einer Personengesellschaft, Bewertung einer typischen stillen Einlage, Ermittlung der SchenkSt
Bearbeitungszeit: 1,5 Stunden
Hilfsmittel: BewG, ErbStG, ErbStR, ErbStH

I. Sachverhalt

Ferdinand Glaser (nachfolgend F. G.) ist seit 1982 Inhaber eines Fabrikations- und Handelsunternehmens für Türen und Fenster mit Sitz in Böblingen. In Anbetracht seines Alters hatte er sich seit geraumer Zeit mit der Nachfolgeregelung für sein gewerbliches Einzelunternehmen befasst. Er kam hierbei zu dem Entschluss, dass er seine Söhne Wolfgang (34 Jahre alt) und Gerhard (29 Jahre alt) (nachfolgend W. G. und G. G.), die als Schreinermeister und Glasermeister im väterlichen Betrieb tätig sind, als Kommanditisten in eine neu zu gründende Familien-KG mit Wirkung zum 01.01. 2019 aufnimmt.

Anlässlich der Neustrukturierung seines Unternehmens hatte F. G. sich außerdem dazu entschlossen, seinem Neffen Berthold Holz (Sohn seiner Schwester, nachfolgend B. H.), der langjährig in seinem Betrieb tätig ist, eine stille Einlage i. H. v. 200 000 € durch Schenkung einzuräumen. Der Gesellschaftsvertrag wurde zunächst für die Zeit vom 01.01. 2019 bis 31.12. 2026 (8 Jahre) geschlossen. Berthold Holz ist mit Wirkung ab 01.01. 2019 zu 5 % am Gewinn und Verlust beteiligt; eine Beteiligung an den Unternehmenswerten ist ausgeschlossen.

Die Gewinne des Einzelunternehmens F. G. beliefen sich in den letzten drei Wirtschaftsjahren auf:

- Wirtschaftsjahr 2018: 900 000 €,
- Wirtschaftsjahr 2017: 700 000 €,
- Wirtschaftsjahr 2016: 600 000 €.

Der am 30.12. 2018 notariell beurkundete Gesellschaftsvertrag regelt u. a. die nachstehenden Beteiligungsverhältnisse:

Beteiligung am Gewinn und Verlust

• Ferdinand Glaser (Komplementär)	60 %
• Wolfgang Glaser (Kommanditist)	20 %
• Gerhard Glaser (Kommanditist)	20 %

Eine Regelung für Tätigkeitsvergütungen wurde zunächst in den Gesellschaftsvertrag nicht aufgenommen.

Von dem bisherigen Kapitalkonto des Einzelunternehmens F. G. wurden die Kommanditeinlagen für die beiden Söhne i. H. v. jeweils 400 000 € umgebucht mit der Auflage, dass die Beschenkten sich am Betriebsvermögen des Schenkers beteiligen.

Die Eröffnungsbilanz und zugleich Stichtagsbilanz der neugegründeten Kommanditgesellschaft weist zum 01.01. 2019 die folgenden Werte aus:

Aktiva		KG-Bilanz zum 01.01. 2019	Passiva
Diverse Aktiva	9 720 000 €	Kapitalkonten	
		Festkapital F. G.	1 200 000 €
		Festkapital W. G.	400 000 €
		Festkapital G. G.	400 000 €
		Variables Kapitalkonto F. G.	3 680 000 €
		diverse Passiva	4 040 000 €
	9 720 000 €		9 720 000 €

Zum Besteuerungszeitpunkt hatte die KG **12 Arbeitnehmer** beschäftigt. Nach einer methodisch nicht zu beanstandenden Unternehmensbewertung beträgt der gemeine Wert i. S. v. § 11 Abs. 2 Satz 2 BewG für das neugegründete Unternehmen 8 420 000 €. Dieser Wert liegt über dem Mindestwert nach § 11 Abs. 2 Satz 3 BewG. Eine Wertermittlung im vereinfachten Ertragswertverfahren (§§ 199 bis 203 BewG) scheidet aus.

Im Betriebsvermögen der KG ist **kein** steuerschädliches Verwaltungsvermögen i. S. d. § 13 b Abs. 4 ErbStG enthalten.

II. Aufgabe

Ermitteln Sie die in Betracht kommende Schenkungsteuer für alle Erwerber. Vorschenkungen liegen keine vor.

Gehen Sie auch kurz auf die persönliche und sachliche Steuerpflicht ein.

Ein Antrag nach § 13a Abs. 10 ErbStG liegt nicht vor.

Übungsfall 10

Problemkreis: § 14 ErbStG
Bearbeitungszeit: 3/4 Stunden
Hilfsmittel: ErbStG, ErbStR, ErbStH

I. Sachverhalt
Die Ehegatten Viktor (V) und Mathilda (M) Reich leben in München, einziges Kind ist der 30-jährige Stephan (S). Am **01.08. 2010** übertrugen die Eheleute bereits einen Teil ihres Vermögens im Vorgriff auf die zukünftige Erbfolge auf ihren Sohn. Von V erhielt S ein Aktiendepot im Wert von 200 000 €, von M ein Mietwohngrundstück (steuerlicher Wert 491 000 €). Zum **01.11. 2018** übertrugen die Eheleute einen weiteren Teil ihres Vermögens auf S. V schenkte ihm festverzinsliche Wertpapiere im Wert von 300 000 €, M ein Sparguthaben über 410 000 €.

II. Aufgabe
Berechnen Sie die festzusetzende Schenkungsteuer für die Schenkungen vom 01.11. 2018.

Übungsfall 11

Problemkreise: § 19 Abs. 3 ErbStG, § 19 a ErbStG
Bearbeitungszeit: 1 Stunde
Hilfsmittel: ErbStG, ErbStR, ErbStH

I. Sachverhalt

Am 01.12. 2018 ist der alleinstehende Max (M) verstorben. In seinem Testament hat M seinen Neffen Nero (N) zu seinem Alleinerben bestimmt. Die Nichte Natalie ist in dem Testament mit einem Geldvermächtnis über 350 000 € bedacht worden. Der Nachlass umfasst am Todestag die folgenden Vermögenswerte:

- ein 80 %iger Anteil am Stammkapital der Maschinenbau GmbH mit Sitz in München, steuerlicher Wert des Anteils 1 200 000 €,
- ein Darlehen im Zusammenhang mit der GmbH-Beteiligung über 150 000 €,
- übriges Vermögen mit einem Wert von 200 000 €,
- ein in Freiburg belegenes Mietwohngrundstück mit einem Grundbesitzwert i. H. v. 300 000 €.

II. Aufgabe

Ermitteln Sie die für Nero und Natalie festzusetzende Erbschaftsteuer.

III. Bearbeitungshinweise

Der GmbH-Anteil zählt zum begünstigungsfähigen Vermögen i. S. d. § 13 b Abs. 1 Nr. 3 ErbStG, ein Antrag nach § 13 a Abs. 10 ErbStG wurde nicht gestellt. Verwaltungsvermögen ist nicht vorhanden. Das Mietwohngrundstück wird ausschließlich zu Wohnzwecken vermietet.

Übungsfall 12

Problemkreis: Vergünstigungen nach §§ 13a, b ErbStG, Ermittlung der SchenkSt
Bearbeitungszeit: 1 Stunde
Hilfsmittel: ErbStG, ErbStR, ErbStH

I. Sachverhalt

Heribert Fessler, 67 Jahre alt (nachfolgend H. F.), ist Inhaber eines Einzelhandelsgeschäfts mit Sitz in Tübingen. H. F. hatte sich aus Altersgründen dazu entschlossen, seinen Gewerbebetrieb mit Wirkung **ab 01. 01. 2019** auf seine Tochter Veronika Fessler zu übertragen. Veronika führt den Betrieb fort.

Zum Besteuerungszeitpunkt 01.01. 2019 hatte das Unternehmen **8 Beschäftigte**.

Nach einer methodisch nicht zu beanstandenden Unternehmensbewertung beträgt der gemeine Wert des übergegangenen Einzelhandelsgeschäfts nach § 11 Abs. 2 Satz 2 BewG 4 300 000 €. Dieser Wert liegt über dem Mindestwert nach § 11 Abs. 2 Satz 3 BewG. Eine Wertermittlung im vereinfachten Ertragswertverfahren (§§ 199 bis 203 BewG) scheidet aus.

Im Betriebsvermögen ist Verwaltungsvermögen i. S. d. § 13 b Abs. 4 Nr. 1 – 4 ErbStG i. H. v. 900 000 € enthalten. Die Finanzmittel i. S. d. § 13b Abs. 4 Nr. 5 ErbStG betragen 500 000 €, Schulden sind keine vorhanden.

Die zutreffend ermittelte Ausgangslohnsumme beträgt 3,5 Mio. €.

II. Aufgabe

1. Ermitteln Sie das steuerpflichtige Betriebsvermögen! Prüfen Sie dabei auch, ob Veronika einen Antrag nach § 13a Abs. 10 ErbStG stellen kann.

2. Berechnen Sie die festzusetzende Schenkungsteuer. Gehen Sie dabei unabhängig von Ihrer Lösung zu 1. davon aus, dass ein Antrag nach § 13a Abs. 10 ErbStG nicht gestellt wird.

3. Welche Aspekte muss Veronika zur Lohnsummenregelung beachten?

Begründen Sie Ihre Entscheidungen unter Hinweis auf die jeweiligen gesetzlichen Bestimmungen.

Zusatzfragen

1. Welche Rechtsfolgen ergeben sich, wenn Veronika das Einzelhandelsgeschäft mit Wirkung zum 01.07. 2021 aufgeben würde?

2. Welche Rechtsfolgen ergeben sich, wenn die tatsächliche Lohnsumme nach Ablauf der Lohnsummenfrist 200 % betragen würde?

Teil N Lösungshinweise zu den komplexen Übungsfällen

Lösung zu Übungsfall 1 (in Kurzfassung)

Nach § 2 Abs. 1 Satz 1 Nr. 1 Satz 2 Buchst. a ErbStG ist für alle Erwerber unbeschränkte Steuerpflicht gegeben, da der Erblasser seinen Wohnsitz im Inland hatte. Der Besteuerung unterliegt der gesamte Vermögensanfall (§ 2 Abs. 1 Nr. 1 Satz 1 ErbStG).

Ermittlung des Werts des Nachlasses

	Verkehrswert = Endvermögen	Steuerwert (nach bewertungsrechtlichen Grundsätzen)
Grundvermögen, Grundbesitzwert	1 400 000 €	1 380 000 €
Betriebsvermögen	1 600 000 €	1 600 000 €
Übriges Vermögen		
1 000 Aktien der Z-AG zum Kurs von 200 €	200 000 €	200 000 €
Bankguthaben	100 000 €	100 000 €
Wertpapierdepot	300 000 €	300 000 €
Hausrat	40 000 €	40 000 €
Kunstgegenstände	50 000 €	50 000 €
Personenkraftwagen	25 000 €	25 000 €
Aktivnachlass	**3 715 000 €**	**3 695 000 €**
./. Nachlassverbindlichkeiten inkl. Erbfallkosten (15 000 €)	115 000 €	115 000 €
Reinnachlass	**3 600 000 €**	**3 580 000 €**

Berechnung der Erbschaftsteuer
Erwerb des Hans Müller

Pflichtteilsanspruch (§ 3 Abs. 1 Nr. 1, 3. Alt. ErbStG)

Neben der überlebenden Ehefrau (1/4 + 1/4 = 1/2 Erbteil nach § 1931 Abs. 1 und § 1371 Abs. 1 BGB) würden die drei Kinder den restlichen Anteil zu gleichen Teilen erben. Bei gesetzlicher Erbfolge würde Hans Müller somit 1/6 erben (§ 1924 Abs. 1 und Abs. 4 BGB). Der Pflichtteil umfasst die Hälfte des gesetzlichen Erbteils (§ 2303 Abs. 1 BGB).

Sein Pflichtteilsanspruch beträgt somit 1/12 aus 3 600 000 €	300 000 €
./. persönlicher Freibetrag gem. § 16 Abs. 1 Nr. 2 ErbStG	400 000 €
steuerpflichtiger Erwerb	0 €

Erwerb der Enkelkinder

Vermächtnisse (§ 3 Abs. 1 Nr. 1, 2. Alt. ErbStG)

Der Erwerb der Enkelkinder bleibt gem. § 16 Abs. 1 Nr. 3 ErbStG steuerfrei, da der Erwerb durch das Geldvermächtnis (Bereicherung jeweils 80 000 €) den persönlichen Freibetrag von 200 000 € nicht übersteigt.

Erwerb der Erben gem. § 3 Abs. 1 Nr. 1, 1. Alt. ErbStG		
Steuerwert Reinnachlass		3 580 000 €
./. Verschonungsabschlag nach § 13 a Abs. 1 Satz 1	1 600 000 € × 85 %	
ErbStG für Betriebsvermögen		1 360 000 €
./. § 13a Abs. 2 Satz 1 ErbStG 150 000 €	150 000 € ./. 45 000 €	105 000 €
Abschmelzung nach Satz 2:		
(240 000 ./. 150 000) × ½ = 45 000		
steuerpflichtiger Reinnachlass		2 115 000 €
Erbschaftsteuer für Max Müller		
Anteil 1/4 aus 2 115 000 €		528 750 €
./. oben enthaltener Anteil an Hausrat = 10 000 €, davon steuerfrei nach § 13 Abs. 1 Nr. 1 a ErbStG		10 000 €
./. Kunstgegenstände (12 500 €), Personenkraftwagen (6 250 €), davon steuerfrei nach § 13 Abs. 1 Nr. 1 b ErbStG		12 000 €
Wert des geltend gemachten Pflichtteils (§ 10 Abs. 5 Nr. 2 ErbStG)		150 000 €
./. Wert des Vermächtnisses (§ 10 Abs. 5 Nr. 2 ErbStG) an den Sohn Rolf		80 000 €
= Bereicherung Max Müller (§ 10 Abs. 1 Satz 2 ErbStG)		276 750 €
. /. persönlicher Freibetrag 400 000 € (§ 16 Abs. 1 Nr. 2 ErbStG), maximal		276 750 €
= steuerpflichtiger Erwerb (§ 10 Abs. 1 Satz 1 ErbStG)		0 €
Erbschaftsteuer für Karin Müller		
wie Max Müller		0 €

Erbschaftsteuer für Helene Müller

Ermittlung des Zugewinns	bei Hermann Müller	bei Helene Müller
Endvermögen	3 615 000 €	1 850 000 €
Anfangsvermögen	600 000 €	50 000 €
Zugewinn	**3 015 000 €**	**1 800 000 €**

Ausgleichsforderung bei Helene Müller	
1/2 von (3 015 000 € ./. 1 800 000 € = 1 215 000 €)	
Umrechnung Steuerwert/Verkehrswert (§ 5 Abs. 1 Satz 5 ErbStG)	607 500 €
$\frac{607500€ \times 3595000€}{3615000€} =$	604 139 €
Anteil 1/2 aus 2 115 000 €	1 057 500 €
./. oben enthaltener Anteil an Hausrat = 20 000 €, davon steuerfrei nach § 13 Abs. 1 Nr. 1 a ErbStG	20 000 €
./. Kunstgegenstände (25 000 €), Personenkraftwagen (12 500 €), davon steuerfrei nach § 13 Abs. 1 Nr. 1 b ErbStG	12 000 €
. /. fiktive Zugewinnausgleichsforderung gem. § 5 Abs. 1 Satz 1 ErbStG	604 139 €
Bereicherung Helene Müller (§ 10 Abs. 1 Satz 2 ErbStG)	421 361 €
. /. persönlicher Freibetrag (§ 16 Abs. 1 Nr. 1 ErbStG) 500 000 €, maximal	421 361 €
./. Versorgungsfreibetrag (§ 17 Abs. 1 Satz 1 ErbStG), 256 000 €, ohne Bedeutung, da steuerpflichtiger Erwerb bereits 0 €	
steuerpflichtiger Erwerb (§ 10 Abs. 1 Satz 1 ErbStG)	0 €

Lösung zu Fallvariante (in Kurzfassung)

Steuerwert des Nachlasses wie Grundfall		3 580 000 €
./. Vorausvermächtnis, § 10 Abs. 5 Nr. 2 ErbStG		1 600 000 €
		1 980 000 €

Berechnung der Erbschaftsteuer für die Erwerber

Erbschaftsteuer für Max Müller

Erwerb durch Vermächtnis	1 600 000 €	
./. Verschonungsabschlag nach § 13 a Abs. 1 Satz 1 ErbStG	1 360 000 €	
./. Abzugsbetrag § 13 a Abs. 2 ErbStG, siehe oben	105 000 €	135 000 €
Erwerb durch Erbanfall		
Anteil 1/4 aus 1 980 000 €		495 000 €
./. Freibeträge für Hausrat, Kunstgegenstände, Personenkraftwagen, wie Grundfall		22 000 €
./. 1/2 Wert des geltend gemachten Pflichtteils		150 000 €
		458 000 €
./. Vermächtnislast Sohn Rolf, § 10 Abs. 5 Nr. 2 ErbStG		80 000 €
steuerpflichtiger Erwerb		378 000 €
./. Freibetrag § 16 Abs. 1 Nr. 2 ErbStG		378 000 €
steuerpflichtiger Erwerb		0 €

Erbschaftsteuer für Karin Müller

Erwerb durch Erbanfall 1/4 von 1 980 000 €	495 000 €
./. Vermächtnislast Sohn Thomas, § 10 Abs. 5 Nr. 2 ErbStG	80 000 €
./. 1/2 Wert des geltend gemachten Pflichtteils	150 000 €
./. persönlicher Freibetrag § 16 Abs. 1 Nr. 2 ErbStG = 400 000 €, höchstens	265 000 €
steuerpflichtiger Erwerb	0 €

Erbschaftsteuer für Helene Müller

Erwerb durch Erbanfall	
1/2 von 1 980 000 €	990 000 €
./. Freibeträge für Hausrat, Kunstgegenstände, Personenkraftwagen, wie Grundfall	32 000 €
./. nicht steuerbarer Erwerb nach § 5 Abs. 1 ErbStG, wie Grundfall	604 139 €
./. persönlicher Freibetrag (§ 16 Abs. 1 Nr. 1 ErbStG) = 500 000 €, höchstens	353 861 €
steuerpflichtiger Erwerb	0 €

Lösung zu Übungsfall 2 (in Kurzfassung)

Erbfolge

Da X **keine** letztwillige Verfügung errichtet hat, tritt **gesetzliche Erbfolge** ein. Die Kinder S und T sind gesetzliche Erben erster Ordnung. Sie erben zu gleichen Teilen (§ 1924 BGB).

M gehört zu den gesetzlichen Erben zweiter Ordnung (§ 1925 BGB) und ist, da gesetzliche Erben der ersten Ordnung vorhanden sind, gem. § 1930 BGB nicht zur Erbfolge berufen. E hat neben Verwandten der ersten Ordnung ein Erbrecht von 1/4 (§ 1931 BGB).

Danach sind S zu 3/8, T zu 3/8 und E zu 1/4 Erben des X.

Persönliche und sachliche Steuerpflicht

Sämtliche Erwerber unterliegen nach § 2 Abs. 1 Satz 1 Nr. 1 Satz 2 Buchst. a ErbStG der unbeschränkten Steuerpflicht, da der Erblasser seinen Wohnsitz im Inland hatte. Der Erbschaftsbesteuerung ist der gesamte Vermögensanfall zugrunde zu legen, § 2 Abs. 1 Nr. 1 Satz 1 ErbStG.

Bei sämtlichen Erwerbern liegt eine sachliche Steuerpflicht durch Erwerb von Todes wegen vor, hier Erwerb durch Erbanfall, § 3 Abs. 1 Nr. 1, 1. Alt. ErbStG.

Berechnung der Erbschaftsteuer

Ermittlung des steuerpflichtigen Nachlasses

Gesamtgut ohne Betriebsvermögen		
Land- und forstwirtschaftliches Vermögen, Grundbesitzwert		150 000 €
(Betriebsteil, Betriebswohnung = 80 000 €, Wohnteil 70 000 €)		
Grundvermögen, Grundbesitzwert		600 000 €
./. Befreiung nach § 13 d ErbStG 10 % von 600 000 €		60 000 €
zusammen		690 000 €
davon 1/2 Nachlass		345 000 €
Sonstiges Gesamtgut		
Wert	1 600 000 €	
davon 1/2 Nachlass	800 000 €	
Sondergut	450 000 €	
Summe aus Gesamtgut, Betriebsvermögen und Sondergut		1 250 000 €
Vorbehaltsgut		
1 000 Aktien der Z-AG zum Kurswert von 285 €		285 000 €
Aktivnachlass		1 880 000 €
Abzüglich Schulden, Hypothek Grundstück	68 000 €	
davon 1/2	34 000 €	
nicht abzugsfähig 10 % von 34 000 € (§ 10 Abs. 6 Satz 5 ErbStG)	3 400 €	
Pauschbetrag für Erbfallkosten (§ 10 Abs. 5 Nr. 3 Satz 2 ErbStG)	10 300 €	40 900 €
Reinnachlass		1 839 100 €

Berechnung der Erbschaftsteuer für die Erwerber

Begünstigungen nach § 13 a ErbStG

Land- und forstwirtschaftliches Vermögen (§ 13 b Abs. 1 Nr. 1 ErbStG)		
Nur begünstigt 1/2 Betriebsteil	40 000 €	
Betriebsvermögen (§ 13 b Abs. 1 Nr. 2 ErbStG)	450 000 €	
	490 000 €	
./. Verschonungsabschlag 85 % (§ 13 a Abs. 1 Satz 1 ErbStG)	416 500 €	
	73 500 €	
./. Abzugsbetrag nach § 13 a Abs. 2 Satz 1 ErbStG	73 500 €	= ./. 490 000 €
Steuerpflichtiger Reinnachlass		**1 349 100 €**

Erbschaftsteuer des S

Steuerklasse I gem. § 15 Abs. 1 Nr. 2 ErbStG		
Anteil des S = 3/8 von 1 349 100 €		505 913 €
./. persönlicher Freibetrag (§ 16 Abs. 1 Nr. 2 ErbStG)		400 000 €
steuerpflichtiger Erwerb (§ 10 Abs. 1 Satz 1 ErbStG)		105 913 €
abgerundet (§ 10 Abs. 1 Satz 6 ErbStG)		105 900 €
Erbschaftsteuer 11 % von 105 900 € (§ 19 Abs. 1 ErbStG)		**11 649 €**

Härteausgleich nach § 19 Abs. 3 ErbStG findet **keine** Anwendung.

Erbschaftsteuer der T

Dieselbe Lösung wie bei S.		**11 649 €**

Erbschaftsteuer der E

Anteil der E = 1/4 von 1 349 100 €		337 275 €
Zzgl. Lebensversicherung nach § 3 Abs. 1 Nr. 4 ErbStG aufgrund Vertrag zugunsten Dritter		300 000 €
Erwerb insgesamt		637 275 €
./. Freibetrag (§ 16 Abs. 1 Nr. 1 ErbStG)		500 000 €
./. Versorgungsfreibetrag (§ 17 Abs. 1 Satz 1 ErbStG)	256 000 €	
./. 1 000 € × 12 = 12 000 € × 12,337 (§ 14 Abs. 1 BewG, BMF vom 22. 11. 2018)	148 044 €	
restlicher Freibetrag (§ 17 Abs. 1 Satz 2 ErbStG)		107 956 €
steuerpflichtiger Erwerb (§ 10 Abs. 1 Satz 1 ErbStG)		29 319 €
abgerundet (§ 10 Abs. 1 Satz 6 ErbStG)		29 300 €
ErbSt 7 % von 29 300 € (§ 19 Abs. 1 ErbStG)		**2 051 €**

Lösung zu Übungsfall 3

1. Feststellung des Grundbesitzwerts für das bebaute Grundstück: Winterbach, Bahnhofstraße 12

Für Zwecke der Schenkungsteuer ist gem. § 12 Abs. 3 ErbStG i. V. m. § 151 Abs. 1 Satz 1 Nr. 1 BewG der Grundbesitzwert für übertragene Grundstück gesondert festzustellen. Örtlich zuständig ist das Lagefinanzamt, § 152 Nr. 1 BewG. Maßgebend sind die tatsächlichen und die wertmäßigen Verhältnisse zum Bewertungsstichtag (§ 11 i. V. m. § 9 Abs. 1 Nr. 2 BewG), § 157 Abs. 1 BewG. Bei Grundstücksschenkungen gilt R E 9.1 Abs. 1 ErbStR, d. h. die Schenkung gilt am 01.07.2019 als ausgeführt (Auflassung und Eintragungsbewilligung). Für die Bewertung gelten die §§ 176 ff. BewG, § 157 Abs. 3 Satz 1 BewG. Zum Grundvermögen und zur wirtschaftlichen Einheit (§§ 2, 70 Abs. 1 BewG) zählt gem. § 176 Abs. 1 Nr. 1 BewG neben dem Grund und Boden, das Gebäude sowie die Parkplätze (sonstige Bestandteile). Bei der Bewertung ist der gemeine Wert als Bewertungsmaßstab anzuwenden, § 177 BewG. Das Grundstück ist offensichtlich bebaut, § 180 Abs. 1 Satz 1 BewG. Zur Bestimmung des Bewertungsverfahrens ist zunächst die Grundstücksart zu ermitteln. Es handelt sich um ein gemischt genutztes Grundstück nach § 181 Abs. 1 Nr. 5 und Abs. 7 BewG, da das Gebäude nach dem Flächenverhältnis zu 71,25 % ($285m^2/400m^2$) zu Wohnzwecken und zu 28,75 % ($115m^2/400m^2$) zu fremden betrieblichen Zwecken dient. Die Wertermittlung für das gemischt genutzte Grundstück erfolgt gem. § 182 Abs. 1 i. V. m. Abs. 3 Nr. 2 BewG nach dem Ertragswertverfahren, da offensichtlich eine übliche Miete ermittelbar ist.

Im Rahmen des Ertragswertverfahrens ist der Bodenwert getrennt vom Gebäudewert zu ermitteln, § 184 Abs. 1 BewG.

Bodenwert (§ 184 Abs. 2, § 179 Sätze 1–3 BewG)	
614 m^2 × 625 €/m^2	383 750 €
Gebäudeertragswert (§ 185 BewG)	
Ansatz der vereinbarten Mieten (§ 186 Abs. 1 BewG)	
• EG-Praxisräume; 1 725 € × 12 Monate	20 700 €
• Vermietete Wohnungen, Ansatz der Kaltmiete ohne Betriebskosten (§ 186 Abs. 1 Satz 2 BewG) 1. OG und 3. OG: jeweils 1 000 € × 12 Monate	24 000 €
• 2. OG: Ansatz der üblichen Miete, da eigengenutzt (§ 186 Abs. 2 Nr. 1 BewG), Ableitung aus den vorhandenen Vergleichsmieten: 1 000 € × 12 Monate	12 000 €
• Mieten für Stellplätze (R B 186.1 Abs. 1 Satz 3 ErbStR): 600 € × 12 Monate	7 200 €
Rohertrag (§ 186 BewG)	63 900 €
./. Bewirtschaftungskosten nach den Vorgaben des Gutachterausschusses 24 % (§ 187 Abs. 1 i. V. m. Abs. 2 Satz 1 BewG)	15 336 €
Reinertrag des Grundstücks (§ 185 Abs. 1 Satz 2 BewG)	48 564 €
./. Bodenwertverzinsung unter Anwendung des Liegenschaftszinssatzes für gemischt genutzte Grundstücke, gew. Anteil bis zu 50 % = 5,5 % (§ 185 Abs. 2 Satz 2 i. V. m. § 188 Abs. 2 Satz 2 Nr. 2 BewG)	
Bodenwert 383 750 € × 5,5 %	./. 21 107 €
Zur Rundung vgl. H B 177 »Abrundung/Aufrundung« ErbStH	
Gebäudereinertrag (§ 185 Abs. 2 Satz 1 BewG)	27 457 €

Kapitalisierung des Gebäudereinertrags (§ 185 Abs. 3 Sätze 1 + 2 i. V. m. Anlage 21 zum BewG)		
Gesamtnutzungsdauer des Gebäudes § 185 Abs. 3 Satz 3 i. V. m. Anlage 22 BewG	70 Jahre	
./. Alter des Gebäudes (2019 ./. 1999, R B 185.3 Abs. 1 Satz 2 ErbStR)	20 Jahre	
Restnutzungsdauer	50 Jahre	
Vervielfältiger		
Gebäudereinertrag 27 457 € × VV 16,93		464 847 €
+ Bodenwert		+ 383 750 €
Ertragswert des Grundstücks		848 597 €
Mindestwert (§ 184 Abs. 3 Satz 2 BewG) = Bodenwert von 383 750 € ist geringer, Ansatz unterbleibt		
Grundbesitzwert		**848 597 €**

Im Feststellungsbescheid für den Grundbesitzwert sind nach § 151 Abs. 2 BewG die folgenden Feststellungen zu treffen:

Art: Gemischt genutztes Grundstück
Wert: 848 597 €
Zurechnung: Stefan Greiner

2. Persönliche und sachliche Steuerpflicht

Die Schenker Fritz Mössle und Waltraud Mössle sowie der Beschenkte Stefan Greiner sind Inländer, sodass der Erwerb nach § 2 Abs. 1 Nr. 1 Satz 1 i. V. m. Satz 2 Buchst. a ErbStG der unbeschränkten Steuerpflicht unterliegt. Stefan Greiner wird objektiv auf Kosten der Zuwendenden Fritz Mössle und Waltraud Mössle bereichert. Die Beteiligten sind sich auch darüber einig, dass die Zuwendung zumindest teilweise unentgeltlich erfolgen soll.

Die sachliche Steuerpflicht für die erfolgte Schenkung ergibt sich aus § 1 Abs. 1 Nr. 2 i. V. m. § 7 Abs. 1 Nr. 1 ErbStG. Für Schenkungen gelten alle Bestimmungen des Erbschaftsteuergesetzes; davon ausgenommen sind diejenigen Regelungen, die ausschließlich auf Erwerbe von Todes wegen Anwendung finden (§ 1 Abs. 2 ErbStG).

Es liegen zwei Schenkungen vor, da die Eheleute Mössle je hälftig das in ihrem Eigentum stehende Grundstück an ihren Neffen Stefan Greiner übertragen.

3. Art der getätigten Schenkung

Bei den Schenkungen handelt es sich konkret jeweils um Grundstücksschenkungen unter Auflage. Sowohl in der Übernahme der Schulden (Leistungsauflage) als auch in der Einräumung eines lebenslänglichen Wohnrechts (Nutzungs- bzw. Duldungsauflage) liegen Auflagen vor. Die Unterscheidung in Nutzungs- bzw. Duldungsauflage ist unerheblich, da die Auflagen bei der Ermittlung der Bereicherung generell abzugsfähig sind, vgl. R E 7.4 Abs. 1 ErbStR (s. u.).

4. Entstehung der Steuer, Steuerschuldner

Die Schenkungsteuer entsteht nach § 9 Abs. 1 Nr. 2 ErbStG mit der Ausführung der Zuwendung am 01. 07. 2019. Die Schenkung gilt als ausgeführt, wenn die Vertragsparteien die für die Eintragung der Rechtsänderung in das Grundbuch erforderlichen Erklärungen (Auflassung nach § 925 BGB, Eintragungsbewilligung nach § 19 GBO) abgegeben haben (R E 9.1 Abs. 1 Satz 2 ErbStR).

Schuldner der Schenkungsteuer sind nach § 20 Abs. 1 Satz 1 ErbStG der Erwerber und die Schenker.

5. Bemessungsgrundlage für die Schenkungsteuer

Die Bereicherung ermittelt sich nach R E 7.4 Abs. 1 ErbStR wie folgt:

	Steuerwert der Schenkung nach Abzug von Steuerbefreiungen
./.	Steuerwert der Auflagen unter Beachtung der Schuldenkappung
=	Steuerwert der Bereicherung, zugleich BMG für die Schenkungsteuer

Zur Bewertung des Grundstücks s. o.

Das den Schenkern eingeräumte lebenslängliche Nutzungsrecht an der Wohnung im 2. OG ist nach § 14 Abs. 1 und 3 BewG mit dem Kapitalwert zu bewerten. Maßgebend ist der Zeitpunkt der Steuerentstehung (s. o. 01.07.2019). Daher sind die Vervielfältiger aus der Anlage zum BMF-Schreiben vom 22.11.2018 für Stichtage ab 01.01.2019 maßgebend. Der Jahreswert bestimmt sich nach § 15 Abs. 2 BewG. Es betragen:

• der tatsächliche Jahreswert (Wohnung und zwei Stellplätze)	13 200 €
./. Bewirtschaftungskosten	2 250 €
	10 950 €
• der begrenzte Jahreswert nach § 16 BewG, anteiliger Grundbesitzwert (nach Fläche) 848 597 × 95/400 = 201 542 geteilt durch 18,6	**10 835 €**

Der Kapitalwertermittlung ist der begrenzte Jahreswert zugrunde zu legen.

Fritz Mössle, 77 Jahre =	7,557	
Waltraud Mössle, 74 Jahre =	9,754	
Kapitalwert insgesamt nach § 14 Abs. 3 BewG		
Jahreswert 10 835 € × 9,754		105 685 €
./. Anteil Fritz Mössle		
½ Jahreswert 5 417,50 € × 7,557		40 940 €
Verbleibender Anteil Waltraud Mössle		64 745 €

6. Ermittlung der zu entrichtenden Schenkungsteuer

6.1 Erwerb von Fritz Mössle

Es liegen insgesamt 2 Schenkungen vor, da das Grundstück im hälftigen Eigentum der Schenker war (s. o.). Daher entfällt vom Grundbesitzwert (848 597 €) ein Anteil von 424 298 € auf die Schenkung von Fritz Mössle an Stefan Greiner. Im Rahmen der Grundstücksschenkung greift der Befreiungsabschlag nach § 13d Abs. 1 ErbStG. Dieser ist jedoch nur auf den zu Wohnzwecken vermieteten Teil anzuwenden, § 13d Abs. 3 Nr. 1 ErbStG. Bei der Beurteilung ist auf die tatsächlichen Nutzungsverhältnisse zum Besteuerungszeitpunkt abzustellen. Die Aufteilung erfolgt nach der zu Wohnzwecken vermieteten Wohnfläche des Gebäudes zur gesamten Wohn-/ Nutzfläche (R E 13 d Abs. 6 Satz 7 ErbStR). Die unentgeltliche Überlassung der Wohnung im 2. OG an die Schenker ist nicht begünstigt, R E 13d Abs. 6 Satz 3 ErbStR. Der Anteil der zu Wohnzwecken vermieteten Räume beträgt 47,5 % (190m²/400m²), der Befreiungsabschlag somit 20 154 € (424 298 € x 47,5 % x 10 %).

Anteil Steuerwert der freigebigen Zuwendung	
1/2 von 848 597 €	424 298 €
./. anteilige Steuerbefreiung § 13d Abs. 1 ErbStG	20 154 €
./. anteilige Leistungsauflage 50 000 €	47 625 €
R E 7.4 Abs. 2 ErbStR beachten	
nicht abzugsfähig sind 2 375 € (50 000 € x 47,5 % x 10 %)	
./. anteiliger Kapitalwert der Wohnrechtsverpflichtung	40 940 €
voll abzugsfähig, da keine Verschonung für 2. OG	
Bereicherung	315 579 €
./. Freibetrag (§ 15 Abs. 1 StKl. II Nr. 3 i. V. m. § 16 Abs. 1 Nr. 5 ErbStG)	20 000 €
Steuerpflichtiger Erwerb (§ 10 Abs. 1 Satz 1 ErbStG)	295 579 €
Abgerundet (§ 10 Abs. 1 Satz 6 ErbStG)	295 500 €
Schenkungsteuer 20 % (§ 19 Abs. 1 ErbStG)	59 100 €

6.2 Erwerb von Waltraud Mössle

Anteiliger Steuerwert der freigebigen Zuwendung	
1/2 von 848 597 €	424 298 €
./. anteilige Steuerbefreiung § 13d Abs. 1 ErbStG (s. o.)	20 154 €
./. anteilige Leistungsauflage 50 000 €	47 625 €
anteiliger Abzug s. o.	
./. anteiliger Kapitalwert der Wohnrechtsverpflichtung	64 745 €
Bereicherung	291 774 €
./. Freibetrag	20 000 €
Steuerpflichtiger Erwerb	271 774 €
Abgerundet	271 700 €
Schenkungsteuer 20 %	54 340 €

Lösung zu Übungsfall 4

Mit dem Ableben von L am 10.03. 2019 geht nach § 1922 Abs. 1 BGB dessen Vermögen (Erbschaft) als Ganzes auf die Ehefrau Anna (A) als Alleinerbin über.

Der Erbschaftsbesteuerung unterliegt nach § 1 Abs. 1 Nr. 1 ErbStG der Erwerb von Todes wegen. Nach § 3 Abs. 1 Nr. 1 1. Alt ErbStG, wird der Erwerb durch Erbanfall (§ 1922 BGB) als Erwerb von Todes wegen erfasst.

A bekommt den Nachlass von L als inländischem Erblasser vererbt, so dass sie nach § 2 Abs. 1 Nr. 1 Satz 2 Buchst. a ErbStG unbeschränkt steuerpflichtig ist. Der persönlichen Steuerpflicht unterliegt nach § 2 Abs. 1 Nr. 1 Satz 1 ErbStG der gesamte Vermögensanfall.

Für die Berechnung des abzugsfähigen Freibetrages nach § 5 Abs. 1 ErbStG ist der Wert des Nachlasses nach Steuerwerten aber noch vor Abzug sachlicher Steuerbefreiungen zu ermitteln. Der Steuerwert des auf A übergegangenen Nachlasses ermittelt sich wie folgt:

Grundvermögen
Grundstück Kirchheim u. T., Sonnenblick 10

Die durch Erbfolge auf A übergegangene Grundstückshälfte ist mit dem anteiligen Grundbesitzwert anzusetzen (= 242 961 €).

Übriges Vermögen	
• Festgeldkonto, Anlage Veräußerungserlös inkl. Zinsen, Ansatz mit dem Nennwert (§ 12 Abs. 1 ErbStG i. V. m. § 12 Abs. 1 BewG)	937 640 €
• Wertpapiere, Ansatz mit dem Kurswert (§ 12 Abs. 1 ErbStG i. V. m. § 11 Abs. 1 BewG)	255 000 €
• Bausparguthaben, Sparguthaben incl. Zinsen bis zum Todestag, Ansatz mit dem Nennwert (§ 12 Abs. 1 ErbStG i. V. m. § 12 Abs. 1 BewG)	221 445 €
• Münzsammlung, unverarbeitete Edelmetalle, Ansatz mit dem gemeinen Wert (§ 12 Abs. 1 ErbStG i. V. m. § 9 BewG)	75 200 €
• Anteil am Hausrat, Ansatz mit dem gemeinen Wert (§ 12 Abs. 1 ErbStG i. V. m. § 9 BewG)	48 000 €
• Segelyacht, Ansatz mit dem gemeinen Wert (§ 12 Abs. 1 ErbStG i. V. m. § 9 BewG)	93 360 €
Steuerwert des Nachlasses	**1 873 606 €**
./. Erbfallkosten	
Nachgewiesener Betrag ist niedriger als der Pauschbetrag, Ansatz mit Pauschbetrag (§ 10 Abs. 5 Nr. 3 Satz 2 ErbStG)	./. 10 300 €
Steuerwert des Reinnachlasses	**1 863 306 €**

Ermittlung des steuerpflichtigen Erwerbs für A

Wird der Güterstand durch den Tod eines Ehegatten beendet und der Zugewinn **nicht** nach § 1371 Abs. 2 BGB ausgeglichen, gilt nach § 5 Abs. 1 Satz 1 ErbStG beim überlebenden Ehegatten der Betrag, den er nach Maßgabe des § 1371 Abs. 2 BGB als Ausgleichsforderung geltend machen könnte **nicht als** Erwerb i. S. d. § 3 ErbStG (fiktive Zugewinnausgleichsforderung). Da A Alleinerbin geworden ist und die Erbschaft nicht ausgeschlagen hat, findet § 1371 Abs. 2 BGB keine Anwendung.

Für Zwecke der Erbschaftsteuer ist eine fiktive Zugewinnausgleichsberechnung nach den **zivilrechtlichen** Regelungen durchzuführen.

Nach §§ 1373 ff. BGB ermittelt sich für A die Ausgleichsforderung wie folgt:

	L	A
Endvermögen	2 000 000 €	1 820 000 €
Anfangsvermögen	./. 400 000 €	./. 380 000 €
Zugewinn	1 600 000 €	1 440 000 €
Zugewinn L	1 600 000 €	
Zugewinn A	./. 1 440 000 €	
Differenz	= 160 000 €	
davon ½ = fiktive Ausgleichsforderung nach § 5 Abs. 1 ErbStG	80 000 €	

Entspricht der Verkehrswert des Nachlasses nicht dem Steuerwert des Nachlasses, gilt **höchstens** der dem Steuerwert des Nachlasses entsprechende Betrag der fiktiven Ausgleichsforderung nicht als Erwerb i. S. d. § 3 ErbStG (§ 5 Abs. 1 Satz 5 ErbStG). Da der Verkehrswert (= 2 000 000 €) des Nachlasses höher ist als der Steuerwert (= 1 873 606 €), ist eine Begrenzung des Freibetrages vorzunehmen. Der Freibetrag ist gem. § 5 Abs. 1 Satz 5 ErbStG nur abzugsfähig in Höhe von 74 944 € (80 000 $x \frac{1\,873\,606}{2\,000\,000}$).

Die durch Erbfolge auf A übergegangene Grundstückshälfte ist nach § 13 Abs. 1 Nr. 4 b ErbStG steuerbefreit, so dass ein Ansatz unterbleibt. Der Erblasser hat bis zu seinem Tod die Wohnung selbst bewohnt, A nutzt die Wohnung weiterhin zu eigenen Wohnzwecken.

Wert des Reinnachlasses		1 863 306 €
./. Befreiung für Familienheim § 13 Abs. 1 Nr. 4 b ErbStG		242 961 €
./. Freibetrag nach § 13 Abs. 1 Satz 1 Nr. 1 a ErbStG, für Hausrat		41 000 €
./. Freibetrag nach § 13 Abs. 1 Satz 1 Nr. 1 b ErbStG für Segelyacht		12 000 €
./. steuerfreie fiktive Ausgleichsforderung nach § 5 Abs. 1 Satz 1 ErbStG		74 944 €
./. persönlicher Freibetrag nach § 16 Abs. 1 Nr. 1 ErbStG		500 000 €
./. Versorgungsfreibetrag nach § 17 Abs. 1 ErbStG	256 000 €	
./. Kapitalwert der **nicht steuerbaren** Versorgungsbezüge Jahreswert 21 600 € × Vervielfältiger, § 14 Abs. 1 BewG = 14,078 A hat das 59. Lebensjahr vollendet (s. BMF vom 22. 11. 2019)	304 084 €	0 €
Steuerpflichtiger Erwerb (§ 10 Abs. 1 Satz 1 ErbStG)		**992 401 €**
abgerundet (§ 10 Abs. 1 Satz 6 ErbStG)		992 400 €
Erbschaftsteuer 19 % (§ 19 Abs. 1 ErbStG)		**188 556 €**
kein Härteausgleich, H E 19 »Tabelle…« ErbStH		

Lösung zu Übungsfall 5

Zur Ermittlung der Schenkungsteuer ist das Grundstück gem. § 12 Abs. 3 ErbStG mit dem **Grundbesitzwert** i. S. d. § 151 Abs. 1 Satz 1 Nr. 1 BewG anzusetzen. Der Grundbesitzwert ist im Rahmen einer gesonderten Feststellung durch das Lagefinanzamt festzustellen (§ 152 Nr. 1 BewG).

Bewertungsgegenstand ist die wirtschaftliche Einheit (§ 2 Abs. 1 Satz 1 BewG). Die wirtschaftliche Einheit im Grundvermögen ist das Grundstück (§ 157 Abs. 3 Satz 2 i. V. m. § 70 Abs. 1 BewG). Da benutzbare Gebäude vorhanden sind, liegt ein bebautes Grundstück vor (§ 180 Abs. 1 Satz 1 BewG). Die wirtschaftliche Einheit des bebauten Grundstücks ist für sich und im Ganzen zu bewerten (»Gesamtbewertung« § 2 Abs. 1 Sätze 1, 2 BewG). Zur wirtschaftlichen Einheit zählt gem. § 176 Abs. 1 Nr. 1 BewG das Grundstück, das Gebäude, die Garagen sowie der Spielplatz als Außenanlage.

Bewertungsstichtag ist der Besteuerungszeitpunkt, hier der Zeitpunkt der Ausführung der Grundstücksschenkung (§ 11 i. V. m. § 9 Abs. 1 Nr. 2 ErbStG). Der Zeitpunkt der Grundstücksschenkung richtet sich danach, wann die Auflassung (§ 925 BGB) und die Eintragungsbewilligung (§ 19 Grundbuchordnung) vorliegen, mangels weiterer Angaben im Sachverhalt wird unterstellt, dass diese zum 01.01. 2019 vorliegen. Demnach sind bei der Grundbesitzbewertung die tatsächlichen Verhältnisse und die Wertverhältnisse zum 01.01. 2019 zugrunde zu legen (§ 157 Abs. 1 Satz 1 BewG).

Bewertungsmaßstab ist der gemeine Wert (§ 177 BewG). Gem. § 157 Abs. 3 Satz 1 BewG erfolgt die Bewertung des Grundstücks nach den §§ 176 ff. BewG.

Das **Bewertungsverfahren** richtet sich nach der Grundstücksart (§ 182 Abs. 1 BewG). Hier handelt es sich um ein gemischt genutztes Grundstück, da das Grundstück teils Wohnzwecken, teils fremden betrieblichen Zwecken dient und kein Mietwohngrundstück oder Geschäftsgrundstück vorliegt (§ 181 Abs. 1 Nr. 5 i. V. m. Abs. 7 BewG). Die wohnliche Nutzung beträgt 56 %, berechnet nach der Wohn- und Nutzfläche. Da das Grundstück ausschließlich vermietet wird, ist das Ertragswertverfahren anzuwenden (§ 182 Abs. 3 Nr. 2 BewG). Im Rahmen des Ertragswertverfahrens ist der Wert der Gebäude getrennt vom Bodenwert zu ermitteln (§ 184 Abs. 1 BewG).

Ermittlung **Bodenwert** (§ 184 Abs. 2 i. V. m. § 179 BewG):

Fläche 1 250 m^2 × aktueller Bodenrichtwert 310 €/m^2 = Bodenwert **387 500 €**

Ermittlung **Gebäudeertragswert** (§ 185 BewG):

Maßgebend ist der **Rohertrag**, der aus der im Besteuerungszeitpunkt vertraglich vereinbarten Jahresmiete zu ermitteln ist (§ 186 Abs. 1 Satz 1 BewG). Die Umlagen sind nicht einzubeziehen (§ 186 Abs. 1 Satz 2 BewG). Weicht die tatsächlich vereinbarte Miete um mehr 20 % von der ortsüblichen Miete ab, ist insoweit die übliche Miete anzusetzen (§ 186 Abs. 2 Satz 1 Nr. 2 BewG).

EG:	15 840 €
Ansatz tatsächliche Miete, da Abweichung von üblicher Miete nur 10 %	
1. OG:	12 000 €
Ansatz tatsächliche Miete, keine Abweichung zur üblichen Miete	
2. OG:	9 600 €
Ansatz übliche Miete, da tatsächliche Miete 125 % der üblichen Miete (10/8)	
3. OG:	9 600 €
Ansatz tatsächliche Miete, keine Abweichung zur üblichen Miete	

4. OG:	7 680 €
Ansatz übliche Miete, da tatsächliche Miete 75 % der üblichen Miete (6/8)	
Garagen:	5 400 €
Ansatz tatsächliche Miete, keine Abweichung zur üblichen Miete	
Summe Rohertrag	**60 120 €**

Der Rohertrag ist um die **Bewirtschaftungskosten** zu mindern (§ 185 Abs. 1 Satz 2 BewG). Da vom Gutachterausschuss keine Bewirtschaftungskosten festgestellt wurden, sind diese anhand der Anlage 23 zu ermitteln (§ 187 Abs. 2 Satz 2 BewG). Hierzu ist zunächst die **Restnutzungsdauer** des Gebäudes festzustellen.

Die wirtschaftliche **Gesamtnutzungsdauer** beträgt nach der Anlage 22 zum BewG 70 Jahre (Wohnhaus mit Mischnutzung). Die Restnutzungsdauer beläuft sich demnach auf 19 Jahre (Besteuerungszeitpunkt 2019 ./. Baujahr 1968 = Gebäudealter 51 Jahre; § 185 Abs. 3 Satz 3 BewG). Zu prüfen ist, ob die im Jahr 2014 durchgeführten Modernisierungsmaßnahmen zu einer Verlängerung der Nutzungsdauer nach § 185 Abs. 3 Satz 4 BewG führen. Hierfür können die Tabellen aus R B 185.3 Abs. 4 ErbStR herangezogen werden. Die durchgeführten Modernisierungselemente umfassen 10 Punkte (nach. Tabelle 1: Dach 4, Fenster 2, Außenwände 4) und führen somit nicht mindestens zu einer überwiegenden Modernisierung (ab 14 Punkten). Eine Verlängerung der Nutzungsdauer kommt nicht in Betracht, es bleibt zunächst bei einer Restnutzungsdauer von 19 Jahren. Bei benutzbaren Gebäuden muss jedoch mindestens eine Restnutzungsdauer von 30 % der Gesamtnutzungsdauer angesetzt (§ 185 Abs. 3 Satz 5 BewG). Maßgeblich ist hier also eine verbleibende Nutzungsdauer von 21 Jahren.

Die **pauschalierten Bewirtschaftungskosten** sind folglich mit 24 % anzusetzen (gemischt genutztes Grundstück mit Restnutzungsdauer von 20 bis 39 Jahren).

Summe Rohertrag	60 120 €
Bewirtschaftungskosten 24 % von 60 120 €	14 429 €
Reinertrag (§ 185 Abs. 1 Satz 1 BewG)	**45 691 €**

Der Reinertrag ist um die **Bodenwertverzinsung** zu kürzen (§ 185 Abs. 2 Satz 1 BewG). Hierfür ist der Liegenschaftszinssatz zugrunde zu legen (§ 185 Abs. 2 Satz 2 BewG). Mangels Feststellung durch den Gutachterausschuss gilt ein Zinssatz von 5,5 % (§ 188 Abs. 2 Satz 2 Nr. 2 BewG; gemischt genutztes Grundstück mit einem Anteil gewerblicher Nutzung bis zu 50 %). Zu den Rundungen bei den Rechenschritten vgl. H B 177 »Abrundung/Aufrundung« ErbStH.

Reinertrag	45 691 €
Bodenwertverzinsung 387 500 € × 5,5 %	21 313 €
Gebäudereinertrag	**24 378 €**

Der Gebäudereinertrag ist zu kapitalisieren, maßgebend sind die Vervielfältiger aus der Anlage 21 zum BewG (§ 185 Abs. 3 Satz 1 BewG). Der Vervielfältiger beträgt 12,28 (Restnutzungsdauer 21 Jahre, Zinssatz 5,5 %).

Gebäudeertragswert (24 378 € × 12,28)	**299 361 €**
Bodenwert	387 500 €
Ertragswert (§ 184 Abs. 3 Satz 1 BewG)	**686 861 €**

Der Mindestwert nach § 184 Abs. 3 Satz 2 BewG kommt nicht zum Tragen (= 387 500 €). Mit dem Ertragswert ist gem. § 184 Abs. 3 Satz 3 BewG der Wert der Außenanlagen (Spielplatz) abgegolten (vgl. R B 184 Satz 4 ErbStR).

Informationen zum Nachweis eines niedrigeren gemeinen Werts sind nicht vorhanden. (§ 198 BewG). Der Grundbesitzwert des bebauten Grundstücks ist i. H. v. 686 861 € festzustellen.

Im Feststellungsbescheid für den Grundbesitzwert sind nach § 151 Abs. 2 BewG u. a. die folgenden Feststellungen zu treffen:

Art: bebautes Grundstück im Grundvermögen, Gemischt genutztes Grundstück
Wert: 686 861 €
Zurechnung: Tira Wilson

Lösung zu Übungsfall 6

1. Besteuerung des Erwerbs von F am 15.01.2019

Steuerwert des Nachlasses (übriges Vermögen laut Sachverhalt)	2 800 000 €
./. Erbfallkosten-Pauschbetrag (§ 10 Abs. 5 Nr. 3 Satz 2 ErbStG)	10 300 €
Bereicherung (§ 10 Abs. 1 Satz 2 ErbStG)	2 789 700 €
./. persönlicher Freibetrag (§ 16 Abs. 1 Nr. 1 ErbStG)	500 000 €
./. Versorgungsfreibetrag (§ 17 Abs. 1 ErbStG)	256 000 €
steuerpflichtiger Erwerb (§ 10 Abs. 1 Satz 1 ErbStG)	2 033 700 €
Steuersatz 19 % (§ 15 Abs. 1 Steuerklasse I Nr. 1 i. V. m. § 19 Abs. 1 ErbStG)	
Erbschaftsteuer	**386 403 €**

2. Besteuerung des Erwerbs von T und S am 20.11.2019

Bei der Ermittlung der Erbschaftsteuer ist die Ermäßigungsregelung bei mehrfachem Erwerb desselben Vermögens nach § 27 ErbStG zu beachten. T und S unterliegen als Kinder von F der Steuerklasse I (§ 15 Abs. 1 Steuerklasse I Nr. 2 ErbStG). Sämtliche Voraussetzungen aus § 27 Abs. 1 ErbStG für die Inanspruchnahme sind erfüllt (Personenkreis der Steuerklasse I, Vorliegen eines Erwerbs von Todes wegen, Vorerwerb liegt nicht länger als 10 Jahre vor dem Letzterwerb zurück, erneuter Übergang desselben Vermögens und der frühere Erwerb hatte der Besteuerung tatsächlich unterlegen).

Die Summe der Ermäßigungsbeträge der einzelnen Erwerber nach § 27 Abs. 1 ErbStG darf nicht höher sein als der sich nach § 27 Abs. 3 ErbStG ergebende Höchstbetrag. Sollte dies der Fall sein, ist der Höchstbetrag der Ermäßigung auf die einzelnen Erwerber entsprechend ihrem jeweiligen Anteil aus mehrfach erworbenem Vermögen zu verteilen.

Dies führt zu folgender ErbSt-Festsetzung:

	T Erbquote 50 %	S Erbquote 50 %
anteiliger Steuerwert des Nachlasses von F (2 800 000 ./. 386 403)	1 206 798 €	1 206 798 €
./. anteiliger Erbfallkostenpauschbetrag (§ 10 Abs. 5 Nr. 3 ErbStG)	5 150 €	5 150 €
./. persönlicher Freibetrag (§ 16 Abs. 1 Nr. 2 ErbStG)	400 000 €	400 000 €
steuerpflichtiger Erwerb (§ 10 Abs. 1 Satz 1 ErbStG)	801 648 €	801 648 €
abgerundet, (§ 10 Abs. 1 Satz 6 ErbStG)	801 600 €	801 600 €
Steuersatz 19 % (§ 19 Abs. 1 ErbStG) Erbschaftsteuer	152 304 €	152 304 €
Ermäßigungsbetrag nach § 27 Abs. 1 ErbStG 50 % von 152 304 € = 76 152 €, höchstens nach § 27 Abs. 3 ErbStG 50 % von 386 403 € = rd. 193 202 €, Begrenzungsregelung findet **keine** Anwendung		
Ermäßigungsbetrag	76 152 €	76 152 €
festzusetzende ErbSt	**76 152 €**	**76 152 €**

Lösung zu Übungsfall 7

Zu 1.

1.1 Eigentumswohnung, Stuttgart-Möhringen, Elfenstr. 10

Das durch Erbfolge übergegangene Wohnungseigentum und der dazu gehörende Tiefgaragenplatz bilden eine wirtschaftliche Einheit nach § 2 BewG. Zu bewerten ist die wirtschaftliche Einheit Grundstück im Grundvermögen (§ 70 Abs. 1 BewG). Zum Grundvermögen gehört auch das Wohnungseigentum nach dem Wohnungseigentumsgesetz (§ 176 Abs. 1 Nr. 3 BewG). Maßgebend sind die tatsächlichen und die wertmäßigen Verhältnisse zum Bewertungsstichtag (§ 157 Abs. 1 BewG i. V. m. §§ 11 und 9 Abs. 1 Nr. 1 ErbStG), hier zum Todestag 20.03.2019. Anzuwenden sind die §§ 176 ff. BewG (§ 157 Abs. 3 Satz 1 BewG). Es liegt die Grundstücksart »Wohnungseigentum« vor (§ 181 Abs. 1 Nr. 3 und Abs. 4 BewG). Die Bewertung des Wohnungseigentums erfolgt nach § 182 Abs. 2 Nr. 1 BewG im Vergleichswertverfahren. Die in § 183 Abs. 2 BewG geregelten Bewertungsgrundsätze sind erfüllt, laut Sachverhalt hat der Gutachterausschuss Vergleichsfaktoren ermittelt und mitgeteilt (R B 183 Abs. 3 ErbStR). Der Grundbesitzwert ist i. H. v. 276 720 € festzustellen (258 000 € + 18 720 €). Das bestehende Wohnrecht bleibt nach § 183 Abs. 3 BewG bei der Wertermittlung im Vergleichswertverfahren unberücksichtigt (vgl. bereits Vorgabe im Sachverhalt).

Der Grundbesitzwert für das Wohnungseigentum ist nach § 151 Abs. 1 Satz 1 Nr. 1 BewG gesondert festzustellen. In dem Feststellungsbescheid sind nach § 151 Abs. 2 BewG die folgenden Feststellungen zu treffen:

Art: Grundvermögen, Wohnungseigentum
Wert: 276 720 €
Zurechnung: Sybille Fröhlich

Örtlich zuständig für die gesonderte Feststellung des Grundbesitzwerts ist das Lagefinanzamt (§ 152 Nr. 1 BewG i. V. m. § 18 Abs. 1 Nr. 1 AO).

1.2 Wohnrechtsverpflichtung

1.2.1 Überlassung der Wohnung

Das eingeräumte Wohnrecht ist als lebenslängliches Nutzungsrecht nach § 14 Abs. 1 BewG mit dem Kapitalwert zu bewerten. Bei der Ermittlung des Kapitalwerts ist die Begrenzungsregelung nach § 16 BewG zu beachten, wonach der Jahreswert der Nutzung **höchstens** mit dem Wert anzusetzen ist, der sich ergibt, wenn der für das genutzte Wirtschaftsgut nach den Vorschriften des BewG anzusetzende Wert durch 18,6 geteilt wird. Es betragen:

- der **tatsächliche** Jahreswert für die Wohnung und Garage 1 230 € zuzüglich Garage 55 € × 12 = 15 420 €
- der **begrenzte** Jahreswert nach § 16 BewG

$$\text{Grundbesitzwert} \frac{276720€}{18{,}6} = \text{rd.}\,14878€$$

Maßgebend ist der **Höchstwert** i. H. v. **14 878 €.** Der Vervielfältiger beträgt bei einem Alter der Berechtigten am Besteuerungszeitpunkt von 66 Jahren 12,337 (BMF, 22.11.2018).

Kapitalwert: 14 878 € × 12,337 = **rd. 183 550 €**

1.2.2 Übernahme der Betriebskosten

Die Verpflichtung zur Übernahme der Betriebskosten bis zum Ableben der Berechtigten ist als lebenslängliche Leistung ebenfalls nach § 14 Abs. 1 BewG mit dem Kapitalwert anzusetzen.

Kapitalwert: Jahreswert 730 € × 12,337 = **rd. 9 006 €**

Sowohl der Kapitalwert des Wohnrechts i. H. v. 183 550 € als auch der Kapitalwert für die zu tragenden Betriebskosten i. H. v. 9 006 €, insgesamt 192 556 €, sind bei der Nachlasswertermittlung als Erbfallschuld nach § 10 Abs. 5 Nr. 2 ErbStG zu kürzen.

1.3 Darlehensforderung

Die Bewertung des unverzinslichen Tilgungsdarlehens erfolgt nach § 12 Abs. 1 Satz 2 i. V. m. Abs. 3 BewG (vgl. auch Abschn. II, Tz. 1.2.1 des Ländererlasses vom 10.10. 2010, Beck'-sche Steuererlasse 200 § 12/1). Die Ratenzahlungen für den Tilgungszeitraum 01.03. 2019 bis 30.06. 2021, d. h. 28 Raten, sind noch nicht geleistet. Die Laufzeit ermittelt sich durch die Anzahl der ausstehenden Raten (28) und der Anzahl der jährlichen Raten (12), die Laufzeit beträgt somit 2 Jahre und 4 Monate (alternativ: 2,333 Jahre). Aufgrund der mittelschüssigen Abzinsung bleiben die genauen Zahlungszeitpunkte innerhalb einer Ratenzahlungsperiode unberücksichtigt. Die Abzinsung erfolgt nach Tabelle 2 des Ländererlasses, da die Tilgung in gleichen Jahresraten erfolgt.

Abzinsungsfaktor 3 Jahre	= 2.772
Abzinsungsfaktor 2 Jahre	= 1,897
Differenz	= 0,875
4/12 (alternativ: 0,333)	= 0,292
1,897 + 0,292	= 2,189

Gegenwartswert: Jahresbetrag 48 000 € × 2,189 = 105 072 €

1.4 Rente aus Grundstücksveräußerung

Die Rentenvereinbarung mit garantierter Mindestlaufzeit, bei der die Rentenleistungen nicht durch den Tod des Berechtigten vorzeitig enden, ist als Mindestzeitrente (verlängerte Leibrente) zu behandeln. Somit sind die noch nicht geleisteten Renten als Teil des Nachlasses anzusehen. Bei den noch ausstehenden 41 Raten, Laufzeit 3 Jahre und 5 Monate (alternativ: 3,4166 Jahre), handelt es sich um eine Zeitrente, deren Kapitalwertermittlung nach § 13 Abs. 1/ Anlage 9 a BewG durchzuführen ist.

Vervielfältiger 4 Jahre	= 3,602
Vervielfältiger 3 Jahre	= 2,772
Differenz	= 0,830
5/12 (altern. 0,4166)	= 0,346
2,772 + 0,346	= 3,118

Kapitalwert: Jahresbetrag 150 000 € × 3,118 = 467 700 €

Lösung zu Übungsfall 8

1. Persönliche und sachliche Steuerpflicht

Der Schenker W. P. und der Beschenkte B. P. sind gem. § 2 Abs. 1 Nr. 1 Satz 2 Buchst. a ErbStG Inländer. Der Erwerb unterliegt nach § 2 Abs. 1 Nr. 1 Satz 1 ErbStG der unbeschränkten persönlichen Steuerpflicht.

Die sachliche Steuerpflicht für die erfolgte Schenkung ergibt sich aus § 1 Abs. 1 Nr. 2 i. V. m. § 7 Abs. 1 Nr. 1 ErbStG (Schenkung unter Lebenden). Bei der Besteuerung von Schenkungen unter Lebenden gelten alle Bestimmungen des ErbStG, soweit sie nicht Sachverhalte betreffen, die ausschließlich auf Erwerbe von Todes wegen Anwendung finden (§ 1 Abs. 2 ErbStG).

2. Art der getätigten Schenkung

Es liegt eine freigebige Zuwendung von W. P. an seinen Sohn Berthold vor, da Berthold objektiv auf Kosten des W. P. bereichert wird. W. P. als Schenker hat auch – zumindest teilweise – eine Bereicherung seines Sohnes gewollt. Die zivilrechtliche Einordnung als gemischte Schenkung oder als Vollschenkung unter einer Auflage spielt für die schenkungsteuerliche Ermittlung der Bereicherung keine Rolle. Bei der Ermittlung der Bereicherung sind Elemente einer Gegenleistung sowie die Leistungen einer Auflage gleichermaßen vom Steuerwert der Schenkung abzugsfähig. Die schenkungsteuerlichen Rechtsfolgen sind in R E 7.4 ErbStR und in den dazugehörigen ErbStH geregelt.

Nach R E 7.4 Abs. 1 ErbStR wird die Bereicherung in der Weise ermittelt, dass von dem nach § 12 ErbStG ermittelten Steuerwert der Leistung des Schenkers die Gegenleistungen und Auflagen des Beschenkten mit ihrem nach § 12 ErbStG errechneten Wert abzuziehen sind.

3. Berechnungsschritte zur Ermittlung des steuerpflichtigen Erwerbs

3.1 Steuerwert der Leistung des Schenkers

Für Zwecke der Schenkungsteuer ist für das Einzelunternehmen des W. P. ein Betriebsvermögenswert gesondert festzustellen, § 12 Abs. 5 ErbStG i. V. m. § 151 Abs. 1 Nr. 2 BewG. Zuständig ist das Betriebsstättenfinanzamt, § 152 Nr. 2 BewG. Bewertungsmaßstab ist der gemeine Wert, § 157 Abs. 5 Satz 2 i. V. m. § 109 Abs. 1 i. V. m. § 11 Abs. 2 BewG. Vorrangig erfolgt danach eine Ableitung aus Verkäufen, diese ist jedoch lt. Sachverhalt ausgeschlossen. Da eine ertragsorientierte Bewertung nicht branchenüblich ist, scheidet das vereinfachte Ertragswertverfahren (§ 11 Abs. 2 Satz 4 BewG) aus, vgl. § 199 Abs. 2 BewG. Somit ist der gemeine Wert durch ein Gutachten festzustellen, der Wert beträgt lt. Vorgabe 6 420 000 € (§ 11 Abs. 2 Satz 2 BewG). Auch bei einem Gutachtenwert ist mindestens der Substanzwert anzusetzen (= Mindestwert § 11 Abs. 2 Satz 3 BewG). Der Substanzwert ist hier offensichtlich niedriger als der Gutachtenwert. Daher ist von einem gemeinen Wert von 6 420 000 € auszugehen (= Betriebsvermögenswert, § 157 Abs. 5 Satz 1 i. V. m. § 151 Abs, 1 Nr. 2 BewG).

Die Übertragung des Einzelunternehmens ist dem Grunde nach gem. § 13b Abs. 1 Nr. 2 ErbStG begünstigt. Da das Einzelunternehmen als Ganzes übertragen wird, liegt begünstigungsfähiges Vermögen vor. Das im Jahr 2018 eingelegte Mietwohngrundstück zählt gem. § 13b Abs. 4 Nr. 1 ErbStG zum Verwaltungsvermögen. Da dieses Grundstück dem Betriebsvermögen weniger als zwei Jahre zuzurechnen ist, liegt **junges Verwaltungsvermögen** gem. § 13b Abs. 7 Satz 2 ErbStG vor. Anzusetzen ist der gemeine Wert des Grundstücks und somit der Grundbesitzwert (= 420 000 €; R E 13b.12 Abs. 3 ErbStR). Junges Verwaltungsvermögen ist kein unschädliches Verwaltungsvermögen und damit **immer steuerpflichtig**. Der Wert des jungen Verwaltungsvermögens ist gem. § 13b Abs. 10 Satz 1 ErbStG gesondert festzustellen.

Da weiteres Verwaltungsvermögen nicht vorhanden ist, beträgt der Wert des begünstigten Vermögens 6 000 000 € (§ 13b Abs. 2 Satz 1 ErbStG). Der Verschonungsabschlag beträgt gem. **§ 13a Abs. 1 Satz 1 ErbStG 85 %** (= 5 100 000 €). Der Abzugsbetrag nach § 13a Abs. 2 ErbStG kommt nicht zur Anwendung (in voller Höhe nach Satz 2 abgeschmolzen).

Für das zum jungen Verwaltungsvermögen gehörende Mietwohngrundstück ist ein Abschlag nach **§ 13d Abs. 1 ErbStG** zu gewähren. Die Voraussetzungen des § 13d Abs. 3 ErbStG liegen vor. Zwar gehört das Grundstück zum Betriebsvermögen (Abs. 3 Nr. 3), da aber junges Verwaltungsvermögen gegeben ist, kommt hierfür insgesamt keine Verschonung nach § 13a ErbStG in Betracht, vgl. auch R E 13d Abs. 4 Satz 2 ErbStR. Der Verschonungsabschlag beträgt somit 42 000 €)

3.2 Steuerwert der Leistung des Beschenkten

Die eingegangene Verpflichtung des Beschenkten zur Zahlung einer Leibrente bis zum Ableben des Schenkers mit dem Kapitalwert nach § 14 Abs. 1 BewG anzusetzen. Maßgebend ist der Vervielfältiger aus der Anlage zum BMF-Schreiben vom 22.11.2018 (männlich, 67. Lebensjahr vollendet). Der Kapitalwert ermittelt sich wie folgt:

Jahreswert 120 000 € × Vervielfältiger 10,898 = 1 307 760 €

Bei den zu einem späteren Zeitpunkt zu erbringenden Versorgungs- und Pflegeleistungen handelt es sich um eine aufschiebend bedingte Last, die bei der Ermittlung des Steuerwerts der freigebigen Zuwendung keine Berücksichtigung findet (§ 12 Abs. 1 ErbStG i. V. m. § 6 Abs. 1 BewG).

Nach R E 7.4 Abs. 2 ErbStR ist der Abzug der Gegenleistung der Höhe nach beschränkt, soweit das übertragene Vermögen nach § 13 a ErbStG bzw. § 13d ErbStG befreit ist, vgl. auch § 10 Abs. 6 Satz 4 und 5 ErbStG.

Die Erwerbsnebenkosten sind keine Gegenleistung, sondern Folgekosten der Schenkung und können in voller Höhe als Minderung der Bereicherung angesetzt werden, vgl. auch R E 7.4 Abs. 4 ErbStR. Hierzu zählen auch die Kosten für die Erstellung der notwendigen Steuer- und Feststellungserklärungen. Nicht jedoch Beratungsgebühren im Vorfeld einer Schenkung.

4. Ermittlung der zu entrichtenden Schenkungsteuer

Steuerwert der freigebigen Zuwendung	6 420 000 €
./. Verschonungsabschlag junges Verwaltungsvermögen	42 000 €
./. Verschonungsabschlag 85 % (s. o.)	5 100 000 €
verbleiben	1 278 000 €
./. Steuerwert der Auflage 1 307 760 €, abzugsfähig sind hier	260 330 €
$1\,307\,760 \times 1\frac{1\,278\,000}{6\,420\,000}\,260\,330$	
(entspricht dem steuerpflichtigen Teil des Betriebsvermögens)	
./. Erwerbsnebenkosten	5 000 €
steuerpflichtige Bereicherung	1 012 670 €
./. Freibetrag (§ 16 Abs. 1 Nr. 2 i. V. m. § 15 Abs. 1 Steuerklasse I Nr. 2 ErbStG)	400 000 €
Steuerpflichtiger Erwerb (§ 10 Abs. Satz 1 ErbStG)	612 670 €
Abgerundet (§ 10 Abs. 1 Satz 6 ErbStG)	612 600 €
Schenkungsteuer 19 % (§ 19 Abs. 1 ErbStG), grds.	116 394 €
Anwendung des Härteausgleichs bis zu einem steuerpflichtigen Erwerb von 677 400 € (vgl. Tabelle in H E 19 EStH)	
Steuer auf Erwerb bis 600 000 € (15 %)	90 000 €
zuzüglich der Hälfte des die Wertgrenze übersteigenden Betrages (12 600 × 50 %)	6 300 €
Steuer nach Anwendung § 19 Abs. 3 a) ErbStG	96 300 €
festzusetzende Schenkungsteuer somit	**96 300 €**

Lösung zu Übungsfall 9

1. Allgemeines

Der Schenker F. G. und die Beschenkten Wolfgang G. (W. G.), Gerhard G (G. G.) und Berthold H. (B. H.) sind Inländer, so dass die stattgefundenen Schenkungen nach § 2 Abs. 1 Nr. 1 Satz Buchst. a i. V. m. Satz 1 ErbStG der unbeschränkten Steuerpflicht unterliegen.

Bezüglich der geschenkten Gesellschaftsbeteiligungen an die beiden Söhne handelt es sich um eine **mittelbare Schenkung**, da die Geldbeträge mit der Auflage zugewendet worden sind, dass sich die Beschenkten am Betriebsvermögen des Schenkers beteiligen (R E 13 b.2 Abs. 2 Satz 1 ErbStR). Im vorliegenden Fall wurde der Geldbetrag durch Umbuchung des Kapitalkontos auf die beiden Söhne zugewendet. Es liegt eine freigebige Zuwendung vor, da die Bedachten auf Kosten des Zuwendenden bereichert worden sind und die Bereicherung subjektiv vom Schenker gewollt ist. Die sachliche Steuerpflicht ergibt sich aus § 1 Abs. 1 Nr. 2 i. V. m. § 7 Abs. 1 Nr. 1 ErbStG.

Da keine Geldschenkung, sondern eine mittelbare Schenkung von begünstigungsfähigem Vermögen vorliegt (Anteil an einem Betriebsvermögen, § 13b Abs. 1 Nr. 2 ErbStG) sind die Voraussetzungen für die Inanspruchnahme der Steuervergünstigungen nach §§ 13a, 13b ErbStG dem Grunde nach erfüllt. Da laut Sachverhaltsvorgabe das begünstigungsfähige Vermögen kein schädliches Verwaltungsvermögen (§ 13b Abs. 4 ErbStG) umfasst, liegt in voller Höhe begünstigtes Vermögen i. S. d. § 13b Abs. 2 Satz 1 ErbStG vor.

Die eingeräumte stille Beteiligung an den Neffen des Schenkers unterliegt nach § 7 Abs. 1 Nr. 1 ErbStG als freigebige Zuwendung ebenfalls der Schenkungsteuerpflicht. Die typische stille Einlage stellt lediglich eine **Kapitalforderung** dar, so dass die Steuervergünstigungen nach §§ 13 a, 13 b ErbStG **keine** Anwendung finden.

Die Steuer entsteht bei Schenkungen unter Lebenden nach § 9 Abs. 1 Nr. 2 ErbStG mit dem Zeitpunkt der Ausführung der Zuwendung. Mit der vorgenommenen Abbuchung der Kommanditeinlagen vom Kapitalkonto des Schenkers und der vollzogenen Auflage (Ausweis der Beteiligungen in der Eröffnungsbilanz zum 01.01. 2019) ist die Schenkungsteuer zu diesem Zeitpunkt entstanden. Dies gilt auch bezüglich der geschenkten stillen Beteiligung.

2. Wertermittlung des Betriebsvermögens der KG auf den 01.01. 2019

Die geschenkten Anteile am Betriebsvermögen sind gem. § 12 Abs. 5 ErbStG i. V. m. § 151 Abs. 1 Nr. 2 BewG im Rahmen einer gesonderten Feststellung zu bewerten. Anzusetzen ist der Betriebsvermögenswert der Kommanditanteile. Die Bewertung erfolgt durch das Betriebsstättenfinanzamt, § 152 Nr. 2 BewG. Bewertungsmaßstab ist der gemeine Wert, § 157 Abs. 5 Satz 2 i. V. m. § 109 Abs. 2 i. V. m. § 11 Abs. 2 BewG.

Das Betriebsvermögen umfasst alle Teile eines Gewerbebetriebs i. S. d. § 15 Abs. 1 und 2 EStG, die bei der steuerlichen Gewinnermittlung zum Betriebsvermögen der Personengesellschaft gehören, § 97 Abs. 1 Satz 1 Nr. 5 BewG. Die Aufteilung erfolgt nach den Vorgaben des § 97 Abs. 1a BewG.

Danach ergeben sich die folgenden Anteilswerte:	
Gemeiner Wert des Unternehmens	8 420 000 €
Mindestwert (Substanzwert) findet **keine** Berücksichtigung	
Vorab die Kapitalkonten (§ 97 Abs. 1a Nr. 1 a) BewG)	
./. Kapitalkonten F. G.	4 880 000 €
./. Kapitalkonto W. G.	400 000 €
./. Kapitalkonto G. G.	400 000 €
Verbleibender Wert	2 740 000 €
Verteilung nach Gewinnverteilungsschlüssel (§ 97 Abs. 1a Nr. 1 b) BewG)	
Anteil F. G. 60 %	1 644 000 €
Anteil W. G. 20 %	548 000 €
Anteil G. G. 20 %	548 000 €
Wert der zugewendeten Beteiligungen nach BewG (§ 97 Abs. 1a Nr. 3 BewG):	
Kapitalkonto W. G.	400 000 €
+ Anteil am Mehrvermögen	548 000 €
Anteilswert W. G.	**948 000 €**
Kapitalkonto G. G.	400 000 €
+ Anteil am Mehrvermögen	548 000 €
Anteilswert G. G.	**948 000 €**

4. Steuervergünstigung nach §§ 13a, 13b ErbStG

Voraussetzungen für die Inanspruchnahme der Regelverschonung gem. § 13a Abs. 1 Satz 1 ErbStG ist:

- Verwaltungsvermögensquote < 90 % des Betriebsvermögens (§ 13 b Abs. 2 Satz 2 ErbStG),
- Behaltensfrist 5 Jahre (§ 13a Abs. 6 ErbStG),
- nach Ablauf der Lohnsummenfrist von 5 Jahren Mindestlohnsumme 300 % der Ausgangslohnsumme (§ 13a Abs. 3 Satz 1 i. V. m. Satz 4 Nr. 2 ErbStG).

5. Wertermittlung für die schenkweise eingeräumte stille Beteiligung

Bei der typischen stillen Beteiligung, die schenkweise an den Neffen B. H. am Unternehmen des F. G. eingeräumt wurde, handelt es sich um eine Kapitalforderung, die nach § 12 Abs. 1 BewG grundsätzlich mit dem Nennwert zu bewerten ist. Der stillen Beteiligung steht eine außergewöhnlich hohe Verzinsung gegenüber, so dass eine Bewertung über dem Nennwert zu erfolgen hat. Die Wertermittlung ist nach R B 12.4 ErbStR, H B 12.4 »Einlage des typisch stillen Gesellschafters« ErbStH durchzuführen, da die vertraglich vereinbarte Laufzeit **mehr als 5 Jahre** beträgt, R B 12.4 Satz 2 i. V. m. Satz 6 ErbStR. Der Durchschnittsertrag ist aus den Betriebsergebnissen der letzten drei vor dem Besteuerungszeitpunkt endenden Wirtschaftsjahre herzuleiten, R B 12.4 Satz 4 ErbStR.

Wirtschaftsjahr	Gesamtgewinn	Künftiger Anteil des stillen Gesellschafters 5 %
2018	900 000 €	45 000 €
2017	700 000 €	35 000 €
2016	600 000 €	30 000 €
		110 000 €
Durchschnittsertrag 110 000 € : 3 = 36 667 €		

Nennwert der Einlage	200 000 €
Verzinsung der Einlage	18,3335 %
Wert der stillen Beteiligung 100 % + 5 x (18,3335 % ./. 9 %)	146,6675
Bezogen auf den Nennwert der Einlage von 200 000 € =	**293 335 €**

6. Ermittlung der festzusetzenden Schenkungsteuer für die einzelnen Erwerber

6.1 Berechnung für die Beschenkten W. G. und G. G.

	W.G.	G.G.
Anteilswert (s. o. 3.)	948 000 €	948 000 €
./. Verschonungsabschlag 85 % (§ 13 a Abs. 1 Satz 1 ErbStG)	805 800 €	805 800 €
übersteigender Betrag	142 200 €	142 200 €
./. Abzugsbetrag (§ 13 a Abs. 2 Satz 1 ErbStG)	142 200 €	142 200 €
steuerpflichtiger Anteilswert	0 €	0 €

Die geschenkten KG-Anteile führen zu **keiner** Schenkungsteuerfestsetzung.

6.2 Berechnung für den Beschenkten B. H.

Wert der stillen Beteiligung (s. o. 5.)	293 335 €
./. Freibetrag (§ 16 Abs. 1 Nr. 5 i. V. m. § 15 Abs. 1 Steuerklasse II Nr. 3 ErbStG)	20 000 €
Steuerpflichtiger Erwerb (§ 10 Abs. 1 Satz 1 ErbStG)	273 335 €
abgerundet (§ 10 Abs. 1 Satz 6 ErbStG)	273 300 €
Steuersatz: 20 % (§ 19 Abs. 1 ErbStG)	
Schenkungsteuer: 273 300 € × 20 %	**54 660 €**

Die **Härteausgleichsregelung** nach § 19 Abs. 3 ErbStG findet **keine** Anwendung (H E 19 »Tabelle der maßgebenden Grenzwerte…« ErbStH).

Lösung zu Übungsfall 10

Sämtliche Zuwendungen von derselben Person innerhalb eines Zehnjahreszeitraums sind gem. § 14 Abs. 1 Satz 1 ErbStG zusammenzurechnen. Die Übertragungen von V und M sind dabei getrennt zu beurteilen, für beide Vorgänge kann der persönliche Freibetrag des § 16 ErbStG in voller Höhe in Anspruch genommen werden. Für die Vorerwerbe sind die steuerlichen Werte nach der damaligen Rechtslage maßgebend. Die Schenkungsteuer für den Gesamtbetrag ist nach § 14 Abs. 1 Satz 2 ErbStG auf der Grundlage der geltenden Tarifvorschriften im Zeitpunkt des Letzterwerbs zu berechnen. Deshalb richten sich die Steuerklasse, die persönlichen Freibeträge und der Steuertarif nach dem geltenden Recht.

Steuerberechnung für die freigebigen Zuwendungen von V auf S:

1. Berechnung der Gesamtsteuer für alle Erwerbe innerhalb des Zehnjahreszeitraums

Steuerwert aktueller Vermögensanfall 01.11.2018	300 000 €
+ Hinzurechnung frühere Erwerbe mit damaligem Steuerwert	200 000 €
= Gesamterwerb	500 000 €
./. persönlicher Freibetrag (§ 16 Abs. 1 Nr. 2 ErbStG)	400 000 €
= steuerpflichtiger Gesamterwerb	100 000 €
× aktueller Steuersatz (§ 19 Abs. 1 ErbStG) bei Steuerklasse I	11 %
= Steuer auf den Gesamterwerb	11 000 €

2. Berechnung der Steueranrechnung

frühere Erwerbe mit damaligem Steuerwert	200 000 €
./. persönlicher Freibetrag (§ 16 Abs. 1 Nr. 2 ErbStG), max. tatsächlich verbrauchter Freibetrag	200 000 €
= steuerpflichtiger Vorerwerb	0 €
× aktueller Steuersatz (§ 19 Abs. 1 ErbStG)	
= **fiktive Abzugssteuer** (§ 14 Abs. 1 Satz 2 ErbStG)	0 €
mindestens Ansatz nach § 14 Abs. 1 Satz 3 ErbStG:	
tatsächlich entrichtete Steuer auf den Vorerwerb (Abzugssteuer)	0 €

3. Berechnung der festzusetzenden Steuer

Steuer auf den Gesamterwerb (Schritt 1)	11 000 €
./. Steueranrechnung (Schritt 2)	0 €
= festzusetzende Steuer	11 000 €

4. Mindeststeuer (§ 14 Abs. 1 Satz 4 ErbStG)

Steuerwert aktueller Vermögensanfall	300 000 €
./. persönlicher Freibetrag (§ 16 Abs. 1 Nr. 2 ErbStG)	400 000 €
= steuerpflichtiger Erwerb	0 €
× aktueller Steuersatz (§ 19 Abs. 1 ErbStG bei Steuerklasse I)	
= Steuer auf Letzterwerb	0 €

5. Höchststeuer, § 14 Abs. 3 ErbStG

festzusetzende Steuer max. 50 % des aktuellen Vermögensanfalls	150 000 €

Für die Schenkung am 01.11. 2018 ist die Schenkungsteuer i. H. v. 11 000 € festzusetzen. Eine Anrechnung kommt nicht in Betracht, da für den Vorerwerb keine Steuer festzusetzen war. Die Steuer entsteht ausschließlich durch die Zusammenrechnung mit dem Vorerwerb, jeder Erwerbsvorgang einzeln betrachtet liegt unter dem persönlichen Freibetrag.

Steuerberechnung für die freigebigen Zuwendungen von M auf S:

1. Berechnung der Gesamtsteuer für alle Erwerbe innerhalb des Zehnjahreszeitraums

Steuerwert aktueller Vermögensanfall 01.11. 2018	410 000 €
+ Hinzurechnung frühere Erwerbe mit damaligem Steuerwert	491 000 €
= Gesamterwerb	901 000 €
./. persönlicher Freibetrag (§ 16 Abs. 1 Nr. 2 ErbStG)	400 000 €
= steuerpflichtiger Gesamterwerb	501 000 €
× aktueller Steuersatz (§ 19 Abs. 1 ErbStG) bei Steuerklasse I	15 %
= **Steuer auf den Gesamterwerb**	75 150 €

2. Berechnung der Steueranrechnung

frühere Erwerbe mit damaligem Steuerwert	491 000 €
./. persönlicher Freibetrag (§ 16 Abs. 1 Nr. 2 ErbStG)	400 000 €
= steuerpflichtiger Vorerwerb	91 000 €
× aktueller Steuersatz (§ 19 Abs. 1 ErbStG) bei Steuerklasse I	11 %
= **fiktive Abzugssteuer** (§ 14 Abs. 1 S. 2 ErbStG)	10 010 €
mindestens Ansatz nach § 14 Abs. 1 Satz 3 ErbStG:	
tatsächlich entrichtete Steuer auf den Vorerwerb (Abzugssteuer)	
In der Zeit zwischen 2010 bis 2018 erfolgte keine Änderung der Freibeträge und der Steuersätze, daher entspricht die tatsächliche Steuer der fiktiven Abzugssteuer.	10 010 €

3. Berechnung der festzusetzenden Steuer

Steuer auf den Gesamterwerb (Schritt 1)	75 150 €
./. Steueranrechnung (Schritt 2)	10 010 €
= festzusetzende Steuer	65 140 €

4. Mindeststeuer (§ 14 Abs. 1 Satz 4 ErbStG)

Steuerwert aktueller Vermögensanfall	410 000 €
./. persönlicher Freibetrag (§ 16 Abs. 1 Nr. 2 ErbStG)	400 000 €
= steuerpflichtiger Erwerb	10 000 €
× aktueller Steuersatz (§ 19 Abs. 1 ErbStG) bei Steuerklasse I	7 %
= Steuer auf Letzterwerb	700 €

5. Höchststeuer (§ 14 Abs. 3 ErbStG)

festzusetzende Steuer max. 50 % des aktuellen Vermögensanfalls	205 000 €

Für die Schenkung vom 01.11. 2018 ist die Schenkungsteuer i. H. v. 65 140 € festzusetzen. Sowohl die Mindest- als auch die Höchststeuer bleiben unbeachtlich.

Lösung zu Übungsfall 11

Nero wird im Rahmen der gewillkürten Erbfolge (§ 1937 BGB) Gesamtrechtsnachfolger von Max (§ 1922 Abs. 1 BGB). Der Erwerb von Todes wegen unterliegt gem. § 3 Abs. 1 Nr. 1 ErbStG (Erbanfall) der sachlichen Steuerpflicht. Durch das Geldvermächtnis zugunsten von Natalie wird Nero als Erbe beschwert (§ 2147 BGB). Natalie erwirbt mit dem Tode von Max einen Anspruch gegenüber Nero (§ 2174 BGB). Insoweit liegt bei ihr ein Erwerb von Todes wegen i. S. d. § 3 Abs. 1 Nr. 1 ErbStG (Vermächtnis) vor. Nero kann die Verbindlichkeit aus dem Vermächtnis nach § 10 Abs. 5 Nr. 2 ErbStG als Nachlassverbindlichkeit ansetzen.

Als Neffe von Max ist Nero in die Steuerklasse II einzuordnen (§ 15 Abs. 1 Steuerklasse II Nr. 3 ErbStG). Da der steuerpflichtige Erwerb auch Anteile an Kapitalgesellschaften i. S. d. § 13 b Abs. 1 Nr. 3 ErbStG enthält, liegen die Voraussetzungen für die Tarifbegrenzung nach § 19 a Abs. 1 ErbStG vor.

Berechnung der festzusetzenden Erbschaftsteuer für Nero:

GmbH-Anteil § 13b Abs. 1 Nr. 3 i. V. m. Abs. 2 Satz 1 ErbStG		1 200 000 €	
85 % Verschonungsabschlag (§§ 13 a Abs. 1 Satz 1 ErbStG)		1 020 000 €	
Verbleibender Betrag		180 000 €	
Abzugsbetrag § 13 a Abs. 2 Satz 1 ErbStG	150 000 €		
Abschmelzung § 13 Abs. 2 Satz 2 ErbStG 180 000 € ./. 150 000 € = 30 000 €, hiervon 50 %	15 000 €		
Anzusetzender Abzugsbetrag	135 000 €	135 000 €	
Steuerpflichtiger Teil GmbH-Anteil		45 000 €	45 000 €
Mietwohngrundstück		300 000 €	
anzusetzen mit 90 % (§ 13 d Abs. 1 ErbStG)		270 000 €	270 000 €
Übriges Vermögen			200 000 €
Vermögensanfall			515 000 €
Darlehen GmbH-Anteil (§ 10 Abs. 5 Nr. 1 ErbStG)		150 000 €	
Schuldenkappung (§ 10 Abs. 6 Satz 4 ErbStG), $150\,000\text{ €} \times \frac{45\,000}{1\,200\,000}$			5 625 €
Vermögensanfall nach Abzug der Schulden im Zusammenhang mit einzelnen Vermögensgegenständen (R E 19a.2 Abs. 1 Satz 3 ErbStR)			509 375 €
Verbindlichkeit aus Vermächtnis (§ 10 Abs. 5 Nr. 2 ErbStG)			350 000 €
Pauschbetrag für Erbfallkosten (§ 10 Abs. 5 Nr. 3 ErbStG)			10 300 €
Bereicherung (§ 10 Abs. 1 Satz 2 ErbStG)			149 075 €
Persönlicher Freibetrag (§ 16 Abs. 1 Nr. 5 ErbStG)			20 000 €
Steuerpflichtiger Erwerb (§ 10 Abs. 1 Satz 1 ErbStG)			129 075 €
Abrundung (§ 10 Abs. 1 Satz 6 ErbStG)			129 000 €
Erbschaftsteuer (§ 19 Abs. 1 ErbStG), 20 %			25 800 €

Tarifbegrenzung (§ 19 a Abs. 1 ErbStG)

Anteil tarifbegünstigtes Vermögen (§ 19 a Abs. 3 ErbStG) $\frac{45000\text{€ ./. }5625\text{€}}{509375\text{€}} = 7{,}73\,\%$

Erbschaftsteuer bei Steuerklasse II (20 %) 25 800 € × 7,73 %	1 994 €	
Erbschaftsteuer bei Steuerklasse I (11 %) 14 190 € × 7,73 %	1 097 €	
Unterschied = Entlastungsbetrag (§ 19 a Abs. 4 ErbStG)	897 €	897 €
Festzusetzende Erbschaftsteuer		**24 903 €**

Berechnung der festzusetzenden Erbschaftsteuer für Natalie:

Forderung aus Vermächtnis		350 000 €
Persönlicher Freibetrag (§ 16 Abs. 1 Nr. 5 ErbStG)		20 000 €
Steuerpflichtiger Erwerb (§ 10 Abs. 1 Satz 1 ErbStG)		330 000 €
Erbschaftsteuer (§ 19 Abs. 1 ErbStG), 25 %	82 500 €	
Härteausgleich (§ 19 Abs. 3 Buchst. a ErbStG)		
Steuer Vorstufe 300 000 € × 20 %	60 000 €	
Wertgrenze übersteigender Betrag 30 000 €, hiervon 50 %	15 000 €	
Festzusetzende Erbschaftsteuer (< 82 500 €)	75 000 €	75 000 €

Lösung zu Übungsfall 12

Zu 1.

Das übertragene Einzelunternehmen gehört zum begünstigungsfähigen inländischen Betriebsvermögen (§ 13b Abs. 1 Nr. 2 ErbStG), es erfolgt eine Übertragung eines ganzen Gewerbebetriebes (§ 15 Abs. 1 Nr. 1 EStG).

Zur weiteren Beurteilung der Verschonung muss zunächst die Verwaltungsvermögensquote ermittelt werden, hiervon ist abhängig, ob überhaupt begünstigtes Vermögen vorliegt Zunächst ist der gemeine Wert der Einzelwirtschaftsgüter des Verwaltungsvermögens (§ 13b Abs. 4 ErbStG) zu ermitteln.

Verwaltungsvermögen		
§ 13b Abs. 4 Nr. 1 – 4 ErbStG	lt. Vorgabe (brutto)	900 000 €
§ 13b Abs. 4 Nr. 5 ErbStG Finanzmittel		500 000 €
Zwischensumme		1 400 000 €
Verwaltungsvermögensquote § 13b Abs. 2 Satz 2 ErbStG	$\frac{1\,400\,000}{4\,300\,000} x100$	32,6

Da das begünstigungsfähige Betriebsvermögen nicht zu mindestens 90 % aus Verwaltungsvermögen besteht, sind die Verschonungsregelungen anwendbar, § 13b Abs. 2 Satz 2 ErbStG.

Beachte:

Bei der Verwaltungsvermögensquote werden die Finanzmittel i. S. d. § 13b Abs. 4 Nr. 5 ErbStG vor Saldierung mit den Schulden und vor Anwendung des Freibetrages von 15 % einbezogen! Auch die Umqualifizierung von Verwaltungsvermögen in unschädliches Verwaltungsvermögen ist hierbei unbeachtlich. Zur Berechnung des Verwaltungsvermögens für die Prüfung des § 13b Abs. 2 Satz 2 ErbStG vgl. auch Darstellung in R E 13b.9 Abs. 2 I. ErbStR (»90 %-Test«) sowie Erläuterungen in R E 13b.10 Sätze 3 – 5 ErbStR.

Weitere Ermittlungsschritte zur Ermittlung Quote des Verwaltungsvermögens i. S. d. § 13a Abs. 10 Satz 2 und Satz 3 ErbStG:

Verwaltungsvermögen		
§ 13b Abs. 4 Nr. 1 – 4 ErbStG	lt. Vorgabe (brutto)	900 000 €
§ 13b Abs. 4 Nr. 5 ErbStG Finanzmittel	500 000 €	
./. Freibetrag 15 % von 4 300 000 €	645 000 €	
anzusetzende Finanzmittel	0 €	0 €
Summe Verwaltungsvermögen		**900 000 €**
Quote § 13a Abs. 10 Satz 3 ErbStG	$\frac{900\,000}{4\,300\,000} x100$	20,9

Da die Quote des Verwaltungsvermögens nach der Berechnung des § 13a Abs. 10 Satz 3 ErbStG mehr als 20 % umfasst, kommt ein Antrag nach § 13a Abs. 10 Satz 1 ErbStG nicht in Betracht, vgl. § 13a Abs. 10 Satz 2 ErbStG.

Beachte:

Die Formulierung in § 13a Abs. 10 Satz 3 ErbStG weicht von der Formulierung der Verwaltungsvermögensquote in § 13b Abs. 2 Satz 2 ErbStG ab. Somit sind unterschiedliche Quoten des Verwaltungsvermögens zu berechnen. Im Unterschied zu § 13b Abs. 2 Satz 2 ErbStG ist hier aber der Freibetrag für die Finanzmittel anwendbar, nur übersteigende Finanzmittel führen zu Verwaltungsvermögen i. S. d. § 13b Abs. 4 ErbStG. Die quotale Schuldenverrechnung (§ 13b Abs. 6 ErbStG) und die Umqualifizierung in unschädliches Verwaltungsvermögen (§ 13b Abs. 7 ErbStG) ist nicht vorzunehmen, vgl. auch R E 13a.21 Abs. 3 Satz 2 ErbStR.

Berechnung des steuerpflichtigen Betriebsvermögens nach der Regelverschonung:

Gemeiner Wert begünstigungsfähiges Vermögen		4 300 000 €
Verwaltungsvermögen	900 000 €	
./. unschädlich		
(4 300 000 ./. 900 000) × 10 %	340 000 €	
§ 13b Abs. 7 Satz 1 ErbStG		
= schädliches Verwaltungsvermögen	560 000 €	560 000 €
Begünstigtes Vermögen § 13b Abs. 2 Satz 1 ErbStG		3 740 000 €
Verschonungsabschlag § 13a Abs. 1 Satz 1 ErbStG 85 %		3 179 000 €
Übersteigender Betrag		561 000 €
Abzugsbetrag § 13a Abs. 2 Satz 1 ErbStG	150 000 €	
(561 000 ./. 150 000) × ½	205 500 €	
Abgeschmolzen nach Satz 2	0 €	0 €
verbleibendes begünstigtes Vermögen		561 000 €
zuzüglich schädliches Verwaltungsvermögen (s. o.)		560 000 €
steuerpflichtiges Betriebsvermögen		**1 121 000 €**

Das nach Anwendung der Regelverschonung verbleibende steuerpflichtige Betriebsvermögen beträgt 1 121 000 €.

Zu 2.

2.1 Persönliche und sachliche Steuerpflicht

Der Schenker H. F. und die Beschenkte Veronika sind Inländer und unterliegen nach § 2 Abs. 1 Nr. 1 Satz 2 Buchst. a i. V. m. Nr. 1 Satz 1 ErbStG der unbeschränkten Steuerpflicht. Da Veronika objektiv auf Kosten ihres Vaters bereichert wird und ein subjektiver Bereicherungswille des Vaters offensichtlich gegeben ist, handelt es sich um eine Schenkung unter Lebenden in Form einer freigebigen Zuwendung, § 7 Abs. 1 Nr. 1 ErbStG.

2.2 Ermittlung der zu entrichtenden Schenkungssteuer

Gemeiner Wert des übertragenen Betriebsvermögens	4 300 000 €
Steuerpflichtiger Teil hiervon nach Ermittlung der Verschonung siehe unter 1.	1 121 000 €
Bereicherung	1 121 000 €
abzüglich Freibetrag (§ 15 Abs. 1 Steuerklasse I Nr. 2 i. V. m. § 16 Abs. 1 Nr. 2 ErbStG)	./. 400 000 €
Steuerpflichtiger Erwerb (§ 10 Abs. 1 Satz 1 ErbStG)	721 000 €
Steuersatz: 19 % (§ 19 Abs. 1 ErbStG)	
Schenkungsteuer: 721 000 € × 19 %	**136 990 €**

Kein Härteausgleich H E 19 »Tabelle der maßgebenden Grenzwerte...« ErbStH

Zu 3. Aspekte der Lohnsummenregelung

Da Veronika die Regelverschonung in Anspruch genommen hat, gilt die Lohnsummenfrist von fünf Jahren, § 13a Abs. 3 Satz 1 ErbStG. Das übertragene Einzelunternehmen hat im Zeitpunkt der Steuerentstehung (§ 9 Abs. 1 Nr. 1 ErbStG) insgesamt acht Beschäftigte. Daher gilt gem. § 13a Abs. 3 Satz 4 Nr. 1 ErbStG eine Mindestlohnsumme von 250 %.

Zusatzfragen

1. Veräußerung bzw. Aufgabe zum 01. 07. 2021

Eine Veräußerung oder auch Aufgabe des Betriebs durch die Erwerberin würde gem. § 13a Abs. 6 Nr. 1 ErbStG ein Verstoß gegen die Behaltensfrist bedeuten. Der Verschonungsabschlag und der Abzugsbetrag würden mit Wirkung für die Vergangenheit wegefallen, § 13a Abs. 6 Satz 1 ErbStG. Im Falle der Veräußerung bzw. Aufgabe fällt der Verschonungsabschlag aber nur zeitanteilig weg, § 13a Abs. 6 Satz 2 ErbStG. Da die schädliche Verwendung im Laufe des 3. Jahres der Behaltensfrist erfolgt, entfällt der Abschlag in Höhe von 3/5. Da bereits nach der bisherigen Ermittlung kein Abzugsbetrag anzusetzen war, hat der Verstoß insoweit keine Auswirkung.

Steuerpflichtiger Teil nach Ermittlung der Verschonung siehe unter 1.	1 121 000 €
Wegfall Verschonungsabschlag	
bisheriger Abschlag 3 179 000 €,	
Wegfall zeitanteilig 3/5 = 1 907 400 €	
Nachversteuerung	1 907 400 €
steuerpflichtiges BV	3 028 400 €
Bereicherung	3 028 400 €
abzüglich Freibetrag	400 000 €
steuerpflichtiger Erwerb	2 628 400 €
Steuersatz 19 %	
Schenkungsteuer: 2 628 400 € × 19 %	**499 396 €**
Schenkungsteuer bisher	136 990 €
nach zu entrichtende Schenkungsteuer	**362 406 €**

2. Lohnsumme 200 %

Unterschreitet nach Ablauf der Lohnsummenfrist die tatsächliche Lohnsumme die Mindestlohnsumme, so entfällt der Verschonungsabschlag mit Wirkung für die Vergangenheit, § 13a Abs. 3 Satz 5 ErbStG. Der Verschonungsabschlag entfällt in dem Verhältnis, in dem die Mindestlohnsumme unterschritten wird. Ausgehend von einer Summe der maßgebenden jährlichen Lohnsummen von 200 % und einer Mindestlohnsumme bei 8 Beschäftigten von 250 %, entfällt der Verschonungsabschlag im Verhältnis 50/250.

Steuerpflichtiger Teil nach Ermittlung der Verschonung siehe unter 1.

Wegfall Verschonungsabschlag	1 121 000 €
bisheriger Abschlag 3 179 000 €,	
Wegfall anteilig 50/250 = 635 800 €	
Nachversteuerung	635 800 €
steuerpflichtiges BV	1 756 800 €
Bereicherung	1 756 800 €
abzüglich Freibetrag	400 000 €
steuerpflichtiger Erwerb	1 356 800 €
Steuersatz 19 %	
Schenkungsteuer: 1 356 800 € × 19 %	**257 792 €**
Schenkungsteuer bisher	136 990 €
nach zu entrichtende Schenkungsteuer	**120 802 €**

Stichwortregister

F

G

H

I

J

K

T

U

V